시편 제1권(1:1-41:13) 연구

기도와 찬양

Prayer and Praise

시편 연구 기도와 찬양

총편집인	김 의 원
지은이	안 오 순
발행일	2022년 8월 1일
발행처	도서출판 사무엘
등 록	제972127호 (2020.10.16)
주 소	안양시 동안구 관악대로 282 고려빌딩 3층
표 지	김 별 아

ISBN 979-11-972127-2-7
값 23,000원

SEE 성경과 신학 시리즈 01

성경 교사와 설교자를 위한 심화과정 501

시편 제1권(1:1-41:13) 연구

기도와 찬양

총편집인 김 의 원

지 은 이 안 오 순

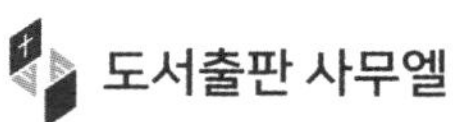

머리말

우리는 여러분이 '성경 교사'로 임명받기를 원합니다.

"내가 이 복음을 위하여 선포자와 사도와 교사로 세우심을 입었노라" (딤후 1:11).

교회는 세상의 유일한 희망입니다!

지난 수 세기 동안 인류는 과학과 지식의 발달로 교회 밖에서 희망을 찾으려 노력하였습니다. 합리주의, 계몽주의, 낭만주의, 실존주의, 공산주의, 그리고 과학주의 등이 연거푸 일어나면서 교회는 세상에서 설 자리를 잃어버린 것 같았습니다. 그 결과는 절망적인 사건들로 이어졌습니다. 식민주의와 패권주의는 인류를 제1차 제2차 세계대전의 혼돈으로 몰아갔고, 물질문명과 세속주의는 도덕적 위기 속에 빠트렸습니다. 여기서 그치지 않았습니다. 과학만능주의와 상업주의는 인류에게 환경파괴와 기후변혁과 바이러스 재앙 등을 안기면서 미래를 어둠에 갇히게 했습니다.

새 천 년에서 교회가 세상의 유일한 소망이어야 합니다. 세상은 하루가 다르게 급변하고 있습니다. 교회는 여기에 대한 구체적인 대응을 해야 합니다. '콘텍스트(context)'와 환경은 변하지만, '텍스트(text)'와 진리는 변하지 않기 때문입니다. 변하지 않는 진리를 변화하는 세계에 적용하려면 교회의 본질을 살펴야 합니다.

교회의 중심은 성경에 있습니다. 성경은 하나님의 구원 사역에서 유일한 길이기 때문입니다. 성경은 역사의 소용돌이 속에서 여전히 영혼을 구원하고 교회를 바르게 세우며, 성도를 양육하기 위해서 주신 하나님의 도구입니다.

오늘 교회에서 그 일을 해야 할 사람은 누구인가요? 바로 "성경 교사"입니다. 혼돈의 시대일수록 교회는 성경을 바르게 배우고 가르치면서 성경대로 사는 "성경 교사"가 필요합니다. 성경을 바르게 배우고 가르치지 않고서는 교회의 건강을 논할 수 없습니다. 성경을 바르게 배워야 바른 믿음을 가질 수 있고 바른 삶을 살 수 있습니다.

세속화의 거센 파도 속에서 유럽, 미국뿐 아니라 한국교회마저 힘을 잃으면서 선교지로 바뀌고 있습니다. 목사들, 신학자들과 선교사들이 넘치고, 거리마다 교회들이 즐비하며, TV와 SNS에서 설교는 넘치는데, 왜 그런 일이 생기는 것일까요? 그들만으로는 부족하기 때문입니다. 교회가 바르게 서려면 "성경 교사"의 바른 가르침과 바른 삶이 절대적으로 필요합니다. 이 대열에 동참하는 "성경 교사"가 많으면 많을수록 '품격 있는 신자', '건강한 교회'로 자라면서, 세상에 대안을 제시하는 '대안 공동체'로서의 교회로 거듭날 수 있습니다.

사무엘연구원(SEE: Samuel Education by Extension)는 그 일을 위해서 총 다섯 과정의 성경 공부 과정을 만들었습니다. 그것을 두 단계로 구분할 수 있습니다. 첫째 단계는 네 과정으로 야구 '베이스'를 기초하여 '1루(101, 102)', '2루(201, 202)', '3루(301, 302)', 그리고 '홈베이스(401, 402)'로 나누었습니다. 이를 마치면 "성경 교사"(1급)의 자격을 줍니다. 둘째 단계는 심화 과정(501, 502)으로 "성경 교사"(2급)의 자격을 줍니다.

이 시리즈를 출간하는 데에 격려와 도움을 준 동북아선교회의 고 김교찬 장로, 임종훈 장로, 장신기 장로, 한춘선 집사 제위께 감사드립니다.

아에타(AETA) 대표
사무엘연구원(SEE) 원장
김의원(철학박사, 구약)

차례

서론

성경 공부, 무엇을 위해 어떻게

1. 성경 공부의 목적

첫째, 성경을 기초부터 체계적으로 공부함으로써 예수님을 그리스도로 믿고 고백하는 데 그 목적이 있습니다(마 16:16).

둘째, 성경 공부를 통하여 기독교 인생관, 세계관, 그리고 역사관을 놓는 데 그 목적이 있습니다. 그리하여 건강하고 영향력 있는 예수님의 제자가 되는 겁니다.

셋째, 삶의 현장에서 영향력을 끼치는 성경 교사요 설교자로 사는 겁니다.

2. 성경 공부 자세

첫째, 성경은 특수한 상황에 부닥친 특별한 공동체에 주신 메시지입니다.

성경을 진공상태에서 기록하지 않았습니다. 특별한 공동체가 처한 어떤 문제를 해결하거나 도움을 주기 위해서 기록했습니다. 성경은 오늘 '우리를 위하여(for us)' 기록했지만, 오늘 '우리에게(to us)' 기록한 것은 아닙니다. 그러므로 우리는 '당시', '그 교회에' 주신 '그 메시지'를 먼저 찾아야 합니다.

이를 위해서 마음에 새겨야 할 두 가지 기본적인 지침은 무엇입니까? 첫째로, 오늘의 문화적인 전제로 본문을 읽지 않아야 합니다.

우리의 세계는 성경의 세계와는 다르기 때문입니다. 당시의 사회 문화 종교에 기초하여 성경 본문을 봐야 합니다.

둘째로, 현대의, 혹은 자신의 고정된 신학으로 읽지 않아야 합니다. 자기의 생각을 버리고 성경 말씀이 무엇을 말하고 있는가를 먼저 듣도록 해야 합니다.

둘째, 성경은 당시 언어로 주신 메시지입니다.

성경 본문을 대할 때 구문과 어휘에 관심을 가져야 합니다. 주어와 동사, 주절과 종속절의 관계, 그리고 원인과 결과, 전환을 살펴야 합니다. 또 반복하는 단어나 사상에 주의를 기울여야 합니다.

셋째, 오늘 나와 교회 공동체에도 적실하게 적용할 수 있는 메시지입니다.

성경은 당시 특별한 교회에 주신 메시지입니다. 동시에 오늘 우리에게도 적실하게 적용할 수 있는 메시지입니다. 먼저 본문의 '그 메시지'를 귀담아들으면 오늘 내 삶에도 적실하게 적용할 수 있습니다. 내 삶의 문제를 해결하기 위해서 본문을 보지 말고, 본문을 통해 내 삶의 문제를 해결하도록 해야 합니다.

다음과 같은 질문을 마음에 품고 본문을 살펴보는 것이 좋습니다.

- 본문이 주고자 하는 한 가지 메시지는 무엇인가?
- 본문은 하나님, 예수님, 그리고 성령님을 어떻게 가르치는가?
- 신앙생활에 따르는 하나님의 명령과 약속, 그리고 피해야 할 죄와 실천해야 할 일은 무엇인가?
- 현재 나와 우리 교회, 그리고 이 시대에 주신 메시지는 무엇인가?

3. 본 교재 구성

각 본문을 세 단계로 구성했는데, 문제지, 문제 풀이, 그리고 설교문 입니다. 설교문은 '별책'으로 만들었습니다.

"문제지"는 성경 본문을 석의하고 적용하도록 도와주는 역할을 합니다. "문제 풀이"는 "문제지"에 대한 답입니다. "설교문"은 성경적 설교를 위한 지침서입니다.

찬송가는 "새찬송가"를, 성경 본문은 "개역개정한글"을 사용했습니다.

4. 성경 공부 인도하는 방법

인도자는 함께 공부하는 양(들)과 함께 본문을 한 절씩 돌아가면서 읽습니다. 양이 한 문제를 읽고 본문에 기초하여 답을 말합니다. 그 문제를 다 푼 후에 인도자가 보충 설명 및 질문을 합니다. 그때 주의해야 할 점은 자기 생각을 먼저 말하기보다는 성경이 무엇을 말하는지를 먼저 생각하고 답해야 합니다. 전체 시간 조정을 위해서 한 문제에 많은 시간을 보내서도 안 되고, 한 사람이 많은 말을 하지 않도록 하는 섬세함이 필요합니다.

인도자는 전체 문제를 다 풀고 나면 본문에 대한 핵심을 다시 정리하고, 그 핵심에 근거하여 각 사람이 배운 바를 한 마디씩 짧게 발표하도록 합니다. 그리고 오늘 본문을 통하여 배운 메시지를 삶의 현장에서 실천할 수 있도록 기도합니다.

5. 본 교재를 만들면서

첫째, 본문이 말하는 '그 메시지'를 찾고자 했습니다.

둘째, '그 메시지'를 오늘 우리에게 적실하게 적용하려고 했습니다. 왜냐하면, 오늘의 사역 현장에서 가장 안타까운 점을 들라면 '본문을 잃어버린 설교'와 '청중을 잃어버린 설교'라고 생각하기 때문입니다. 성경 교사가 가르쳐야 하는 '성경 본문(text)'과 그 본문을 들어야 하는 '청중(context)'이라는 두 개의 기둥을 살리려고 애썼습니다.

'본문'과 '청중', 즉 '석의(exegesis)'와 '적용(application)'의 두 기둥을 바르게 균형을 잡으면 잡을수록, 또 그 대열에 동참하는 성경 교사가 많으면 많을수록 우리 교회는 양 떼가 뛰노는 푸른 초장으로 변화할 겁니다. 그리고 그 '장막터'를 한국은 물론이고 세계에까지 넓힐 수 있습니다(사 54:2).

이 교재를 만들도록 격려하며 도와주신 김의원 대표님께 감사합니다. 한남교회의 박종문 목자님의 기도와 섬김을 감사합니다. 그리고 언제나 묵묵히 섬겨준 함윤길 목사님과 교정을 위해 애쓴 유명진 목사님에게 고마움을 전합니다.

2022년 8월 1일
아에타(AETA) 교수위원장
사무엘연구원(SEE) 성경연구분과 위원
안오순(신학박사, 설교학)

미리 보기

기도와 찬양

"여호와께서 다스리시니 스스로 권위를 입으셨도다 여호와께서 능력의 옷을 입으시며 띠를 띠셨으므로 세계도 견고히 서서 흔들리지 아니하는도다"(시 93:1).

오늘도 많은 사람이 시편을 사랑하는 이유는 무엇인가? 롤프는 그 이유를 이렇게 말한다. "시편은 하나님 앞에서 폭넓은 사람의 감정을 표현하기 때문이다."[1] 그는 계속해서 그 이유를 설명한다.

> 시편은 우리가 비통함을 표현할 수 없을 때, 그 비통함을 표현할 말을 제공하기 때문이다.... 시편을 말함으로써 시편이 말하는 그것을 우리가 말할 수 있고, 시편이 느끼는 그것을 우리가 느낄 수 있으며, 시편이 믿는 그것을 우리가 믿을 수 있기 때문이다.[2]

교회의 지도자 아타나시우스(Athanasius, 298~373)는 "대부분 성경은 '우리에게' 말하지만, 시편은 '우리를 위하여' 말한다."라고 말했다.[3] 시편은 그리스도인의 영적 삶에서 중요한 자리를 차지한다는 뜻이다.

---

1) Nancy deClaisse-Walford, Rolf Jacobson, Beth LaNeel Tanner, *Psalms,* 강대이 옮김, 『시편』 (서울: 부흥과개혁사, 2019), 25.

2) 위의 책, 26.

3) Ernest Lucas, *Exploring The Old Testament, Vol. 3: The Psalms and Wisdom Literature,* 박대영 옮김, 『성경이해 5, 시편과 지혜서』 (서울: 성서유니온선교회, 2008), 23.

1. 이름

시편은 히브리어 성경(the Hebrew Bible)의 첫 번째 책이다. 히브리어 제목은 그 책의 내용, 즉 '찬양의 노래(songs of praise)', '찬양가들(תְּהִלָּה, *tehilim*)'이라고 하였고, '시편집'을 '찬양가들의 책'으로 불렀다. '찬양가들'은 '할렐루야', 즉 '여호와를 찬양하라.'라는 동사에서 나온 명사이다.

헬라어로는 '프살모스(φαλμός, *psalmos*)'인데, 이 말은 시편의 머리글에 나오는 '미즈모르(מִזְמוֹר, *mizmor*)'를 뜻한다. '미즈모르'는 '악기로 연주하는 노래(a song accompanied by musical instruments)'[3], 즉 '하프(Harp) 반주를 따라 부르는 노래'를 가리킨다. 칠십인 역[4] 성경은 '시편집'을 '비블로스 프살몬(βίβλος φαλμων, 시편의 책들)', '프살테리온(φαλτήιον, *psalterion*)'으로 부른다. '프살테리온'은 '현악기와 함께 노래한다.'라는 뜻이다.[5]

영어 성경 '시편(Psalm)'은 라틴어 '살미(*psalmi*)'와 헬라어 '살모이(*psalmoi,* songs sung with musical accompaniment, 음악 반주로 부른 노래)'에서 유래했다. 영어 '시집(Psalter)'은 '현악기인 치터(zither)[6]와 함께 부르는 노래'라는 전문적인 용어이다.

2. 기록자, 표제, 그리고 역사

시편은 그 기원을 숨긴다.[7] 시편은 이스라엘 역사에서 특정 상황

---

3) Willem A. Vangermeren, *The Expositor's Bible Commentary: 5, Palms,* Tremper Longman III & David E. Garland, general editors (Grand Rapids, MI : Zondervan, 2008), 46.

4) 대부분 영어 번역은 히브리어 본문이나 시리아 본문을 따랐다. 히브리어 구약 성경을 고대 헬라어 번역인 70인 역(LXX/ Septuagint), 고대 이집트(Coptic) 역, 그리고 시리아어 등으로 번역했다.

5) 전봉순, 『거룩한 독서를 위한 구약 성경 주해, 시편 1-41편』 (서울: 바로오딸, 2015), 17-18.

6) '치터(Zither)'는 골무로 줄을 뜯어 음을 내는 현악기의 일종이다.

7) Nancy DeClaisse-Walford, Poll Jacobson, Beth LaNeel Tanner, 『시편』,

과 목적에 의해 누군가가 기록했다. 특정 공동체 속에서 오랫동안, 그리고 복잡한 과정을 거쳐 만들어진 종교적 시의 형식을 갖춘 글이다.[8] 예수님 시대 사람들은 다윗을 시편 기자로 믿었다(눅 20:42). 그 근거로 표제를 든다. 히브리어로는 "레다위드(לְדָוִד)"인데, 다윗의 이름 앞에 나오는 전치사 '라멧(ל)'에 대한 해석이 중요하다. 다양한 의미가 있는데, '의', '을 위한', '에 관한', '에게' 등이다. 따라서 '다윗의', '다윗을 위한', '다윗에 관한', '다윗에게' 등으로 해석할 수 있다. 그러므로 '다윗의 시편', '다윗에게 헌정한 시편'으로 읽을 수 있다.[9]

150개의 시편 중 약 2/3 정도가 표제를 갖고 있다. 그 표제를 보고 그 내용을 이해할 수 있다.[10] 표제는 제목(title)이 아닌 '도입(ascription)'이다. 즉 이 시는 '어떤 선집에 속했는가? 어떤 유형인가? 어떤 상황에서 지었는가?' 등을 소개하는 것이다.[11]

시편은 역사가 아니며, 역사에 관한 책도 아니다. 하지만 역사가 있다. 그 역사적 측면에서 시편을 이해할 때 편견과 오류에 빠지지 않을 수 있다. 시편에는 이스라엘 예배의 다양한 시간적 배경, 사회적 배경, 그리고 실제가 담겨 있다. 시편은 찬양이며, 기도이며, 교훈이다. 또한 예전이며, 성경이다.[12]

3. 시편은

34.

8) James Luther Mays, *Psalms, Interpretation A Bible Commentary for Teaching and Preaching*, 신정균 번역, 『현대성서주석: 시편』 (서울: 한국장로교출판사, 2014), 36.

9) 전봉순, 『거룩한 독서를 위한 구약 성경 주해, 시편 1-41편』, 30.

10) "다윗이 압살롬을 피하여 달아날 때 지은 시"(시 3편).

11) Ernest Lucas, 『성경이해 5, 시편과 지혜서』, 51.

12) James Luther Mays, 『현대성서주석: 시편』, 43.

1) 이스라엘 신앙을 볼 수 있는 창문

시편은 이스라엘의 기도와 찬양의 책 이상의 의미가 있다. 시편은 하나님이 이스라엘에 계시하신 것과 그들이 응답한 것의 단면이다. 시편은 이스라엘 신앙을 반영한다. 시편에는 그들을 바라볼 수 있는 창문이 있다. 시편은 하나님의 백성이 어떻게 그분과 관계를 맺었는지 경험하도록 우리를 초대한다. 시편은 시온의 영광, 다윗 언약, 하나님의 신실하심(the fidelity), 출애굽기와 '정복 전통(conquest traditions),' 창조주이시며 구속자이시며 왕이신 하나님(God the Creator-Redeemer-King), 그리고 용사이신 여호와(Yahweh as the Divine Warrior)를 증언한다.[13)]

시편은 현실에 안주하는 교회에 대한 처방전이다. 왜냐하면 하나님은 시편을 통해 얼마나 위대하며, 기이하고, 장엄하고, 현명하고, 그리고 정말로 경외심을 불러일으키는 분임을 드러내기 때문이다. 만일 오늘의 하나님 백성이 그런 믿음을 가질 수 있다면 얼마나 진실한 성도일까? 시편은 우리의 헌신적 삶, 가족의 모범(family patterns), 그리고 예수 그리스도에 대한 증언과 사귐에 혁명을 일으킬(revolutionize) 수 있다.[14)]

2) 하나님께 드린 사람의 말과 사람에게 하신 하나님의 말씀

시편은 하나님께서 그 백성에게 가장 먼저 하신 말씀이다. 우리는 시편에 있는 다양한 형태와 다양한 주제를 통해 하나님의 음성을 들을 수 있다. 그뿐만 아니라, 우리가 시편의 언어로 개인적으로 공동체적으로 기도하며 찬양하도록 격려하신다.[15)]

(1) 기도는 하나님과 개인적 사귐이다. 기도는 가끔 하나님께 항의의 형태를 취한다. 개인적으로나 공동체적으로 역경을 슬퍼하고, 하

---

13) Willem A. Vangermeren, *The Expositor`s Bible Commentary: 5, Psalms,* 23.

14) 위의 책.

15) 위의 책, 24.

나님의 세계에 있는 악을 묘사하거나, 하나님의 약속이 이루어지도록 그분께 탄원한다. 믿음은 현실을 외치고, 애도는 진실을 표현한다.[16)]

(2) 찬양은 하나님을 향한 열망과 다른 사람이 하나님을 향한 소원으로 감동하기를 바라는 열망이다. 과거에 일하셨던 하나님은 지금도 그 아들딸에게 일하심을 보여주신다. 이스라엘은 과거에 하나님의 창조, 출애굽, 정복, 그리고 포로 생활에서 해방하신 일 등을 찬양했다. 그들은 하나님의 완전하심, 왕권, 계시, 그리고 그분의 언약을 찬양했다. 찬양은 과거와 미래의 두 지평을 연결한다.[17)]

(3) 시편은 그리스도인 예전(liturgy)에서 '뚜렷한 위치(a distinct place)'를 차지한다. 시편은 교회 공 예배에서 기도와 찬양의 안내서(manual)였다. 19세기 후부터 변화가 일어났는데, 시편을 개인 예배와 공 예배에서 노래하고 읽었다.[18)] 그 점에서 시편을 '구약의 찬송가'로 이해한다.[19)]

(4) 시편은 그리스도께서 오시기 전에 있었던 하나님 공동체의 신앙 경험을 반영한다. 공동체의 좌절, 참을성 없음, 분노, 그리고 기쁨 등은 '약속과 소외(promise and alienation)' 사이의 긴장을 반영한다. 대표적으로 '슬픔의 시(the lament psalms)'는 '탄원이나 항의(petition or complaint)'를 보여준다.[20)]

(5) 시편의 가치는 구약과 신약을 연결하는 데 있다. 물론 시편 기자는 성전에서 예배하는 하나님의 백성 중에 서 있고 다윗 왕국만을 알고 있었다. 하지만 시편 기자는 그리스도의 성육신, 그 어떤 빛보다 더 빛나실 그리스도, 그리스도 지상의 사역, 십자가의 고난, 승천의 영광, 그리고 아버지 우편에서 다스리시는 구속의 그 날을 열망하고 있었다.[21)] 따라서 모든 시편, 특히 '메시아의 시편(the

---

16) 위의 책.
17) 위의 책, 24-25.
18) 위의 책, 25.
19) Tremper Longman III, *How To Read The Psalms*, 한화룡 옮김, 『어떻게 시편을 읽은 것인가?』 (서울: IVP, 2000), 59.
20) 위의 책.

messianic psalms)'은 그리스도께서 세상에 오심, 하나님 우편에서 세상을 다스리심, 그리고 그분의 다시 오심과 관련이 있다.[22]

3) 성경 속에 있는 문학적 성소

시편은 하나님이 특별한 방법으로 그 백성을 만나는 곳이며, 그 백성이 하나님께 찬양을 올리는 곳이다.[23] 구약 시대에서 시편을 사용했던 곳은 성소였다. 성전이 하나님 백성의 물리적 중심에 있었던 것처럼 시편 또한 성경의 한 가운데 있다.

시편이 구약 메시지의 '소우주'라는 말은 오래전부터 있었다. 시편은 구약 주제와 제목의 개요라고 할 수 있다. 창조와 심판, 구원에 나타난 하나님의 놀라운 역사, 이스라엘의 역사, 인생의 법칙, 거룩한 도성, 하나님의 임재, 다윗 가문의 메시아, 인간의 위대함과 비극, 영원한 하나님 나라 등이 담겨 있다.[24]

4세기 아타나시우스(Athanasius)는 시편을 "성경 전체의 축도"라고 불렀다. 가아사랴 감독의 바실(Basil)은 시편을 "모든 신학의 요약"이라고 말했다. 마틴 루터(Martin Luther)는 시편을 "작은 성경 및 구약 개요"라고 불렀다. 19세기 앤더슨(J. Anderson)은 시편은 "우리가 반드시 알아야 신앙의 진리를 다 설명한다."라고 말했다.[25]

4. 여호와, 시인, 그리고 그 세상

시편의 다양한 주제와 '법(moods)'은 여호와(Yahweh)의 깊은 계시와 관련이 있다. 여호와는 한 분이시지만, 그분의 연합 안에서(in his unity) 그분은 다양성(diversity)을 사랑하신다. 시편은 여호와 하나님의 창조와 구속 사역 안에 있는 다양성을 찬양한다. 개인적이고 공

21) 위의 책, 26.
22) 위의 책, 27.
23) Tremper Longman III, 『어떻게 시편을 읽은 것인가?』, 14.
24) James Luther Mays, 『현대성서주석: 시편』, 28.
25) Tremper Longman III, 『어떻게 시편을 읽은 것인가?』, 65에서 재인용.

동체적인 축하의 과정을 통해 하나님의 백성은 구원 사역에 뿌리를 내린다.[26]

1) 하나님의 이름

시편에 가장 널리 알려진 하나님의 이름은 여호와(Yahweh), 하나님(Elohim), 가장 높으신 분(Most High, Elyon/ Sahddai), 전능하신 하나님(Lord Almighty/ Lord of Hosts, Yahweh Sabaoth) 등이다.[27] 그분의 이름은 그분의 완전하심(The perfections of God)을 보여준다. 그분의 완전하심은 그분의 사역과 항상 함께 나타난다.

2) 구속과 의(righteousness)의 희망

구속은 영적이면서 육체적이다. 하나님의 백성은 그분의 용서와 함께하심을 열망한다. 그들은 육체적 고통, 즉 병, 죽음, 역경, 기근, 박해, 그리고 불의로부터 구원받기를 기도한다. 그 구원의 희망은 하나님의 의로운 통치가 세상에 이루어지는 그것에 달려 있다. 그들은 자신의 몸을 포함한 온 세상이 구원받기를 열망한다. 구속은 영적이면서 물질적이다. 왜냐하면 육체 없는 인간은 존재하지 않기 때문이다.[28]

3) 하나님의 왕국

시편은 모든 피조물을 다스리시는 하나님을 찬양한다. 여호와는 온 세상을 통치하시는 위대한 왕이시고, 그 백성은 모든 나라를 대신해서 그 왕께 기도할 수 있는 특권이 있다. 그분은 정의와 공의로 다스리신다.[29]

'시온(Zion)'은 공간과 시간, 시간과 영원, 인간과 하나님의 교차점이다. 시편에서 '시온'은 하나님과 그 백성 사이의 달콤한 사귐과 관

---

26) Willem A. Vangermeren, *The Expositor's Bible Commentary: 5, Palms,* 41.

27) 위의 책.

28) 위의 책, 43.

29) 위의 책.

련한다. 그분은 그 왕국 시민과 함께하셔서 복을 주시고 보호하신다. 그분의 왕국은 이스라엘에 있었고, 그분은 그 백성에게 마치 왕처럼 함께 계신다는 확신을 주셨다.[30)]

4) 다윗 계통의 메시아(The Davidic Messiah)

이스라엘 중에 계신 '용사이며 왕(the Warrior-King)'은 그분을 신뢰하는 사람에게 위로자이시다. 그러나 다윗 시대 이후로 여호와는 당신에 대한 신뢰는 그분이 임명한 다윗 왕에 대한 신뢰와 함께한다는 사실을 밝혀왔다. 다윗계의 왕은 여호와께서 당신의 왕국을 세상에 확장하는 도구이다.[31)]

5. 구조

시편에는 보통 제목이나 설명이 있는데, 그것들은 정보의 범위를 포함하고 있다. 그것은 사람에 대한 정보, 역사적 사건과의 연관성, 음악과 문학적 섬세함, 그리고 장르[32)] 등이다. 그 정보는 보통 고대 근동(Near East)에서 일어난 것들이다.[33)]

1920년대 헤르만 궁켈(Hermann Gunkel)은 "시편의 다양성 가운데서 형식(form)과 내용(content)에 몇 가지 공통점이 있다."라는 사실을 주장했다. 그는 모든 개별 시편을 개별적인 '문학 양식(types)'에 따라 분류하였다. 그가 이렇게 분류한 데는 예루살렘 성전 예배에서 시편을 사용한 그것에 그 뿌리를 두었기 때문이다.[34)] 모든 시편은

---

30) 위의 책.

31) 위의 책, 44.

32) 장르(genre)란 보통 '양식(type)'이라고 부른다. 장르는 서법, 내용, 구조 및 어법이 비슷한 본문을 말한다. 왜 장르가 중요한가? 어떤 본문을 해석할 때 그 본문의 장르를 어떻게 이해하는가에 따라 그 해석을 다르게 할 수 있기 때문이다. Tremper Longman III, 『어떻게 시편을 읽은 것인가?』, 23.

33) Willem A. Vangermeren, *The Expositor's Bible Commentary: 5, Palms*, 45.

34) Ernest Lucas, 『성경이해 5, 시편과 지혜서』, 24.

시라는 장르에 속해 있지만, 좁게는 다섯 개의 시로 나눌 수 있다. 즉 찬양 시, 슬픔의 시, 감사의 노래, 제왕 시, 그리고 기타 양식이다.

(1) 찬양시(Hymns): 하나님께 대한 일반적인 찬양 시를 말하는데, 세 가지 특징이 있다. 첫째로, "하나님을 찬양하라."라는 부름으로 시작한다. 둘째로, "왜냐하면"으로 시작하여 찬양의 근거를 제시한다. 셋째로, 찬양으로 마치는데, 이것은 도입 부분에 대한 반향(echoes)이다.[35)]

(2) 슬픔의 시(Laments): 시편에서 1/3을 차지한다. 시인은 삶의 어려움 속에서 하나님께 반응하는 모습을 보여준다. 그 내용은 '하나님을 향한 호소(invocation of God)', '불평(complain)', '간구(petition)', '죄 고백', '찬양과 감사' 등으로 나타난다.[36)]

(3) 감사의 노래: 시인이 경험한 구체적인 구원의 행위에 기초하여 하나님께 감사하는 시이다. 그 시는 하나님을 향한 감사이면서 동시에 온 회중 앞에서 하나님의 구원 사역에 대한 간증이기도 하다. 감사의 노래는 '슬픔의 시'에서 드린 기도에 응답하신 하나님을 향한 시인의 반응이다.[37)]

(4) 제왕시(Royal psalms): 이 시는 양식이 다양하며, 그 내용은 하나님과 왕과 관련이 있다.

그러나 시편은 '한 권의 책'이다. 시편은 성령님의 인도하심 속에서 여러 시를 한 권의 책으로 모은 것이다. 그 작업은 여러 세기를 걸쳐 이루어졌다. 150편의 시편은 모세 오경처럼 그 분량이 다른 '다섯 권(five books)'으로 나뉘어 있다. 서론(1편, 2편)이 있고, 결론이 있다(150편).

제1권: 시편 1-41, 제2권: 시편 42-72, 제3권: 시편 73-89, 제4권:

---

35) 위의 책, 25.
36) 위의 책, 27.
37) 위의 책, 30.

시편 90-106, 제5권: 시편 107-150. 각 권은 송영(doxological refrain)으로 끝난다(시 41편, 72편, 89편, 106편). 마지막 제5권의 결론은 150편인데, 그것은 전체의 결론이기도 하다.[38]

제1권 시편 1:1-41:13
- 1:1-2:12, 도입부(prologue): 지혜, 하나님의 왕국, 메시아
- 3:1-32:11, 다윗의 시
  - 3:1-8:9, 질서에서 무질서, 그리고 질서의 회복
  - 9:1-14:7, 인간의 영광에서 어리석음
  - 15:1-17:15, 여호와와 함께 거주, 흠 없음, 악
  - 18:1-23:6, 그 왕, 그분의 승리, 고난, 구원(His deliverance), 찬양
  - 24:1-28:9, 진실한 생활 방식(a lifestyle of integrity)
  - 29:1-11, 여호와의 영광
  - 30:1-32:11, 여호와의 안 계심(부재, 不在)과 계심(현존, 現存)(Yahweh absence and presence)
- 33:1-22, 고아의 시(orphan psalm)[39]: 피조물에 나타난 하나님의 지혜
- 34:1-41:13, 다윗의 시[40]

제2권 시편 42:1-72:20
- 42:1-49:20, 고라 자손의 시
  - 42:1-43:5, 하나님으로부터 소외당한 자의 번뇌
  - 44:1-26, 하나님의 거부
  - 45:1-49:20, 관점(perspectives)
- 50:1-23, 아삽의 시

38) James Luther Mays, 『현대성서주석: 시편』, 44.

39) '고아의 시(orphan psalms)'는 제목이나 표제가 없는 시를 말한다. 즉 시편 기자를 모른다는 뜻이다.

40) Willem A. Vangermeren, *The Expositor's Bible Commentary: 5, Palms*, 75-76.

51:1-65:13, 다윗의 시
66:1-67:7, 고아의 시
68:1-70:5, 다윗의 시
71:1-24, 고아의 시
72:1-20, 솔로몬의 시[41)]

제3권 시편 73:1-89:52
73:1-83:18, 아삽의 시
84:1-85:13, 고라 자손의 시
86:1-17, 다윗의 시
87:1-88:18, 고라 자손의 시
89:1-52, 에단의 시- 창조주이시며 왕이시고, 다윗의 아버지이신 여호와는 언약을 파기했다(has spurned).[42)]

제4권 시편 90:1-106:48
90:1-17, 모세의 기도
91:1-99:9, 고아의 시
91:1-92:15, 지혜와 여호와의 보호
93:1-99:9, 왕의 시편: 여호와의 왕국
100:1-101:8, 다윗의 시
102:1-28, 고아의 시: 추방에 대한 슬픔(Exilic lament)
103:1-22, 다윗의 시: 여호와의 보호하심
104:1-106:48, 고아의 시: 이스라엘의 이야기
104:1-35, 지혜로운 창조주이시며 심판자이신 여호와
105:1-45, 이스라엘의 구원자 여호와
106:1-48, 여호와의 구원자 이스라엘[43)]

41) 위의 책, 379-380.
42) 위의 책, 557.
43) 위의 책, 689.

제5권 시편 107:1-150:6

107:1-118:29, 모음 시편(collection)

107:1-43, 계획에 따른 시작(programmatic opening)

108:1-110:7, 다윗의 시

111:1-113:9, 할렐루야(여호와를 찬양, Praise the Lord)

114:1-118:29, 애굽 사람의 찬양 모음(The Egyptian Hallel, 'Praise' Collection)

113:1-9, 가난한 자를 높이고 잉태하지 못한 여인에게 아이를 주신 여호와

114:1-8, 애굽에서 여호와의 권능

115:1-117:2, 할렐루야(여호와를 찬양, Praise the Lord)

118:1-29, 죽음에서 구원하시는 하나님의 사랑과 이름의 권능

119:1-176, 고난을 인내하고, 여호와께 대한 충성심으로 참으며 그분의 구원을 기다리는 경건한 사람에 대한 축복

120:1-150:6, 위대한 찬양(Great Hallel)

120:1-134:3, 성전에 올라가는 노래(Song of ascents)

135:1-136:26, 창조주이시며 구원자이신 여호와

137:1-9, 슬픔과 저주(lament and imprecation)

138:1-145:21, 다윗의 시

146:1-150:6, 끝맺음(epilogue): 할렐루야 시[44)]

시편을 150편으로 나눈 이유는 '150'이란 숫자가 거룩하기 때문이다. 또 시편을 예배 시간에 정기적으로 읽고자 함이었다. 유대인은 구약 성경을 3년에 한 번 다 읽기 위해 해마다 율법서와 선지서, 그리고 성문서를 각각 나누어 읽었다.[45)] 시편을 1년 50주 단위로 3년에 걸쳐 읽도록 만들었다.[46)]

---

44) 위의 책, 793-794.

45) 구약 성경을 3개로 나눌 수 있다. ① 토라(תורה, *Torah*, Law): 율법서(5경)

② 느비임(נביאים, *Nebiim*, Prophets): 역사서와 선지서

③ 케투빔(כְּתוּבִים, *Ketubim*, Writings): 성문서(지혜서)

6. 렌즈

우리는 시편을 해석하는 틀을 시편과 신약이라는 이중 렌즈로 정리할 수 있다. 시편 렌즈는 시편 자체를 깊이 보는 것을 말하고, 신약 렌즈는 시편을 넘어서 신약까지 관통하는 것을 뜻한다. 전자는 현미경으로 보는 것이며, 후자는 망원경으로 보는 그것으로 비유할 수 있다. 시편 렌즈는 문학 및 역사적 방법, 양식, 예식 기능 등으로 시편을 보는 것을 뜻한다. 신약 렌즈는 전통적 역사적 방법, 종말론적 메시아적 방법으로 시편을 해석하는 것을 뜻한다. 이것을 우리는 '정경적 해석'이라고 부른다.[47] 여기에 오늘 우리는 '오늘의 렌즈'를 더하여 시편을 해석하고 적용할 수 있어야 한다.

1) 고대 문학의 범주

(1) 시(*mizmor*, psalm): 이 말은 '악기와 함께 노래하는 것'을 뜻한다. 세상적 시나 종교적 시는 동시에 존재할 수 있지만, 히브리 성경은 종교적 노래에만 제한한다. 이 단어를 '시' 또는 '노래(a song)'로 번역한다.[48]

(2) 힉가욘(Shiggaion): 7편 표제, 9:16에 나온다. 기본적으로 '묵상'을 뜻하는데, 음악적 용어나 문학적 명칭일 것이다.[49]

(3) 믹담(Mikdam): 전통적으로 황금 시편, 개인기도, 짧은 풍자시(epigram), 속죄 시편(atonement psalm), 새겨진 글(inscription) 등을 뜻한다.[50] 하지만 정확한 뜻을 알 수 없다.

---

46) 김정우, 『시편주석I』(서울: 총신대학교출판부, 1999), 26.

47) 정경비평(Canonical criticism/ the canonical approach)이란 최종적 결과로서 성경 본문을 강조하는 성경 해석방법이다. 구약 성경의 본문이나 책이 정경화 되는 과정에서, 특히 최종 형태에서 기독교 정경의 일부로써 고대 이스라엘의 신앙 공동체에 어떤 기능을 수행했는가를 살피고, 오늘의 신앙 공동체에 주는 신학적인 의미에 관해서 연구하는 방법이다.

48) Willem A. Vangermeren, *The Expositor's Bible Commentary: 5, Palms*, 66.

49) 위의 책.

(4) 마스길(Maskil): '현명하다(be wise).' '가르친다(instruct).'와 관련이 있고, 교훈적인 시편에 나오는 용어로 생각한다.

(5) 노래(Song): 사랑의 노래(loving song/ Song of Songs), 술을 마시며 부르는 노래(drinking song, 사 24:9), 잠언(proverbial song, 왕상 4:32), 애도의 노래(lament song, 암 8:10), 승리의 노래(triumph song, 삿 5:12), 그리고 음악 반주가 있는 레위인의 노래(Levitical song with musical accompaniment, 왕상 6:31-32) 등을 말하는 일반적 시의 범주이다.[51]

(6) 찬양의 시(Psalms of praise): 그 뜻은 '할렐루야(Hallelujah)'에서 유래했는데, '여호와를 찬양하라(praise Yahweh).' '주님을 찬양하라(praise the Lord).'이다.[52]

(7) 탄원(Petition): '기념물(memorial portion)', '주님께서 시편 기자를 기념하기를 바라는'이라는 뜻이다.[53]

(8) 여두둔(Jeduthun): '찬송'이라는 뜻인데, 므마리 자손으로 성전에서 봉사하는 3대 악사 중 한 사람이다(대상 16:41). 시편 39, 62, 77편을 기록했다. '노래하는 사람의 모임(guild)', 악기 이름이나 연주 방식을 가리킬 수 있다.[54]

2) 히브리 시의 특징

(1) 알파벳 시(acrostic): '이합체(離合體, 각 시행의 첫 글자를 맞추면 단어가 완성되는) 시'라고 부르는데, 시인이 알파벳의 다른 문자로 각 줄(line), 구절(verse) 또는 연(stanza)을 여는 시적 관행을 말한다. 시인은 알파벳을 통해 자기 생각의 틀을 찾아내어 단순한 나열이 아닌 자신의 사상을 강조한다(시 25장, 34장, 37장, 111장, 112장, 119장, 145장).[55]

---

50) 위의 책.
51) 위의 책, 67.
52) 위의 책.
53) 위의 책.
54) Ernest Lucas, 『성경이해 5, 시편과 지혜서』, 56.
55) Willem A. Vangermeren, *The Expositor's Bible Commentary: 5, Palms*,

(2) 수미 일치법(首尾 一致法, inclusio): 한 문단(the section)의 시작과 끝을 같은 모티프(motif)나 단어의 반복이나 대조적 진술로 그 문단을 닫는다. 한 단락의 시작과 끝을 같은 단어, 구, 또는 절을 일치하는 문학적 기법이다(시 70:1, 5).

(3) 합성어(merism): 두 단어를 합쳐서 사물의 전체성을 표현한다. '몸과 영혼'(사 10:18)과 '머리끝에서 발끝까지'(사 1:6)는 전인을 가리킨다. '하늘과 땅'(창 1:1)은 온 우주, '머리와 꼬리'(사 9:14)는 모든 사회 계층, '들어가고 나가며'는 모든 행동을 뜻한다.

(4) 환유(metonymy): 한 단어로서 다른 것을 가리키는 것을 뜻한다. '하늘'은 천사를, '면류관'은 왕을 가리킨다.

(5) 한 쌍의 단어(word pair): '머리와 정수리'(창 49:26), '은과 금'(시 68:14)은 항상 같이 나온다.

(6) 중언법(hendiadys): 접속사로 연결한 한 단어는 하나의 개념을 갖는다. '인자와 성실'은 '성실한 인자함'이다(시 89:1). '어둠과 흑암'(욥 10:21)은 '가장 깊은 어둠', '혼돈과 공허'(창 1:2)는 '공허한 혼돈'이다.

(7) 두운(頭韻, alliteration)과 각운(脚韻, assonance): '두운'은 첫머리에 같은 음의 글자를 되풀이해서 쓰는 수사법이고, '각운'은 구나 행 끝에 규칙적으로 같은 운을 다는 수사법이다. 즉 처음 시작하는 단어나 마치는 단어의 발음을 계속해서 일치하는 것을 뜻한다(시 51:4; 137:2).

7. 신학

1) 하나님

(1) 실제적 유일신론(practical monotheism): 시 81:9-10은 출 20:2-3을 반향하고 있다. 시편은 다른 신의 존재를 부인하지는 않는다. 하지만 이스라엘은 다른 신들과는 전혀 상관하지 않아야 한다. 시편은

51.

다른 신의 존재를 부인하지 않으면서 여호와는 그 누구와도 비교할 수 없는 가장 뛰어난 분임을 강조한다.[56]

(2) 창조주이시며 역사의 주인: 여호와는 창조주이시며(시 8:5-8), 동시에 역사의 주인이시다. 그분은 이스라엘을 애굽의 노예에서 해방하셨다(시 77:11-20; 78:13, 53). 시편은 여호와의 다스리심을 노래한다. 하나님은 하늘, 구름, 태양, 달, 별, 땅, 바다, 우레, 번개 등을 다스림으로 당신의 통치권을 드러내신다. 주님의 다스리심은 창조와 구원의 양면성을 지닌다.[57]

2) 하나님 앞에 선 사람

시편은 사람을 독립적 존재로 보지 않고 항상 하나님과 연관하여 이해한다.[58] 사람은 하나님 앞에 설 때 그 존재 의미와 목적이 있다. 하나님 앞에 선 사람은 하나님의 도움을 절대적으로 필요로 하는 존재이다. 사람은 하나님의 피조물이다. 사람의 생명은 풀이나 들꽃과 같다(시 90:5-6; 102:11). 인간 생명은 덧없다.[59] 시편에 나타나는 사람은 약하고 비참하고 결국 죽을 운명에 처한 존재이다. 시편은 인간이 죽은 후에 사는 곳을 다양한 방식으로 표현하고 있다: '구덩이'(시 30:3, 9), '스올', '흑암'(시 88:6), '침묵'(시 115:17), '땅 깊은 곳'(시 63:9; 86:13).

3) 행복, 죄 용서

시편 1:1은 "행복하라."로 시작한다. 그것은 인생에서 행복이 중요한 목표임을 말한다. 그리고 시편은 행복을 위한 지침서임을 가르친다.[60]

시인은 주님 앞에 죄를 지었음을 고백한다. 그들은 주님께서 죄를 용서하심을 알고 있다. 그들은 주님께 기도하며 용서를 구한다. 시편

56) Ernest Lucas, 『성경이해 5, 시편과 지혜서』, 104.
57) 전봉순, 『거룩한 독서를 위한 구약 성경 주해, 시편 1-41편』, 52.
58) 위의 책.
59) Ernest Lucas, 『성경이해 5, 시편과 지혜서』, 110.
60) 전봉순, 『거룩한 독서를 위한 구약 성경 주해, 시편 1-41편』, 54.

은 죄 많은 사람의 모습을 숨김없이 보여주며, 하나님 안에서 구원받을 수 있다는 희망을 보여준다.[61] 하나님은 용서하는 분이기에 죄를 고백하면 용서하신다. 행복은 죄 용서로부터 시작한다.

4) 생명과 죽음

시인에게 생명은 하나님의 선물이다. 생명을 주시는 하나님만이 유일하게 생명의 샘(시 36:9)이시다. 인간은 생명의 주인이 아니고 생명을 받은 피조물이다. 하나님은 모든 생물에게 당신의 숨을 주신다. 그러기에 주님은 생명의 하나님이시다.[62]

시인에게는 죽음도 생명과 마찬가지로 하나님과의 관계를 떠나서는 이해할 수 없다. 시인은 단지 육체적으로 생명이 끝나는 것만을 죽음으로 보지 않았다. 육체적 죽음만이 아니라 하나님과의 관계의 단절도 죽음이다. 하나님의 함께하심(현존)은 생명이지만, 하나님의 함께하지 않음(부재)은 죽음이다.[63]

5) 메시아의 소망

시편의 왕권 사상은 메시아 사상의 기원이다. 이스라엘은 왕에 대한 기대가 무너지자 메시아의 기대가 더욱 커졌다. 그 메시아를 기다리며 고난의 시대에서 믿음을 지켰다.[64] 시 118:22-23을 메시아의 시편으로 이해한다. 예수님께서 나귀 타고 예루살렘에 입성하실 그 메시아사상은 아주 분명해졌다.

8. 오늘 우리

구약 성경에서 시편은 하나님 백성의 기도였다. 시편은 모든 인간의 공통적인 마음과 감정을 표현한다. 시편은 하나님 앞에 선 인간

---

61) 위의 책, 57.
62) 위의 책, 58.
63) 위의 책, 59.
64) Ernest Lucas, 『성경이해 5, 시편과 지혜서』, 122.

의 모습과 마음, 그리고 하나님의 응답을 표현한다. 곧 인간의 삶에서 일어나는 모든 고통과 기쁨, 불행과 행복, 질병과 죽음, 회개와 용서, 그리고 하나님을 향한 찬양과 사랑의 노래이다.[65]

시편은 우리를 이스라엘의 신앙 공동체와 연결하여 그 안에서 우리의 정체와 본질을 알도록 한다. 시편을 통해 우리는 우리의 체험과 신앙을 고백하고, 우리의 고난과 감사와 찬양을 표현하는 법을 배워야 한다. 따라서 시편은 모든 그리스도인의 기도이며 찬양이다.

"세상을 크게 보면 하나님이 작게 보인다. 하지만 크신 하나님을 보면 세상은 작게 보인다." 오늘 우리 앞에 나타난 전 지구적인 감염병과 기상 이변, 그로 인한 경제적 정신적 피로와 아픔 등은 크게 보인다. 그러나 시편 기자는 크신 하나님을 보면 세상과 현실은 작게 볼 수 있다고 깨우친다. 우리가 시편을 통해 하나님의 살아 계심과 일하심을 믿고, 시인의 언어로 기도하고 노래하기를 바란다.

65) 전봉순, 『거룩한 독서를 위한 구약 성경 주해, 시편 1-41편』, 60.

01

복 있는 사람은

말씀 시편 1:1-6
요절 시편 1:1
찬송 202장, 203장

1. 복 있는 사람은 무엇을 하지 않습니까(1)? '꾀'는 무엇을 말하며, '따른다.' '선다.' '앉는다.'라는 말은 무슨 뜻입니까?

2. 복 있는 사람은 적극적으로 어떻게 삽니까(2)? '율법'은 무엇을 말하며, '율법을 즐거워한다.' '묵상한다.'라는 말은 무슨 뜻입니까? 행복은 어디에서 옵니까?

01(1:1-6)

3. 복 있는 사람을 무엇에 비유합니까(3)? 구약에서 이런 사람을 찾을 수 있습니까?

4. 악인은 어떻게 다릅니까(4)? '바람에 나는 겨'는 무엇을 상징합니까? 그러므로 악인은 어떻게 됩니까(5)? '의인의 모임'이란 무엇을 말합니까?

5. 두 길에 대한 최종 평가는 무엇입니까(6)? '인정하신다.'라는 말은 무슨 뜻입니까? 이상에서 볼 때, 어떤 두 길이 있으며, 우리는 어떻게 살아야 합니까?

01(1:1-6)

01
복 있는 사람은

말씀 시편 1:1-6
요절 시편 1:1
찬송 202장, 203장

1. 복 있는 사람은 무엇을 하지 않습니까(1)? '꾀'는 무엇을 말하며, '따른다.' '선다.' '앉는다.'라는 말은 무슨 뜻입니까?

이 시는 "복 있는", 히브리어 첫 글자인 '알렙(א, אַשְׁרֵי, *asere,* 복)'으로 시작했다. 마지막 글자인 "망하리로다", '타우(ת, תֹּאבֵד, *to abad,* 망한다)'로 끝났다. 이것을 통해 인생의 시작과 끝을 볼 수 있다. 1편과 2편은 전체 시편의 서론이다.

1-3, 의인의 길

1, "복 있는 사람은 악인들의 꾀를 따르지 아니하며 죄인들의 길에 서지 아니하며 오만한 자들의 자리에 앉지 아니하고"

"복 있는"(אֶשֶׁר, *'esher*) - '행복(happiness)'이다. 이 명사는 언제나 남성 복수 연계형 '아쉬레(אַשְׁרֵי)'로 나오며, '~는 복되도다.' '복이 있도다.'로 번역한다.

"사람은"(הָאִישׁ, *haish*) - '사람(man)'이다. 단수이다. '그 사람은 복이 있다(Blessed is the man).' '행복한 사람이다.'라는 뜻이다. 이 표현은 '복의 공식(a formula of blessing)'이다. 예수님도 "복이 있나니"라는 표현을 쓰셨다(마 5:3-12). 복 있는 사람은 무엇을 하지 않는가?

"악인" - 여호와의 율법을 무시하는 사람이다. 자신의 꾀, 세상 풍조에 따라 사는 사람이다. 그런 사람은 하나님의 원수이며, 의인의 대적자이다.

"꾀" - '충고(counsel)', '모임(council)'인데, '사고방식'을 뜻한다.

"따르지" - '걷는다(walk).'(칼 완료)이다.

"아니하며" - '아니', '아니다.'이다. '걷지 않는다.'이다. 즉 그들과의 분리(dissociation)'를 뜻한다. 첫째로, 복 있는 사람은 악인의 꾀와 걷지 않는다. 분리하여 산다. 복 있는 사람은 악인의 충고나 그 모임을 따르지 않는다. 그들의 '사고방식'으로 걷지 않는다.

"죄인들" - 말씀을 어긴 사람이다.

"길" - '타락(corrupt)'인데, '행동 방식'을 말한다.

"서지" - '계속해서 서 있다(stand).' '남아 있다(remain).'(칼 완료)이다. 즉 '함께한다.'라는 뜻이다.

"아니하며" - '아니', '아니다.'이다. 행복한 사람은 말씀대로 살지 않은 사람들의 행동 방식과 함께 서지 않는다.

"오만한 자" - '경멸하는(모욕하는) 사람(scoffer/mocker)'이다. 이런 사람은 '하나님과 그분의 말씀에 관해 관심이 없다.' 하나님에 대해 신성모독의 말을 한다.

"자리에" - '사회적 지위', '모임(assembly)'이다.

"앉지" - '앉는다.' '머무른다.'(칼 완료)이다.

"아니하고" - '아니', '아니다.'이다.

"따르지 아니하며", "서지 아니하며", "자리에 앉지 아니하고" - 세 가지 동사를 사용하였다: "걷는다(walk)", "서다(stand)", "앉는다(sit)." 이 동사들은 완료형인데, '절대 걷지 않았다.' '절대 서지 않았다.' '절대 앉지 않았다.'라고 과거로 번역할 수 있다. 하지만 히브리어 동사는 '시제(tense)'보다도 '관점(aspect)'을 가리킨다. 따라서 현재로 번역한다. 그들의 행동은 '지속성(persistent perfective),' '습관성(habitual perfective)', '격언적 성격(gnomic perfective)'을 지니고 있기 때문이다. 이 표현은 삶의 전체 여정을 말한다. 복 있는 사람은 악인의 그 어떤 삶과도 절대로 함께하지 않았다. 복 있는 사람은 적극적으로 어떻게 사는가?

2. 복 있는 사람은 적극적으로 어떻게 삽니까(2)? '율법'은 무엇을 말하며, '율법을 즐거워한다.' '묵상한다.'라는 말은 무슨 뜻입니

까? 행복은 어디에서 옵니까?

2, "오직 여호와의 율법을 즐거워하여 그의 율법을 주야로 묵상하는도다"

"오직" - '그러나(but)'를 뜻한다. 1절과 강한 대조를 한다.

"여호와"(*YHWH, 요드, 헤, 와우, 헤*) - 이 신성한 네 개의 문자(Tetragrammaton)는 하나님의 인격적 이름이다. '여호와(Yahweh)'는 이스라엘의 하나님을 나타내는 고유명사이다.

"율법"(תּוֹרָה, *torah*) - '율법(law)', '교훈(instruction)'을 뜻한다. 하나님께서 가르치시는 교훈을 뜻한다. 그것은 행복한 사람이 행복의 길로 가는 삶의 길잡이로서 모세 오경뿐만 아니라, 구약 전체를 말한다.

"즐거워하여" - '기쁨(delight)'이라는 뜻인데, '와 관계(association with)'에서 오는 기쁨이다. '기쁨'이라는 말은 '토라'를 의무감이 아닌 사랑으로 받는 것을 뜻한다.

"여호와의 율법을 즐거워하여" - "그의 기쁨은 여호와의 율법 속에 있다(his delight is in the law of the Yahweh)." 복 있는 사람은 여호와의 율법과의 관계 속에서 기쁨을 누린다.

"묵상하는도다" - '깊이 생각한다(meditate).'(칼 미완료)이다. 본래 동물이 '으르렁거린다.'에서 나왔는데, '부드럽게 소리 내어 읽는다(to read half aloud).' '깊이 생각한다(muse).'라는 뜻이다. 작은 소리로 읽고 공부하여 행동으로 나타나는 것이다.

"주야로" - '계속해서', '변함없이'를 뜻한다. 특정한 시간이 아닌 일상의 삶을 말한다.

당시 하나님의 백성은 '성경책'을 부분적으로나 전체적으로 가질 수 없어서 그 말씀을 기억하거나 깊이 생각했다(pondered). 여호와의 말씀은 다양한 사람의 마음을 움직이고 변화시킨다. 영적 힘과 용기를 주고, 희망을 보게 한다.

'거룩한 독서(*Lectio Divina*, Divine reading)'라는 말이 있다. 말씀을 천천히 읽고 그 의미를 되새기면서 주님을 만나는 것을 뜻한다.

01(1:1-6)

'렉시오 디비나'는 말씀을 올바로 이해하고 맛 들이도록 도우며, 말씀을 깨닫고 기뻐하며 더욱 행복하게 살도록 한다. 악인은 행동하는 반면 복 있는 사람은 묵상한다.

행복은 어디에서 오는가? 행복은 말씀을 즐거워하고, 말씀을 항상 묵상하는 데서 온다. 행복한 사람은 집에서나 밖에서나 주님의 말씀과 함께 '걷는다(walking).' '눕는다(lying down).' '일어난다(getting up).' "집에 앉았을 때에든지 길을 갈 때에든지 누워 있을 때에든지 일어날 때에든지 이 말씀을 강론할 것이며"(신 6:7). 복 있는 사람은 언제나 말씀과 일치하는 삶을 산다. 여호와의 말씀은 복 있는 사람에게 무거운 짐이 아니라 날마다 변함없이 함께하는 귀한 선물이다. 복 있는 사람은 말씀을 삶의 기준으로 삼는다. 복 있는 사람은 악인과는 '사회적 거리(social distancing)'를 두며 산다. 여기에 행복이 있다. 복 있는 사람을 무엇에 비유하는가?

3. 복 있는 사람을 무엇에 비유합니까(3)? 구약에서 이런 사람을 찾을 수 있습니까?

3, "그는 시냇가에 심은 나무가 철을 따라 열매를 맺으며 그 잎사귀가 마르지 아니함 같으니 그가 하는 모든 일이 다 형통하리로다"

"그는" - '~이 일어난다.' '~이다.'(칼 완료)이다.

"시냇가" - 항상 물이 흐르는 냇가를 말한다. 비가 올 때만 흐르는 간헐천(wadi))과는 다르다.

"심은" - '심겼다(planted).'(분사)이다.

"나무" - '복 있는 사람', 즉 '여호와의 말씀을 즐거워하며 묵상하는 사람'을 상징한다.

"나무... 같으니" - "그(복 있는 사람)는 나무와 같다(He is like a tree)." 나무는 시냇가에 심어져 자라고 있다. 뿌리를 잘 내려서 비바람이나 가뭄에도 쓰러지지 않고 충분한 수분과 영양분을 공급받아 잘 자란다.

"철을 따라" - '정해진 때'이다.

"맺으며" - '준다.' '둔다.'(칼 미완료)이다.

"마르지" - '무분별하다(be senseless).' '어리석다(be foolish).'(칼 미완료)이다.

"아니함 같으니" - '아니', '아니다.'이다. 시냇가에 심어진 나무는 열매를 맺고 푸른 모습을 간직한다.

"그가 하는 모든 일이" - '일한다.' '만들다.'(칼 미완료)이다.

"형통하리로다" - '앞으로 나간다.' '번영하다(prospers).'(히필 미완료)이다. 복 있는 사람은 시냇가에 심은 나무처럼 열매를 맺고 번성한다.

구약에서 이런 사람을 찾을 수 있는가? 요셉: "여호와께서 요셉과 함께 하시므로 그가 형통한 자가 되어 그의 주인 애굽 사람의 집에 있으니, 그의 주인이 여호와께서 그와 함께하심을 보며 또 여호와께서 그의 범사에 형통하게 하심을 보았더라"(창 39:2-3). 여호수아: "이 율법책을 네 입에서 떠나지 말게 하며 주야로 그것을 묵상하여 그 안에 기록된 대로 다 지켜 행하라 그리하면 네 길이 평탄하게 될 것이며 네가 형통하리라"(수 1:8). 그러나 악인은 어떻게 다른가?

4. 악인은 어떻게 다릅니까(4)? '바람에 나는 겨'는 무엇을 상징합니까? 그러므로 악인은 어떻게 됩니까(5)? '의인의 모임'이란 무엇을 말합니까?

4-5, 악인의 길

4, "악인들은 그렇지 아니함이여 오직 바람에 나는 겨와 같도다"

"그렇지" - '그와 같이'이다.

"아니함이여" - '아니', '아니다.'이다. 복 있는 사람과 대조한다. 복 있는 사람은 형통하다. 하지만 악인은 그렇지 않다.

"나는" - '흩뿌린다.' '날려 보낸다.'(칼 미완료)이다.

"겨와 같도다" - '왕겨(chaff)'이다. 겨는 알맹이가 없어서 바람에 날린다. 겨는 가볍고 쓸모없음을 나타낸다. 추수 때 키질하여 알곡은 거두고 겨는 버린다.

5, "그러므로 악인들은 심판을 견디지 못하며 죄인들이 의인들의 모임에 들지 못하리로다"

"심판" - 하나님의 심판을 말한다. 그분의 심판은 구속 사역을 통해서, 그리고 '여호와의 날'에 종말론적으로 일어날 것이다.

"견디지"(קוּם, *qum*) - '일어선다(rise).' '선다(stand).'(칼 미완료)이다. 옛날 피고인은 재판 과정에서 무릎을 꿇거나 엎드려 있었다. 사면을 받아야 일어났다.

"못하며" - '아니', '아니다.'이다. 그런데 악인은 심판에서 사면받지 못하여 일어날 수 없다.

"모임에 들지 못하리로다" - '모임'이다. 하나님과 관계성을 맺고 그분 앞에서 즐거워하는 사람으로 이루어진 모임이다. 그것은 예배 공동체를 뜻한다. 의인은 현재와 미래에 하나님의 함께하심을 체험한다. 악인은 의인의 모임에 들어올 수 없다. 자리가 없기 때문이다. 따라서 악인에게는 미래가 없다. 두 길에 대한 최종 평가는 무엇인가?

5. 두 길에 대한 최종 평가는 무엇입니까(6)? '인정하신다.'라는 말은 무슨 뜻입니까? 이상에서 볼 때, 어떤 두 길이 있으며, 우리는 어떻게 살아야 합니까?

6, 두 길에 대한 최종 평가

6, "무릇 의인들의 길은 여호와께서 인정하시나 악인들의 길은 망하리로다"

"무릇" - '왜냐하면(for)'을 뜻한다. 그러나 이 구절은 5절에 대한 설명보다는 전체의 결론이다.

"의인들" - '의로운', '공정한'이다.

"길" - 여호와의 율법을 즐거워하여 묵상하는 삶이다.

"인정하시나"(יָדַע, *yada*) - '알다(know).' '이해한다(understand).'(분사)이다. 여호와의 아심은 의인에 대한 객관적인 지식(an objective knowledge)뿐만 아니라, 그들과의 주관적인 관계성(a subjective relationship)도 포함한다. 이 단어를 남편과 아내 사이의 친밀한 관계: "아담이 그의 아내 하와와 동침하매"(창 4:1)에 사용하였다. 또 하나님은 애굽에서 신음하는 이스라엘을 '기억하셨다'(아셨다. 출 2:25). 하나님은 의인의 길을 아신다.

"악인들" - '사악한', '죄를 지은'이다.

"망하리로다" - '멸망한다(perish).'(칼 미완료)이다. '망할 것이다(shall perish).'라는 뜻이다.

악인의 끝은 멸망이다. 열매를 맺지 않은 나무는 망한다. 예수님은 겉과 속이 다른 사람에게 말씀하셨다. "좋은 나무가 나쁜 열매를 맺을 수 없고 못된 나무가 아름다운 열매를 맺을 수 없느니라, 아름다운 열매를 맺지 아니하는 나무마다 찍혀 불에 던져지느니라, 이러므로 그들의 열매로 그들을 알리라, 나더러 주여 주여 하는 자마다 다 천국에 들어갈 것이 아니요 다만 하늘에 계신 내 아버지의 뜻대로 행하는 자라야 들어가리라"(마 7:18-21).

이상에서 볼 때, 어떤 두 길이 있는가? 복 있는 사람의 길과 악인의 길이다. 복 있는 사람의 길은 하나님의 길(the way of God)이고, 악인의 길은 사람의 길(the way of humans)이다. 복 있는 사람의 길은 여호와의 말씀을 즐거워하여 묵상하는 데 있다. 반면 악인의 길은 그렇지 않음에 있다. 인생의 최종 열매는 여호와의 말씀을 따르는가, 그렇지 않은가에 달려 있다. 복 있는 사람은 여호와의 말씀과 함께 시작하고 여호와의 말씀으로 끝나는 사람이다.

이런 삶을 완성하신 분은 누구인가? 요셉과 여호수아는 그림자에 불과했다. 복 있는 사람의 길을 이루신 분은 예수 그리스도이시다. 오직 그분만이 이 시편의 이상을 이루셨다. 그분은 율법을 즐거워하여 언제 어디서나 묵상하셨다. 그분은 시냇가의 나무처럼 늘 풍성한 열매를 맺으셨다. 하나님은 예수님의 길을 다 아셨다.

우리는 어떻게 살아야 하는가? 첫째로, 진정한 행복이 세상 풍조에 있지 않고 여호와의 말씀 안에 있음을 알아야 한다. 여호와의 말씀은 행복의 지침서이다. 둘째로, 여호와의 말씀을 즐거워하여 묵상하는 삶을 살아야 한다. 우리가 시편을 '렉시오 디비나'의 자세로 배워서 풍성한 열매를 맺고 행복한 삶을 살기를 바란다.

02

내가 나의 거룩한 산에 나의 왕을 세웠다

말씀 시편 2:1-12
요절 시편 2:6
찬송 21장, 23장

1. 이방 나라는 무엇을 하고 있습니까(1)? 그들은 누구에게 분노하며, 어떤 헛된 일을 꾸밉니까(2)? '그의 기름 부음 받은 자'란 무슨 뜻이며, 누구를 말할까요?

2. 세상 왕은 무엇을 하려고 합니까(3)? '맨 것', '결박'은 무엇을 뜻하며, '끊고', '벗어 버리자.'라는 말은 무슨 뜻입니까?

02(2:1-12)

3. 왕들의 반역에 대해 하늘에 계신 분은 어떻게 반응합니까(4)? 하나님은 웃으신 후에 무엇을 합니까(5)? 그분이 하신 말씀의 내용은 무엇입니까(6)? '내가 나의 거룩한 산에 나의 왕을 세웠다.'라는 말씀을 통해 무엇을 배웁니까?

4. 왜 세상은 그 왕께 순종하며 예배해야 합니까(7)? '하나님의 아들이라.'라는 말은 무슨 뜻입니까? 그 아들의 특권은 무엇입니까(8)? 그 아들은 세상 왕을 어떻게 합니까(9)?

5. 그러므로 세상 왕은 무엇을 해야 합니까(10-12a)? '입 맞추라.'라는 말은 무슨 뜻입니까? 그렇게 하지 않으면 어떻게 됩니까(12b)? 누가 복 있는 사람입니까(12c)? 아들을 '섬기고', '입 맞추고', 그분에게 '피하는 일'이 얼마나 중요합니까?

02

내가 나의 거룩한 산에 나의 왕을 세웠다

말씀 시편 2:1-12
요절 시편 2:6
찬송 21장, 23장

1. 이방 나라는 무엇을 하고 있습니까(1)? 그들은 누구에게 분노하며, 어떤 헛된 일을 꾸밉니까(2)? '그의 기름 부음 받은 자'란 무슨 뜻이며, 누구를 말할까요?

이 시는 제왕 시(a royal psalm)이다. '기름 부음 받은 이', '하나님이 세우신 왕', 그리고 '아들'이라는 세 칭호가 나온다. 일차적으로는 다윗 왕을 말하지만, 그리스도를 상징한다. 여호와께서 세우신 '메시아 왕(The Messianic King)'이 세상을 다스릴 주권과 권세를 가지셨다. 따라서 온 세상은 그분을 섬겨야 한다. 거기에 행복이 있다.

2편은 1편의 마지막에 나오는 주제를 끌어와 시작한다. 그것은 "순종하지 않은 악인은 망하고 여호와께 피신하는 의인은 행복하다."라는 것이다.

1-3, 거역하는 나라들

1, "어찌하여 이방 나라들이 분노하며 민족들이 헛된 일을 꾸미는가"

"어찌하여" - '왜(Why)'로 시작한다.

"이방 나라들이" - '국가(nation)', '국민(people)'이다. 특정한 백성을 뜻한다.

"분노하며" - '소란하다(rage).' '격동한다.' '시끄럽게 모인다(noisily assemble).'(칼 완료)이다. 그들은 마치 바다의 파도처럼 술렁거렸다.

"민족들이" - '국민(nation)', '백성(people)'이다.

"꾸미는가" - '속삭인다(mutter).' '궁리한다(devise).' '계획한다

(plot).'(칼 미완료)이다. 수사의문문이다. 놀라움과 함께 그 일이 성공하지 못할 것을 뜻한다. 의인은 여호와의 말씀을 '묵상'하며 하나님의 뜻을 찾는데(1:2), 이방 나라는 술렁거리며, 헛된 일을 꾸미고 있다.

"헛된 일" - 그들이 분노하며 꾸미는 일은 헛되다. 아무 의미 없는 일을 그들은 꾸미고 있다. 이방 나라가 누구에게 분노하며, 어떤 헛된 일을 꾸미는가?

2, "세상의 군왕들이 나서며 관원들이 서로 꾀하여 여호와와 그의 기름 부음 받은 자를 대적하며"

"군왕들" - 고대 근동(ancient Near East)에서 왕은 자신을 신성한 군주(divine monarch)로 여겼다. 세상 왕은 '악한 자'(1:1b)이다.

"나서며" - '서다(stand/ set oneself)', '...에 나타난다.'(히트파엘 미완료)이다. '전열을 갖추어 진을 친다.'라는 뜻이다. 세상 왕은 싸우려고 나타난다. 다윗이 이스라엘 왕으로 세움을 받았을 때 온 블레셋이 다윗을 잡으려고 나타났다(삼하 5:17).

"관원" - '통치자(ruler)'를 뜻한다.

"서로" - '하나 됨', '함께'이다. 그들은 동맹을 맺어 전쟁을 준비했다.

"꾀하여" - '세운다(establish).' '기초를 놓는다(lay foundation).'(니팔 완료)이다. 그들은 음모를 세웠다. 그들은 누구와 싸우고, 무슨 음모를 세웠는가?

"그의 기름 부음 받은 자"(מָשִׁיחַ, *mashiach*) - '기름 부음을 받은 사람(anointed one)'이다. 헬라어는 '메시야스(Μεσσίας)', '크리스토스(Χριστός)'로 부른다. 우리 말로는 '메시아', '그리스도'이다. 그는 왕으로 임명받은 사람이다. 당시 왕은 왕으로 임명받을 때, 즉 대관식 때 올리브기름 부음을 받았다(삼상 10:1).

"대적하며" - '~ 위에', '~에 대해'이다. 그들은 여호와와 그분의 기름 부음 받은 왕을 대적한다. 어떻게 대적하는가?

02(2:1-12)

2. 세상 왕은 무엇을 하려고 합니까(3)? '맨 것', '결박'은 무엇을 뜻하며, '끊고', '벗어 버리자.'라는 말은 무슨 뜻입니까?

3, "우리가 그들의 맨 것을 끊고 그의 결박을 벗어 버리자 하는도다"
"그들의 맨 것" - '굴레(bond)', '속박의 줄'이다.
"끊고" - '뽑아낸다(draw out).' '뿌리째 뽑는다(pluck up).'(피엘 미완료)이다.
"그의 결박을" - '끈(cord)', '줄(rope)'이다.
"벗어 버리자 하는도다" - '내던진다(throw/ cast).' '집어 던진다(hurl).'(히필 미완료)이다.
"맨 것", "결박" - 여호와께 대한 종속적 위치와 순종을 상징한다. 세상 왕이 여호와와 그분의 기름 부음 받은 자의 신하로서 마땅히 해야 할 의무에 대한 은유적 표현이다.
"끊고", "벗어 버리자" - 세상 왕은 하나님의 주권적 통치에서 벗어나려고 한다. 그것은 반역인데, 그 반역의 목표는 주권(lordship)에 대한 도전이다. 당시에는 '주인(lord)'과 '종(servant)'의 관계가 뚜렷했다. 그런데 세상 왕은 '왕의 왕(the king of kings)'이 요구하는 충성심에서 벗어나려고 한다. 그들은 하나님과 메시아의 통치를 반대한다. 하지만 세상 왕은 하나님의 왕권(God's kingship)을 거절할 수 없다. 세상 왕들의 반역에 대해 하늘에 계신 여호와께서 어떻게 반응하시는가?

3. 왕들의 반역에 대해 하늘에 계신 분은 어떻게 반응합니까(4)? 하나님은 웃으신 후에 무엇을 합니까(5)? 그분이 하신 말씀의 내용은 무엇입니까(6)? '내가 나의 거룩한 산에 나의 왕을 세웠다.'라는 말씀을 통해 무엇을 배웁니까?

4-6, 하늘에서 하나님의 다스림
4, "하늘에 계신 이가 웃으심이여 주께서 그들을 비웃으시리로다"
"하늘에" - '하늘들(heavens)'이다.

02(2:1-12)

"계신 이가" - '앉는다(sit).' '머무른다(remain).' '거주한다(dwell).'(분사)이다. '하늘에 계신 분'을 뜻한다.

"웃으심이여" - '웃는다(laugh).' '조롱한다(mock).'(칼 미완료)이다. '웃으실 것이다(will laugh).'라는 뜻이다.

"주께서"(אֲדֹנָי, *adonai*) - '나의 주(my Lord)'이다. '하늘에 계신 이'는 '나의 주님'이시다. 그분은 초월하여 계신 분이고, 온 세상을 다스리는 분이다.

"비웃으시리로다" - '조롱한다(mock).' '비웃는다(deride).'(칼 미완료)이다. 하나님은 하늘에 계시지만, 사람이 하는 일에 개입하신다. 하나님은 반역자의 행위를 보고 가소로워 웃으신다. 왜냐하면 하나님은 세상 왕의 끝을 아시기 때문이다. 하나님은 세상 왕이 넘볼 수 없는 온 우주의 주인님이시다. 그런 하나님을 모르고 대적하니 웃을 수밖에 없다. 하나님은 웃으신 후에 무엇을 하시는가?

5, "그 때에 분을 발하며 진노하사 그들을 놀라게 하여 이르시기를"

"그 때에" - '드디어', '마침내'라는 뜻이다. 하나님은 당신이 정하신 때 말씀과 함께 행동하신다.

"분을 발하며" - '코(nose)', '화(anger)'이다.

"진노하사" - '열기(heat)', '격렬함(burning of anger)'이다.

"놀라게 하여" - '혼란된다(be disturbed).' '불안하게 한다(disturb).'(피엘 미완료)이다. 그분은 진노하셔서 그들을 두렵게 할 것이다.

"이르시기를" - '말한다.'(피엘 미완료)이다. 그분은 말씀하신다. 그 내용은 무엇인가?

6, "내가 나의 왕을 내 거룩한 산 시온에 세웠다 하시리로다"

"내가" - '그러나 나로서는(But as for me)', '나'를 강조한다.

"나의 왕" - '왕'이다. '다윗 왕(Davidic king)'을 말한다. 하지만 궁극적으로는 예수 그리스도이시다.

"내 거룩한" - '구별(apartness)', '거룩함(holiness)', '신성함(sacredness)'이다.

02(2:1-12)

“세웠다”(נָסַךְ, *nasak*) - ‘붓다(pour out)’, ‘세운다.’(칼 완료)이다. 하나님께서 다윗에게 기름을 부어 왕으로 세우셨다. 후에 하나님은 예수 그리스도에게 기름을 부어 왕으로 세우셨다. 왕의 대관식을 상징한다. 여호와는 세상 왕에 대해 “내가 내 왕을 세웠다.”라고 선포하신다. 하나님은 그 왕을 어디에 세우셨는가?

“내 거룩한 산 시온” - ‘시온, 곧 나의 거룩한 산’이다. 시온은 하나님께서 택하신 거룩한 곳이다. 시온이 본래 거룩해서 택한 것이 아니라, 하나님께서 그 도시와 함께하심으로 그 도시를 거룩하게 하셨다. 하나님은 하늘에 계시지만 시온에도 계신다. 하나님은 제한된 장소에만 계시는 분이 아니다. 그 하나님께서 그분의 왕을 그분의 거룩한 산에 세우셨다. 그곳은 ‘다윗 성’(삼하 5:9), ‘예루살렘’이다. 하나님은 거룩한 산을 세우셨고, 그곳에 다윗을 왕으로 기름을 부어 세우셨다.

‘내가 나의 거룩한 산에 나의 왕을 세웠다.’라는 말씀을 통해 무엇을 배우는가? 하나님의 절대 주권, 왕권을 배운다. 세상은 하나님께서 세우신 그 왕을 인정하고, 그 왕께 순종해야 한다. 그 왕을 대적해서는 안 된다. 그 왕과의 관계성을 유지해야지 그것을 끊고자 해서는 안 된다.

죄는 무엇인가? 에덴동산에서 하나님께서 세우신 그 왕권을 깬 것이다. 하나님을 왕으로 인정하지 않고 그 굴레에서 벗어나 자유롭게 살려고 했을 때 오히려 비극이 일어났다. 생명과 행복은 하나님께서 세우신 그 왕을 영접하고 예배하는 데 있다. 왜 세상은 그 왕께 순종하며 예배해야 하는가?

4. 왜 세상은 그 왕께 순종하며 예배해야 합니까(7)? ‘하나님의 아들이라.’라는 말은 무슨 뜻입니까? 그 아들의 특권은 무엇입니까(8)? 그 아들은 세상 왕을 어떻게 합니까(9)?

7-9, 하나님의 계명

7, “내가 여호와의 명령을 전하노라 여호와께서 내게 이르시되 너는

내 아들이라 오늘 내가 너를 낳았도다"

"전하노라" - '계산한다(count).' '말한다(tell).'(피엘 미완료)이다. 시인은 여호와의 명령을 전한다. 당시 왕국에서는 새 왕이 등극하면 등극을 기념하여 칙령을 발포했다. 그 왕권의 정당성을 높이며 정통성과 합법성을 나타냈다. 시인이 전하는 그 내용은 무엇인가?

"이르시되" - '말한다(say).'(칼 완료)이다. 시인은 여호와의 말씀을 전한다. 여호와께서 하신 말씀은 무엇인가?

"너는 내 아들이라" - 여호와 말씀의 핵심 내용이다. 대관식 때 선지자가 하나님의 대변자로 왕에게 이렇게 선포했다. 왕은 대관식을 통해 하나님의 아들이 된다. 왕은 하나님과 언약을 통해 하나님의 아들로 '입양'된다.

"오늘" - 왕이 즉위하는 날이다.

"너를 낳았도다" - '낳는다(bear/ beget).'(칼 완료)이다.

"오늘 내가 너를 낳았도다" - 왕의 신분과 권세가 하나님한테서 왔음을 뜻한다. 하나님이 다윗을 왕으로 세우실 때 말씀하셨다. "나는 그에게 아버지가 되고 그는 내게 아들이 되리니"(삼하 7:14a). 하나님은 왕의 아버지이시다. 여기서는 '법적 권리(a legal right)'를 뜻한다. 그 권리를 대관식 때 확정했다. 그러므로 '하나님이 임명한 왕(the theocratic king)'은 그 아버지의 관심과 원하심에 반응해야 하며, 그의 백성에게 하나님의 뜻을 나타내야 한다. 즉 아버지 '여호와의 통치(the domain of Yahweh)'를 보여주는 것이다.

후에 하나님은 예수님께서 세례받으실 때 하늘로부터 선포하셨다(마 3:17). 그분은 십자가에서 우리 죄를 위하여 죽으시고 사흘 만에 살아나셨고, 하나님 나라로 올라가셨다. 지금은 아버지의 오른쪽에 앉아 계신다(행 2:33, 35, 히 1:3). '오른쪽'은 왕의 통치와 권위의 장소이다. 세상이 그 왕께 순종하며 예배해야 하는 이유는 그분이 하나님의 아들이시며, 세상을 다스리는 왕이기 때문이다. 그 아들의 특권은 무엇인가?

8, "내게 구하라 내가 이방 나라를 네 유업으로 주리니 네 소유가 땅

끝까지 이르리로다"

"내게" - '로부터(from)', '에서 밖으로(out of)'이다.

"구하라" - '바란다(ask).'(칼 명령)이다. 아들의 특권은 그 아버지께 자유롭게 기도하는 것이다.

그 '하나님의 아들'은 후에 예수님을 믿는 사람으로 바뀐다. 따라서 예수님을 믿는 사람, 하나님의 아들은 그분께 자유롭게 구할 수 있다(마 7:7-8). 그 아들이 기도할 때 아버지는 무엇을 주시는가?

"이방 나라를" - '민족', '국가'이다.

"네 유업으로" - '상속재산(inheritance)', '물려받은 것(heritage)', '소유(possession)'이다.

"주리니" - '준다(give).' '세운다.'(칼 미완료)이다. 아버지는 은혜로우셔서 그 기도를 들으신다. 아버지는 그 아들에게 이방 나라를 유업으로 주신다.

"네 소유가" - '소유(possession)', '재산(property)'이다. '유업'과 같은 개념이다.

"끝까지 이르리로다" - '중지', '끝남(ceasing)'이다. '네 소유가 땅끝까지'라는 뜻이다. 아버지 하나님은 세상의 통치자이시기에 그 아들은 그 나라를 땅끝까지 확장할 수 있다. 그 아들은 아버지 하나님의 상속자이기에 기도하지 않아도 유산을 받는다. 하지만 아들은 아버지께 기도할 수 있고, 아버지는 그 기도를 들으신다. 민족과 땅을 유산으로 주신다.

이 말씀은 일차적으로 다윗을 통해 이루어졌다. 가나안 땅을 주셨기 때문이다. 하지만 본질에서는 종말에 그리스도께서 오셔서 온 세상을 다스리심을 뜻한다. 그 아들은 세상 왕을 어떻게 하는가?

9, "네가 철장으로 그들을 깨뜨림이여 질그릇 같이 부수리라 하시도다"

"철장" - '철로 만든 막대기(a rod of iron)'이다. 이것은 기름 부음을 받은 사람의 '통치', '왕권'을 상징한다.

"그들을 깨뜨림이여" - '나쁘다(be bad).' '악하다(be evil).'(칼 미완료)이다.

"질그릇 같이" - '만든 그릇', '옹기장이 그릇(a potter's vessel)'이다.

"부수리라 하시도다" - '깨뜨린다(break).' '에 흩뿌린다(overspread).'(피엘 미완료)이다. '조각으로 부술 것이다(dash them in pieces).'라는 뜻이다. 애굽의 바로가 즉위할 때 질그릇을 깼다. 즉위하는 애굽 왕은 자신의 전 세계적인 권력을 드러내려고 이방 민족의 이름을 새긴 질그릇을 부수며 그들에 대한 정복을 상징했다. 시리아 왕도 자신의 패권이 적들보다 우월함을 나타내려고 질그릇 표상을 사용했다. 이처럼 여호와께서 세우신 왕은 그 왕권으로 민족을 쳐부수고 옹기장이 그릇처럼 깨뜨릴 것이다. 이제는 이스라엘 왕이 온 세상을 다스리기 때문이다. 그러므로 세상 왕은 무엇을 해야 하는가?

5. 그러므로 세상 왕은 무엇을 해야 합니까(10-12a)? '입 맞추라.'라는 말은 무슨 뜻입니까? 그렇게 하지 않으면 어떻게 됩니까(12b)? 누가 복 있는 사람입니까(12c)? 아들을 '섬기고', '입 맞추고', 그분에게 '피하는 일'이 얼마나 중요합니까?

10-12, 지상에서 메시아의 다스림

10, "그런즉 군왕들아 너희는 지혜를 얻으며 세상의 재판관들아 너희는 교훈을 받을지어다"

"그런즉" - '그러므로(therefore)', '이제(and now)'라는 뜻이다.

"군왕들아" - 세상 왕을 말한다.

"너희는 지혜를 얻으며" - '지혜로워라(be wise).' '지혜롭게 행동하라.'(칼 명령)이다. 세상 왕들은 지혜로워야 한다. 그래서 그들은 주님께 거슬러 일어나거나 음모를 꾸미는 것이 그릇된 일임을 깨달아야 한다.

"재판관들아" - '재판한다(judge).' '다스린다(govern).'(분사)이다.

"너희는 교훈을 받을지어다" - '징계한다(discipline).' '교훈한다

(instruct).'(니팔 명령)이다. '경고를 받아라(be warned).' '교훈을 받아라(Be instructed).'라는 뜻이다. 세상 왕은 반역을 계획한 일에 대한 꾸지람을 들어야 한다.

그 왕은 세상을 깨뜨릴 힘이 있으니 군왕과 재판관은 무엇을 해야 하는가? 첫째로, 그들은 지혜롭게 행하고 경고를 받아들여야 한다. 둘째로, 그들은 무엇을 해야 하는가?

11, "여호와를 경외함으로 섬기고 떨며 즐거워할지어다"

"경외함으로" - '두려움'이다. 감정적으로 떠는 것이 아니라 지혜로움의 표현이다.

"섬기고" - '일한다(work).' '섬긴다(serve).'(칼 명령)이다. 그들은 여호와를 경외함으로 섬겨야 한다. 여호와를 두려워하는 마음으로 예배해야 한다. 예배는 위대한 왕(the Great King)이신 여호와께서 받으시는 유일한 반응이다.

"떨며" - '떨림(trembling)', '두려움'이다.

"즐거워할지어다" - '기뻐한다.' '즐거워한다.'(칼 명령)이다. 그들은 즐거워해야 한다. '두려움으로 즐거워하라.'라는 뜻이다. 둘째로, 그들은 경외함으로 예배하고, 떨림으로 즐거워해야 한다. 셋째로, 그들은 무엇을 해야 하는가?

12, "그의 아들에게 입 맞추라 그렇지 아니하면 진노하심으로 너희가 길에서 망하리니 그의 진노가 급하심이라 여호와께 피하는 모든 사람은 다 복이 있도다"

"그 아들에게" - '왕', '메시아'를 뜻한다.

"입 맞추라" - '입 맞춘다(kiss).'(피엘 명령)이다. 셋째로, 그들은 그 아들에게 입 맞춰야 한다. '입 맞추는 것'은 순종과 경배를 상징한다. 그 아들에게 순종하고 예배해야 한다. 만일 그들이 그렇게 하지 않으면 어떻게 되는가?

"그렇지 아니하면" - '하지 않도록', '아니'이다.

"진노하심으로" - '화를 낸다(be angry).' '불쾌하게 여긴다(be

displeased).'(칼 미완료)이다. '화를 내지 않도록 해야 한다.'라는 뜻이다. 하나님의 심판을 뜻한다.

"길에서" - '길', '태도'이다.

"망하리니" - '멸망한다(perish).'(칼 미완료)이다.

"급하심이라" - '불탄다.' '잔인하다(be brutish).'(칼 미완료)이다. 여호와께 복종하지 않으면 멸망이다. 악인의 길은 멸망에 이른다(1:6). 그러나 누가 복이 있는가?

"피하는" - '피신한다(seek refuge).' '보호받으려고 도망한다(flee for protection).'(분사)이다. 비유적으로, '하나님께 소망을 둔다/ 기대한다(put trust in God/hope in God).'라는 뜻이다. 여기서는 '섬긴다.' '입 맞춘다.'라는 말과 같은 개념이다. '여호와를 신뢰하는 사람', '자기를 의지하지 않고 토라를 믿는 사람'이다.

"복이 있도다" - '복'이다. 누가 복이 있는가? 여호와께 피하는 사람이다. 즉 여호와께서 세우신 왕의 다스림을 받는 사람이다. 1편에서 행복한 사람은 악인의 길을 부정하고, '토라'를 묵상하는 사람이었다(1:1-2). 2편에서 행복한 사람은 여호와께서 세우신 그 왕께 입을 맞추는 사람이다(2:12).

시 1:1은 "복 있는(Blessed is)"으로 시작했는데, 시 2:12은 "복이 있도다(Blessed are)."로 끝난다. 시인은 경고보다는 복을 강조한다. 비록 세상 왕이 잘못된 길을 갈지라도 지금 돌아서면, 여호와를 예배하면 복을 받는다.

세상을 누가 다스리는가? "내가 나의 거룩한 산에 나의 왕을 세웠다."라고 선언하신 여호와의 말씀을 들어야 한다. 그분이 '지금', '이곳에서' 일하심을 믿고, 그분을 예배하기를 바란다. 그리하여 생명과 행복을 누리기를 바란다.

03

구원은 여호와께 있사오니

말씀 시편 3:1-8
요절 시편 3:8
찬송 356장, 402장

1. 이 시의 역사적 배경이 어떠합니까(삼하 15:1-16:15)? 다윗은 누구에게 호소합니까(1a)? '여호와'는 무슨 뜻입니까? 그는 여호와께 무엇을 말합니까(1b)?

2. 그를 대적하는 사람의 수가 어느 정도입니까(2a)? 그 적들은 다윗을 어떻게 공격합니까(2b)? '하나님께 구원받지 못한다.'라는 말을 들을 때 그 마음이 어떨까요?

03(3:1-8)

3. 다윗은 절망적인 상황에서 무엇을 합니까(3)? '머리를 드시는 자'란 무슨 뜻입니까? 다윗이 이렇게 기도할 수 있는 비결은 무엇입니까(4)?

4. 여호와의 응답에 대한 그의 확신이 어떻게 나타납니까(5)? 그는 얼마나 담대합니까(6)?

5. 그는 무엇을 위해 기도합니까(7)? '뺨을 친다.' '이를 꺾는다.'라는 말은 무슨 뜻입니까? 원수를 물리치는 여호와는 어떤 분입니까(8)? '구원은 여호와께 있다.'라는 말은 무슨 뜻입니까? 다윗을 구원하고 그 백성에게 복을 내리신 여호와께서 오늘 우리에게는 어떤 분입니까?

03

구원은 여호와께 있사오니

말씀 시편 3:1-8
요절 시편 3:8
찬송 356장, 402장

1. 이 시의 역사적 배경이 어떠합니까(삼하 15:1-16:15)? 다윗은 누구에게 호소합니까(1a)? '여호와'는 무슨 뜻입니까? 그는 여호와께 무엇을 말합니까(1b)?

(다윗이 그의 아들 압살롬을 피할 때 지은 시, A Psalm of David, when he fled from Absalom his son)

이 시는 다윗의 시 중에서 첫 번째이다. 또 '슬픔의 시(애가, 哀歌, the lament psalms)' 중에서 첫 번째이며, '셀라(*Selah*)'가 나타나는 첫 번째이다.

역사적 배경은 다윗의 아들 압살롬이 반역했을 때다(삼하 15:1-16:15). 당시 이스라엘의 민심은 압살롬에게로 다 돌아섰다(삼하 15:13). 압살롬은 반란군을 모아 예루살렘을 함락하여 다윗을 제거하고, 자신이 왕이 되려고 하였다. 다윗은 예루살렘을 떠나 마하나임에 이르고 압살롬은 모든 이스라엘과 함께 요단을 건넜다(삼하 17:24). 그러나 하나님께서 다윗과 함께하셔서 압살롬의 반역을 제압하셨다. 하나님은 다윗을 구원하셨고, 이스라엘에 평화를 주셨다. 다윗은 그런 절망적인 상황에서 무엇을 했는가?

1-2, 원수에 대한 슬픔

1, "여호와여 나의 대적이 어찌 그리 많은지요 일어나 나를 치는 자가 많으니이다"

"여호와여"(Yahweh) - 인격적인 하나님의 이름이다. 그 이름은 신약에서 '아바, 아버지(Abba Father, 막 14:36, 롬 8:15)'와 같은 의미이다. 하나님의 백성에게 '여호와'의 이름은 다윗에게 하셨던 그 약속을 이루시는 분이다. 그분은 이스라엘의 아버지이며, 특별히 기름부음을 받은 다윗과 그의 후손에게 아버지이시다. 다윗은 바로 그 아버지 하나님께 무엇을 말하는가?

"나의 대적이" - '적대자(adversary)', '원수'이다. 외부의 적이 아니라 내부의 적이다. 다윗의 아들 압살롬을 비롯한 그의 신하들이다.

"많은지요" - '많아진다(become many).' '커진다(increase)'(칼 완료)이다. 시인은 지금 심각한 위험에 처했다.

어찌 그리" - '나의 대적들이 어찌 그리 많습니까?'라는 뜻이다.

"일어나" - '일어난다.'(분사)이다.

"나를 치는 자가" - '위에(above)'이다.

"많으니이다" - '많은(much/ many)', '큰(great)'이다. '일어나 나를 대적하는 자들이 많습니까?'라는 뜻이다.

다윗의 형편이 어떠한가? 그는 왕이지만 많은 원수에 둘러싸여 있다. 그는 절망적인 상황을 맞았다. 그는 깊은 '공황 상태(panic)'에 빠졌다. "다윗이 감람 산 길로 올라갈 때에 그의 머리를 그가 가리고 맨발로 울며 가고 그와 함께 가는 모든 백성들도 각각 자기의 머리를 가리고 울며 올라가니라"(삼하 15:30). 이런 그를 대적하는 사람의 수가 어느 정도인가?

2. 그를 대적하는 사람의 수가 어느 정도입니까(2a)? 그 적들은 다윗을 어떻게 공격합니까(2b)? '하나님께 구원받지 못한다.'라는 말을 들을 때 그 마음이 어떨까요?

2, "많은 사람이 나를 대적하여 말하기를 그는 하나님께 구원을 받지 못한다 하나이다(셀라)"

"많은 사람이" - '많은(much/ many)', '큰(great)'이다. 그의 탄식, 슬픔의 핵심은 대적이 '많다'라는 데 있다.

"나를 대적하여" - '생명(life)', '사람(person)'이다.

"말하기를" - '말한다.'(분사)이다. '많은 사람이 내 생명에 관해 말하기를(Many say of my soul)'이라는 뜻이다. 그들은 다윗에게 무슨 말을 했는가?

"그는 하나님께 구원을 받지 못한다" - "하나님 안에는 그를 위한 구원이 없다."

"구원을 받지"(יְשׁוּעָה, *yeshu'a*) - '구원(salvation)', '구출(deliverance)'이다. 그 단어의 기본 뜻은 '도움(help)'인데, '영적인 구속(spiritual redemption)' 이상을 뜻한다. 여기서는 하나님의 도움으로 '전쟁에서 이기는 것'을 뜻한다.

"못한다" - '을 제외하고(except).' '결코~않다(never).'이다. 대적자는 "하나님께서 다윗을 돌보지 않는다." "싸움에서 이기게 하지 않는다."라고 조롱한다. 왜냐하면 많은 사람이 압살롬에게 모여들어 그 힘이 점점 커지기 때문이다. 대적은 "다윗이 그토록 진심으로 섬겼고 믿었던 그 하나님으로부터 버림을 받았다."라고 저주한다.

이런 말을 들을 때 어떤 생각이 들까? 그 대적의 말을 인정하고 희망을 포기할 수 있다. 따라서 이 조롱은 믿음의 사람에게 치명적 상처를 입힐 수 있는 강력한 무기이다.

"셀라"(סֶלָה, *Selah*) - '들어 올린다(lift up).' '높인다(exalt).'라는 뜻에서 나왔다. 예배 때 '음악이나 예전에 대한 지침(musical or liturgical direction)', 즉 노래의 음이나 악기의 리듬을 올리도록 하는 표시였을 것이다. 시인은 대적의 조롱 앞에서 무엇을 하는가?

3. 다윗은 절망적인 상황에서 무엇을 합니까(3)? '머리를 드시는 자'란 무슨 뜻입니까? 다윗이 이렇게 기도할 수 있는 비결은 무엇입니까(4)?

3-4, 여호와께 대한 기도

3, "여호와여 주는 나의 방패시요 나의 영광이시요 나의 머리를 드시는 자이시니이다"

"(그러나)" - 전환문이다.

"주는" - '당신(thou)', '그대'이다.

03(3:1-8)

"여호와여" - '그러나 당신, 여호와(But you, Yahweh)'라는 뜻이다. 강한 반전으로 시작하는데, 애통에서 확신으로 바뀐다. 그는 다시 '여호와', 즉 인격적인 하나님께 나아가 기도한다. 그분을 절대적으로 신뢰한다. 그는 그분을 어떤 분으로 확신하는가?

"나의" - '~뒤에(be hind)', '~을 통하여(through)', '~을 위하여(in behalf of)'이다.

"방패시요" - '작은 원형의 방패'인데, 용사의 방어용 무기이다. '방패'는 하나님께서 그 백성을 보호하심을 상징한다. '하나님의 보호하심'은 당신의 약속을 지키심으로 나타나는데, 그분이 약속을 지킬 수 있는 것은 '위대한 왕(the Great King)'이시기 때문이다. 하나님은 아브라함의 방패였다(창 15:1).

"나의 영광이시요" - '풍부', '영예'라는 뜻인데, 하나님의 성품 중 하나이다. 여호와는 다윗의 영광스러운 분이다. 여호와는 그 왕국을 영광스럽게 다스리신다. 그분은 수만의 천사를 지휘할 수 있는 군대의 사령관이시다. 그분의 영광은 어떤 인간의 능력보다 위대하다.

"나의 머리를" - '머리', '우두머리'이다.

"드시는 자이시니이다" - '높다(be high).' '일어난다(rise up).'(분사)이다. 두 가지 의미가 있다. 하나는, 슬픔과 두려움에서 벗어남을 뜻한다. 다른 하나는, 사면과 복권을 뜻한다. 그 영광스러운 분이 다윗의 머리를 드신다. 이 말은 비천한 사람을 일으켜 세우고 힘센 사람을 낮추는 힘을 가진 여호와를 신뢰하는 히브리어적 표현이다. 여호와는 그의 대적을 이기실 때 그 백성의 머리를 들어주신다. 그 백성을 절망에서 희망으로 인도하신다. "여호와는 가난하게도 하시고 부하게도 하시며 낮추기도 하시고 높이기도 하시는도다, 가난한 자를 진토에서 일으키시며 빈궁한 자를 거름더미에서 올리사 귀족들과 함께 앉게 하시며 영광의 자리를 차지하게 하시는도다"(삼상 2:7-8a). 이 여호와는 '많은 대적'과는 다른 분이다.

이 세 가지 표현, 즉 '방패', '영광', 그리고 '머리를 드시는 자' 등은 모두 전쟁에서 '이김(승리)'과 연관되어 있다. 여호와께서 다윗을 전쟁에서 보호하며 이기게 하신다. 다윗은 그분을 믿고 기도한다. 다

03(3:1-8)

윗이 이렇게 기도할 수 있는 비결은 무엇인가?

4, "내가 나의 목소리로 여호와께 부르짖으니 그의 성산에서 응답하시는도다(셀라)"

"부르짖으니" - '부른다.' '소환한다.'(칼 미완료)이다.

"그의 성산에서" - '거룩한 산(holy hill)'이다. '시온 산'이다. 이곳은 다윗 왕이 대관식을 했던 곳이며(시 2:6), 하나님께서 그와 그 백성과 함께하시는 곳이다. 옛적에 시내 산에 나타나셔서 당신을 계시하며 그 백성과 언약을 맺은 그 여호와께서 이제 시온 산에서 그 일을 하신다. 여호와께서 그 시온 산에서 다윗의 기도를 들으신다.

"응답하시는도다" - '대답한다.'(칼 미완료)이다. 다윗은 비록 대적의 공격을 받을지라도 여호와께 기도하면 응답하실 줄 믿었다.

이런 다윗으로부터 무엇을 배우는가? 그의 믿음이다. 그는 기도하면 하나님께서 응답하실 것이라고 확신한다. 그의 확신은 '아버지와 아들의 관계성'에 근거한다. 그는 하나님을 '아버지'이며 '위대한 왕'으로 믿는다. 따라서 그의 기도는 자신의 의로움에 있지 않고 하나님의 은혜로운 약속과 관련한다. 그는 가장 절망적인 상황에서 아버지 하나님의 응답을 통해 위로를 받는다. 여호와의 응답에 대한 그의 확신이 어떻게 나타나는가?

4. 여호와의 응답에 대한 그의 확신이 어떻게 나타납니까(5)? 그는 얼마나 담대합니까(6)?

5-6, 여호와께 대한 믿음

5, "내가 누워 자고 깨었으니 여호와께서 나를 붙드심이로다"

"내가" - '나'를 강조한다.

"누워" - '눕는다.'(칼 완료)이다. 나는 누웠다.

"자고" - '잠잔다.'(칼 미완료)이다. 나는 자고 있다.

"깨었으니" - '깬다.'(히필 완료)이다. 나는 깼다. 그는 전쟁 중에도 잠을 잘 잔다. 그는 긴장의 순간에도 평안하게 생활한다. 그 이유가 무엇인가?

"나를 붙드심" - '기대다(lean).' '떠받친다(sustain).'(칼 미완료)이다.

"이로다" - '~라는 것 때문에(because that).'이다. 왜냐하면 여호와께서 '나'를 붙드시기 때문이다.

'하나님의 떠받침(the sustenance of God)'이 시인의 보호이며 평화이다. 믿음의 삶은 하나님 붙드심으로 보호받고, 절망과 희망의 차이를 나타낸다. 다윗은 대적의 압박을 피하려고 계획을 세우거나 자신의 영혼을 아프게 하는 대신에 '하나님의 붙드심'을 붙들었다. 그것이 기도이다. 기도하는 그는 얼마나 담대한가?

6, "천만인이 나를 에워싸 진 친다 하여도 나는 두려워하지 아니하리이다"

"천만" - '만(ten thousand)'이다.

"인" - '백성', '민족이다. '많은'(1, 2)과 같은 뜻이다. '많은 군인', '큰 군대'를 뜻한다.

"에워싸" - '주변', '둘레에'이다.

"진 친다" - '~의 곁에'이다. '에워싸 진을 치더라도', '나를 에워쌀지라도'라는 뜻이다. 대적이 다윗을 공격하는 모습이 절정에 이르렀다.

"나는 두려워하지" - '두려워한다.' '무서워한다.'(칼 미완료)이다.

"아니하리이다" - '아니', '아니다.'이다. 그러나 다윗은 두려워하지 않는다. 왜냐하면 그는 모든 문제를 '여호와의 떠받침'에 맡기기 때문이다. 그의 평안은 하나님께 자신의 문제를 맡기는 데서 왔다. 그는 많은 대적으로부터 공격을 받을지라도 위대한 왕이신 여호와께서 그 많은 적을 물리칠 줄을 믿는다. 다윗의 영광스러운 왕이며 아버지는 그를 돌보시며 평안하게 자고 깨도록 하신다. 그는 무엇을 위해 기도하는가?

5. 그는 무엇을 위해 기도합니까(7)? '뺨을 친다.' '이를 꺾는다.'라는 말은 무슨 뜻입니까? 원수를 물리치는 여호와는 어떤 분입니까

(8)? '구원은 여호와께 있다.'라는 말은 무슨 뜻입니까? 다윗을 구원하고 그 백성에게 복을 내리신 여호와께서 오늘 우리에게는 어떤 분입니까?

7-8, 구원과 희망의 표현을 위한 기도

7, "여호와여 일어나소서 나의 하나님이여 나를 구원하소서 주께서 나의 모든 원수의 뺨을 치시며 악인의 이를 꺾으셨나이다"

"일어나소서" - '일어선다.' '일어난다.'(칼 명령)이다. 시인은 여호와께서 행동하기를 기도한다. 여호와의 일어나심을 많은 대적이 일어난 것(1b)과 대조한다. 여호와께서 하늘에서 일어나 땅에서 싸워 대적을 없애기를 기도한다.

"나의 하나님이여" - '하나님'이다. '나의 아버지'와 같은 뜻이다.

"나를 구원하소서" - '구원한다.'(히필 명령)이다. 대적자는 "하나님은 다윗을 구원하지 못한다."(2)라고 결론을 이미 냈었다. 그러나 다윗은 대적자가 사용했던 그 단어를 사용하면서 '구원'을 위해 기도한다. 그는 어떤 형편에서도 오직 여호와를 의지하고 그분께 도움을 청한다. 왜냐하면 그분만이 유일한 구원이시기 때문이다. 여호와께서 그를 어떻게 구원하시는가?

"치시며" - '친다.' '때린다.'(히필 완료)이다. '뺨을 친다.'라는 말은 '모욕하는 행위(an expression of humiliation)'를 뜻한다.

"꺾으셨나이다" - '깨뜨린다.'(피엘 완료)이다. '이를 꺾는다.'라는 말은 야생 동물의 이빨이 깨졌을 때 그 힘이 사라지는 것을 뜻한다. 하나님께서 악인의 힘을 없애셨다. 악인은 하나님의 왕국 안에서나 밖에서나 그 어떤 힘도 나타내지 못한다. 여호와께서 승리하셨기 때문이다. 원수를 물리치는 여호와는 어떤 분인가?

8, "구원은 여호와께 있사오니 주의 복을 주의 백성에게 내리소서(셀라)"

"구원은" - '구원(salvation)'이다. '전쟁에서 승리하는 것'을 뜻한다.

"여호와께 있사오니" - '여호와'이다. '구원은 여호와께 속했다.'

'구원은 여호와에게서 나온다(Salvation comes from the Yahweh).'라는 뜻이다.

'구원은 여호와께 있다.'라는 말은 무슨 뜻인가? 전쟁에서 승리하는 것은 여호와께 달려 있다. 다윗이 대적과 싸워서 이기는 길은 오직 여호와의 도움으로만 가능하다. 여호와는 그 어떤 대적과도 싸워 이길 수 있다. 여호와는 위대한 왕이시다. 여호와는 사랑하는 아들딸에게 승리를 주신다.

압살롬은 다윗을 공격하려고 후새와 아히도벨로부터 계략을 들었다. 실제 계략은 아히도벨의 것이 후새의 것보다 더 좋았다. 하지만 하나님께서 그 계략에 간섭하셨다(삼하 17:14). 그 결과 압살롬은 전쟁에서 패하였다(삼하 18:9, 15). 다윗의 기도대로 여호와께서 이기게 하셨다. 그의 마무리 기도는 무엇인가?

"주의 복" - '복(blessing)'이다. '전쟁에서 승리', 그로 인한 '평화'이다.

"주의 백성" - '백성', '민족'이다.

"내리소서" - '~위에', '~의 곁에'이다. 시인은 '승리', '평화'가 그 백성에게 돌아가도록 기도한다. 하나님은 다윗에게 그 백성의 평화는 물론이고 악한 사람과 외부의 적을 제거하겠다고 약속하셨다. 왕이 안팎의 전쟁에서 이김으로써 주님의 축복이 온 백성에게 미쳐 평화가 왔다.

다윗을 구원하고 그 백성에게 복을 내리신 여호와는 어떤 분인가? 그분은 누구든지 당신께 나와 기도하면 구원하고 복을 주신다. 다윗의 모습은 일차적으로 예수 그리스도를 통해 나타났다. 예수 그리스도는 많은 원수에 둘러싸였다. 많은 원수는 그분을 조롱했다. 그분은 십자가에 못 박혀 돌아가셨다. 그러나 여호와께서 그분의 기도를 들으시고, 그분을 원수의 손에서, 죽음에서 구원하셨다. 그리고 그분을 구원의 근원으로 삼았다.

여호와는 오늘도 그 백성의 기도를 들으시고, 구원 사역을 계속하신다. 우리 삶의 승리는 여호와께 달려 있다. 승리는 여호와한테서 온다. 우리는 어떤 상황에 부닥칠지라도 믿음으로 기도할 수 있다.

03(3:1-8)

구원의 희망을 품을 수 있다. 아무런 도움의 손길이 보이지 않는 절망의 순간에도 주님을 믿고 기도할 수 있다. 기도하면 주님은 응답하시고 구원하신다. 기도하면 우리는 삶의 현장에서 승리하고, 평화의 복을 받는다.

04

내 마음에 두신 더 많은 기쁨

말씀 시편 4:1-8
요절 시편 4:7
찬송 409장, 414장

1. 시인은 어떤 하나님께, 무엇을 기도합니까(1)? '의의 하나님'은 어떤 분입니까? 다윗은 어떤 곤란을 겪고 있습니까(2)? '인생들'은 누구를 말할까요?

2. 다윗은 그들이 어떻게 하기를 바랍니까(3a)? 그들이 알아야 할 바는 무엇입니까(3b)? 그들이 하지 않아야 할 일은 무엇입니까(4)? 그들이 적극적으로 해야 할 일은 무엇입니까(5)? '의의 제사'란 무엇입니까?

3. '여러 사람'은 무슨 불평을 했습니까(6a)? '선'은 무엇을 말할까요? 다윗은 그런 그들을 위해 무슨 기도를 합니까(6b)? '얼굴을 비춘다.'라는 말은 무슨 뜻입니까?

4. 그 기도의 응답은 무엇입니까(7a)? 어느 정도 더 많은 기쁨입니까(7b)? '내 마음에 두신 더 많은 기쁨'이라는 말씀을 통해 무엇을 배웁니까?

5. 기쁨은 우리 삶에서 무엇을 동반합니까(8a)? 평안한 잠과 안전한 삶을 누가 주십니까(8b)? 다윗에게 평안한 잠과 안전한 삶을 주신 여호와께서 오늘 우리에게는 어떤 분입니까?

04

내 마음에 두신 더 많은 기쁨

말씀 시편 4:1-8
요절 시편 4:7
찬송 409장, 414장

1. 시인은 어떤 하나님께, 무엇을 기도합니까(1)? '의의 하나님'은 어떤 분입니까? 다윗은 어떤 곤란을 겪고 있습니까(2)? '인생들'은 누구를 말할까요?

(다윗의 시: 인도자를 따라 현악기에 맞춘 노래, To the choirmaster: with stringed instruments. A Psalm of David)

"인도자" - 성전의 음악을 지휘하는 레위인일 것이다.

"현악기" - 예식 때 사용했을 것이다.

이 시의 배경은 사울이 다윗을 공격할 때나 압살롬이 다윗을 공격할 때일 것이다. 또는 다윗의 백성이 삶의 어려움 속에서 다윗을 공격할 때일 것이다. 다윗은 그때 하나님께 기도했다. 그 기도를 '하나님께 저녁에 드리는 기도'라고 부른다. 그는 기도를 통해 하나님께서 그 마음에 두신 더 많은 기쁨을 깨달았다.

이 시는 '슬픔의 개별 시(individual psalms of lament)'나 '확신의 시(psalms of confidence)'로 분류할 수 있다.

1, 기도

1, "내 의의 하나님이여 내가 부를 때에 응답하소서 곤란 중에 나를 너그럽게 하셨사오니 내게 은혜를 베푸사 나의 기도를 들으소서"

"내 의의 하나님이여" - '내 의로움의 하나님'이다.

"의"(צֶדֶק, *tsedeq*) - '공의(justice)', '의로움(righteousness)'을 뜻한다. '의'는 윤리적 모습보다 하나님과 그 백성의 바른 관계성을 강조한다. 그것은 아버지와 아들의 좋은 관계성과 같다. 하나님은 우리의 아버지처럼 그 아들딸이 어려움에 부닥쳤을 때 도움을 청하면 도와주실 것을 약속하셨고, 그 약속을 지키신다. 그 점에서 그분은 의로우시다. 따라서 "하나님의 의를 믿는다."라는 말은 "그분의 약속을 믿는다."라는 뜻이다.

"하나님"(אֱלֹהִים, *'elohim*) - '하나님'이라는 이름은 그분의 위엄과 함께 그 백성과 친교를 나타낸다.

"부를 때에" - '부른다.'(부정사)이다. 하나님께 담대하게 요청하는 것은 그분 아들딸의 특권이다.

"응답하소서" - '대답한다.' '증언한다.'(칼 명령)이다. 그는 하나님께서 기도를 들으실 줄 믿는다.

"곤란 중에" - '좁은', '고통'이다. 그는 심리적으로나 신체적으로 어려움에 부닥쳤다. 곤란의 내용은 2절에 나온다.

"너그럽게 하셨사오니" - '넓다(be wide).'(히필 완료)이다. 이 말은 '막다른 골목을 넓게 만드는 것'을 뜻한다. 즉 '좁은 상태에 갇힌 사람을 넓은 곳으로 인도하여 자유롭게 한다.'라는 뜻이다. 따라서 "나를 넓게 하셨다(have enlarged me)." "나에게 여유를 주셨다(have given me room)." "나를 자유롭게 하셨다(did set me free)." "나에게 안위를 주셨다(have given me relief)." 등으로 번역할 수 있다.

"내게 은혜를 베푸사 나의 기도를 들으소서" - 그는 하나님의 아들로서 담대하지만 겸손하게 주님의 은혜를 구한다. 기도는 하나님의 아들딸이 그분의 은혜에 자신을 맡기는 소통의 한 형태이다. 시인은 어떤 곤란을 겪는가?

2-5, 하나님께 대한 신뢰의 요구

2, "인생들아 어느 때까지 나의 영광을 바꾸어 욕되게 하며 헛된 일을 좋아하고 거짓을 구하려는가(셀라)"

"인생들아" - '사람의 아들들(sons of men)'이다. 그들은 '유명한 시민 계급(the class of prominent citizens)'에 속했다. 그들은 당시 사회의 부자, 힘 있는 사람이었다. 그런데 그들의 지도력은 길을 잃었다. 그 이유는 무엇인가?

04(4:1-8)

"어느 때까지" - '언제까지'이다.

"나의 영광" - '나의 명예'이다. 개인의 명예는 사회 속에서 차지하는 지위에 대한 인정과 존경이다.

"욕되게 하며" - '모욕', '망신'이다. 명예를 모욕하는 일은 그 존재를 모욕하는 일이다. 명예를 욕되게 하는 일은 물리적 상처 이상으로 치명적이다. 첫째로, 그들은 시인의 영광을 욕되게 했다.

"헛된 일을" - '빈', '공허'이다. 실제로는 아무것도 없고 이름만 그럴듯하고 내용이 없는 것을 말한다.

"좋아하고" - '사랑한다.'(칼 미완료)이다.

"거짓을" - '거짓말', '사기'이다. 참이 아닌 것을 말한다.

"구하려는가" - '찾는다.' '원한다.'(피엘 미완료)이다. 그들은 헛된 말을 사랑하고 거짓을 찾았다.

이 상황을 두 가지 역사적 배경에 따라 생각할 수 있다. 첫째로, 인생들을 사울과 그 일당, 또는 압살롬과 그 일당으로 여길 수 있다. 그들은 다윗을 왕으로 인정하지 않고 무시했다. 그런 그들의 행동은 헛된 일이고 거짓을 찾는 일이다. 왜냐하면 하나님께서 세우신 자를 거역하기 때문이다.

둘째로, 인생들을 일반 백성의 지도자로 볼 수 있다. 그들은 나라가 어려울 때, 예를 들면 비가 오지 않아서 기근에 시달릴 때, 다윗을 무시하고 '바알 신'에 가서 도움을 청했다. 하지만 그런 일은 헛된 일이고 거짓을 찾는 일이다. 왜냐하면 하나님이 기름 부어 세우신 종의 말에 순종하지 않았기 때문이다. 그러나 다윗은 그들이 어떻게 하기를 바라는가?

2. 다윗은 그들이 어떻게 하기를 바랍니까(3a)? 그들이 알아야 할 바는 무엇입니까(3b)? 그들이 하지 않아야 할 일은 무엇입니까(4)? 그들이 적극적으로 해야 할 일은 무엇입니까(5)? '의의 제사'란 무엇입니까?

3, "여호와께서 자기를 위하여 경건한 자를 택하신 줄 너희가 알지어

다 내가 그를 부를 때에 여호와께서 들으시리로다"

3-5절까지 7개의 동사가 나타난다: '알지어다(know, 3절)', '떨며(be angry, 4절)', '범죄하지 말라(do not sin, 4절)', '심중에 말하고(search/ponder)', '잠잠할지어다(be silent, 4절)', '드리고(offer, 5절)', '의지할지어다(trust, 5절).'

"(그러나, But)... 너희가 알지어다" - "그러나 너희는 알아라." 첫째로, 다윗의 원수는 '알아야 한다(know).' 무엇을 알아야 하는가?

"경건한 자"(חָסִיד, *chasid*) - '거룩한 사람(holy one)', '성도(saint)', '경건한 사람(godly one)'을 뜻한다. 여호와는 경건한 사람에게 '인애(steadfast love)'와 '언약'을 주신다.

"택하신" - '구별한다.' '따로 떼어놓는다.'(히필 완료)이다. '구별했다(has set apart).'라는 뜻이다. 이 말을 '놀라운 일을 하셨다.' '기적을 베푸셨다.'라는 뜻으로 해석할 수 있다. 시인은 여호와께서 경건한 자에게 기적을 베푸심을 확신한다.

"너희가 알지어다" - '알다.' '이해한다.'(칼 명령)이다. 시인은 원수에게 그들이 비난하는 자가 하나님의 사랑을 받는 경건한 자임을 알아야 한다고 말한다.

"내가 그를 부를 때에" - '부른다.' '선포한다.'(부정사)이다.

"들으시리로다" - '듣는다.'(칼 미완료)이다. 여호와는 당신이 택한 경건한 사람이 기도하면 응답하신다. 여호와는 우상과 달리 부르짖는 사람의 기도를 들으신다. 그들이 하지 않아야 할 일은 무엇인가?

4, "너희는 떨며 범죄하지 말지어다 자리에 누워 심중에 말하고 잠잠할지어다(셀라)"

"떨며" - '화를 내라(be angry).' '동요하라(be agitated/ be tremble).'(칼 명령)이다.

"범죄하지" - '빗나간다.' '죄를 짓는다.'(칼 미완료)이다.

"말지어다" - '아니', '아니다.'이다. '죄를 짓지 말라.'라는 뜻이다.

첫째로, 그들은 화를 낼지라도 죄를 짓지 않아야 한다. 바울 사도는 말씀했다. "분을 내어도 죄를 짓지 말며 해가 지도록 분을 품지 말고”(엡 4:26). 둘째로, 그들은 하나님의 징계를 두려워하고 죄를 짓지 않아야 한다. 하나님의 징계를 생각하면 누구든지 죄를 짓지 않을 수 있다.

“자리” - ‘드러누움’, ‘침상(couch)’이다.

“말하고” - ‘말한다.’이다. 명령이다. ‘마음속으로만 말하라(meditate in).’라는 뜻이다. 이것은 ‘생각하고 또 생각한다.’라는 뜻이다.

“잠잠할지어다” - ‘침묵한다(be silent).’ ‘고요하다(still).’(칼 명령)이다. 이 말은 ‘울부짖는다(wail/ cry)’와 반대 개념이다. 그들은 자리에 누워서도 마음으로만 말하고 잠잠해야 한다. 그들은 마음으로 악한 생각을 할 수 있으나 그것을 행동으로 옮겨서는 안 된다. 그들이 적극적으로 해야 할 일은 무엇인가?

5, “의의 제사를 드리고 여호와를 의지할지어다”

“의의 제사” - ‘의로운 희생(the sacrifices of righteousness)’이다. ‘의로운 희생’은 여호와께 전적인 순종의 표현으로 온 마음으로 나타나는 희생을 말한다. 그 희생은 여호와와 올바른 관계에서 나오는 헌신의 행위이다. “하나님께서 구하시는 제사는 상한 심령이라 하나님이여 상하고 통회하는 마음을 주께서 멸시하지 아니하시리이다”(시 51:17). 하나님은 겸손하게 뉘우치며 회개하는 마음을 원하신다.

“드리고” - ‘제물로 바친다(sacrifice).’ ‘도살한다(slaughter).’(칼 명령)이다. 그들은 제물을 바쳐야 한다.

“의지할지어다” - ‘믿는다(trust in).’ ‘확신한다(be confident).’(칼 명령)이다. 그들은 여호와를 의지해야 한다. 하지만 그들은 무슨 불평을 하는가?

3. ‘여러 사람’은 무슨 불평을 했습니까(6a)? ‘선’은 무엇을 말할까요? 다윗은 그런 그들을 위해 무슨 기도를 합니까(6b)? ‘얼굴을 비춘다.’라는 말은 무슨 뜻입니까?

6-8, 기도와 응답

6, “여러 사람의 말이 우리에게 선을 보일 자 누구뇨 하오니 여호와여 주의 얼굴을 들어 우리에게 비추소서”

“여러 사람의” - ‘많은’이다. ‘여러 사람’은 ‘인생들’(2)과 같다.

“말이” - ‘말한다(say).’(분사)이다. ‘불평한다.’라는 뜻이다.

“보일자” - ‘본다.’ ‘바라본다.’(히필 미완료)이다. ‘누가 우리에게 좋은 일을 보여줄 수 있을까?’라는 뜻이다.

“선”(טוֹב, *tob*) - ‘좋은(good)’, ‘번영’이다. 여기서는 ‘비’를 상징한다. ‘여러 사람’은 곡식과 포도의 수확을 위해 비를 구하고 있다. 그들은 가뭄의 위기를 어떻게 이겨야 할지 몰라 당황하고 있다. 그때 시인은 무슨 기도를 하는가?

“들어” - ‘들어 올린다.’ ‘가지고 간다.’(칼 명령)이다.

“우리에게 비추소서” - ‘~위에’, ‘~에 대해’이다. ‘하나님의 함께하심으로 주시는 축복’을 뜻한다. 그것은 그들이 바라는 ‘비’가 오는 것이다. 당시 ‘여러 사람’은 여호와께 기도하지 않고 ‘풍년의 신’인 ‘바알’에게 구했다. 하지만 시인은 여호와께 은총을 구한다.

시인은 ‘여러 사람’이 하는 질문에 답한다. “누구뇨?” “여호와이다.” 여호와께서 그들에게 얼굴빛을 비출 것이다. 다윗의 대답은 제사장이 백성을 위해 했던 기도를 닮았다(민 6:24-26). 그 기도의 응답은 무엇인가?

4. 그 기도의 응답은 무엇입니까(7a)? 어느 정도 더 많은 기쁨입니까(7b)? ‘내 마음에 두신 더 많은 기쁨’이라는 말씀을 통해 무엇을 배웁니까?

7, “주께서 내 마음에 두신 기쁨은 그들의 곡식과 새 포도주가 풍성할 때보다 더하니이다”

“두신” - ‘준다.’ ‘놓는다.’(칼 완료)이다.

“기쁨은” - 여호와께서 그 마음에 기쁨을 주셨다. 어느 정도 더 많은 기쁨인가?

“곡식과 새 포도주” - 하나님 축복의 표시이다. 물질적 부이며 세상적 기쁨의 상징이다.

"풍성할" - '크다.' '많다.'(칼 완료)이다.

"때보다" - 여호와께서 시인에게 주신 기쁨은 그들이 곡식과 포도주가 풍성하여 누리는 기쁨보다 더 많다. 주님이 주시는 기쁨은 그들이 곡식과 포도주에서 얻은 기쁨을 넘어선다.

우리는 '내 마음에 두신 더 많은 기쁨'이라는 말씀을 통해 무엇을 배우는가? 물질의 풍성함이 주는 기쁨보다 하나님이 주시는 기쁨이 더 많다는 사실을 배운다. 하나님이 주시는 기쁨은 외적 환경을 뛰어넘어 나타난다. 하나님이 주시는 기쁨은 절대적이다. 하나님은 당신을 사랑하는 아들딸에게 물질이 주는 기쁨보다 더 많은 기쁨을 주신다. 더 많은 기쁨은 우리의 삶에서 무엇을 동반하는가?

5. 기쁨은 우리 삶에서 무엇을 동반합니까(8a)? 평안한 잠과 안전한 삶을 누가 주십니까(8b)? 다윗에게 평안한 잠과 안전한 삶을 주신 여호와께서 오늘 우리에게는 어떤 분입니까?

8, "내가 평안히 눕고 자기도 하리니 나를 안전히 살게 하시는 이는 오직 여호와이시니이다"

"평안히" - '평화', '번영'이다.

"눕고" - '눕는다.'(칼 미완료)이다.

"자기도 하리니" - '잠들다.'(칼 미완료)이다.

시인은 하나님께서 주시는 더 많은 기쁨으로 평안히 눕고 잔다. 하나님이 그 마음에 두신 더 많은 기쁨에는 평안히 눕고 자는 것이 있다. 평안히 눕고 자는 것이 왜 물질적 풍요보다 더 큰 기쁨인가? 잠을 잘 잘 수 있는 그것처럼 기쁜 일도 없다. 잠을 자지 못하면 근심과 걱정, 불안과 짜증이 넘친다. 반면 잠을 잘 자면 걱정과 불안, 짜증이 없다. 아니 잠을 잘 자려면 걱정과 불안이 없어야 한다. 그런데 기쁨은 걱정과 불안을 몰아낸다. 기쁨은 잠 못 이루는 밤을 지내지 않도록 한다. 여호와께서 주시는 기쁨은 단잠을 준다.

"안전히" - '안전', '안심'이다.

04(4:1-8)

"살게 하시는" - '머무른다.' '살다.'(히필 미완료)이다. '안전하게 살게 할 것이다.'라는 뜻이다.

"오직" - '오직(only)'을 강조한다.

"이시니이다" - '마치~처럼(as though)', '~라는 것 때문에(because that)'이다. 오직 여호와만이 평안히 눕고 잘 자도록 하고, 안전하게 살게 하시기 때문이다.

시인에게 평안한 잠과 안전한 삶을 주신 여호와께서 오늘 우리에게는 어떤 분인가? 오늘도 여호와는 당신을 믿고 기도하면 평안한 잠과 안전한 삶을 주신다. 오늘 우리가 이 시인처럼, 또는 다윗처럼 어떤 상황에서도 하나님을 믿고 기도하면 물질이 주는 기쁨보다 더 많은 기쁨을 받는다. 오직 여호와 그분께만 기도할 때 우리도 '내 마음에 두신 더 많은 기쁨'을 체험할 수 있다.

05

나의 왕, 나의 하나님

말씀 시편 5:1-12
요절 시편 5:2
찬송 619장, 620장

1. 다윗은 여호와께 어떻게 기도합니까(1)? '심정'은 무엇을 말합니까? 그는 여호와를 어떤 분으로 믿습니까(2)? '나의 왕, 나의 여호와'는 어떤 분이며, 그분을 통해 무엇을 배웁니까?

2. 다윗은 언제 여호와께 기도합니까(3)? '아침'은 무엇을 상징할까요? 그가 믿고 기도하는 여호와는 어떤 분입니까(4)? 악인은 구체적으로 어떤 사람입니까(5-6)? 여호와는 악인을 어느 정도 미워합니까? '거짓말하는 사람', '속이는 사람'을 왜 '피 흘리기를 즐기는 사람'과 같이 취급합니까?

3. 다윗은 무엇을 하고자 합니까(7a)? 그가 '주의 집'에 들어가려는 근거는 무엇입니까? 그 목적은 무엇입니까(7b)?

4. 그는 무엇을 위해 기도합니까(8)? '의로 인도한다.' '길을 곧게 한다.'라는 말은 무슨 뜻입니까? 그는 왜 그렇게 기도합니까(9)? 악인은 어떤 사람입니까?

5. 다윗은 하나님께서 악인을 어떻게 하도록 기도합니까(10)? 그러나 누가 기뻐해야 합니까(11)? 왜 그렇게 기뻐할 수 있습니까(12)? '복을 주시고', '호위하시는' 여호와는 어떤 분입니까?

05

나의 왕, 나의 하나님

말씀 시편 5:1-12
요절 시편 5:2
찬송 619장, 620장

1. 다윗은 여호와께 어떻게 기도합니까(1)? '심정'은 무엇을 말합니까? 그는 여호와를 어떤 분으로 믿습니까(2)? '나의 왕, 나의 여호와'는 어떤 분이며, 그분을 통해 무엇을 배웁니까?

(다윗의 시: 인도자를 따라 관악기에 맞춘 노래, To the choirmaster: for the flutes. A Psalm of David)

"관악기에 맞춘" - 음악과 관련된 것으로 본다.

이 시의 배경은 다윗 시대로부터 포로 후기 시대일 것이다. 이 시는 '개인적인 슬픔의 시(an individual lament psalm)'이다. 하지만 이 시에는 '확신'(1-3, 8-12)과 '공동체의 슬픔(a community lament)'(11-12)의 요소도 있다. 시인은 악인의 거짓과 흉계로 고난을 겪을지라도 하나님을 믿고 의지하면서 아침부터 기도로 시작한다.

1-3, 하나님의 공의(justice)를 위한 기도

1, "여호와여 나의 말에 귀를 기울이사 나의 심정을 헤아려 주소서"

"여호와여" - 시인은 여호와를 의지하고 그분께 기도한다.

"나의 말" - '말들(words)'이다. 기도할 때 하는 말이다.

"귀를 기울이사" - '듣는다(hear).'(히필 명령)이다. 그는 여호와께서 말로 하는 기도를 들으실 줄 믿는다.

"나의 심정" - '묵상', '탄식'이다. '앓는 소리(groaning)', '탄식 소리(sighing)'를 뜻한다. 이 말은 '어떤 필요에 대한 비언어적 표현(a nonverbal expression)', 즉 '마음으로 하는 말'이다.

"헤아려 주소서" - '생각한다(consider).' '이해한다.'(칼 명령)이다.

그는 말로 표현하지 못하는 마음의 고통을 헤아려 달라고 기도한다. 그는 하나님께서 자신의 말은 물론이고, 자신의 앓는 소리도 들으심을 믿는다. 그는 여호와를 어떤 분으로 믿는가?

2, "나의 왕, 나의 하나님이여 내가 부르짖는 소리를 들으소서 내가 주께 기도하나이다"

"나의 왕, 나의 하나님이여" - '나의 왕이신 하나님'으로 부를 수 있다. 이 말은 하나님은 주권적 왕이면서 동시에 그 아들딸에게 매우 가까운 아버지 같은 분이다.

"내가 부르짖는" - '도움을 위한 부르짖음'이다.

"소리를" - '소리', '음성'이다. 시인의 내적 고뇌의 표현이다. 그는 하나님께서 그 백성의 부르짖는 소리를 들으신 줄 믿는다.

"들으소서" - '듣는다(hear).' '주의한다(be attentive).'(히필 명령)이다. 그는 왕이신 하나님께서 그 백성이 부르짖는 소리를 들으신다고 믿는다.

'나의 왕, 나의 하나님'이신 그분을 통해 무엇을 배우는가? 첫째로, 여호와는 왕이시다. 당시 가장 좋은 왕은 그 백성을 전쟁에서 안전하게 구원하는 위대한 용사였다. 그리고 그 백성을 사랑과 평화로 다스리셨다. 그런데 여호와는 그 가장 좋은 왕이 여호와 하나님이시라고 고백한다. 왜냐하면 그 왕이신 하나님께서 자신을 전쟁터와 같은 삶의 현장에서 구원하셔서 사랑과 평화로 다스리실 줄 믿기 때문이다. 그분은 눈에 보이지 않을지라도 한 사람은 물론이고 온 세상을 다스리는 왕이시다.

둘째로, 그 왕은 그 백성의 울부짖음을 들으신다. 모든 동물은 무리 속에 있는 자기 새끼의 울음소리를 알아듣는다. 많은 송아지가 울지라도 그 어미 소는 자기 새끼의 울음소리를 알아듣고, 양도 알아듣는다. 우리의 왕이신 하나님은 많은 사람의 울부짖음 속에서 당신의 아들딸의 울부짖음을 알아들으신다. 그러니 우리는 그분께 기도할 수 있다. 그는 언제 여호와께 기도하는가?

2. 다윗은 언제 여호와께 기도합니까(3)? '아침'은 무엇을 상징할까요? 그가 믿고 기도하는 여호와는 어떤 분입니까(4)? 악인은 구체적으로 어떤 사람입니까(5-6)? 여호와는 악인을 어느 정도 미워합니까? '거짓말하는 사람', '속이는 사람'을 왜 '피 흘리기를 즐기는 사람'과 같이 취급합니까?

3, "여호와여 아침에 주께서 나의 소리를 들으시리니 아침에 내가 주께 기도하고 바라리이다"

"아침에" - '아침'을 두 번 반복한다. 이스라엘은 아침에 제사와 기도를 드렸다(왕하 3:20). 이른 아침에 주님의 도움이 임한다고 믿었기 때문이다. 주님은 이른 아침에 새롭게 일하신다. 그러면 어둠은 물러가고 새 희망이 떠오른다.

"들으시리니" - '듣는다.'(칼 미완료)이다. 그는 이른 아침에 하나님께서 기도에 응답하실 기대감으로 기도한다.

"기도하고" - '정돈한(set in order).' '준비한다(prepare).'(칼 미완료)이다. '희생제사를 준비한다(I prepare a sacrifice for).'라는 뜻이다.

"바라리이다" - '둘러본다.' '지켜본다.'(피엘 미완료)이다. 그는 아침에 기도하고 낮 동안 하나님의 응답을 기다린다. 그가 믿고 기도하는 여호와는 어떤 분인가?

4-6, 악을 미워하시는 하나님에 대한 확신

4, "주는 죄악을 기뻐하는 신이 아니시니 악이 주와 함께 머물지 못하며"

"(왜냐하면, For)" - 그가 여호와께 기도하는 이유를 말한다.

"죄악을" - '부정', '죄지음'이다.

"아니시니" - '아니', '아니다.'이다. 여호와는 죄악을 기뻐하는 하나님이 아니시다. 다른 종교는 신의 수준에 따라 선과 악을 모은다. 하지만 이스라엘의 하나님은 악과 구별하신다.

"주와 함께 머물지" - '타국인으로 있다(be a stranger).' '손님이 된다.' '거한다(dwell in).'(칼 미완료)이다.

"못하며" - '아니', '아니다.'이다. 악은 주님과 함께할 수 없다. 악인은 주님의 집에 손님일 수 없다. 고대 근동에서는 손님이 주인으로부터 대접을 받았다. 그러나 악한 사람은 주님의 집에서 손님 대접을 받지 못한다. 비록 악인이 재산이 많을지라도 그는 주님의 집에서 주님과 함께 사귈 수 없다. 악인은 구체적으로 어떤 사람인가?

5, "오만한 자들이 주의 목전에 서지 못하리이다 주는 모든 행악자를 미워하시며"

"오만한 자들이" - '밝게 비춘다.' '자랑한다.'(분사)이다. 그는 하나님 앞에서 '스스로 자랑하며 높이는 사람'이다. 이런 사람은 주님을 의지하지 않고 자기 잘난 맛에 산다.

"서지" - '위치를 잡는다(stand before).' '나타난다.'(분사)이다.

"못하리라" - '아니', '아니다.'이다. 교만한 사람은 감히 주님 앞에 설 수 없다. 그런 사람은 성전에 나와 형식적으로 예배할지라도 본질에서 주님 앞에 경배할 수 없다.

"행악자" - '나쁜 짓을 하는 사람'이다. 특히 그는 회개하지 않은 사람이다.

"미워하시며" - '미워한다.'(칼 완료)이다. 여호와는 악을 행하는 사람을 미워하신다. 여호와는 죄를 미워하고 죄짓는 사람도 미워하신다. 하나님은 죄를 지었던 사람을 미워하지 않고 죄를 계속해서 짓는 사람을 미워하신다. 어느 정도 미워하는가?

6, "거짓말하는 자들을 멸망시키시리이다 여호와께서는 피 흘리기를 즐기는 자와 속이는 자를 싫어하시나이다"

"거짓말하는 자들을" - 의도적으로 사실을 왜곡하여 거짓을 증언하는 사람이다. 고대 이스라엘 법은 법정에서 거짓으로 증언하는 사람을 사형에 처했다.

"멸망시키시리이다" - '멸망한다(perish).'(피엘 미완료)이다. 여호와는 거짓말하는 사람을 멸하신다. 나쁜 짓을 하는 사람은 자기 영혼을 죽이지만, 거짓말하는 사람은 그가 유혹하는 만큼의 많은 영혼을 죽인다.

"피 흘리기를 즐기는 자와" - '피'이다. '피의 사람', '피 흘린 죄를 지은 사람', 즉 '살인자'를 뜻한다.

"속이는 자를" - '사기 치는 사람'이다. 누구를 죽이기 위해 법정에서 허위 증언을 하며 속임수를 쓰는 사람이다.

"싫어하시나이다" - '몹시 싫어한다(abhor).'(피엘 미완료)이다. 여호와는 '거짓말하는 자', '피 흘리기를 즐기는 자', 그리고 '속이는 자'를 다 같은 부류로 여기고 심판하신다.

여호와는 왜 그들을 같이 취급하실까? 거짓말쟁이는 속이는 자와 같다. 거짓말하는 사람과 속이는 사람은 하나님과 사람에게 신실하지 않다. 그들의 겉만 보면 살인자와는 거리가 멀다. 하지만 그들은 거짓말로 사람을 해친다. 그들은 잠재적 살인자이다. 따라서 그들을 같이 여기고 멸하신다. 그러나 다윗은 무엇을 하고자 하는가?

3. 다윗은 무엇을 하고자 합니까(7a)? 그가 '주의 집'에 들어가려는 근거는 무엇입니까? 그 목적은 무엇입니까(7b)?

7, 하나님과 사귐에 대한 희망

7, "오직 나는 주의 풍성한 사랑을 힘입어 주의 집에 들어가 주를 경외함으로 성전을 향하여 예배하리이다"

"오직 나는" - "그러나 나는." '나', 다윗은 '악인들', 즉 오만한 자, 행악자, 거짓말하는 자, 피 흘리기를 즐기는 자, 그리고 속이는 자와는 다르다. 그는 '다름'을 강조한다. 그는 악한 자와는 다르게 무엇을 희망하는가?

"사랑" - '신실한 사랑(faithful love)', '인자(loving-kindness)'이다.

"주의 집에" - '집', '가정'이다. '성전'을 뜻한다.

"들어가" - '들어간다.'(칼 미완료)이다. 그는 주님의 집에 들어갈 것이다. 이 말은 '주님과 사귐을 갖는 것'을 뜻한다.

그가 주님의 집에 들어가려는 근거는 무엇인가? 주님의 풍성한 사랑이다. 그가 주님과 사귀려는 것은 자신의 의로움이 아니라 주님의 풍성한 사랑에 있다. 주님의 집에는 본래 제사장과 레위인만 들어갈 수 있었다. 하지만 그분의 사랑으로 그분을 믿는 사람은 누구나 들어갈 수 있다. 그가 주님의 집에 가려는 목적은 무엇인가?

"주를 경외함으로" - '경외하는 사람'이다. '두려움(in paralyzing fear)'이 아닌 '경외함(in reverence)'이다.

"성전을" - '거룩한 전'인데, '전(הֵיכָל, *hekal*)'은 '궁전(place)', '성전(temple)', '성소(sanctuary)'를 뜻한다. 두 단어는 같은 뜻인데, '주의 집'은 '성전'에 비해 좀 더 포괄적이다.

"향하여" - '에', '쪽으로'이다.

"예배하리이다" - '몸을 구부린다(bow down).'(히트파엘 미완료)이다. 그는 성전을 향하여 예배한다. 하지만 그의 예배 대상은 성전 자체가 아니라, 그곳에 계시는 여호와이시다. 그는 주님을 경외함으로 예배하기를 바란다. 하나님께 예배하기를 원하는 그는 무엇을 위해 기도하는가?

4. 그는 무엇을 위해 기도합니까(8)? '의로 인도한다.' '길을 곧게 한다.'라는 말은 무슨 뜻입니까? 그는 왜 그렇게 기도합니까(9)? 악인은 어떤 사람입니까?

8, 하나님의 의(righteousness)에 대한 기도

8, "여호와여 나의 원수들로 말미암아 주의 의로 나를 인도하시고 주의 길을 내 목전에 곧게 하소서"

"나의 원수들로" - '원수'이다.

"말미암아" - '목적(purpose)', '의지(intent)'이다. '원수들 때문에(because of my enemies)', '원수들이 지켜보고 있사오니'라는 뜻이다. 시인은 원수 때문에 여호와께 도움을 청한다. 시인에게는 원수가 많다. 왜냐하면 시인은 하나님의 길을 따라 살기 때문이다. 하나님의 길을 따라 살면 시기하고 괴롭히는 사람이 생긴다.

"주의 의로" - '주님의 공의'이다. '주님의 구원'을 뜻한다.

"나를 인도하시고" - '인도한다(lead).' '안내한다(guide).'(칼 명령)이

다. '주님의 의로 인도하소서.' '주님의 뜻을 행하도록 인도하소서.'라는 뜻이다. 그는 첫째로, 여호와께서 자신을 악인의 길에 빠지지 않고 주님의 뜻을 행하도록 인도해 주시기를 기도한다.

"주의 길을" - '길', '방식'이다. '주님의 공의'와 '주님의 길'을 대조한다.

"곧게 하소서" - '평탄하다.' '곧다.'(히필 명령)이다. '주님의 길을 내 앞에서 곧게 하소서.' '내 앞에 주님의 길을 환히 열어 주소서.'라는 뜻이다. 둘째로, 그는 여호와께서 자기에게 바른길을 보여주시도록 기도한다. 그는 왜 이렇게 기도하는가?

9, 악에 대한 확신

9, "그들의 입에 신실함이 없고 그들의 심중이 심히 악하며 그들의 목구멍은 열린 무덤 같고 그들의 혀로는 아첨하나이다"

"(왜냐하면, For)" - 시인이 그렇게 기도하는 이유를 밝힌다. 그것은 악인 때문이다. 악인은 어떤 사람인가?

"신실함이" - '확고하다.' '고정된다.'(분사)이다. '확고한 것', '진실'을 뜻한다.

"없고" - '어느 쪽도 ~아니다(neither).' '아무도 ~않다(none).'이다. 그들의 입에는 '확고한 것'이 없다. 그들은 거짓말쟁이고 올바르지 못하다. 그들은 하나님과 사람에게 신실하지 못하다. 하나님께 신실하지 못하니 사람에게도 신실하지 못한다.

"그들의 심중이" - '내부', '한가운데'이다.

"심히 악하며" - '욕망', '깊은 구렁'이다. '깊은 자아(inner being)'를 뜻한다. 그들의 가장 깊은 자아는 멸망이다. 그들은 본성적으로 악한 존재이다. 따라서 그들 속에서는 나오는 것은 멸망뿐이다.

"목구멍" - 언어기관이다.

"열린 무덤 같고" - '죽음'을 강조한다. 악인의 말은 죽음의 냄새를 풍기고, 죽음으로 이끈다.

"아첨하나이다" - '분배한다(share).' '나눈다(divide).'(히필 미완료)이다. '매끄러운 말을 하는 것'을 뜻한다. 아첨에는 남을 죽이는 독이 숨어 있다. 그들은 아첨하는 말로 사람을 혼란에 빠뜨리고 무너지게 만든다. 그들은 말로 사람에게 상처 주고 죽음에 이르게 한다.

바울 사도는 로마교회를 향하여 악인의 모습을 이렇게 표현했다. "그들의 목구멍은 열린 무덤이요 그 혀로는 속임을 일삼으며 그 입술에는 독사의 독이 있고, 그 입에는 저주와 악독이 가득하고"(롬 3:13-14). 시인은 하나님께서 그들을 어떻게 하도록 기도하는가?

5. 다윗은 하나님께서 악인을 어떻게 하도록 기도합니까(10)? 그러나 누가 기뻐해야 합니까(11)? 왜 그렇게 기뻐할 수 있습니까(12)? '복을 주시고', '호위하시는' 여호와는 어떤 분입니까?

10-12, 하나님의 의에 대한 희망

10, "하나님이여 그들을 정죄하사 자기 꾀에 빠지게 하시고 그 많은 허물로 말미암아 그들을 쫓아내소서 그들이 주를 배역함이니이다"

"그들을 정죄하사" - '죄가 있다(be guilty).' '유죄로 판결한다.'(히필 명령)이다. 시인은 첫째로, 하나님께서 악인을 정죄하도록 기도한다. 정죄한다는 말은 심판한다는 뜻이다. 보통은 하나님께서 악인을 용서하도록 기도하는데, 오늘 다윗은 하나님께서 악인을 심판하도록 기도한다. 그만큼 악인이 문제이기 때문이다.

"빠지게 하시고" - '떨어진다(fall).'이다. '쓰러진다.'(칼 미완료)이다. 둘째로, 시인은 악인이 자기 꾀에 빠지도록 기도한다. 악인은 죄 없는 사람을 죽이려고 했는데, 그 꾀에 빠질 수 있다. 여호와의 의로우심은 악한 자의 꾀를 이기기 때문이다. 하나님의 공의는 악인의 꾀가 자기에게 역효과를 가져오게 하기 때문이다. 모르드개를 죽이려고 높은 장대를 세운 하만이 오히려 그 장대에 걸려 죽었다(에 7:9b-10). 악인이 자기 꾀에 빠진 전형이다.

"허물로" - '반역(rebellion)', '죄(transgression)'이다.

"그들을 쫓아내소서" - '몰아낸다(impel/ drive away).' '내어쫓는다(banish).'(히필 명령)이다. 셋째로, 그들을 쫓아내도록 기도한다. 이것은 언약 공동체와 그 예배에서 쫓아내는 것을 뜻한다.

“배역함이니이다” - ‘반역한다.’(칼 완료)이다. 그들이 반역했기 때문이다. 그들은 의인을 대적할 뿐만 아니라 하나님께 반역했다. 그런 사람은 교회 공동체에서 쫓아내야 한다. 그러나 누가 기뻐하는가?

11, “그러나 주께 피하는 모든 사람은 다 기뻐하며 주의 보호로 말미암아 영원히 기뻐 외치고 주의 이름을 사랑하는 자들은 주를 즐거워하리이다”

“그러나” - 전환이 일어난다.

“피하는” - ‘피신한다(seek refuge).’(분사)이다.

“기뻐하며” - ‘즐거워한다(rejoice).’(칼 미완료)이다. 그러나 하나님께서 악인을 심판하실 때 그분께 피하는 자는 기뻐할 것이다.

“주의 보호로 말미암아” - ‘접근을 막는다(stop the approach).’ ‘차단한다(shut off).’(히필 미완료)이다. 주님은 당신께 피하는 사람을 보호하신다. ‘보호’는 새가 그 날개를 펴서 그 새끼를 보호하는 그림에서 왔다. “그가 너를 그의 깃으로 덮으시리니 네가 그의 날개 아래에 피하리로다 그의 진실함은 방패와 손 방패가 되시나니”(시 91:4).

“기뻐 외치고” - ‘기뻐 소리친다(shout for joy).’ ‘기뻐 노래한다(sing for joy).’(피엘 미완료)이다. 세상 기쁨은 안개처럼 사라지지만, 하나님한테서 오는 기쁨은 굳건한 뿌리가 있어서 풍요롭고 영속적이다.

“사랑하는 자들은” - ‘여호와(Yahweh)’의 이름을 사랑하는 사람이다. 즉 그분의 이름을 부르고 높이고 자랑하며 전파하는 사람이다.

“주를” - ‘안에’, ‘와 함께’이다.

“즐거워하리이다” - ‘기뻐 날뛴다(exult).’ ‘즐거워한다(rejoice).’(칼 미완료)이다. 주님의 이름을 사랑하는 사람은 주님 안에서, 주님과 함께 크게 기뻐할 것이다. 왜 그렇게 기뻐할 수 있는가?

12, “여호와여 주는 의인에게 복을 주시고 방패로 함같이 은혜로 그를 호위하시리이다”

“(왜냐하면)” - 그 이유를 말한다.

05(5:1-12)

“복을 주시고” - ‘무릎을 꿇는다(kneel).’ ‘축복한다(bless).’(피엘 미완료)이다. 여호와는 의인에게 복을 주실 것이다.

“방패로 함같이” - ‘큰 방패’이다. 주님은 방패처럼 의인을 보호하신다.

“은혜로” - ‘호의’, ‘은총’이다.

“그를 호위하시리이다” - ‘에워싼다.’ ‘관을 쓴다.’(칼 미완료)이다. ‘두르실 것이다(will surround).’ ‘왕의 영광(royal glory) 주실 것이다.’라는 뜻이다. 그분의 은혜로 관을 쓰는 것은 그분의 축복에 없어서는 안 될 것이다.

‘복을 주시고’, ‘호위하시는’ 여호와는 어떤 분인가? ‘나의 왕, 나의 하나님’이시다. 이 땅에서 삶의 현실은 의인의 온전한 기쁨을 좌절시킬 때가 있다. 우리가 삶의 혹독함을 생각하면 두려움이 솟구친다. 그러나 우리의 하나님 여호와는 역경을 겪는 사람에게 용기를 준다. 오늘도 여호와께 피하는 사람, 여호와의 이름을 사랑하는 사람에게 복을 주신다. 그리고 호위하신다. 따라서 그분을 믿는 사람은 오늘도 크게 기뻐할 수 있다.

06

나의 영혼을 건지시며

말씀 시편 6:1-10
요절 시편 6:4
찬송 382장, 400장

1. 다윗은 누구에게, 무엇을 기도합니까(1)? 그가 이런 기도를 하는 첫 번째 이유는 무엇입니까(2)? 그가 여호와께 기도하는 두 번째 이유는 무엇입니까(3a)? 그가 더욱 떠는 이유는 무엇입니까(3b)? '어느 때까지니이까'라는 말을 통해 무엇을 알 수 있습니까?

2. 그가 여호와께 기도하는 세 번째 이유는 무엇입니까(4)? 그가 그렇게 기도할 수 있는 근거는 무엇입니까? '주의 사랑으로'라는 말을 근거로 기도하는 그로부터 무엇을 배웁니까?

06(6:1-10)

3. 다윗이 네 번째로 기도하는 이유는 무엇입니까(5)? '스올'은 무엇을 말합니까? '스올에서 주께 감사할 수 없다.'라는 말을 통해 무엇을 배웁니까?

4. 그는 어떤 상태에 있습니까(6-7)? '눈이 어두워졌다.'라는 말은 무슨 뜻입니까?

5. 그러나 그에게 어떤 역전이 일어났습니까(8a)? 그 이유가 무엇입니까(8b-9)? 그 결과 원수는 어떻게 됩니까(10)? 우리가 뼈가 떨리는 고통을 겪을지라도 어떻게 역전할 수 있습니까?

06

나의 영혼을 건지시며

말씀 시편 6:1-10
요절 시편 6:4
찬송 382장, 400장

1. 다윗은 누구에게, 무엇을 기도합니까(1)? 그가 이런 기도를 하는 첫 번째 이유는 무엇입니까(2)? 그가 여호와께 기도하는 두 번째 이유는 무엇입니까(3a)? 그가 더욱 떠는 이유는 무엇입니까(3b)? '어느 때까지니이까'라는 말을 통해 무엇을 알 수 있습니까?

(다윗의 시: 인도자를 따라 현악 여덟째 줄에 맞춘 노래, To the choirmaster: with stringed instruments; according to The Sheminith. A Psalm of David)

"여덟째 줄" - '스미닛(הַשְּׁמִינִית, The Sheminith)'은 히브리어로 '여덟 번째'라는 뜻이다. '음악' 또는 '전례' 용어로서 '여덟째 음에 맞추어 연주한다.'라는 뜻으로 생각한다.

이 시는 일곱 개(시 6편, 32편, 51편, 102편, 130편, 143편)의 '참회의 시(penitential psalm)' 중 하나이다. 그러나 엄격한 의미에서 그것은 참회의 시가 아닌데, 죄의 고백이나 용서를 위한 기도가 없기 때문이다. 따라서 이 시를 '개인적 슬픔의 시(an individual lament psalm)'로 간주한다.

1-3, 여호와의 은혜를 위한 기도

1, "여호와여 주의 분노로 나를 책망하지 마시오며 주의 진노로 나를 징계하지 마옵소서"

"주의 분노로" - '콧구멍(nostril)', '얼굴(face)', '화(anger)'이다. 여호와의 화는 그분을 괴롭히며 매우 불쾌하게 하는 백성의 죄와 관련한다.

06(6:1-10)

"나를 책망하지" - '판단한다(judge).' '꾸짖는다(rebuke).'(히필 미완료)이다. 이것은 잘못한 사람에게 그 책임을 묻는 것이다. 여호와의 책망은 심판의 한 형태이면서 삶에서 배우는 교훈이기도 하다.

"마시오며" - '아니', '아니다.'이다.

"주의 진노로" - '분개(indignation)', '진노(wrath)'이다. 언약 백성이 여호와께 충성하지 못할 때 나타나는 하나님의 반응이다.

"나를 징계하지" - '징벌한다(chasten).' '가르친다(instruct).'(피엘 미완료)이다. 여호와의 징계는 버리심으로 나타난다. 따라서 그 징계는 매우 혹독하다.

"마옵소서" - '아니', '아니다.'이다.

여호와께서 노아 시대 때 세상을 향해 말씀하셨다(창 6:3). 사도 바울은 예수님을 믿지 않은 세상을 이렇게 표현했다(롬 1:24). 시인은 여호와께서 자신을 책망하지 않도록 기도한다. 그는 여호와께서 자신을 버리지 않도록 기도한다. 그가 이렇게 기도하는 첫 번째 이유는 무엇인가?

2, "여호와여 내가 수척하였사오니 내게 은혜를 베푸소서 여호와여 나의 뼈가 떨리오니 나를 고치소서"

"수척하였사오니" - '시들어 있는(am withered away)', '고생하고 있는(am languishing)'이다.

"내게 은혜를 베푸소서" - '호의를 베푼다.' '불쌍히 여긴다.'(칼 명령)이다. 그 은총은 무엇인가?

"나의 뼈가" - '인간의 존재(being)', '감정의 자리'를 상징한다. 뼈는 몸에서 가장 단단한 부분이며 힘의 원천이다. '몸 전체', '그 자신'을 뜻한다.

"떨리오니" - '놀랜다.' '당황한다.'(니팔 완료)이다. '뼈가 떨린다.'라는 말은 '내면에서 나오는 깊은 절망', '존재 자체가 무너짐'을 뜻한다. 시인은 몸과 마음이 약해져 극심한 고통을 받고 있다.

"나를 고치소서" - '고친다.' '건강하게 한다.'(칼 명령)이다. 그는 여호와께 치료의 은총을 구한다.

06(6:1-10)

그가 여호와께 기도하는 첫 번째 이유는 자신이 너무나 수척하고 절망하고 있기 때문이다. 시인은 자신의 원기 왕성함이 얼마나 쇠약해졌는지 말한다. 하나님의 징계 앞에 설 사람은 아무도 없다. 하나님의 징계를 받으면 아무리 강한 사람도 잎이 시든 나무처럼 시들 수밖에 없다. 이런 그를 다시 치료하고 회복할 수 있는 분은 오직 여호와뿐이다. 이것이 그가 여호와께 도움을 청하는 첫 번째 이유이다. 그가 여호와께 기도하는 두 번째 이유는 무엇인가?

3, "나의 영혼도 매우 떨리나이다 여호와여 어느 때까지니이까"

"나의 영혼" - '나 자신', 즉 주님의 도움을 절대적으로 원하는 그 자신이다.

"떨리나이다" - '놀랜다.' '당황한다.'(니팔 완료)이다. 그는 '뼈가 떨린다.'(2)에서 '영혼이 떨린다.'라고 말한다. 그는 신체적 고통뿐만 아니라 영혼의 고통도 겪고 있다. 그는 깊은 두려움과 절망에 빠졌다. 그가 두 번째로 여호와께 기도하는 이유는 깊은 두려움에 떨고 있기 때문이다. 그가 더욱 떠는 이유는 무엇인가?

"어느 때까지니이까" - '이 진노를 언제쯤 거두실 건가요?' '나는 언제까지 이 절망을 견뎌야 합니까?'라는 뜻이다. 그는 여호와께서 자신을 언제 치료하실지를 묻는다.

'어느 때까지니이까?'라는 말을 통해 무엇을 알 수 있는가? 시인이 가장 고통스러워하는 점이 무엇인지를 알 수 있다. 그는 고난 자체보다도 그 고난의 끝을 알 수 없음이 더 고통스러웠다. 그는 고통을 견딜 수 있도록 은혜를 구하는데, 한계에 이르렀다. 그는 그 한계에서 벗어나도록 기도한다. 이것이 그가 여호와께 기도하는 두 번째 이유이다. 세 번째 이유는 무엇인가?

2. 그가 여호와께 기도하는 세 번째 이유는 무엇입니까(4)? 그가 그렇게 기도할 수 있는 근거는 무엇입니까? '주의 사랑으로'라는 말을 근거로 기도하는 그로부터 무엇을 배웁니까?

4-5, 여호와의 사랑을 위한 기도

4, “여호와여 돌아와 나의 영혼을 건지시며 주의 사랑으로 나를 구원하소서”

“돌아와” - ‘돌아간다.’ ‘회복한다.’(칼 명령)이다. 그는 여호와께서 자기에게로 다시 오시도록 담대하게 기도한다. 그는 주님께서 자신을 버리고 멀리 떠났다고 생각했다. 그는 가장 깊은 절망의 순간에 여호와께 도움을 청한다.

“건지시며” - ‘끌어낸다.’ ‘구원한다.’(피엘 명령)이다. 그는 여호와께 구원을 요청한다. 왜냐하면 오직 여호와만이 깊은 절망에서 자신을 구원하셔서 회복하실 줄 믿었기 때문이다. 그가 이렇게 담대하게 기도하는 근거는 무엇인가?

“사랑으로” - ‘인애(steadfast love)’, ‘끝없는 사랑(unfailing love)’이다. 그것은 ‘언약에 근거한 사랑’을 뜻한다. 여호와는 시내 산에서 그 백성과 언약을 맺으셨고, 거룩한 제사장 나라로 삼으셨다(출 19:5-6). ‘언약을 맺음’은 ‘사랑의 표현’이다. 시인은 그 ‘언약적 사랑’을 믿고, 그 사랑에 근거하여 기도한다.

“나를 구원하소서” - ‘구원한다.’ ‘구출한다.’(히필 명령)이다. 그는 여호와께 구원을 요청한다.

‘주의 사랑으로’라는 말을 근거로 기도하는 그로부터 무엇을 배우는가? 그는 자신의 노력이나 선행에 기초하여 기도하지 않는다. 그는 여호와의 언약적 사랑, 끝없는 사랑을 절대적으로 의지한다. 우리가 여호와의 사랑을 의지할 때 기도를 포기할 수밖에 없는 그런 현실에서도 기도할 수 있다. 기도는 현실의 변화에 대한 표현이 아닌 여호와의 사랑을 의지함의 표현이다. 그가 네 번째 기도하는 이유는 무엇인가?

3. 다윗이 네 번째로 기도하는 이유는 무엇입니까(5)? ‘스올’은 무엇을 말합니까? ‘스올에서 주께 감사할 수 없다.’라는 말을 통해 무엇을 배웁니까?

5, "사망 중에서는 주를 기억하는 일이 없사오니 스올에서 주께 감사할 자 누구리이까"

"사망 중에서는" - '죽음', '죽음의 영역'이다. 시인은 죽음을 말한다. 죽어서는 주님을 기억할 수 없다.

"주를 기억하는 일이" - '기억', '기념물'이다. 여기서는 '찬양'을 뜻한다.

"없사오니" - '어느 쪽도 아니다(neither).'이다.

사람이 죽으면 아무것도 기억하지 못한다는 뜻이 아니다. 죽은 사람은 주님을 찬양할 수 없다는 뜻이다. 죽은 사람은 부정하여 거룩한 영역으로 들어올 수 없기 때문이다.

"스올에서" - 스올에서 누가 주님을 찬양하겠습니까?

"스올"(שְׁאוֹל, *she'ol*) - '음부(sheol)', '지옥(hell)'이다.

"감사할 자" - '감사한다.' '찬양한다.'(히필 미완료)이다.

"누구리이까" - '누구'이다. '스올에서 누가 주님을 찬양하겠는가?'라는 뜻이다.

'스올에서 주께 감사할 수 없다.'라는 말을 통해 무엇을 배우는가? 사람이 죽으면 하나님과 관계성도 끊어진다. 따라서 지금 이곳에서, 살아 있을 때 하나님과 관계성을 맺는 것이 중요하다. 사람은 살아 있을 때 하나님을 기억하고 찬양할 수 있다. 이것이 그의 존재 의미이며 목적이다. 따라서 그는 자신이 스올로 내려가는 것을 원하지 않는다. 그는 살아서, 지금 주님을 기억하며 찬양하기를 바란다.

이 세상에서 하나님을 기억하며 찬양하는 일이 얼마나 소중한가? 시인은 죽음을 생각하고, 스올에 대해 생각한다. 그런 중에 이 땅에서 하나님을 찬양하는 것의 특권에 관해 생각한다. 이 특권을 생각할 때 절망을 이길 수 있다. 그리고 여호와께 기도할 수 있다. 이것이 그가 지금 여호와께 기도하는 네 번째 이유이다. 하지만 그는 어떤 상태인가?

4. 그는 어떤 상태에 있습니까(6-7)? '눈이 어두워졌다.'라는 말은 무슨 뜻입니까?

06(6:1-10)

6-7, 여호와의 사랑에 대한 갈망

6, "내가 탄식함으로 피곤하여 밤마다 눈물로 내 침상을 띄우며 내 요를 적시나이다"

"탄식함으로" - '신음', '한탄'이다.

"피곤하여" - '수고한다.' '피곤하다.'(칼 완료)이다. 그는 탄식을 너무 많이 하여 지쳤다. 그는 스스로 자신을 회복할 수 없다.

"밤" - 외로움을 나타낸다. 그는 밤에도 잘 수가 없다. 오히려 밤에 고통이 더 크다.

"눈물" - 고통의 산물이다.

"띄우며" - '헤엄친다.' '수영한다.'(히필 미완료)이다.

"적시나이다" - '녹인다(melt).' '용해한다(dissolve).'(히필 미완료)이다. 그는 눈물로 자리를 적신다. 그만큼 그의 고통이 크다. 그는 극단적인 낙담에 빠져서 어찌할 바를 모른다. 따뜻한 격려와 위로가 절대적으로 필요한 시간이다.

7, "내 눈이 근심으로 말미암아 쇠하며 내 모든 대적으로 말미암아 어두워졌나이다"

"내 눈이" - '눈'이다. '자기 자신'을 가리킨다. 눈은 생명력과 건강의 척도이다.

"근심으로 말미암아" - '속상함', '슬픔'이다.

"쇠하며" - '말라 빠진다(waste away).'(칼 완료)이다. 그의 눈이 흐려졌다. 그는 속상함으로 생명력을 잃었다.

"대적으로 말미암아" - '묶는다.' '고통을 가한다(cause distress).'(분사)이다.

"어두워졌나이다" - '늙어간다(become old).' '옮겨진다(be removed).'(칼 완료)이다. 그는 대적 때문에 약해졌다(grows weak). 그는 건강이 극도로 약해졌다. 그러나 그에게 어떤 역전이 일어났는가?

5. 그러나 그에게 어떤 역전이 일어났습니까(8a)? 그 이유가 무엇입니까(8b-9)? 그 결과 원수는 어떻게 됩니까(10)? 우리가 뼈가 떨리는 고통을 겪을지라도 어떻게 역전할 수 있습니까?

8-10, 여호와의 은혜를 위한 기도

8, "악을 행하는 너희는 다 나를 떠나라 여호와께서 내 울음소리를 들으셨도다"

"행하는 너희는" - '한다.' '행한다.'(분사)이다. 시인을 하나님한테서 버림받았다고 말하며 괴롭히는 사람이다.

"떠나라" - '돌이킨다(turn aside).' '떠난다(depart).'(칼 명령)이다.

여기서 전환점이 나타난다. 시인은 악을 행하는 사람에게 과감하게 선언한다. "떠나라! 꺼져라!" 그 이유가 무엇인가?

"울음소리를" - 시인의 기도이다.

"들으셨도다" - '듣는다.'(칼 완료)이다. 왜냐하면 여호와께서 자신의 울음소리를 들으셨기 때문이다. 그는 여호와께 "어느 때까지니이까"(3)라고 물었는데, 마침내 응답하셨다. 기도를 들으신 하나님께 대한 확신은 삶을 바꾼다. 절망에서 희망으로, 쇠약함에서 생명력으로 바꾼다.

9, "여호와께서 내 간구를 들으셨음이여 여호와께서 내 기도를 받으시리로다"

"들으셨음이여" - '듣는다.'(칼 완료)이다. 여호와께서 이미 기도를 들으셨다.

"받으시리로다" - '취한다(take).'(칼 미완료)이다. 여호와께서 이전의 기도를 이미 들으신 것처럼 앞으로의 기도도 들으실 것이다. 그 결과 원수는 어떻게 되었는가?

10, "내 모든 원수들이 부끄러움을 당하고 심히 떪이여 갑자기 부끄러워 물러가리로다"

"부끄러움을 당하고" - '부끄러워한다(be ashamed).' '창피를 준다

(put to shame).'(칼 미완료)이다.

"떪이여" - '놀랜다.' '당황한다.'(니팔 미완료)이다. 앞에서는 시인이 떨었는데(2, 3), 이제는 원수가 떤다. 시인과 원수 사이에 역전이 일어났다.

"부끄러워" - '부끄러워한다.'(칼 미완료)이다.

"물러가리로다" - '돌아간다.' '회복한다.'(칼 미완료)이다. 원수는 창피를 당하고 심히 떨며, 부끄러워 황급히 물러갈 것이다.

앞에서는 "여호와께서 자기에게 돌아오소서"라고 기도했다(4). 그러나 이제 원수가 물러간다(shall turn back). 시인은 자신감에 차 있다. 그 자신감은 단순한 심리적 현상이 아니다. 개인의 노력으로 얻은 것도 아니다. 그의 자신감은 여호와께서 그 상황을 바꾸셨기에 나온 것이다.

우리가 뼈가 떨리는 고통을 겪을지라도 어떻게 역전할 수 있는가? 우리가 그분의 사랑에 의지하여 내 영혼을 구원해 주시도록 기도하면 역전할 수 있다.

07

내가 주께 피하오니

말씀 시편 7:1-17
요절 시편 7:1
찬송 381장, 388장

1. 시인은 누구에게, 무엇을 기도합니까(1a)? '주께 피한다.'라는 말은 무슨 뜻입니까? 그는 왜 주님께 피합니까(1b)? 여호와께서 그를 건져주지 않으면 어떻게 됩니까(2)? 오늘 우리에게 주는 의미는 무엇입니까?

2. 시인은 죄짓지 않았음을 어떻게 맹세합니까(3-4)? 그는 죄를 지었다면 어떤 벌까지도 받고자 합니까(5)? 그가 죄짓지 않음에 대한 확신이 어떠합니까?

3. 그는 여호와께 무엇을 위해 기도합니까(6)? 그가 이렇게 강하게 기도하는 근거는 무엇입니까? 그는 이제 자기 문제에서 벗어나 무엇에 관심을 둡니까(7-8)? 그 심판의 결과는 무엇입니까(9)?

4. 여호와께서 악인을 심판할 때 시인은 누구의 보호를 받습니까(10)? 방패이신 그분은 어떤 분입니까(11)? 이상에서 볼 때 하나님의 성품은 어떠하며, 의인은 어떻게 살아야 합니까?

5. 여호와는 악인이 회개하지 않으면 어떻게 하십니까(12-13)? 그런데 악인은 무엇을 합니까(14)? 그 악의 최후는 어떻게 됩니까(15-16)? 그러므로 시인은 무엇을 합니까(17)? 여호와께 감사하며 찬양하는 시인한테서 무엇을 배웁니까?

07

내가 주께 피하오니

말씀 시편 7:1-17
요절 시편 7:1
찬송 381장, 388장

1. 시인은 누구에게, 무엇을 기도합니까(1a)? '주께 피한다.'라는 말은 무슨 뜻입니까? 그는 왜 주님께 피합니까(1b)? 여호와께서 그를 건져주지 않으면 어떻게 됩니까(2)? 오늘 우리에게 주는 의미는 무엇입니까?

(다윗의 식가욘: 베냐민 사람 구시의 말에 따라 여호와께 드린 노래, A Shiggaion of David, which he sang to the Yahweh concerning the words of Cush, a Benjaminite)

"식가욘" - '고백', '애가'라는 뜻인데, '음악', '예전 용어(a musical or liturgical term)'이다.

"구시" - 성경에 나오지 않는다. 다윗은 베냐민 사람에게 많은 고난을 받았다. 베냐민 지파 사울 왕은 다윗을 죽이려고 했다(삼상 19:10-11). 베냐민 지파 시므이는 다윗을 계속해서 저주했다(삼하 16:5).

1-2, 피난처를 위한 기도

1, "여호와 내 하나님이여 내가 주께 피하오니 나를 쫓아오는 모든 자들에게서 나를 구원하여 내소서"

"여호와 내 하나님이여"(Yahweh my God) - 다윗은 '여호와 하나님'께 기도한다. '여호와'는 '하늘의 아버지'로서 이 땅에 사는 그분의 아들딸을 돌보는 인격적인 분이다. '하나님'은 천지 만물을 창조하신 전능하신 분이며, 만왕의 왕이시다. 다윗은 아들로서 아버지에게, 그 백성으로서 만왕의 왕께 기도한다. 그는 그분께 무엇을 기도하는가?

07(7:1-17)

“피하오니” - ‘피난한다(seek refuge).’ ‘보호받기 위해 도망한다(flee for protection).’(칼 완료)이다. 궂은 날씨를 피할 보호물을 찾거나, 대적으로부터 은신처를 찾는 것을 뜻한다.

“내가 주께 피하오니” - ‘하나님을 신뢰한다(put trust in God).’ ‘하나님께 맡긴다(confide in God).’라는 뜻이다. 그는 왜 주님께 피하는가?

“나를 쫓아오는” - ‘뒤따른다.’ ‘괴롭힌다.’(분사)이다. ‘원수’, ‘대적자’를 뜻한다. 시인은 대적자에게 쫓기고 있다.

“나를 구원하여” - ‘구원한다.’(히필 명령)이다.

“내소서” - ‘빼앗는다.’ ‘구해낸다(deliver).’(히필 명령)이다. 시인이 주님께 피하는 이유는 대적자가 쫓아오기 때문이다. 그는 스스로 그 대적을 막지 못하기 때문이다. 그래서 그는 자신을 쫓는 자로부터 건져달라고 주님께 피했다.

“주께 피한다.”라는 말은 무엇을 뜻하는가? ‘하나님이 있으신 곳’, 즉 ‘성전에 숨는다.’라는 뜻이다. 가장 힘든 순간에 여호와께 자신의 삶을 완전히 맡기는 것을 뜻한다. 가장 절망적인 순간에 그 아버지 하나님께 자신을 건져주도록 기도하는 것을 뜻한다. 그가 그렇게 할 수 있음은 그만큼 여호와 하나님을 깊이 신뢰하기 때문이다. 여호와께서 그를 건져주지 않으면 어떻게 되는가?

2, “건져낼 자가 없으면 그들이 사자 같이 나를 찢고 뜯을까 하나이다”

“건져낼 자가” - ‘빼앗는다.’ ‘구해낸다(deliver).’(분사)이다.

“없으면” - ‘어느 쪽도 ~아니다(neither).’이다. 그 순간에 그를 돕는 분이 없다면, 그의 삶은 어떻게 될까?

“사자” - ‘원수’에 대한 은유이다.

“찢고” - ‘찢는다.’(칼 미완료)이다. ‘갈기갈기 찢는다.’이다.

“뜯을까” - ‘잡아챈다.’(분사)이다. 사자는 빠른 발로 먹이를 덮치고 날카로운 이빨로 물어뜯는다.

“하나이다” - ‘~하지 않도록’이다.

07(7:1-17)

여호와께서 그를 건져주지 않으면 그의 삶은 어떻게 될까? 끝날 것이다. 왜냐하면 원수는 시인을 사자처럼 찢으려고 하기 때문이다. 그는 사자에게 쫓기는 심정이다. 그는 극단의 무력감과 두려움에 빠졌다. 그러나 그때 시인은 오직 여호와께 도움을 청한다. 왜냐하면 여호와께서 그를 구원하지 않으면 아무도 건져낼 수 없기 때문이다. 여호와께서 도와주지 않으면, 그의 현재는 물론이고 미래도 존재할 수 없기 때문이다.

오늘 우리에게 주는 의미는 무엇인가? 오늘 우리도 삶의 현장에서 대적자를 만난다. 우리를 쫓아와서 해를 끼치는 자들이 있다. 그것이 사람일 수 있고, 환경일 수 있고, 질병이나 물질일 수 있다. 우리는 그 대적 앞에서 아무리 애써도 어찌할 수 없을 때가 있다.

그때 우리는 무엇을 해야 하는가? 여호와께 피해야 한다. 여호와를 우리의 피난처로 삼아야 한다. 모든 것을 여호와께 맡겨야 한다. 그것이 삶의 기도이다. 그런데 시인은 기도할 때 무엇을 강조하는가?

2. 시인은 죄짓지 않았음을 어떻게 맹세합니까(3-4)? 그는 죄를 지었다면 어떤 벌까지도 받고자 합니까(5)? 그가 죄짓지 않음에 대한 확신이 어떠합니까?

3-5, 죄짓지 않음의 맹세

3, "여호와 내 하나님이여 내가 이런 일을 행하였거나 내 손에 죄악이 있거나"

"여호와 내 하나님이여" - 그는 아들이 아버지를 찾듯이 도움을 청한다. 그는 죄짓지 않았음을 확신하기 때문이다.

"행하였거나" - '일한다.' '만들다.'(칼 완료)이다. '만일(if) 내가 이런 일을 했거나'라는 뜻이다. 시인은 대적으로부터 '그 일'을 했다고 고발당했다.

"죄악이" - '불의', '부정'이다.

"있거나" - '현존(existence).' '있다(there is).'이다. '만일(if) 내 손에

불의가 있거나'라는 뜻이다. 그는 '뭔가 잘못했다.'라고 고발당했다.

4, "화친한 자를 악으로 갚았거나 내 대적에게서 까닭 없이 빼앗았거든"

"화친한 자를" - '완전하다(be complete).' '건전하다(sound).'(분사)이다. '친구(friend)', '나와 평화로운 사람(the one at peace with me)'이다.

"갚았거나" - '취급한다(deal).' '보답한다(recompense).'(칼 완료)이다. '만일(if) 내가 친구의 우정을 악으로 갚았거나.'라는 뜻이다.

"까닭 없이" - '쓸데없이', '이유 없이'이다.

"빼앗았거든" - '끌어낸다.' '빼낸다.'(피엘 미완료)이다. '내가 까닭 없이 대적을 약탈했다면'이라는 뜻이다.

시인은 어떤 고발을 당하였는가? 그는 친구에게 '악으로 갚았다.'라는 고발을 당하였다. 그것은 친구를 악에 팔아먹은 일이다. 그 일은 신뢰, 의리를 저버린 큰 죄이다. "최고의 덕은 우정이고, 가장 더러운 죄는 친구를 배반하는 일이다." 그는 또 '이유 없이 적을 약탈했다.'라는 고발을 당했다.

시인은 자신의 결백을 어떻게 주장하는가? 그는 세 번의 '만일(if)'을 통해 그런 죄를 짓지 않았음을 주장한다. 그런데도 그는 죄를 지은 사람 취급을 받고 있다. 하나님의 언약 백성으로서 언약을 지키지 않은 사람, 악인처럼 대우받고 있다. 그런 그의 안타까움이 어느 정도인가? 그는 죄를 지었다면 어떤 벌까지도 받고자 하는가? 그는 세 가지 벌을 스스로 제시한다.

5, "원수가 나의 영혼을 쫓아 잡아 내 생명을 땅에 짓밟게 하고 내 영광을 먼지 속에 살게 하소서(셀라)"

"쫓아" - '뒤따른다.'(칼 미완료)이다.

"잡아" - '도달한다.' '붙잡는다.'(히필 미완료)이다. 첫째로, 원수가 그 영혼을 쫓아와 붙잡아도 좋다.

"짓밟게 하고" - '내리밟는다.'이다. '생명을 잃는다.'라는 뜻이다.

"내 생명을" - 둘째로, 자기 생명을 잃어도 좋다.

"내 영광을" - '명예'이다.

"먼지 속에" - '먼지', '흙'이다.

"살게 하소서" - '산다.'(히필 미완료)이다. 셋째로, 망해도 좋다. '먼지 속에서 산다.'라는 말은 철저한 패배를 뜻한다.

시인은 죄를 지었다면, 언약 백성이 가장 큰 복으로 여기는 생명과 영광까지도 내놓고자 한다. 그는 그만큼 죄짓지 않았음을 확신한다. 그는 여호와께 무엇을 위해 기도하는가?

3. 그는 여호와께 무엇을 위해 기도합니까(6)? 그가 이렇게 강하게 기도하는 근거는 무엇입니까? 그는 이제 자기 문제에서 벗어나 무엇에 관심을 둡니까(7-8)? 그 심판의 결과는 무엇입니까(9)?

6-13, 여호와의 의로운 심판

6, "여호와여 진노로 일어나사 내 대적들의 노를 막으시며 나를 위하여 깨소서 주께서 심판을 명령하셨나이다"

"진노로" - '콧구멍(nostrils)', '화(anger)'이다.

"일어나사" - '일어난다.'(칼 명령)이다. 이 말은 언약궤를 중심으로 이루어지는 '거룩한 전쟁'에서 사용하는 전투 구호였다. "여호와여 일어나소서, 돌아오소서"(민 10:35-36). 언약궤와 하나님의 재판 사이에는 밀접한 관계가 있다. 여호와는 언약궤 위에 앉아서 왕권과 재판권을 행사하신다. 그분은 법궤에서 그 백성을 다스리신다.

"막으시며" - '들어 올린다.'(니팔 명령)이다.

"대적의 분노에 대항하여 들어 올리소서" - 여호와께서 '당신 자신을 높이시는 것', 재판장으로 높이 오르는 시는 모습이다. 시인은 대적의 분노가 일어날 때 여호와께서 더 크게 일어나서 그 대적을 막아주시길 기도한다.

"깨소서" - '깬다.'(칼 명령)이다. 시인은 하나님께서 자신의 고통을 모르거나 관심을 두지 않는다고 생각하여 그 문제에 개입하시도록 기도한다.

07(7:1-17)

"명령하셨나이다" - '명령한다.'(피엘 완료)이다. 여호와는 판결을 내렸다(have appointed). 시인은 여호와께서 판단하기를 기도한다.

시인이 이렇게 강하게 여호와께 요구하는 근거는 무엇인가? 그는 죄짓지 않음을 확신하기 때문이다. 그런데도 대적은 그를 고발했다. 따라서 그는 하나님께서 진노로 일어나서 대적을 막으시고 심판하기를 원한다. 그는 그분이 진노하면 공의가 이루어질 줄을 믿었다. 시인은 이제 자기 문제에서 벗어나 무엇에 관심을 두는가?

7, "민족들의 모임이 주를 두르게 하시고 그 위 높은 자리에 돌아오소서"

"민족들"(לְאֹם, *leom*) - '국민', '백성(the peoples)'이다.

"모임" - '회중(congregation)', '총회(assembly)'이다.

"주를 두르게 하시고" - '둘러싼다(surround).' '모인다(gather about).'(포엘 미완료)이다. 백성은 하나님의 주위에 모여 있다.

"높은 자리" - '높은 곳'이다. 이 단어는 하나님의 지위 및 위치를 언급한다.

"돌아오소서" - '돌아간다.' '회복한다.'(칼 명령)이다. 여호와께서 온 세상의 심판장, 왕의 자리에 앉으시는 것을 뜻한다. 시인은 하나님께서 심판장의 위치로 돌아오도록 기도한다.

그는 여호와께서 모든 백성을 한자리에 모으고, 그 가운데 높다랗게 자리 잡도록 기도한다. 재판정에서 판사가 높은 자리에 앉는 것처럼 여호와께서 만민을 심판하기 위해 높은 자리로 돌아오는 것을 뜻한다.

8, "여호와께서 만민에게 심판을 행하시오니 여호와여 나의 의와 나의 성실함을 따라 나를 심판하소서"

"만민"(עַם, *'am*) - '일반적인 백성의 집단(the peoples)'을 뜻한다. '민족들(7)'과 같은 개념이다.

"심판을 행하시오니" - '심판한다.'(칼 미완료)이다. 만민에 대한 여호와의 심판은 의인의 의를 정당화하는 일이다. 여호와는 무엇을 기준으로 재판하시는가?

"나의 의와" - '올바름', '의로움(righteousness)'이다.

"나의 성실함" - '순수함(integrity)'이다.

"나를 심판하소서" - '재판한다(judge).' '통치한다(govern).'(칼 명령)이다. 시인은 주님의 의로움에 따라 심판받고자 한다. 그는 공정하신 하나님께서 도와주실 줄 믿기 때문이다. 그 심판의 결과는 무엇인가?

9, "악인의 악을 끊고 의인을 세우소서 의로우신 하나님이 사람의 마음과 양심을 감찰하시나이다"

"끊고" - '끝낸다(end).'(칼 미완료)이다.

"세우소서" - '확고하다.'(포엘 미완료)이다. 시인은 하나님의 심판이 악인의 악을 끊고, 의인을 세우는 것으로 나타나기를 기도한다. 악인의 죄를 끊는 것이 목적이 아니라, 의인을 굳게 세우는 것이 목적이다. 의인이 굳게 서야 의로운 세상이 되기 때문이다.

"의로우신 하나님" - 하나님은 공의로운(righteous God) 분이다.

"양심" - '콩팥(kidneys)'이다. '심장과 신장(the hearts and kidneys)'은 '마음속에 있는 깊은 생각'을 뜻한다.

"감찰하시나이다" - '시험한다(examine/ test).' '입증한다(prove).'(분사)이다.

'의로운 하나님'은 사람의 가장 깊은 그곳에 있는 동기까지 다 시험하신다. 하나님은 모든 사람의 생각을 보신다. 하나님은 우리의 속을 살피신다. 하나님은 사람 속에 감춰진 것도 다 아신다. 여호와께서 악인을 심판할 때 시인은 누구의 보호를 받는가?

4. 여호와께서 악인을 심판할 때 시인은 누구의 보호를 받습니까(10)? 방패이신 그분은 어떤 분입니까(11)? 이상에서 볼 때 하나님의 성품은 어떠하며, 의인은 어떻게 살아야 합니까?

10, "나의 방패는 마음이 정직한 자를 구원하시는 하나님께 있도다"

“방패” - 방어용 무기이다. 마음이 바른 사람에게 도움을 주는 힘을 상징한다.

“마음이 정직한 자” - ‘마음이 바른 사람(the upright in heart)’, ‘여호와를 아는 사람’, ‘믿고 기도하는 사람’을 뜻한다. 그는 곧 시인 자신을 말한다.

“구원하시는” - ‘구원한다.’(분사)이다. 그분은 구원하는 분(savior)이다. 하나님은 마음이 바른 사람을 구원하신다. 시인은 하나님께서 자신을 구원하실 줄 믿고 기도한다.

“하나님께 있도다” - ‘나의 방패는 하나님이시다.’ ‘내 방패는 하나님과 함께 있다(My shield is with God).’라는 뜻이다. 대적은 시인을 향해 거짓말의 창과 활을 쏜다. 하지만 방패이신 하나님은 그를 보호하신다. 방패인 그분은 어떤 분인가?

11, “하나님은 의로우신 재판장이심이여 매일 분노하시는 하나님이시로다”

“의로우신 재판장” - 하나님은 공정한 재판장이시다(God is a righteous judge).

“분노하시는” - ‘분노한다.’ ‘비난한다.’(분사)이다. 그분은 매일 분노를 느끼는 분이다. 그분의 진노는 상당히 지속적이다. 그 진노는 회개하지 않은 사람에게 나타난다.

이상에서 볼 때 하나님의 성품은 어떠한가? 하나님의 성품은 “감찰하시나이다”(test, 9), “의로우신”(righteous, 9), “방패”(shield, 10), “구원”(Saviour, 10), “의로우신 재판장”(righteous judge, 11), “분노”(indignant, 11) 등으로 표현했다.

이 하나님 앞에서 우리는 어떻게 살아야 하는가? 삶의 현장에서 문제를 만날 때 그분께 피해야 한다. 그분을 의지하며 도움을 청해야 한다. 물론 우리가 그분께 피할 수 있는 그것은 그분의 은혜 안에서 할 수 있다. 왜냐하면 우리에게는 허물이 있기 때문이다. 여호와는 의로운 분이기 때문이다. 그런데 그 의로운 분께서 우리의 허물을 가려주시고, 우리를 받아주신다. 그리고 우리의 기도를 들으신다. 따라서 우리는 의로우신 그분을 두려워하지 않는다. 오히려 그분께 모든 것을 맡긴다. 그러면 그분은 우리의 아버지처럼 우리를 아들딸로 여기시며 안전하게 보호하신다. 하지만 여호와는 사람이 회개하지 않으면 어떻게 하시는가?

5. 여호와는 악인이 회개하지 않으면 어떻게 하십니까(12-13)? 그런데 악인은 무엇을 합니까(14)? 그 악의 최후는 어떻게 됩니까(15-16)? 그러므로 시인은 무엇을 합니까(17)? 여호와께 감사하며 찬양하는 시인한테서 무엇을 배웁니까?

12, "사람이 회개하지 아니하면 그가 그의 칼을 가심이여 그의 활을 이미 당기어 예비하셨도다"

"사람이 회개하지" - '돌아간다.' '회복한다.'(칼 미완료)이다.

"아니" - '아니', '아니다.'이다.

"하면" - '만일 ~이면', '~인지 아닌지'이다. 대적자가 회개하지 아니하면 여호와께서 어떻게 하시는가?

"그가" - '여호와'이시다. 또는 '대적자'로 볼 수 있다.

"가심이여" - '날카롭게 한다(sharpen).' '갈다(whet).'(칼 미완료)이다.

"이미 당기어" - '밟는다(tread).' '나아간다(march).'(칼 완료)이다.

"예비하셨도다" - '확고하다.'(포엘 미완료)이다.

주어를 두 가지로 생각할 수 있다. 첫째는, 하나님이시다. 하나님은 사람이 회개하지 않으면 칼을 갈고, 활을 당겨 쏠 준비를 하신다. 회개하지 않은 사람은 누구일까? 하나님께로 피하지 않은 사람이다. 자기를 의지하고, 세상을 의지하고, 돈을 의지하는 사람이 아닐까? 하나님은 그런 사람을 심판하려고 칼을 갈고 활을 쏘는 용사와 같다.

둘째는, '칼을 가는 사람'을 하나님이 아닌 '대적자' 자신으로 볼 수 있다. 대적자는 스스로 죽음의 무기를 준비하고 있다. 만약 대적자가 회개하지 않으면, 스스로 죽일 것이다.

13, "죽일 도구를 또한 예비하심이여 그가 만든 화살은 불화살들이로다"

"죽일 도구" - '치명적인 무기(deadly weapons)', '살인 무기'를 뜻한다.

"예비하심이여" - '준비한다.' '확립한다.'(히필 완료)이다.

"그가 만든" - '한다.' '만들다.'(칼 미완료)이다.

"불화살들이로다" - '불탄다.' '맹렬히 추적한다.'(분사)이다.

"칼을 가심", "활을 이미 당기어", "불화살" - 이 표현은 피할 수 없는 심판을 상징한다.

"예비하셨도다"(12), "예비하심이여"(13) - 그분은 모든 준비를 다 하셨지만(readied/ he has prepare), 아직 그 무기를 사용하지는 않으신다. 하나님은 사람이 회개하기를 기다리신다. 그런데 악인은 무엇을 하는가?

14-16, 악인에 대한 심판

14, "악인이 죄악을 낳음이여 재앙을 배어 거짓을 낳았도다"

"(보라, behold)" - 시인은 주의를 환기한다.

"악인" - '사자'(2), '대적'(5)을 뜻한다.

"낳음이여" - '진통을 겪는다(travails with).' '마음에 품는다(conceives).'(피엘 미완료)이다 악인은 죄악을 낳았다.

"재앙" - '수고(toil)', '해악(mischief)'이다.

"배어" - '임신한다(pregnant with).'(칼 완료)이다. 악인은 마치 임산부가 아이를 품듯이 재앙을 품고 있다. 남을 해치려는 마음이 가득하다.

"거짓을" - '거짓말', '속임'이다.

"낳았도다" - '낳는다.' '산고를 겪는다.'(칼 완료)이다. 재앙은 거짓을 '낳는다(bring forth).' 악인은 자신의 악을 감추려고 온갖 거짓말을 한다. 여기서 '거짓'은 대적자가 시인을 거짓 고발한 일이다. 죄가 없는 사람에게 죄를 뒤집어씌우는 것처럼 큰 재앙도 없다.

07(7:1-17)

시인은 여기에서 악이 어디에서 왔는지를 말한다. 악은 시작이 있고, 성장이 있고, 그 결과가 있다. 예수님도 악이 어디에서 왔는지를 말씀하셨다(막 7:21-22). 야고보는 '욕심', '죄', '죽음'의 순환에 관해 말했다(약 1:15). 그 악의 최후는 무엇인가?

15, "그가 웅덩이를 파 만듦이여 제가 만든 함정에 빠졌도다"

"웅덩이" - '구덩이(pit)', '물통(cistern)'이이다.

"파" - '파다.' '파낸다.'(칼 완료)이다.

"만듦이여" - '판다.' '수색한다.'(칼 미완료)이다.

"제가 만든" - '한다.' '만들다.'(칼 미완료)이다.

"함정" - '구덩이(pit)', '멸망(destruction)'이다. 짐승을 잡기 위해 함정으로 파는 것을 말한다.

"빠졌도다" - '떨어진다.' '넘어진다.'(칼 미완료)이다. 그가 웅덩이를 파고서 자기가 만든 구덩이에 빠졌다.

16, "그의 재앙은 자기 머리로 돌아가고 그의 포악은 자기 정수리에 내리리로다"

"재앙" - 악인이 배었던 그 '재앙(mischief)'이다(14).

"자기 머리로" - '머리'이다.

"돌아가고" - '돌아간다.'(칼 미완료)이다. 그 재앙이 자기 머리로 돌아간다. 악은 죄가 없는 사람에게 미치지 않고 악을 행한 사람에게 되돌아간다. "돌을 위로 던지는 사람은 자기 머리에 던지는 것이다." "함정을 파는 자는 그것에 빠질 것이요 돌을 굴리는 자는 도리어 그것에 치이리라"(잠 26:27).

"포악" - '폭력(violence)'이다.

"내리리로다" - '내려온다.'(칼 미완료)이다. 그의 폭행이 자기 정수리 위에 떨어진다. '머리'와 '정수리'는 신체에서 가장 약한 부위여서 그곳에 문제가 생기면 치명상을 입는다. 악인이 만든 그 악은 자기 자신에게로 돌아가 치명상을 입힌다. 죄는 자기 자리로 돌아오는 부메랑(a boomerang)에 비유할 수 있다. 여호와는 의로운 심판장이기 때문이다. 여호와는 악인이 득세하여 세상 질서가 무너지면 개입하신다. 그리하여 의인을 구원하고 세상 질서를 세우신다. 그러므로 시인은 무엇을 하는가?

17, 여호와의 의를 찬양

17, "내가 여호와께 그의 의를 따라 감사함이여 지존하신 여호와의 이름을 찬양하리로다"

"그의 의를 따라" - '의로 말미암아(due to)', '의로운 그분'이라는 뜻이다. 시인은 여호와의 의로 말미암아 감사하고, 의로운 그분께 찬양한다.

"감사함이여" - '찬양한다(praise).' '감사한다(give thanks).'(히필 미완료)이다.

"찬양하리로다" - '노래한다(sing).' '찬양한다(sing praise).'(피엘 미완료)이다. 그는 여호와께 감사하고 찬양한다. 감사와 찬양은 같은 개념이다.

"여호와의 이름" - 이스라엘 하나님의 이름은 '여호와(יְהוָה, Yahweh)'이다. 그분만이 가장 높은 분(God Most Height)이다. 그리고 그분은 하늘과 땅을 지으신 분이다.

여호와께 감사하며 찬양하는 시인한테서 무엇을 배우는가? 그의 믿음이다. 악인은 재앙을 받고 의인은 승리할 줄 믿었다. 왜냐하면 그는 의로우신 여호와께서 세상을 의로 다스리심을 확신했기 때문이다. 그 확신에서 감사와 찬양이 나왔다.

그의 감사와 찬양은 예수 그리스도를 믿는 성도에게로 이어졌다. 예수님께서 십자가에서 죽으시고 살아나심으로 인류의 악인 죄와 죽음은 무너졌다. 그분을 믿는 성도는 승리했다. 오늘의 성도는 그리스도를 통해 이 땅에 이루어질 공의를 기대하며 감사하며 찬양할 수 있다.

08

사람이 무엇이기에

말씀 시편 8:1-19
요절 시편 8:4
찬송 63장, 292장

1. 시인은 무엇을 찬양합니까(1a)? 그분의 장엄함은 어디까지 이르렀습니까(1b)? 그분의 다스림이 어떻게 나타납니까(2)? '젖먹이들의 입'은 무엇을 말합니까?

2. 시인은 무엇을 봅니까(3)? '손가락으로 만드신'이란 말은 무슨 뜻입니까? 그는 하늘을 보면서 무엇을 생각합니까(4)? '사람이 무엇이기에'라는 말은 무슨 뜻입니까? '무엇이기에', '생각하시며'라는 말을 통해 무엇을 배웁니까?

08(8:1-9)

3. 하나님은 사람을 어느 정도로 보살피십니까(5)? '영화와 존귀로 관을 씌우셨다.'라는 말은 무슨 뜻입니까?

4. 하나님은 사람에게 무엇을 하도록 하셨습니까(6)? '다스린다.'라는 말은 구체적으로 어떻게 하는 겁니까? 사람이 다스리는 것은 무엇입니까(7-8)?

5. 시인은 사람의 영화를 생각하다 누구에게로 돌아갑니까(9)? 여호와의 이름을 찬양하다 사람의 영화를 깨달았고, 다시 여호와의 이름으로 돌아간 시인을 통해 무엇을 배웁니까?

08

사람이 무엇이기에

말씀 시편 8:1-19
요절 시편 8:4
찬송 63장, 292장

1. 시인은 무엇을 찬양합니까(1a)? 그분의 장엄함은 어디까지 이르렀습니까(1b)? 그분의 다스림이 어떻게 나타납니까(2)? '젖먹이들의 입'은 무엇을 말합니까?

(다윗의 시: 인도자를 따라 깃딧에 맞춘 노래, To the choirmaster: according to The Gittith. A Psalm of David)

"깃딤" - '음악'이나 '예전적 용어(a musical or liturgical term)'이다. 한편 포도 수확 때나 올리브기름을 짤 때 부르던 노래로 이해한다.

이 시는 '찬양(a hymn of praise)', '창조의 찬양(a hymn of creation praise)'이다.

1a, 찬양의 시작

1a, "여호와 우리 주여 주의 이름이 온 땅에 어찌 그리 아름다운지요..."

"여호와" - '어제나 오늘이나 영원토록 계신 분', '구원자 하나님(Redeemer-God)'이시다.

"우리 주여"(אָדוֹן, *'adon*) - '왕', '주인(master)', '소유주(owner)'이다. '다스림'과 '통치'의 의미가 있다.

여호와는 '우리의 통치자(our governor)', '우리를 다스리는 분(our ruler)'이시다. 이스라엘의 구원자이며 왕이신 여호와는 창조주이시며, 온 세상의 왕이시다. 시인은 구원자이시며 창조주이시며 왕이신 그분을 찬양한다. 그 이유가 무엇인가?

"이름" - 그분의 존재, 신분을 말한다.

08(8:1-9)

"온 땅에" - 주님의 이름이 온 세상, 땅(in all the earth)을 가득 채운다.

"아름다운지요" - '위엄 있는', '장엄한(majestic)'이다. '아름다움(장엄함)'은 피조물을 통해 나타난다. 모든 피조물은 그분의 영광과 능력을 나타낸다. 그분의 영광은 어디까지 이르렀는가?

1b-2, 위대한 왕의 영광

1b, "... 주의 영광이 하늘을 덮었나이다"

"하늘" - '하늘들(the heavens)'이다.

"덮었나이다" - '준다(give).' '세운다(put, set).'(칼 명령)이다. 여호와의 장엄함은 땅에만 넘치지 않고 하늘까지 가득하다. 여호와는 땅뿐만 아니라 하늘도 다스리신다. 그분의 다스림이 어떻게 나타나는가?

2, "주의 대적으로 말미암아 어린아이들과 젖먹이들의 입으로 권능을 세우심이여 이는 원수들과 보복자들을 잠잠하게 하려 하심이니이다"

"어린아이들과 젖먹이들" - '연약하고 겸손한 사람'을 뜻한다. 하나님께서 온 세상을 다스리는 왕이심을 믿는 사람이다. 그들을 '대적'과 대조한다.

"입으로" - '입'이다. '찬양'을 뜻한다. 하나님을 왕이요 창조주로 믿는 사람은 그분을 찬양한다.

"권능" - '힘(strength)', '능력(power)'이다.

"세우심이여" - '세운다(establish).' '기초를 놓는다(lay foundation).'(피엘 완료)이다. 여호와께서 어린아이의 찬양으로 힘을 세우셨다(have established strength). 그 목적은 무엇인가?

"원수들과" - '원수'이다.

"보복자들" - '복수한다.' '앙갚음한다.'(분사)이다. 하나님의 다스림과 그 손길을 거부하는 사람이다. '어린아이들과 젖먹이들'과 대조한다.

"잠잠하게 하려 하심이니이다" - '그친다(cease).' '잠잠하다(silence).'(부정사)이다. 여호와께서 어린아이의 찬양으로 위엄을 세우셨다. 그리하여 원수를 잠잠하게 하셨다. 여호와는 진정한 왕이시다. 그때 시인은 무엇을 보는가?

2. 시인은 무엇을 봅니까(3)? '손가락으로 만드신'이란 말은 무슨 뜻입니까? 그는 하늘을 보면서 무엇을 생각합니까(4)? '사람이 무엇이기에'라는 말은 무슨 뜻입니까? '무엇이기에', '생각하시며'라는 말을 통해 무엇을 배웁니까?

3-4, 사람에 대한 하나님의 관심

3, "주의 손가락으로 만드신 주의 하늘과 주께서 베풀어 두신 달과 별들을 내가 보오니"

"주의 손가락으로" - '손가락'이다. '하나님의 섬세함'을 뜻한다. 조각가로서의 하나님의 모습을 그린다.

"만드신" - '작품(works)', '행동'이다.

"주의 하늘과" - '하늘들'이다. 창조주는 '하늘'과 '땅'의 두 영역을 섬세하게 만드셨다. 그 세계는 위대한 왕의 영광과 지혜와 능력을 드러낸다.

"주께서 베풀어 두신" - '준비하였다(made ready).' '이미 자리를 잡았다(you have set in place).'(포엘 완료)이다.

"달과 별들을" - 달과 별은 하나님께서 정하신 곳에 매달려 있다.

"내가 보오니" - '본다.' '바라본다.'(칼 미완료)이다. '내가 주님의 손가락으로 만드신 주님의 하늘과 주님께서 자리를 정하신 달과 별들을 볼 때(When I look at...)'라는 뜻이다. 시인은 하나님께서 만드신 장엄한 하늘의 세계를 묵상한다. 3절은 4절로 이어진다. 3절은 상황절이고 4절은 주절이다. 그는 하늘을 보면서 무엇을 생각하는가?

4, "사람이 무엇이기에 주께서 그를 생각하시며 인자가 무엇이기에 주께서 그를 돌보시나이까"

"사람"(אֱנוֹשׁ, *enosh*) - '사람(man)', '죽을 인간(mortal)'이다. 하나님

의 피조물로서 연약하고 하잘것없는 존재이다.

"무엇이기에" - '무엇'이다. 그는 사람의 실존에 관해 여호와께 묻는다. 하지만 그 물음은 물음이 아니라 오히려 깨달음이다. 그는 하나님 앞에서, 하늘 앞에서 사람의 실존에 관해 깨달았다. 더 나아가 그 사람에 대한 하나님의 마음을 깨달았다.

"주께서 그를 생각하시며" - '기억한다(remember).' '마음에 둔다(are mindful of).'(칼 미완료)이다. 하나님은 사람을 잊지 않고 마음에 두신다. 그것은 하나님과 사람이 계속해서 관계성을 맺고 있음을 뜻한다. "당신이 기억하는 사람은 무엇인가요?"

"인자" - '아담(אָדָם, *'adam*)'+'아들(בֵּן, *ben*)'이다. 즉 '사람의 아들(the son of man)'이다. '흙으로 돌아가는 존재', 즉 '죽을 존재'이다. '사람'과 같은 뜻인데, 중복을 피했다.

"주께서 그를 돌보시나이까" - '찾아온다(visit).' '챙겨준다(care for).'(칼 미완료)이다. 하나님께서 인자를 찾아와 돌봐주신다.

"무엇이기에", "생각하시며"라는 말을 통해 무엇을 배울 수 있는가? 첫째로, 하나님 앞에서의 인간 실존에 대해 깨닫는다. 하늘을 하나님과 비교하면 그분의 손가락으로 만들어진 작은 작품에 불과하다. 그런데 그 작은 하늘을 사람과 비교하면 상상할 수 없을 정도로 넓고 크다. 광대한 우주와 천상의 질서 속에서 사람을 볼 때, 어떤 존재인가? 시인은 창조주 하나님의 위대함을 생각할 때, 또 넓은 우주를 볼 때, 사람이 아무것도 아님을 알았다.

여기서 볼 때, 사람을 사람답게 아는 길은 무엇인가? 하나님을 알 때이다. 하나님을 알 때 사람을 안다. 따라서 "사람다워야지 사람이지."라는 말에서 사람다움의 기준은 하나님 앞에 선 사람이다. 그 사람은 정말로 아무것도 아니고, 하찮은 존재에 불과하다. 이 사실을 모르면 '우물 안의 개구리처럼' 배를 내밀고 교만할 수 있다. 그러므로 우리는 언제, 어디서나 하나님 앞에서 나를 봐야 한다. 그러면 나의 모습을 알 수 있다. 하나님에 대한 앎과 사람에 대한 앎은 순환 관계에 있다.

둘째로, 하나님의 사랑을 깨닫는다. 하나님은 아버지가 아이를 잊지 않고 찾아와서 돌보는 것처럼 사랑으로 돌보신다. 사람은 태생적으로 세상에서 살지만, 하나님의 특별한 관심의 대상이다. 주님은 끝없는 우주를 만드신 분인데, 너무나 작은 나 한 사람을 돌보신다. 하나님은 죽을 수밖에 없는 사람을 기억하시고 돌보신다. 하나님께서 사람을 기억하고 돌보신다는 사실이 너무나 놀랍다. 하나님은 사람을 어느 정도로 보살피시는가?

3. 하나님은 사람을 어느 정도로 보살피십니까(5)? '영화와 존귀로 관을 씌우셨다.'라는 말은 무슨 뜻입니까?

5, 사람의 파생된 영광(derived glory)

5, "그를 하나님보다 조금 못하게 하시고 영화와 존귀로 관을 씌우셨나이다"

"그" - '사람'을 말하는데, 죄가 세상에 들어오기 전의 존재로 제한하지 않는다. 현재의 사람까지를 포함한다.

"하나님" - '하나님', '하늘의 존재(the heavenly beings)', '천사(the angels)'로 생각할 수 있다.

"조금" - '적음', '소수'이다.

"못하게 하시고" - '부족하다(lack).' '필요하다(have a need).'(피엘 미완료)이다. '누군가를 부족하게 만들다(to make someone lack).' '누군가로부터 뭔가를 뺏는다(deprive someone of something).'라는 뜻이다. 하나님은 사람을 하나님보다 조금 못하게 만드셨다. 사람은 하나님은 아니고 그분의 형상을 가졌을 뿐이다(창 1:26-27). 사람은 하늘이 아닌 땅에 존재한다. 그렇지만 사람은 짐승과는 다르다.

메소포타미아의 세계관에 따르면, 일을 싫어한 신들이 자기 시중을 들게 하려고 사람을 창조했다. 그러니까 그들 세계관에 의하면, 사람은 신을 섬기는 종에 불과하다. 그러나 시편은 사람을 어떤 존재로 보는가?

"영화와 존귀로" - '영화'와 '존귀'는 왕이신 하나님의 성품이다.

"관을 씌우셨나이다" - '관을 쓴다.' '에워싼다(surround).'(피엘 미완료)이다. 이 모습은 사람을 왕손으로 대하는 것, 즉 세상을 다스리는 '지배권을 주셨다.'라는 뜻이다. 창조주 하나님은 피조물인 사람을 만물의 지배자로 세우셨다. 하나님은 사람에게 무엇을 다스리도록 하셨는가?

4. 하나님은 사람에게 무엇을 하도록 하셨습니까(6)? '다스린다.'라는 말은 구체적으로 어떻게 하는 겁니까? 사람이 다스리는 것은 무엇입니까(7-8)?

6-8, 통치자로서 사람의 영광

6, "주의 손으로 만드신 것을 다스리게 하시고 만물을 그의 발아래 두셨으니"

"손으로 만드신 것" - '행위', '작품'이다. '손수 지으신 만물(the works of your hands)'을 뜻한다.

"다스리게 하시고" - '다스린다(rule).' '지배한다(have dominion).'(히필 미완료)이다.

"두셨으니" - '놓는다.' '둔다.'(칼 완료)이다. 위대한 왕이신 하나님은 손수 지으신 만물을 사람에게 다스리도록 하셨다. 온 우주의 왕이신 하나님께서 사람에게 피조물을 다스리는 지위를 주셨다(창 1:28). 타락 후에도 그것을 빼앗지 않으셨다(창 9:1-3, 7).

'다스린다.'라는 말은 구체적으로 어떻게 하는 것인가? 하나님의 이름, 권위, 영광을 드러내는 것을 뜻한다. 청지기는 주인의 이름, 권위, 영광을 드러내야 한다. 자기 이름, 권위, 영광을 드러내서는 안 된다. 여호와께서는 사람을 당신의 '전권대사(Yahweh's plenipotentiary)'이며 세상의 청지기로 세우셨다. 따라서 사람은 그분의 영광을 드러내야 한다. 해, 달, 별들만 하나님의 영광을 드러내는 것이 아니라 사람도 그분의 영광을 드러내야 한다. 사람은 무엇을 다스리는가?

7, "곧 모든 소와 양과 들짐승이며"

"소와 양" - 가축, 즉 사람이 길을 들인 짐승이다.

"들짐승" - 사람이 길을 들이지 않은 짐승이다.

8, "공중의 새와 바다의 물고기와 바닷길에 다니는 것이니이다"

"공중의 새" - 하나님은 사람에게 동물을 다스리도록 하셨다. 인간의 문화는 이 세상의 피조물을 다스리므로 시작했다.

"다니는 것이니이다" - '가로지른다(pass over).' '통과한다(pass through).'(분사)이다.

이상에서 볼 때, 사람은 어떤 존재인가? 온 우주와 하나님 앞에서의 사람은 하찮은 존재에 불과하다. 하지만 다른 피조물 앞에서의 사람은 하나님의 대리자이다. 다스리는 존재이다. 하나님을 왕으로 섬기면서 세상의 피조물을 다스리는 양면적 존재이다. 우리가 그 양면적 존재로 살 때 하나님의 영광을 드러낼 수 있다. 시인은 다시 누구에게로 돌아가는가?

5. 시인은 사람의 영화를 생각하다 누구에게로 돌아갑니까(9)? 여호와의 이름을 찬양하다 사람의 영화를 깨달았고, 다시 여호와의 이름으로 돌아간 시인을 통해 무엇을 배웁니까?

9, 찬양의 끝말

9, "여호와 우리 주여 주의 이름이 온 땅에 어찌 그리 아름다운지요"

"우리 주여" - '주님(Lord)', '주인(master)', '소유주(owner)'이다.

"아름다운지요" - '큰', '위대한'이다. '어찌 그리 크십니까!'라는 뜻이다.

이 시는 1절과 9절에서 '수미일치(*inclusio*)' 형식으로 여호와를 찬양한다. 시인은 여호와의 이름을 찬양하다 사람의 하찮음과 함께 영화를 깨달았고, 다시 여호와의 이름으로 돌아간다.

시인을 통해 무엇을 배우는가? 여호와에 대한 찬양은 사람에 대한 깨달음으로 나타난다. 사람에 대한 깨달음은 여호와의 영광으로 돌아간다. 따라서 찬양은 창조주와 상관없이 피조물만의 기쁨의 표현은 아니다. 찬양은 하나님을 알고 나를 알 때 그분을 높이는 일이다.

범신론(Pantheism)은 피조물을 창조주와 분리하여 신격화하고 영광을 돌린다. 그들은 인격신이 아닌 우주, 세계, 자연의 모든 것과 자연법칙을 신으로 여기기 때문이다. 유신론(Theism)은 즐거운 마음으로 하나님을 바라보는데, 그분은 선한 창조주이고 통치자이고 세상을 유지하는 분(Sustainer of the world)이다. 여기서 '하나님을 바라봄'은 하나님의 말씀을 배우는 것으로 나타난다.

그분의 말씀을 통해 그분을 깨달으면 나를 깨닫는다. 그리고 그분께 영광 돌리며 그분을 찬양한다. 우리는 이런 선순환의 과정을 통해 현실을 이기고, 품격 있는 신자, 세상의 소금과 빛으로 자란다.

09

공의로 세계를 심판하십이여

말씀 시편 9:1-20
요절 시편 9:8
찬송 516장, 543장

1. 다윗은 여호와를 어떻게 찬양합니까(1-2)? '지존하신 여호와'는 어떤 분입니까?

2. 여호와께서 하신 '기이한 일'은 무엇입니까(3)? 어떻게 그런 일이 일어났습니까(4)? 그분은 이방 나라를 어떻게 심판하십니까(5-6)?

09(9:1-20)

3. 여호와께서 무엇을 준비하셨습니까(7)? 그분 심판의 기준은 무엇입니까(8)? '공의로 심판하는' 여호와를 통해 무엇을 배웁니까? 여호와는 압제를 당하는 자에게는 어떤 분입니까(9)? 여호와는 당신을 찾는 자를 어떻게 하십니까(10)? '버리지 아니하시는' 하나님을 통해 무엇을 배웁니까?

4. 시인은 어떤 여호와를 찬송합니까(11)? '시온에 계신 여호와'는 어떤 분입니까? 그분은 누구를 기억합니까(12)? 시인은 자신을 위해 무슨 기도를 합니까(13)? 그리하시면 그는 무엇을 합니까(14)?

5. 악인은 어떻게 됩니까(15-17)? 궁핍한 자는 어떻게 됩니까(18)? '잊어버림을 당하지 않는다.'라는 말을 통해 무엇을 배웁니까? 그분 앞에서 인생은 어떤 존재입니까(19-20)? 하나님께서 이방 나라를 심판하는 목적은 무엇입니까?

09

공의로 세계를 심판하십이여

말씀 시편 9:1-20
요절 시편 9:8
찬송 516장, 543장

1. 다윗은 여호와를 어떻게 찬양합니까(1-2)? '지존하신 여호와'는 어떤 분입니까?

(다윗의 시: 인도자를 따라 뭇랍벤에 맞춘 노래, To the choirmaster: according to Muth-labben. A Psalm of David)

"뭇랍벤" - '음악'이나 '전례 용어'이다.

'칠십인 역(the Septuagint)'은 9편과 10편을 나누지 않고 '한 편(one psalm)'으로 했다. 9편과 10편은 히브리어 알파벳의 연속 문자로 시작하는 형식(an acrostic pattern)을 따른다. 9편은 1절에서 히브리어 첫 자음 'א(알렙)'으로 시작하여 'כ(카프)'로 마친다(18절). 몇 글자를 건너뛰었는데, '카프(18절)'에서 'ק(코프, 19절)', 'ש(신, 20절)'이다. 10편은 'ל(라멧, 1)'으로 시작하여 'פ(페, 7b)', 'ע(아인, 8b)', 그리고 22번째 자음 'ת(타우, 17)'로 마친다. 실제로는 41개의 시행을 이루었고, 빠진 것도 있어서 완전한 알파벳 순서는 아니다.

9편은 개인적 슬픔의 시(an individual lament psalm)인데, 온 세상을 공의로 다스리는 하나님에 대한 찬양과 기도를 담고 있다. 10편도 개인적 슬픔의 시인데, 언약 백성의 대적에 초점을 맞추었다.

1-2, 개인적인 찬양

1, "내가 전심으로 여호와께 감사하오며 주의 모든 기이한 일들을 전하리이다"

시인은 1절과 2절에서 5개의 동사를 통해 여호와를 찬양한다: "감사하오며(I will give thanks)", "전하리이다(recount)", "기뻐하고(be glad)", "즐거워하며(exult)", "찬송하리니(sing)."

"전심으로" - '온 마음으로'이다. '나뉘지 않은 마음', '두 마음'과 대조한다. '마음과 입술', '마음과 삶'이 하나인 것을 뜻한다.

"감사하오며" - '감사한다.' '찬양한다(praise).'(히필 미완료)이다. '알렙(א)'으로 시작한다. 시인은 여호와께 온 마음으로 찬양한다. 또 무엇을 하는가?

"기이한 일들" - '기이하다(be marvelous).' '놀랍다(be wonderful).'(분사)이다. '놀라운 일들(marvelous works)'을 뜻한다.

"전하리이다" - '다시 세다(will recount).' '말한다(tell).'(피엘 미완료)이다. 그는 하나님께서 하신 일을 다시 셀 것이다. 사람들에게 전파할 것이다.

2, "내가 주를 기뻐하고 즐거워하며 지존하신 주의 이름을 찬송하리니"

"주를" - '~ 안에(in)' '~와 함께(with)'이다.

"기뻐하고" - '기뻐한다(rejoice).' '즐거워한다(glad).'(칼 미완료)이다.

"즐거워하며" - '기뻐 날뛴다(exult).' '즐거워한다(rejoice).'(칼 미완료)이다.

시인은 하나님 안에서 기뻐하고 즐거워할 것이다. '기뻐하고 즐거워하는 모습'은 사랑하는 사람의 습관이다. 사랑에 빠진 사람은 그 연인에게 노래를 부른다. 그 연인이 보이지 않아도 노래로서 스스로 위로한다. 하나님을 볼 수 없으니 그는 그분께 노래를 지어 바치고, 노래로 그분과 대화하며 꿈을 일으키고, 그분을 뵙는 효과를 얻는다. 또 찬송함으로 많은 사람의 열망을 불러일으킨다. 마치 사랑하는 사람이 연인의 칭찬을 늘어놓고 그 이름을 퍼뜨리듯이, 그도 그렇게 한다.

"지존하신"(עֶלְיוֹן, *Elyon*) - '가장 높으신 분(Most High)'이다. 여호와는 가장 높으신 왕이시다. 가나안 종교에서 '창조주(*El*)'는 가나안 신전(pantheon)에서 최고의 신이었다. 하지만 가나안 종교의 신 '바알(Baal)'과 창조주 하나님은 분명한 차이가 있다. 여호와는 '바알'과는 '구별된 신'(a separate deity)이었다. 살렘 왕이며 '지극히 높으신 하나님의 제사장(the priest-king)' 멜기세덱은 '천지의 주재(Creator of heave and earth)이며 지극히 높으신 하나님'을 섬겼다(창 14:18-19). 이스라엘은 오직 여호와(Yahweh)만이 '지존하신 하나님(*El Elyon*, God Most High)'으로 믿었다.

"주의 이름을" - '이름'이다. 그분의 존재와 권위를 상징한다. 따라서 그분의 이름으로 그 백성에게 놀라운 일을 하셨다.

"찬송하리니" - '노래한다(sing).' '찬양한다(sing praise).'(피엘 미완료)이다. 시인은 여호와를 기뻐하고 즐거워하며, 지존하신 그분의 이름을 찬송한다. 지존하신 여호와께서 하신 기이한 일은 무엇인가?

2. 여호와께서 하신 '기이한 일'은 무엇입니까(3)? 어떻게 그런 일이 일어났습니까(4)? 그분은 이방 나라를 어떻게 심판하십니까(5-6)?

3-6, 악인에 대한 심판

3, "내 원수들이 물러갈 때에 주 앞에서 넘어져 망함이니이다"

"내 원수들이" - '원수'이다.

"갈 때에" - '돌아간다(turn back).'(부정사)이다. '베트(ב)'로 시작한다. '원수들이 뒤로 물러간다.'라는 말은 '싸움에서 패배했다.'라는 뜻이다. 그 모습은 군인이 싸움터에서 겁에 질려 놀라 도망하는 것을 나타낸다.

"주 앞에서" - '얼굴'이다. '얼굴'은 '나타나심', '힘'을 상징한다.

"넘어져" - '비틀거린다(stumble).' '넘어진다.'(니팔 미완료)이다.

"망함이니이다" - '멸망한다(perish).'(칼 미완료)이다. 원수는 하나님의 나타나심을 보고 놀라 도망치다 비틀거리고 쓰러졌다. 어떻게 그런 일이 일어났는가?

4, "주께서 나의 의와 송사를 변호하셨으며 보좌에 앉으사 의롭게 심판하셨나이다"

"(왜냐하면)" - 원수가 망한 이유를 설명한다.

"나의 의" - '심판', '재판', '공정(justice/ right)'이다.

"송사" - '심판(judgment)', '주장(cause)', '판결'이다. '의와 송사'는 '의로운 송사'이다.

"변호하셨으며" - '성취한다(accomplish).' '지지한다(maintain).'(칼 완료)이다. 왜냐하면 주님께서 그의 의로운 주장을 지지하셨기 때문이다.

"보좌" - '왕권', '재판권'을 상징한다. 하나님께서 왕으로서 재판관으로서 시인의 삶에 개입하신다.

"앉으사" - '앉는다.' '머무른다.'(칼 완료)이다.

"심판하셨나이다" - '재판한다.' '다스린다.'(분사)이다. 주님께서 보좌에 앉으셔서 의롭게 판결하셨다. 하나님만이 의로운 판결을 할 수 있다.

시인이 원수에게 승리한 것은 자기 능력이 아니라 재판장이신 여호와께서 개입하셨기 때문이다. 하나님은 그의 변호사(Advocate)이면서 재판장(Judge)이시다. 시인은 그분의 의로운 심판을 찬양한다. 그분은 이방 나라를 어떻게 심판하시는가?

5, "이방 나라들을 책망하시고 악인을 멸하시며 그들의 이름을 영원히 지우셨나이다"

"이방 나라들을" - '민족', '국가'이다.

"책망하시고" - '꾸짖는다.' '훈계한다.'(칼 완료)이다. '기멜(ג)'로 시작한다.

"악인을" - '죄를 지은'이다.

"멸하시며" - '멸망한다(perish).'(피엘 완료)이다.

"그들의 이름을" - '이름'이다.

"지우셨나이다" - '씻는다.' '닦아낸다.'(칼 완료)이다. '그 존재를 지워버리셨다(have blotted out).'라는 뜻이다. 원수의 완전한 패배를 뜻한다. 따라서 후손이 기억할 수 없다.

6, "원수가 끊어져 영원히 멸망하였사오니 주께서 무너뜨린 성읍들을

기억할 수 없나이다"

"원수가" - '원수'이다. '헤(ה)'로 시작한다.

"끊어져" - '폐허(ruins)', '멸망(destruction)'이다.

"멸망하였사오니" - '끝마친다.'(칼 완료)이다. 원수는 영원히 자취도 없이 무너졌다.

"주께서 무너뜨린" - '뿌리째 뽑는다(pluck up).' '멸망시킨다(destroy).'(칼 완료)이다.

"기억" - '회상(remembrance)', '기념(memorial)'이다.

"할 수 없나이다" - '멸망한다(perish).' '멸망된다(be destroyed).'(칼 완료)이다. 그들에 대한 기억도 무너졌다. 그들의 이름을 지우면 그들에 관한 기억도 사라진다. 그들은 더는 존재하지 않으니 기억도 끝난다. 여호와께서 무엇을 준비하셨는가?

3. 여호와께서 무엇을 준비하셨습니까(7)? 그분 심판의 기준은 무엇입니까(8)? '공의로 심판하는' 여호와를 통해 무엇을 배웁니까? 여호와는 압제를 당하는 자에게는 어떤 분입니까(9)? 여호와는 당신을 찾는 자를 어떻게 하십니까(10)? '버리지 아니하시는' 하나님을 통해 무엇을 배웁니까?

7-10, 여호와의 공의로운 통치에 대한 희망

7, "여호와께서 영원히 앉으심이여 심판을 위하여 보좌를 준비하셨도다"

"(그러나)" - 전환이다.

"앉으심이여" - '앉는다(sit).' '머무른다(remain).'(칼 미완료)이다.

"심판을 위하여" - '심판', '재판'이다.

"보좌" - '영예의 자리', '왕좌(throne)'라는 뜻이다. 여기서는 '심판장', '왕좌'를 뜻한다. 주님은 심판하기 위해 앉으셨다

"준비하셨도다" - '준비한다.' '확고하다.'(포엘 완료)이다. 심판하실 보좌를 견고히 하셨다. 그분 심판의 기준은 무엇인가?

8, “공의로 세계를 심판하심이여 정직으로 만민에게 판결을 내리시리로다”

“공의로”(צֶדֶק, *tsedeq*) - ‘공의’, ‘올바름(justice/ rightness)’이다.

“세계를” - ‘세상’이다. 주님의 심판은 우주적이다. 그리고 공의롭다. 그래서 억압받는 사람이 도움을 받을 수 있다.

“심판하심이여” - ‘재판한다(judge).’ ‘다스린다(govern).’(칼 미완료)이다.

“정직으로” - ‘곧음(uprightness/ straightness)’이다. 그분 심판의 기준은 공의와 정직이다.

“판결을 내리시리로다” - ‘심판한다.’(칼 미완료)이다.

‘공의로 심판하는’ 여호와를 통해 무엇을 배우는가? 첫째로, 여호와의 왕권은 세상 왕권과 다르다. 여호와의 왕권은 ‘영속성(perpetuity/ forever)’, ‘정의(justice/ judgment)’, ‘공평(equity/ righteousness)’, 그리고 ‘정직(uprightness)’의 특징이 있다. 여호와는 세상을 공의로 통치하고 악인을 공의로 심판하는 분이다. 악인이 의인을 위협해도 이 여호와에 대한 믿음이 있으면 그분께 기도할 수 있고, 그분이 하신 일을 찬양할 수 있다. 여호와께 기도할 수 있는 근거는 공의로 세계를 심판하시는 그분에 대한 믿음이다. 여호와께서 공의로운 심판을 위하여 보좌에 계신다는 믿음이 있으면 여호와께 기도할 수 있다. 여호와는 온 세상을 공의로 다스리고 심판하는 왕이시다.

둘째로, 여호와의 왕권은 그 백성에게 희망을 준다. 왜냐하면 공의와 정직으로 다스리고 판단하기 때문이다. 여호와의 왕국에서만 “기회는 평등하고 과정은 공정하고 결과는 정의롭다.”라고 말할 수 있다. 왜냐하면 실제로 그렇게 하기 때문이다. 따라서 여호와는 압제를 당하는 자에게는 어떤 분인가?

9, “여호와는 압제를 당하는 자의 요새이시요 환난 때의 요새이시로다”

“압제를 당하는 자의” - ‘억눌린’, ‘억압받는(oppressed)’이다. 하나님밖에는 의지할 대상이 없는 사람이다.

"요새" - '성채(a stronghold)', '높은 곳(a high tower)'이다. 이곳은 큰 바위나 높은 담이 있는 곳이다. 요새는 여호와의 능력과 선하심을 상징한다. 요새는 전쟁 때 피할 수 있는 곳이다.

"이시요" - '이 일어난다.' '이다.'(칼 미완료)이다. '와우(ו)'로 시작한다. 하나님은 압제를 당한 사람에게 피할 곳이다. 악인에게는 두려운 심판자로 나타나시는 하나님이 억눌린 사람에게는 피난처이시다.

"환난" - '고통', '고난'이다. 악인으로부터 박해를 당하거나 어려움에 부닥친 사람은 여호와께 피할 수 있다. 삶 속에서 그분의 도움이 필요할 때 그분께 피할 수 있다. 여호와는 당신을 찾는 자를 어떻게 하시는가?

10, "여호와여 주의 이름을 아는 자는 주를 의지하오리니 이는 주를 찾는 자들을 버리지 아니하심이니이다"

"아는 자는" - '알다.'이다. 분사이다.

"의지하오리니" - '믿는다(trust in).' '확신한다(be confident).'(칼 미완료)이다. 여호와의 이름을 아는 사람은 그분을 의지한다. 그분의 능력, 사랑 등을 아는 사람은 요새이신 여호와를 신뢰한다.

"주를 찾는 자들을" - '찾는다.'(분사)이다. 요새이신 여호와를 찾는 자, 즉 그분의 말씀을 따라 사는 사람은 그분께 피한다.

"버리지" - '떠난다.' '버린다.'(칼 완료)이다.

"아니하심이니이다" - '아니다.'이다. 여호와는 당신께 피하는 사람, 찾는 사람을 버리지 않으신다.

'버리지 아니하시는' 하나님을 통해 무엇을 배우는가? 하나님은 심판장이면서 은혜로운 아버지이시다. 하나님은 악인을 심판하지만, 의인을 버리지 않으신다. 하나님은 공의롭고 은혜로운 분이다. 하나님은 이 세상에 공의와 정의를 이루신다. 이 하나님이 있으셔서 대적자가 더는 존재하지 않는다. 교회의 희망은 이 세상을 다스리는 하나님의 통치에 있다. 아버지의 돌보심에 대한 약속은 예수님의 말씀으로 확인되었다. 예수님은 그 제자에게 약속하셨다. "볼지어다 내가 세상 끝날까지 너희와 항상 함께 있으리라"(마 28:20b). 시인은 어떤 여호와를 찬송하는가?

4. 시인은 어떤 여호와를 찬송합니까(11)? '시온에 계신 여호와'는 어떤 분입니까? 그분은 누구를 기억합니까(12)? 시인은 자신을 위해 무슨 기도를 합니까(13)? 그리하시면 그는 무엇을 합니까(14)?

11-14, 공동체의 찬양과 개인적 기도

11, "너희는 시온에 계신 여호와를 찬송하며 그의 행사를 백성 중에 선포할지어다"

"시온에" - '예루살렘'이다. 예루살렘에는 하나님의 집, 즉 성소가 있다.

"계신" - '앉는다.' '머무른다.'(분사)이다. 여호와께서 시온에 사신다.

'시온에 계신 여호와'는 어떤 분인가? 여호와는 하늘 보좌에 계셨다(7). 그런데 이제 그 백성과 함께하기 위해 시온에 계신다. 하늘의 통치자가 지상에 나타나셨다. 그분은 하늘뿐 아니라 이 땅에도 계신다. 그분은 온 우주의 통치자이시며, 그 백성의 목자요 왕이시다. 여호와는 시온에서 계시면서 그 백성을 보호하고 사랑하고 인도한다.

"찬송하며" - '노래한다(sing).' '찬양한다(sing praise).'(피엘 명령)이다. '자인(ז)'으로 시작한다. 그들은 찬송해야 한다. 찬송은 무엇으로 이어지는가?

"선포할지어다" - '말한다(tell).' '알게 한다(make known).'(히필 명령)이다. 그분을 향한 찬양은 그분께서 행하신 일을 전하는 것으로 이어진다. 그들은 그분이 하신 사랑, 능력, 놀라운 일 등을 전해야 한다. 그 이유는 무엇인가?

12, "피 흘림을 심문하시는 이가 그들을 기억하심이여 가난한 자의 부르짖음을 잊지 아니하시도다"

"(왜냐하면)" - 이유를 설명한다.

09(9:1-20)

"피 흘림을" - '피'이다.

"심문하시는 이가" - '찾는다(to seek with care).' '요구한다(require).'(분사)이다. '피를 복수하는 이(he who avenges blood)', '살인자에게 보복하는 이'라는 뜻이다.

구약 시대 때 죄를 짓지 않은 사람을 피 흘려 살해하면 그 복수를 친족이 할 수 있었다. 그런데 여기서는 하나님이 그 친족 역할을 한다. 의로운 심판장이신 여호와는 죄 없는 자를 죽인 살인자를 심판하신다. 주님은 생명을 주셨기에 그 생명을 이유 없이 뺏는 사람을 심판하신다. 그분은 또 무엇을 하시는가?

"가난한 자" - '고통받는(the afflicted)', '가난한(the poor)', '겸손한(humble)'이다. 그들은 자신이 처한 환경을 스스로 이길 수 없다. 따라서 그들은 무엇을 하는가?

"부르짖음" - '외침'이다. 그들은 여호와께 부르짖는다.

"기억하심이여" - '기억한다.'(칼 완료)이다.

"잊지" - '잊는다.' '모른다.'(칼 완료)이다.

"아니하시도다" - '아니', '아니다.'이다. 그분은 가난한 자의 부르짖음을 모르는 체하지 않으신다. 시인은 자신을 위해 무슨 기도를 하는가?

13, "여호와여 내게 은혜를 베푸소서 나를 사망의 문에서 일으키시는 주여 나를 미워하는 자에게서 받는 나의 고통을 보소서"

"내게 은혜를 베푸소서" - '호의를 베풀다.' '불쌍히 여긴다.'(칼 명령)이다. '헤트(ח)'로 시작한다. 시인은 자신을 위해 기도한다. 원수로부터 강한 압박을 받으면 주님께 기도할 수밖에 없다. 주님께서 자신의 형편에 은혜를 주시고, 돌봐주기를 바란다.

"사망의 문" - '죽음'을 뜻한다. 시인은 지옥이 온 것처럼 느낀다. 그의 삶은 소외(alienation), 고통(affliction), 그리고 재난의 시련을 맞았다. 그는 지금 죽음의 문턱에 섰다.

당시 사람은 '죽음의 세계'가 지상의 도시와 비슷하여 집도 있고 성벽도 있다고 생각했다. 메소포타미아 신화 『이쉬타르의 하강』

*The Decent of Ishtar*에는 저승 세계의 문이 일곱 개이며, 문마다 접근을 막는 문지기가 있었다. 구약에서 질병과 재앙을 경험하는 일은 저승이나 죽음의 문턱에 있는 것과 같았다. 그런 그를 누가 건져줄 수 있는가?

"일으키시는 주여" - '오른다.' '일어난다.'(분사)이다.

"나를 미워하는 자에게서 받는" - '미워한다.'(분사)이다.

"고통" - '미워하는 자', '원수'의 박해나 증오(hate/ animosity)를 뜻한다.

"보소서" - '본다.'(칼 명령)이다. 그는 주님께서 자신의 고통을 봐주시도록 기도한다. 그리하시면 그는 무엇을 하는가?

14, "그리하시면 내가 주의 찬송을 다 전할 것이요 딸 시온의 문에서 주의 구원을 기뻐하리이다"

"주의 찬송" - '영광', '찬양의 노래'이다. 주님께서 악인에게 행한 일, 즉 의인을 구원하신 일이다. 그 일은 기이한 일이다(1).

"전할 것이요" - '다시 계산한다(recount).' '자세히 말한다.'(피엘 미완료)이다. 그는 주님께서 찬양받을 모든 일을 다시 계산할 것이다. 즉 전파할 것이다.

"딸 시온의 문" - '사망의 문'과 대조한다. '딸 시온의 문(the gates of the daughter of Zion)'은 '생명의 문'이며, 하나님께 나아가는 문이다. '시온의 딸'은 '여호와의 백성'이나 '하나님의 도성 예루살렘'을 뜻한다.

"주의 구원을" - '구원'이다. 시인은 죽음에서 생명으로 건너왔다.

"기뻐하리이다" - '기뻐한다.' '즐거워한다.'(칼 미완료)이다. 주님께서 베푸신 그 구원을 기뻐할 것이다. 시인은 죽음의 성문에서 생명의 성문으로 넘어왔음을 믿고 찬송을 전파한다. 그는 고난에서 구원하신 여호와의 은총을 기뻐한다. 악인은 어떻게 되는가?

5. 악인은 어떻게 됩니까(15-17)? 궁핍한 자는 어떻게 됩니까(18)? '잊어버림을 당하지 않는다.'라는 말을 통해 무엇을 배웁니까? 그

분 앞에서 인생은 어떤 존재입니까(19-20)? 하나님께서 이방 나라를 심판하는 목적은 무엇입니까?

15-18, 악인에 대한 심판

15, "이방 나라들은 자기가 판 웅덩이에 빠짐이여 자기가 숨긴 그물에 자기 발이 걸렸도다"

"이방 나라들은" - '민족', '국가'이다

"자기가 판" - '일한다.' '만들다.'(칼 완료)이다.

"웅덩이", "그물" - 사냥꾼이 짐승을 잡으려고 사용했다. 그것은 원수의 음모를 비유적으로 표현한다.

"빠짐이여" - '가라앉는다.' '익사한다.'(칼 완료)이다. '테트(ט)'로 시작한다.

"숨긴" - '숨긴다.' '감춘다.'(칼 완료)이다.

"걸렸도다" - '사로잡는다(capture).' '붙잡는다(seize).'(니팔 완료)이다. 그들은 자기가 쳐 놓은 그물에 걸렸다. 원수는 하나님께 충성한 백성을 없애려고 함정을 팠다. 하지만 그들이 그 불행 속으로 끌려갔다. 이처럼 이방은 그 끝이 있다. 그 이유가 무엇인가?

16, "여호와께서 자기를 알게 하사 심판을 행하셨음이여 악인은 자기가 손으로 행한 일에 스스로 얽혔도다(힉가욘, 셀라)"

"여호와께서" - 그 일을 여호와께서 하셨다. 어떻게 하셨는가?

"자기를 알게 하사" - '알다.' '이해한다.'(니팔 완료)이다.

"행하셨음이여" - '일한다.' '만들다.'(칼 완료)이다. 여호와는 그 행하시는 심판으로 당신을 알리셨다.

"스스로 얽혔도다" - '찬다.' '때려눕힌다.'(분사)이다. 악인은 스스로 행한 일에 걸려든다. 악인의 끝이 있는 것은 여호와의 심판이 있기 때문이다.

"힉가욘" - '음악 소리', '묵상(meditation)'을 뜻한다. 묵상 분위기로 노래하는 것, 즉 묵상하도록 부드럽게 부르는 것을 뜻한다.

17, "악인들이 스올로 돌아감이여 하나님을 잊어버린 모든 이방 나라들이 그리하리로다"

"악인들이" - '악한(wicked)', '죄를 지은(criminal)'이다.

"스올로" - '죽은 자의 거처', '지옥'이다.

"돌아감이여" - '돌아간다.'(칼 미완료)이다. '요드(י)'로 시작한다.

"잊어버린" - '잊은'이다.

"이방 나라들이 그리하리로다" - '민족', '국가'이다.

"악인", "이방 나라" - 하나님을 잊어버린 나라이다. 그들은 지옥으로 간다. 궁핍한 자는 어떻게 되는가?

18 "궁핍한 자가 항상 잊어버림을 당하지 아니함이여 가난한 자들이 영원히 실망하지 아니하리로다"

"(왜냐하면)" - '그러나'로 해석할 수 있다. '카프(כ)'로 시작한다.

"궁핍한 자가" - '가난한 사람(the needy)'이다.

"잊어버림을 당하지" - '잊는다.' '모른다.'(니팔 미완료)이다.

"아니함" - '아니', '아니다.'이다.

"(아니함)이여" - '마치~처럼(as though)', '~이므로(as)'이다. 가난한 사람은 잊히지 않는다.

"가난한 자들이" - '가난한', '억압받는'이다. 영적으로 가난한 자, 자신의 연약함을 아는 자를 뜻한다. 여호와를 의지하고 찾는 사람이다. 여호와는 그런 사람을 잊지 않으신다.

"실(망)" - '멸망한다(perish).' '사라진다.'(칼 미완료)이다.

"(실)망하지 아니하리로다" - '끈', '소망'이다. 가난한 사람이 끝까지 잊히는 일은 없다. 가난한 사람의 희망은 영원히 사라지지 않을 것이다.

'잊어버림을 당하지 않는다.'라는 말을 통해 무엇을 배우는가? 여호와는 요새로 피하는 사람, 당신을 의지하는 사람, 찾는 사람을 항상 잊지 않으신다. 그분께 도움을 청하고 기도하는 사람이 영원히 실망하지 않도록 하신다. 이 하나님을 믿는 자는 어떤 상황에서도 기도할 수 있다. 가장 힘들 때 물러서지 않고 그분을 의지할 수 있다. 이 하나님을 믿는 사람은 악인이 심판받을 때와 자신의 고난이 끝날 때를 예상할 수 있다. 그분 앞에서 인생은 어떤 존재인가?

19-20, 하나님의 정의로운 통치에 대한 희망

19, "여호와여 일어나사 인생으로 승리를 얻지 못하게 하시며 이방 나라들이 주 앞에서 심판을 받게 하소서"

"일어나사" - '일어난다.'(칼 명령)이다.

"인생으로"(אֱנוֹשׁ, *'enosh*) - '사람(man)', '죽을 인간(mortal)'이다. 강조점은 '약함', '무능함', '가치 없음' 등이다.

"승리를 얻지" - '강하다(be strong).' '이긴다(prevail).'(칼 미완료)이다.

"못하게 하시며" - '아니', '아니다.'이다.

"심판을 받게 하소서" - '판결한다(judge).' '통치한다(govern).'(니팔 미완료)이다. '이방 나라를 심판하소서.'라는 뜻이다. 하나님께서 이방 나라를 심판하는 목적은 무엇인가?

20, "여호와여 그들을 두렵게 하시며 이방 나라들이 자기는 인생일 뿐인 줄 알게 하소서(셀라)"

"두렵게" - '두려움(terror)', '공포(fear)'이다. 두려움은 사람이 여호와 앞에서 아무것도 아닌 존재임을 알 때 느끼는 감정이다.

"하시며" - '놓는다.'(칼 명령)이다.

"인생일 뿐인 줄" - '인간', '인류'이다.

"알게 하소서" - '알다.'(칼 미완료)이다. '한낱 사람에 지나지 않음을 알게 하소서.'라는 뜻이다.

하나님께서 이방 나라를 심판하는 목적은 무엇인가? 심판의 목적은 온 세상에 하나님의 존재를 드러내고, 사람이 얼마나 연약하고 무능하여 도움이 필요한 존재인지를 알리는 데 있다. 하나님은 공의로우시다. 만일 하나님이 이방을 심판하지 않으면 그들은 창조주이며 왕이신 하나님께 대항한다는 사실을 결코 깨닫지 못한다. 그들은 '한낱 인생(are but men)', 즉 연약한 사람, 죄인에 불과하다는 사실

09(9:1-20)

을 알지 못한다. 인간은 자신의 나약함과 아무것도 할 수 없음을 깨닫지 않고서는 하나님을 알 수 없다. 사람은 하나님과 본질에서 다르다. 사람은 죽음, 연약함, 그리고 태생적 한계를 가졌다. 따라서 하나님에 대한 사람의 도전은 하나님의 정당한 반응을 요구한다(Human defiance of God requires God's just response). 하나님은 세계를 공의로 심판하신다.

10

영원무궁한 왕

말씀 시편 10:1-18
요절 시편 10:16
찬송 541장, 542장

1. 시인은 누구에게, 무엇을 묻습니까(1)? 그는 왜 여호와께 '어찌하여'라는 질문을 할까요? 그는 어떤 갈등을 겪고 있습니까?

2. 시인은 어떤 환난을 겪고 있습니까(2-3)? 악인은 얼마나 교만합니까(4)? 그런데도 악인은 어떻게 삽니까(5-6)? 그는 어떻게 사람을 해칩니까(7-11)? 악인의 문제는 무엇입니까?

10(10:1-18)

3. 시인은 무엇을 기도합니까(12)? '일어나소서'라고 기도하는 시인으로부터 무엇을 배웁니까? 그는 또 무엇을 위해 기도합니까(13-15)? 악인의 주장과 의인의 기도를 어떻게 대조합니까? 우리는 어떻게 해야 합니까?

4. 우리는 어떻게 여호와의 일어나심을 기다릴 수 있습니까(16)? 여호와께서 영원무궁한 왕이심을 통해 무엇을 배웁니까?

5. 여호와는 누구의 기도를 들으십니까(17)? 여호와께서 그들의 기도를 들으시는 목적은 무엇입니까(18)? 이 여호와를 통해 우리는 무엇을 배웁니까?

10
영원무궁한 왕

말씀 시편 10:1-18
요절 시편 10:16
찬송 541장, 542장

1. 시인은 누구에게, 무엇을 묻습니까(1)? 그는 왜 여호와께 '어찌하여'라는 질문을 할까요? 그는 어떤 갈등을 겪고 있습니까?

10편은 9편에 이어 히브리어 알파벳 순서로 이어진다. 'ל(라멧)'으로 시작하여 'ת(타우)'로 마친다. 그러나 'מ(멤)'을 생략했고, 'נ(눈)'과 'ס(사멕)'은 분명하지 않다. 'פ(페)'와 'ע(아인)'은 위치를 바꿨다.

본 시는 '신정론(神正論, theodicy, 악의 존재를 하나님의 섭리로 봄)'의 문제와 연관된다. 시인은 하나님의 공의와 악인의 번영 사이에서 갈등하고, 기도한다. 그의 갈등과 기도는 힘이 지배하는 사회에 사는 우리의 갈등이며 기도이다.

1, 질문

1, "여호와여 어찌하여 멀리 서시며 어찌하여 환난 때에 숨으시나이까"

"어찌하여" - '무엇', '어떤'이다. 'ל(라멧)'으로 시작한다. 시인은 '왜'라는 질문을 한다. 그는 '왜?'라는 질문을 누구에게, 왜 하는가?

"여호와여" - 시인은 '왜?'라는 질문을 여호와께 한다. 여호와는 이스라엘의 하나님이고, 그 시인의 하나님이시다. 그는 그분께 무엇을 묻는가?

"서시며" - '계속해서 서 있다(stand).' '남아 있다(remain).'(칼 미완료)이다.

"멀리" - 여호와께서 멀리 서 계신다(keep far away). '왜 멀리 서 계십니까?'라는 뜻이다. 여호와는 시인과 '거리 두기'를 하신다. 여호와는 그와 함께하지 않으신다. 시인이 여호와께 '왜?'라는 질문을 하는 첫 번째 이유이다.

"환난" - '고통', '고난'이다. 시인은 지금 환난을 겪고 있다.

"숨으시나이까" - '숨긴다(hide).' '감춘다(conceal).'(히필 미완료)이다. '왜 숨어 계십니까?'라는 뜻이다. 시인이 여호와께 '왜?'라는 질문을 하는 두 번째 이유이다. 여호와는 환난의 때 피난처, 요새이시다(9:10). 그런데 여호와는 시인의 고통에 관심을 품지 않으신 것처럼 보인다.

시인이 겪는 갈등의 핵심은 무엇인가? 그는 환난을 겪는 그 자체를 갈등하지 않는다. 그는 환난 중에 하나님께서 '멀리 계시고', '숨으신 것'에 관해 갈등한다. 왜냐하면 하나님께서 자신의 환난에 관심이 없고, 자기의 기도를 듣지 않으신 것처럼 보이기 때문이다. 그는 지금 하나님의 도움이 절실히 필요하다. 하지만 하나님은 거리를 두고 멀리 숨으신 것처럼 보인다. 그는 어떤 환난을 겪는가?

2. 시인은 어떤 환난을 겪고 있습니까(2-3)? 악인은 얼마나 교만합니까(4)? 그런데도 악인은 어떻게 삽니까(5-6)? 그는 어떻게 사람을 해칩니까(7-11)? 악인의 문제는 무엇입니까?

2-11, 악한 자의 지배

2, "악한 자가 교만하여 가련한 자를 심히 압박하오니 그들이 자기가 베푼 꾀에 빠지게 하소서"

"악한 자가" - '죄를 지은'이다.

"교만하여" - '솟아오름', '위엄(majesty)'이다. 악한 사람의 특징은 교만이다. 그는 교만하여 '신'처럼 행동한다.

"가련한 자" - '가난한 사람(the poor)', '연약한 사람'이다. 믿음의 사람, 시인을 말한다.

"심히 압박하오니" - '불탄다.' '매우 성을 내어 추적한다(hotly pursue).' '몹시 괴롭힌다(hotly pursue).'(칼 미완료)이다. 악한 자가 교만하여 가난한 자, 시인을 심하게 학대하고 있다. 악인은 시인을 '악착스레 뒤좇아 불길처럼 덮으려는 기세'이다. 악인은 믿음의 사람을 마음대로 괴롭혀도 하나님의 벌을 받지 않을 것으로 생각한다. 시인은 그런 악인이 어떻게 되도록 기도하는가?

"자기가 베푼" - '생각한다.' '판단을 내린다.'(칼 완료)이다.

"빠지게 하소서" - '붙잡는다(catch).'(니팔 미완료)이다. 시인은 그들이 자기 꾀에 빠지도록 기도한다. 그 이유는 무엇인가?

3, "악인은 그의 마음의 욕심을 자랑하며 탐욕을 부리는 자는 여호와를 배반하여 멸시하나이다"

"(왜냐하면)" - 그 이유를 설명한다.

"그의 마음" - '숨 쉬는 존재', '생명'이다.

"자랑하며" - '밝게 비춘다.' '자랑한다.'(피엘 완료)이다. 악한 사람은 자기 욕망을 자랑하기 때문이다. 악인은 이기심으로 가득 차 있다.

"탐욕을 부리는 자는" - '폭력으로 얻는다(gain by violence).' '탐낸다(be covetous).'(분사)이다.

"배반하여" - '축복한다(bless).' '저주한다(curse).'(피엘 완료)이다.

"멸시하나이다" - '멸시한다(despise).' '업신여긴다.'(피엘 완료)이다. 욕심이 많은 사람은 여호와를 저주하고 업신여기기 때문이다. 탐욕을 부리는 사람은 하나님을 경외하지 않고, 그분의 말씀을 듣지 않는다. 그는 자기를 믿고 자기를 자랑한다.

4, "악인은 그의 교만한 얼굴로 말하기를 여호와께서 이를 감찰하지 아니하신다 하며 그의 모든 사상에 하나님이 없다 하나이다"

"교만한 얼굴로 말하기를" - 악인은 헛된 자부심이 가득하여 말한다.

"여호와께서 이를 감찰하지" - '찾는다(to seek with care).' '책임을 묻는다.'(칼 미완료)이다.

"아니하신다" - '아무것도 않다.'이다. 악인은 '여호와는 책임을 묻지 않을 것이다(He will not call to account).'라고 주장했다.

"사상에" - '계획', '악한 생각'이다.

"없다 하나이다" - '어느 쪽도 ~아니다(neither).' '결코~않다(never).'이다. 악인의 모든 생각에는 하나님이 없다.

무슨 뜻인가? 하나님의 존재 자체를 부인하는 것은 아니다. 그들은 하나님의 존재를 인정하지만, 실제 삶에서 하나님이 아무 일도 하지 않는다고 생각한다. 그들은 무신론자(atheist)는 아니다. 그들은 하나님을 인정하면서도 실제 삶에서는 하나님 없이 편하게 살려고 한다. 그들은 창조주에 대한 예배 대신에 자기를 예배한다. 그들은 하나님이 인간 역사에 개입하지 않는다고 주장한다. 그들 삶의 목표는 하나님을 의도적으로 피하는 것이다. 우리는 그들을 '실천적 무신론자(practical atheists)'이다. 그런데도 악인은 어떻게 사는가?

5, "그의 길은 언제든지 견고하고 주의 심판은 높아서 그에게 미치지 못하오니 그는 그의 모든 대적들을 멸시하며"

"그의 길은" - '길', '방식'이다.

"견고하고" - '견고하다(be firm).' '번영한다.'(칼 미완료)이다. 그는 하는 일마다 언제나 잘 된다.

"주의 심판은" - '심판'이다.

"높아서" - '높음', '놓은 곳'이다.

"그에게 미치지 못하오니" - '~의 앞에', '맞은편에'이다. 하나님의 심판은 너무 높아 그에게 보이지 않는다(are on high, out of his sight). 하나님의 심판은 세상과 그 백성에게 당신의 살아 계심과 인도하심을 보여주는 표시이다. 그러나 악한 사람은 하나님의 심판을 멀리 있는 것, 자기와는 상관없는 것으로 여겼다. 왜냐하면 하나님께서 그들을 즉시 심판하지 않기 때문이다.

"대적들을" - '묶는다.' '속박한다.'(분사)이다. 악인에게 도전하는 사람, 의인을 말한다.

"멸시하며" - '숨 쉰다.' '내뿜는다(breathe).' '불다(blow).'(히필 미완료)이다. 악인은 경멸의 표시로 대적, 즉 의인을 멸시했다.

악인의 성공은 시인에게 갈등을 일으킨다. 왜냐하면 악인은 하나님의 심판에서 벗어나 견고하고 안전하게 살기 때문이다. 악인은 환난이나 역경에 빠지지 않고 평안하게 살기 때문이다. 그는 강한 힘을 가지고 의인을 조롱하기 때문이다. 그런 악인은 속으로 무엇을 말하는가?

6, "그의 마음에 이르기를 나는 흔들리지 아니하며 대대로 환난을 당하지 아니하리라 하나이다"

"그의 마음에 이르기를" - '속으로 말한다.'이다.

"나는 흔들리지" - '비틀거린다(totter).' '흔들린다(shake).' '미끄러진다(slip).'(니팔 미완료)이다.

"아니하며" - '아무것도 ~않다.'이다. '나는 흔들리지 않을 것이다(I shall not be moved).'라는 뜻이다.

"환난을 당하지" - '나쁜', '악한'이다.

"아니하리라" - '아니(no).' '아니다(not).'이다. '나는 어떤 역경도 겪지 않을 것이다(I shall be in no adversity).'라는 뜻이다.

성경의 가르침 중 하나는 "의롭게 살면 삶이 흔들리지 않고 대대로 환난을 겪지 않는다."이다. 하지만 여기서는 악인이 그런 삶을 산다. 보통 사람은 돈이 많고 사회적 지위가 높고 잘살면 자부심을 품는다. 그런데 악인이 돈이 많고 사회적 지위가 높고 잘 살면 자부심은 하늘 높은 줄 모른다. "나는 망하지 않는다. 나에게는 불행이 없다." 그러나 이런 모습은 하나님을 모독하는 행위이다. 그의 실상은 어떠한가?

7, "그의 입에는 저주와 거짓과 포악이 충만하며 그의 혀 밑에는 잔해와 죄악이 있나이다"

"그의 입에는" - '입'이다. '페(פ)'로 시작한다.

"저주와" - '맹세', '저주'이다.

"거짓과" - '속임', '배반'이다.

"포악이" - '권리침해(injury)', '억압(oppression)'이다.

"충만하며" - '채운다.' '가득 찬다.'(칼 완료)이다.

“그의 혀 밑에는” - ‘혀 아래에’이다.

“잔해와” - ‘고생(trouble)’, ‘해악(mischief)’이다.

“죄악이 있나이다” - ‘헛됨’, ‘거짓’이다. 다른 사람을 해치는 행위와 불법적 행위가 있다.

그의 말은 다른 사람을 해치고 불법적인 일로 가득하다. “그 입에는 저주와 악독이 가득하고”(롬 3:14). 악인은 혀를 무기로 사용한다. 그의 말은 유혹적이고 힘이 강해 보인다. 하지만 결과적으로 그의 말은 사람을 해친다. 그는 어떻게 사람을 해치는가?

8, “그가 마을 구석진 곳에 앉으며 그 은밀한 곳에서 무죄한 자를 죽이며 그의 눈은 가련한 자를 엿보나이다”

“구석진 곳에” - ‘매복(ambush)’이다.

“앉으며” - ‘앉는다.’ ‘머무른다.’(칼 미완료)이다. ‘ע(아인)’으로 시작한다.

“그 은밀한 곳에서” - ‘은밀한 장소’, ‘숨는 곳’이다.

“무죄한 자를” - ‘결백한’, ‘깨끗한’이다. ‘힘이 없는 사람’, ‘스스로 보호할 수 없는 사람’을 뜻한다.

“죽이며” - ‘살해한다.’(칼 미완료)이다. 악인은 은밀하게 몸을 숨긴다. 힘없는 사람을 죽인다.

“그의 눈은” - ‘눈’이다.

“가련한 자를” - ‘불행한’, ‘가난한’이다.

“엿보나이다” - ‘숨긴다(hide).’ ‘저장한다(store up).’(칼 미완료)이다. 그는 가련한 사람을 노린다. 그런 그의 모습은 무엇과 같은가?

9, “사자가 자기의 굴에 엎드림 같이 그가 은밀한 곳에 엎드려 가련한 자를 잡으려고 기다리며 자기 그물을 끌어당겨 가련한 자를 잡나이다”

“사자가” - ‘사자(lion)’이다.

“자기의 굴에” - ‘은신처’이다.

“엎드림 같이” - ‘사자(lion)’이다. 사자는 자기 은신처에 사자처럼 있었다. 악인은 굴속에서 숨어서 먹이를 기다리는 사자와 같다.

"은밀한 곳에" - '은밀한 장소', '숨는 곳'이다.

"엎드려" - '숨어서 기다린다(lie in wait).' '매복한다(ambush).'(칼 미완료)이다.

"잡으려고" - '잡는다.'(부정사)이다.

"기다리며" - '숨어서 기다린다(lie in wait).' '매복한다(ambush).'(칼 미완료)이다.

"끌어당겨" - '당긴다(draw).' '끌어당긴다(drag).'(부정사)이다.

"잡나이다" - '잡는다.'(칼 미완료)이다. 악인은 가련한 것을 사로잡기 위해 그물을 설치하는 사냥꾼과 같다. 그 결과 가련한 사람은 어떻게 되는가?

10, "그가 구푸려 엎드리니 그의 포악으로 말미암아 가련한 자들이 넘어지나이다"

"그가 구푸려" - '눌리어 뭉개진다.'(칼 미완료)이다.

"엎드리니" - '몸을 구부린다.'(칼 미완료)이다.

"그의 포악으로 말미암아" - '강한'이다.

"넘어지나이다" - '떨어진다.' '넘어진다.'(칼 완료)이다. 그가 웅크려 엎드리니, 그 폭력으로 가련한 사람은 넘어진다. 악인은 속으로 무엇을 말하는가?

11, "그가 그의 마음에 이르기를 하나님이 잊으셨고 그의 얼굴을 가리셨으니 영원히 보지 아니하시리라 하나이다"

"그가" - 완료 3인칭 남성 단수(He), '악인'이다.

"이르기를" - '말한다.'(칼 완료)이다.

"잊으셨고" - '잊는다(forget).' '무시한다(ignore).'(칼 완료)이다. '하나님은 모든 일에 관심이 없다.'라는 뜻이다. 악인은 하나님으로부터 자기 행동에 대해 아무런 제재를 받지 않자 겁 없이 말했다.

"가리셨으니" - '숨긴다(hide).'(히필 완료)이다.

"얼굴을 가리셨으니" - '극도의 불쾌감'을 표현한다.

"보지" - '본다.' '바라본다.'(칼 완료)이다.

"아니하시리라" - '아무것도 ~않다.'이다. '하나님은 극도로 불쾌하셔서 보지 않으셨다.'라는 뜻이다.

악인은 "하나님께서 인생사에 관심이 없다." "하나님은 아예 얼굴을 돌려 보지 않으셨다."라고 말했다.

여기서 볼 때 악인의 문제는 무엇인가? 하나님을 완전히 무시하는 것이다. 그는 하나님께서 공의를 행하지 않는다고 생각한 것이다. 왜냐하면 여호와께서 그들을 즉시 벌하지 않기 때문이다.

이런 악인을 보는 시인의 고민은 무엇인가? 악인은 잘나가고, 악인이 의인을 괴롭히고, 의인은 환난을 겪는 데 있다. 그뿐 아니라 하나님의 공의가 나타나지 않은 데 있다. 그는 현실적인 악에 대한 고민과 함께 신앙적 질문에 빠졌다. 그런 중에 시인은 무엇을 하는가?

3. 시인은 무엇을 기도합니까(12)? '일어나소서'라고 기도하는 시인으로부터 무엇을 배웁니까? 그는 또 무엇을 위해 기도합니까(13-15)? 악인의 주장과 의인의 기도를 어떻게 대조합니까? 우리는 어떻게 해야 합니까?

12-15, 구원을 위한 기도

12, "여호와여 일어나옵소서 하나님이여 손을 드옵소서 가난한 자들을 잊지 마옵소서"

"일어나옵소서" - '일어난다.'(칼 명령)이다. 'ק(코프)'로 시작한다. 이 단어는 '전쟁을 위한 준비', '전쟁의 승리'를 가리킨다. 시인은 여호와께서 일어나(arise) 악인과 싸우기를 원한다.

"드옵소서" - '들어 올린다(to lift up).' '취하다(to take).'(칼 명령)이다.

"잊지" - '잊는다(forget).' '무시한다(ignore).'(칼 미완료)이다.

"마옵소서" - 시인은 여호와께서 고통당하는 사람을 잊지 않도록 기도한다.

10(10:1-18)

'일어나소서'라고 기도하는 시인으로부터 무엇을 배우는가? 여호와의 함께하심을 믿는 믿음이다. 시인은 '왜'(1절)라고 질문했는데, 이제는 적극적으로 여호와를 깨운다. 왜냐하면 악이 너무 커져서 지금 여호와께서 일어나야만 하기 때문이다. 시인은 여호와께서 행동하기를 바란다. 그는 여호와께서 자기 삶 속에 즉시 개입하기를 바란다. 그만큼 그는 여호와의 도움을 절박하게 기다린다. 그는 여호와의 공의를 믿기 때문이다. 그 환난에서 건질 분은 오직 여호와 한 분뿐임을 믿기 때문이다. 그는 또 무엇을 위해 기도하는가?

13, "어찌하여 악인이 하나님을 멸시하여 그의 마음에 이르기를 주는 감찰하지 아니하리라 하나이까"

"어찌하여" - 그는 다시 여호와께 묻는다. "왜?"

"멸시하여" - '거부한다.' '업신여긴다.'(피엘 완료)이다. 악인은 하나님께 무례하게 대했다.

"이르기를" - '말한다.'(칼 완료)이다.

"주는 감찰하지" - '찾는다.' '문의한다.' '책임을 묻는다.'(칼 미완료)이다.

"아니하리라" - '아니', '아니다.'이다. '문책하지 않는다.' '책임을 묻지 않는다.'라는 뜻이다. 악인은 하나님이 책임을 묻지 않으리라고 여겼다.

시인은 악인이 하나님을 무시하는 것을 참지 못한다. 하나님의 명예가 손상하는 것을 참지 못한다. 하나님께서 그 점을 아시고 행동하도록 기도한다. 그러나 하나님은 무엇을 보시는가?

14, "주께서는 보셨나이다 주는 재앙과 원한을 감찰하시고 주의 손으로 갚으려 하시오니 외로운 자가 주를 의지하나이다 주는 벌써부터 고아를 도우시는 이시니이다"

"주께서는 보셨나이다" - '본다.'(칼 완료)이다. 'ר(레시)'로 시작한다.

"재앙과" - '고생', '재해'이다.

“원한을” - ‘속상함’, ‘노여움’이다.

“감찰하시고” - ‘본다(look).’ ‘주목해서 본다(regard).’(히필 미완료)이다.

“갚으려 하시오니” - ‘준다.’ ‘둔다.’(부정사)이다. 주님은 재앙과 원한을 친히 처리하려고 살피신다.

“외로운 자가” - ‘불행한’, ‘가난한’이다.

“의지하나이다” - ‘떠난다.’ ‘위탁한다.’(칼 미완료)이다.

“고아를” - 억압받고 가난한 모든 사람을 대표한다.

“도우시는 이” - ‘돕는다.’(분사)이다.

“시니이다” - ‘이 일어난다.’ ‘이 된다.’(칼 완료)이다. 주님은 고아를 돕는 분이다. 여호와는 악을 뿌리 뽑고 그분의 아들딸을 보호하신다.

15, “악인의 팔을 꺾으소서 악한 자의 악을 더 이상 찾아낼 수 없을 때까지 찾으소서”

“악인” - ‘악한’, ‘죄를 지은’이다.

“꺾으소서” - ‘깨뜨린다(break).’ ‘깨뜨려 산산조각 낸다(break in pieces).’(칼 명령)이다. ‘ש(쉰)’으로 시작한다. 시인은 여호와께서 악인의 힘을 깨서 남에게 해를 끼치지 못하도록 기도한다.

“악한 자의” - ‘나쁜’, ‘악한’이다.

“더 이상 찾아낼 수 없을 때까지” - ‘아무것도 ~않다.’이다.

“찾으소서” - ‘찾는다.’ ‘요구한다.’(칼 미완료)이다. 악이 자취를 감출 것이다.

악인의 주장과 시인의 기도를 어떻게 대조하는가? 악인은 이렇게 주장했다. “여호와께서 이를 감찰하지 아니하신다”(4). “악인의 길은 언제든지 견고하고”(5). “하나님은 그의 얼굴을 가리셨으니”(11). 그러나 시인은 이렇게 기도했다. “여호와여 일어나옵소서, 가난한 자들을 잊지 마옵소서”(12). “주는 재앙과 원한을 감찰하시고”(14). “악인의 팔을 꺾으소서”(15).

그러면 우리는 어떻게 해야 하는가? 하나님의 공의를 믿고 기다려야 한다. 하나님의 인내심은 공의의 지연처럼 보인다. 하지만 이에 관해 칼뱅은 말했다. "그러나 하나님의 손에 복수가 유보된 한, 우리를 돕기 위해 팔을 뻗을 때까지 끈기 있게 기다리는 것이 우리의 의무다." 우리는 어떻게 여호와의 일어나심을 기다릴 수 있는가?

4. 우리는 어떻게 여호와의 일어나심을 기다릴 수 있습니까(16)? 여호와께서 영원무궁한 왕이심을 통해 무엇을 배웁니까?

16, 하나님의 다스림

16, "여호와께서는 영원무궁하도록 왕이시니 이방 나라들이 주의 땅에서 멸망하였나이다"

"영원무궁하도록 왕이시니" - 여호와는 영원한 왕이시다. 그분의 왕권은 이스라엘 나라에만 해당하지 않는다. 이 땅, 온 세상은 물론이고 온 우주까지 속한다. 여호와는 온 세상을 다스리며, 악인을 재판하신다. 가난한 자, 연약한 자를 아버지처럼 돌보신다. 그분의 왕권은 영원하다. 그러나 세상 나라는 어떠한가?

"이방 나라들이" - '민족(nation)', '백성(people)'이다. 이스라엘에 있는 악인을 말한다. 그들은 마치 '나라(nations)'처럼 행동한다.

"주의 땅에서" - '땅', '영토'이다.

"멸망하였나이다" - '멸망한다.' '사라진다.'(칼 완료)이다. 그러나 이방 나라는 여호와의 왕국에서 사라질 것이다.

여호와께서 영원무궁한 왕이심을 통해 무엇을 배우는가? 여호와의 왕권은 그 힘이 없는 것 같을지라도 영원하다. 반면 악한 자의 권세는 영원할 것 같아도 사라진다. 악인은 여호와의 땅에서 멸망할 것이지만, 여호와의 백성은 영원히 살 것이다.

불의한 세상에서 의인의 희망은 어디에 있는가? 왕이신 여호와께 있다. 이 세상을 누가 다스리는가? 세상 왕이 아니다. 여호와께서 우리를 다스리고 세상을 다스리는 영원한 왕이시다. 악인이 형통할지라도 세상의 왕은 악인이 아니라 여호와이시다. 여호와는 성도의 억울함을 아신다. 겸손한 자의 소원을 들으신다. 따라서 우리는 모순으로 가득 찬 세상에서 좌절하지 않고 믿음의 길을 갈 수 있다. 특히 '실천적 무신론'의 강한 영향 속에서도 '실천적 유신론'의 길을 갈 수 있다. 여호와는 누구의 기도를 들으시는가?

5. 여호와는 누구의 기도를 들으십니까(17)? 여호와께서 그들의 기도를 들으시는 목적은 무엇입니까(18)? 이 여호와를 통해 우리는 무엇을 배웁니까?

17-18, 해결

17, "여호와여 주는 겸손한 자의 소원을 들으셨사오니 그들의 마음을 준비하시며 귀를 기울여 들으시고"

"겸손한 자" - '가난한 사람', '고통받는 사람(the afflicted)', '온유한 사람(the meek)'이다.

"소원을" - '욕구', '갈망(desire)'이다. '타우(ת)'로 시작한다.

"들으셨사오니" - '듣는다(hear).' '경청한다(listen to).'(칼 완료)이다. 여호와는 불쌍한 사람의 소원을 들으셨다. 주님은 가난한 사람에게 용기를 주시고 그들의 부르짖음에 귀를 기울이셨다.

"준비하시며" - '확고하다.' '준비한다.'(히필 완료)이다. '마음을 굳게 하시고'라는 뜻이다.

"기울여 들으시고" - '듣는다.' '기울인다.'(히필 미완료)이다. 그 목적은 무엇인가?

18, "고아와 압제당하는 자를 위하여 심판하사 세상에 속한 자가 다시는 위협하지 못하게 하시리이다"

"고아와" - 사회적 약자를 대변한다.

"압제당하는 자를 위하여" - '억눌린', '압박받는'이다. 그들은 기본적 인권을 충분히 보장받지 못한 사람이다. 그들은 하나님의 특별한 관심의 대상이었다.

"심판하사" - '재판한다.' '통치한다.'(부정사)이다. 고아와 압박당하는 자를 위해 심판하신다. 그들의 권리를 되찾아 주신다.

10(10:1-18)

"세상에 속한 자" - '죽을 수밖에 없는 존재', '악인'을 뜻한다.

"위협하지" - '두려움과 공포로 떨게 한다.' '벌벌 떨다.'(부정사)이다.

"하시리이다" - '더한다.' '다시 한다(do again).'(히필 미완료)이다. 이 땅에 억압하는 사람이 다시는 없도록 하신다.

이 여호와를 통해 무엇을 배우는가? 우리는 삶 속에서 만나는 갈등 중에 기도할 수 있다. 악인이 아무리 잘나갈지라도 낙심하지 않고 여호와의 공의를 기대하며 희망 중에 기다릴 수 있다. 왜냐하면 여호와는 때가 오면 반드시 당신의 공의를 나타내시기 때문이다.

선지자 하박국도 처음에는 세상의 악만 생각하다가 여호와께 불평했다. "주님은 눈이 맑으시므로 악을 보시고 참지 못하시며, 패역을 보고 그냥 계시지 못합니다. 그런데 어찌하여 배신자들을 보고만 있으십니까? 악한 민족이 착한 백성을 삼켜도 조용히만 계십니까"(합 1:13)? 그때 여호와께서 그에게 대답하셨다. "이 묵시는 정한 때가 있나니 그 종말이 속히 이르겠고 결코 거짓되지 아니하리라 비록 더딜지라도 기다리라 지체되지 않고 반드시 응하리라"(합 2:3). 그는 그 약속을 믿고 기다렸고, 여호와께서는 그 약속대로 공의를 이루셨다. 여호와는 영원무궁한 왕이시다. 우리가 여호와를 믿고 기도하면, 우리의 기도를 들으시고 공의를 이루실 것이다.

11

도망할 것인가? 피할 것인가?

말씀 시편 11:1-7
요절 시편 11:4
찬송 343장, 344장

1. 시인은 누구에게 피했습니까(1a)? 그러나 그에게 어떤 유혹이 있습니까(1b)? '산으로 도망하라.'라는 말이 왜 유혹입니까?

2. 그들이 산으로 도망하도록 말한 첫 번째 이유는 무엇입니까(2)? 두 번째 이유는 무엇입니까(3)? '터'는 무엇을 말합니까?

11(11:1-7)

3. 시인은 친구의 유혹 앞에서 무엇을 합니까(4a)? '성전에 계시는 여호와'는 어떤 분입니까? 여호와는 인생을 어떻게 하십니까(4b)?

4. 여호와는 의인과 악인을 각각 어떻게 하십니까(5-6)? 친구의 유혹 앞에서 여호와를 바라보는 시인을 통해 무엇을 배웁니까? 우리는 삶 속에서 만나는 악인, 시련 앞에서 어떻게 해야 합니까?

5. 여호와는 어떤 분입니까(7a)? 누가 그분의 얼굴을 보며, '얼굴을 본다'라는 말은 무슨 뜻입니까(7b)?

11
도망할 것인가? 피할 것인가?

말씀 시편 11:1-7
요절 시편 11:4
찬송 343장, 344장

1. 시인은 누구에게 피했습니까(1a)? 그러나 그에게 어떤 유혹이 있습니까(1b)? '산으로 도망하라.'라는 말이 왜 유혹입니까?

(다윗의 시: 인도자를 따라 부르는 노래, To the choirmaster. Of David)

이 시는 다윗이 사울에게 도망 다녔을 때를 배경으로 한다(삼상 26:20). 그 주제는 의인이 악인에게 박해받는 데 있다. 악이 승리하는 것처럼 보이지만 하나님의 백성은 보호받을 수 있다. 의인의 확신은 여호와 안에 있다.

1-3, 여호와께 피함

1, "내가 여호와께 피하였거늘 너희가 내 영혼에게 새 같이 네 산으로 도망하라 함은 어찌함인가"

"피하였거늘" - '피신한다(seek refuge).'(칼 완료)이다. 시인은 악인에게 도전을 받았다. 하지만 그는 여호와를 보호자요 돕는 분으로 믿었다. 그는 여호와께 피하면 위험으로부터 보호받을 수 있다고 믿었다. 그래서 그는 여호와께 피했다. 그는 여호와와 함께 걷고 있다(walking with Yahweh). 그러나 그에게 무슨 유혹이 있는가?

"내 영혼에게" - '숨 쉬는 존재', '생명'이다.

"네 산으로" - '유다에 있는 산맥'이다. 그 산에는 많은 동굴과 가파른 절벽과 접근하기 힘든 바위들이 많았다. 따라서 좋은 피난처였다.

"도망하라" - '이리저리 움직인다(move to and fro).' '방황한다

(wander).'(칼 명령)이다. "새같이 네 산으로 도망하라." "새처럼 산들로 도망가라(Flee to the mountains like a bird)." 이 말은 '조용함, 안전을 찾는 빠른 탈출'을 표현하고 있다. "나는 말하기를 만일 내게 비둘기같이 날개가 있다면 날아가서 편히 쉬리로다"(시 55:6).

이 말이 왜 시인에게 유혹일까? 그 충고는 매우 현실적이고 합리적인 것처럼 보인다. 그래서 시인에게 유혹이다. 하지만 악인은 왜 시인에게 산으로 도망하도록 권하는가?

2. 그들이 산으로 도망하도록 말한 첫 번째 이유는 무엇입니까(2)? 두 번째 이유는 무엇입니까(3)? '터'는 무엇을 말합니까?

2, "악인이 활을 당기고 화살을 시위에 먹임이여 마음이 바른 자를 어두운 데서 쏘려 하는도다"

"(보라)" - '왜냐하면 보라(For behold).'이다.

"당기고" - '밟는다(tread).' '나아간다(march).' '굽힌다(bend).'(칼 미완료)이다.

"먹임이여" - '준비한다.' '고정한다.'(피엘 완료)이다.

"마음이 바른 자" - '시인', '의인이다.

"쏘려 하는도다" - '던진다.' '쏜다(shoot).'(부정사)이다. 악인은 활을 당기고 화살을 메겨 마음이 바른 사람을 쏘려 한다.

활은 무엇을 말하는가? 악인의 말이다. 악인은 말로 의인을 죽이려고 한다. 그의 속임수, 악한 말, 상처 주는 말은 살인 도구와 같다. 악인은 시인을 은밀하게 해치려 한다. 악인이 의인에게 산으로 도망하도록 말한 첫 번째 이유는 말로 의인을 죽이려는 것이다. 두 번째 이유는 무엇인가?

3, "터가 무너지면 의인이 무엇을 하랴"

"터" - '기초', '토대(foundation)'이다. 이것은 '사회의 질서(the order of society)', 즉 '확립된 제도, 공동체의 사회와 시민 질서(the established institutions, the social and civil order of the community)'

이다. 이 질서를 여호와께서 창조 때 세우셨다. 그리고 유지하신다. 하나님께서 세상을 창조하고 유지하신다는 창조론은 성경 신학의 지엽적인 문제가 아니라 근본적 주제이다.

"무너지면" - '넘어뜨린다.' '헐다.'(니팔 미완료)이다. 그 결과는 무엇인가?

"하랴" - '한다.' '행한다.'(칼 완료)이다.

"의인이 무엇을 하랴" - "의인이 무엇을 할 수 있겠는가(What can the righteous do)?" "의인은 무엇을 하였는가(what has the righteous done)?"

기초가 바닥부터 흔들리는 이 마당에 의인인들 무엇을 할 수 있겠는가? 법과 질서가 무너지면 의인이 할 수 있는 일은 없다. 의인이 한 일도 의미가 없다. 유혹자는 의인에게 "사회적 책임을 포기하라." "여호와께 피하는 일도 의미가 없다."라고 말한다. 이것이 악인이 의인에게 "산으로 도망하라."라고 말하는 두 번째 이유이다.

이제 그는 '여호와께 피할 것인가(refuge)? 아니면 산으로 도망할 것인가(escape)?'의 갈림길에 섰다. 그는 무엇을 하는가?

3. 시인은 친구의 유혹 앞에서 무엇을 합니까(4a)? '성전에 계시는 여호와'는 어떤 분입니까? 여호와는 인생을 어떻게 하십니까(4b)?

4-6, 의로운 왕이신 여호와

4, "여호와께서는 그의 성전에 계시고 여호와의 보좌는 하늘에 있음이여 그의 눈이 인생을 통촉하시고 그의 안목이 그들을 감찰하시도다"

"여호와께서는" - 시인은 불안과 위험을 뛰어넘어 여호와를 바라본다. 그는 위기의 때 산으로 도망가지 않고 여호와께 피한다(not escape, but asylum with Yahweh). 그분은 어디에 계시는가?

"그의 성전에 계시고" - '거룩한 궁전(holy place)', '성전(temple)'이다. 여호와는 시온의 성전에 계신다. 하나님의 '내재성'을 뜻한다. 여호와는 성전에서 당신의 종을 만나고, 기도를 들으시고, 함께하신다.

"여호와의 보좌는" - '영광스러운 자리'이다. '보좌'는 하나님의 통치를 상징한다.

“하늘에 있음이여” - ‘하늘들’이다. 동시에 여호와는 하늘에 계신다. 하나님의 ‘초월성’을 뜻한다. 하나님은 세상과 사람을 초월하여 계신다. 여호와는 이 땅의 성전에 계시지만 동시에 하늘 보좌에 계신다. 여호와는 하늘 보좌에서 인생을 어떻게 하시는가?

“인생을 통촉하시고” - ‘본다.’ ‘지각한다.’(칼 미완료)이다.

“그의 안목이” - ‘눈꺼풀(eyelid)’이다.

“그들을” - ‘아들’, 즉 ‘사람의 자녀(the children of man)’를 뜻한다.

“감찰하시도다” - ‘감찰한다(examine).’ ‘시험한다(test).’ ‘입증한다(prove).’(칼 미완료)이다. 금이나 은을 단련하여 정제하는 것을 뜻한다. 여호와는 성전에서, 하늘 보좌에서 사람을 눈으로 보고 눈꺼풀로 일일이 판단하신다. 그리고 의인과 악인을 어떻게 하시는가?

4. 여호와는 의인과 악인을 각각 어떻게 하십니까(5-6)? 친구의 유혹 앞에서 여호와를 바라보는 시인을 통해 무엇을 배웁니까? 우리는 삶 속에서 만나는 악인, 시련 앞에서 어떻게 해야 합니까?

5, “여호와는 의인을 감찰하시고 악인과 폭력을 좋아하는 자를 마음에 미워하시도다”

“감찰하시고” - ‘감찰한다(examine).’ ‘시험한다(test).’ ‘입증한다(prove).’(칼 미완료)이다. 여호와는 의인을 살피고 단련하고 보호하신다. 반면 악인은 어떻게 하시는가?

“악인과 폭력을 좋아하는 자를” - 악인은 폭력을 좋아한다.

“미워하시도다” - ‘미워한다(hate).’(칼 완료)이다. 여호와는 악인과 폭력을 좋아하는 사람을 미워하신다. 여호와는 악인을 어느 정도 미워하시는가?

6, “악인에게 그물을 던지시리니 불과 유황과 태우는 바람이 그들의 잔의 소득이 되리로다”

11(11:1-7)

“그물” - ‘새 올가미(bird trap/ snares)’, ‘금속판(plate of metal/ coal)’을 뜻하는데, 재앙과 음모를 가리킬 때 비유적으로 사용한다.

“던지시리니” - ‘비가 온다(rain).’(히필 미완료)이다. ‘덫이 내린다(will rain snares).’ ‘석탄을 퍼붓는다(rain coals).’라는 뜻이다.

“불과 유황과 태우는 바람이” - 이 모습은 소돔과 고모라의 심판을 생각하게 한다(창 19:24). ‘태우는 바람’은 또 다른 심판의 이미지이다. 뜨거운 사막 바람(the hot desert wind), 즉 ‘열풍(sirocco, 아랍어는 함신, *hamsin*)’은 봄에서 여름으로, 여름에서 가을로 계절이 바뀔 때 중동 지역에서 분다. 그 바람은 많은 것을 황폐하게 하는데, 아름다운 꽃이나 채소 등을 마르게 한다. 악인은 오늘 있다가 내일 사라지는 들꽃처럼 될 것이다.

“그들의 잔” - ‘컵’이다. 하나님이 악인의 몫으로 정하여 그들이 마셔야 하는 벌이다.

“소득이 되리로다” - ‘몫(portion)’이다. 여기서 ‘몫’은 식사 때의 ‘그 몫’을 회상한다. 이처럼 하나님은 악인에게 그가 받아야 할 ‘그 몫’의 진노를 내리신다. 여호와께서 불과 유황을 악인들 위에 비가 오듯이 쏟으시며, 태우는 바람을 그들 잔의 몫으로 안겨 주신다. 시인은 유혹 앞에서 이분을 바라보았다.

유혹 앞에서 여호와를 바라보는 시인을 통해 무엇을 배우는가? 그의 렌즈와 믿음이다. 그는 악인을 보지만 동시에 여호와를 본다. 거룩하신 하나님은 악인을 즉시 심판하지 않으신다. 하지만 그분의 거룩하심은 폭력을 사랑하는 사람에 관해 어떤 사랑도 베풀지 않으신다. 여호와는 때가 오면 악인을 반드시 심판하신다. 따라서 그분께 피하면 안전하다.

유다 왕 아하스는 아람 왕과 에브라임 왕이 동맹을 맺어 침략했을 때 몹시 두려워했다. 그때 선지자 이사야는 여호와께 피하도록 권면했다. “주 여호와의 말씀이 그 일은 서지 못하며 이루어지지 못하리라.” “...만일 너희가 굳게 믿지 아니하면 너희는 굳게 서지 못하리라 하시니라”(사 7:7, 9b). 여호와만이 가장 믿을만한 피난처이다. 따라서 그분을 굳게 믿고 그분께로 피하면 구원받는다.

11(11:1-7)

우리는 삶 속에서 만나는 악인이나 시련 앞에서 어떻게 해야 하는가? 현실에서 마땅한 뾰족한 수가 보이지 않을 때 무엇을 해야 하는가? 현실에서 도망해야 하는가? 성전에 계시는 여호와, 인생을 통촉하시는 여호와를 믿고 그분께 피해야 한다. 우리는 삶에서 어딘가로, 누군가에게로 도망하고 싶을 때가 있다. 세상 사람의 말을 듣고 그 말대로 하고 싶을 때가 있다. 그 말이 상당히 합리적이고 상식적으로 들리기 때문이다. 우리의 눈과 마음이 현실의 어려움에만 머물기 쉽다. 하지만 우리는 눈을 들어 여호와를 바라봐야 한다. 현실도 보지만 동시에 여호와도 봐야 한다. 우리의 삶은 물론이고 악인도 통촉하심을 믿어야 한다. 그리고 우리는 그분께 피해야 한다. 그러면 현실의 어려움을 이길 수 있다. 여호와는 어떤 분인가?

5. 여호와는 어떤 분입니까(7a)? 누가 그분의 얼굴을 보며, '얼굴을 본다'라는 말은 무슨 뜻입니까(7b)?

7, 의로운 피난처이신 여호와

7, "여호와는 의로우사 의로운 일을 좋아하시나니 정직한 자는 그의 얼굴을 뵈오리로다"

"왜냐하면" - 이유를 설명한다.

"의로우사" - '의로운', '공정한'이다.

"의로운 일을" - '의로움', '공의'이다.

"좋아하시나니" - '사랑한다(love).'(칼 완료)이다. 여호와께서 의로운 일을 하는 사람을 사랑하신다. '마음이 바른 사람'(2)이다.

"정직한 자는" - '곧은' '올바른'이다. 여호와를 의지하고 그분께 피하는 사람이다.

"뵈오리로다" - '본다.' '지각한다.'(칼 미완료)이다. 정직한 사람은 그분의 얼굴을 뵙게 될 것이다.

"얼굴을 뵈오리로다" - '대적으로부터 구원받음', '친밀한 교제', '이 세상과 오는 세상에서 하나님의 복된 임재를 체험함'을 뜻한다. 오직 바른 사람만 위기에서 구원받고 안전하게 보호받는다. "마음이

11(11:1-7)

청결한 자는 복이 있나니 그들이 하나님을 볼 것임이요"(마 5:8).
"세상으로 도망가지 말고 여호와께 피하자!"

12
거짓말과 순결한 말씀

말씀 시편 12:1-8
요절 시편 12:6
찬송 200장, 206장

1. 시인은 누구에게 무슨 도움을 청합니까(1a)? 그는 왜 여호와께 기도합니까(1b)? 경건한 자와 충실한 자가 없는 세상은 어떻게 됩니까(2)? '두 마음으로 말한다.'라는 말은 무슨 뜻입니까? 사람은 언제부터, 왜 거짓말을 했습니까(창 3:4-5)?

2. 시인은 여호와께서 '두 마음으로 말하는 사람'을 어떻게 하기를 바랍니까(3)? 그들은 얼마나 교만하게 말합니까(4)?

12(12:1-8)

3. 여호와의 대답은 무엇입니까(5)? 여호와 말씀의 성격이 어떠합니까(6a)? 여호와 말씀의 순결함을 무엇에 비유합니까(6b)? 악인의 거짓말과 여호와의 말씀은 어떤 차이가 있습니까? 오늘 우리에게 주는 의미는 무엇입니까?

4. 여호와의 말씀을 믿는 시인은 무엇을 위해 기도합니까(7)? 그런데 이 세상은 어떠합니까(8)? 그런데도 그는 어떻게 기도할 수 있습니까?

12
거짓말과 순결한 말씀

말씀 시편 12:1-8
요절 시편 12:6
찬송 200장, 206장

1. 시인은 누구에게 무슨 도움을 청합니까(1a)? 그는 왜 여호와께 기도합니까(1b)? 경건한 자와 충실한 자가 없는 세상은 어떻게 됩니까(2)? '두 마음으로 말한다.'라는 말은 무슨 뜻입니까? 사람은 언제부터, 왜 거짓말을 했습니까(창 3:4-5)?

(다윗의 시: 인도자를 따라 여덟째 줄에 맞춘 노래, To the choirmaster: according to The Sheminith. A Psalm of David)

"여덟째 줄" - '스미닛(sheninith)'은 '여덟 번째'를 뜻한다. 음악이나 예전의 용어이다.

이 시는 거짓말하는 세상에서 당신의 약속을 지키시는 여호와께 의인을 구원해 달라는 기도이다. 이 시는 공동체 애가(a community lament)이다.

1-4, 구원을 위한 기도

1, "여호와여 도우소서 경건한 자가 끊어지며 충실한 자들이 인생 중에 없어지나이다"

"여호와여" - 다윗은 여호와께 기도한다.

"도우소서" - '구원한다(save).' '돕는다(help).'(히필 명령)이다. 그는 왜 여호와께 기도하는가?

"경건한 자가" - '경건한 사람(the godly one)'이다.

"끊어지며" - '마친다(end).' '끝난다(come to an end).'(칼 완료)이다.

"충실한 자들이" - '충성스러운 사람(loyalty)'이다. 여호와의 말씀에 순종하는 사람이다.

"없어지나이다" - '사라진다(disappear).'(칼 완료)이다. 시인이 여호와께 도움을 청하는 이유는 세상에서 경건한 사람과 충성스러운 사람이 사라졌기 때문이다. 세상은 하나님의 말씀대로 사는 사람을 잃어버렸다. 이런 현실은 매우 심각한 상황이다. 경건한 자와 충실한 자가 없는 세상은 어떻게 되는가?

2, "그들이 이웃에게 각기 거짓을 말함이여 아첨하는 입술과 두 마음으로 말하는도다"

"거짓을" - '공허', '헛됨'이다.

"말함이여" - '말한다(speak).'(피엘 미완료)이다. 그들은 말을 속이는 수단으로 사용했다.

"아첨하는" - '할당된 몫', '아첨'이다.

"입술과" - '말', '언어'이다.

"두 마음으로" - '두 개의 마음'이다. '이중인격'을 뜻한다.

"말하는도다" - '말한다.'(피엘 미완료)이다. 그들은 두 마음으로 말했다.

무슨 뜻인가? '마음'은 존재를 상징하는데, 두 마음이니 두 존재가 있는 것을 뜻한다. 그들은 '겉과 속이 다르다.' '이중 잣대'를 가지고 있다. 그러니 진실이 없다. 그들의 입술에서는 진실이 사라졌다. 그들은 혀로 진리를 거스르고 하나님께 순종하지 않는다. 그들의 목표는 거짓말하고 아첨하여 권력을 얻는 데 있다.

사람은 언제부터, 왜 거짓말을 했는가? 사람의 말이 본래는 진리를 전달하고, 생명을 살리는 역할을 했다. 하지만 사탄이 하와를 속였고, 아담이 죄를 지어 인간 세상에 거짓말이 들어왔을 때부터 거짓말을 했다(창 3:4-5). 그때부터 사람은 말로 자신을 속이고 이웃을 속이고 하나님을 속였다. 그리고 바벨탑 사건을 거치면서 사람의 말은 더는 서로에게 의사를 전달할 수 없을 정도로 혼잡했다(창 11:9). 말의 오염이 갈수록 심각하다. '아무 말 잔치'에서 '막말 대전'으로 이어지고 있다. 경건한 자가 끊어지며 충실한 자들이 인생 중에 없어졌기 때문이다.

거짓말이 왜 심각한가? 거짓말은 인간관계를 깨뜨리고, 사회의 기초를 흔든다. 인간관계, 사회관계의 기초는 신뢰이다. 그런데 거짓말은 그 신뢰를 깬다. 신뢰가 깨지면 세상의 터가 무너진다. 그래서 시인은 여호와께서 '두 마음으로 말하는 사람'을 어떻게 하기를 바라는가?

2. 시인은 여호와께서 '두 마음으로 말하는 사람'을 어떻게 하기를 바랍니까(3)? 그들은 얼마나 교만하게 말합니까(4)?

3, "여호와께서 모든 아첨하는 입술과 자랑하는 혀를 끊으시리니"

"끊으시리니" - '베어낸다(cut out).' '제거한다(eliminate).'(히필 미완료)이다. 그는 여호와께서 '간사한 모든 입술과 큰소리치는 모든 혀를 끊어주도록' 기도한다. 그들은 얼마나 교만하게 말하는가?

4, "그들이 말하기를 우리의 혀가 이기리라 우리 입술은 우리 것이니 우리를 주관할 자 누구리요 함이로다"

"말하기를" - '말한다.'(칼 완료)이다.

"이기리라" - '강하다(be strong).' '이긴다.'(히필 미완료)이다.

"혀가 이기리라" - '혀로 이긴다.' '혀는 자랑이고 힘이다.'라는 뜻이다.

"우리 것이니" - '와 함께'이다. '입술은 우리와 함께 있다.' '입술이 성공의 수단이다.'라는 뜻이다.

"주관할 자" - '주인'이다.

"누구리요" - '누가 우리를 지배하는가?' '누가 우리의 주인인가?'라는 뜻이다. 그들은 누구에게도 순종하지 않는다. 그들은 절제의 아름다움을 애당초 모른다. 자기 욕심대로 살고자 한다. 그들은 '이론적 무신론자(theoretical atheists)'는 아니지만, 그들의 행위는 '실천적 무신론(practical atheism)'임을 선언한다. 시인은 여호와께서 이 교만한 사람을 제거하도록 기도한다. 여호와의 대답은 무엇인가?

3. 여호와의 대답은 무엇입니까(5)? 여호와 말씀의 성격이 어떠합니까(6a)? 여호와 말씀의 순결함을 무엇에 비유합니까(6b)? 악인의 거짓말과 여호와의 말씀은 어떤 차이가 있습니까? 오늘 우리에게 주는 의미는 무엇입니까?

5, 여호와의 약속

5, "여호와의 말씀에 가련한 자들의 눌림과 궁핍한 자들의 탄식으로 말미암아 내가 이제 일어나 그를 그가 원하는 안전한 지대에 두리라 하시도다"

"여호와의 말씀에" - '왜냐하면 여호와께서 말씀하셨기 때문이다.'라는 뜻이다. 여호와께서 시인에게 직접 말씀하셨다. 무엇을 말씀하셨는가?

"가련한 자들" - '가난한', '비천한'이다.

"눌림과" - '약탈', '폭력'이다.

"궁핍한 자들" - '궁핍한 자', '가난한 자'이다.

"탄식으로 말미암아" - '신음', '울부짖음'이다. 여호와는 가련한 자의 탄식을 들으셨다. 악인의 말은 가련한 자를 전혀 생각하지 않는다. 오만함만 드러낸다. 하지만 여호와의 말씀은 가련한 자의 탄식을 들으신다고 약속하셨다.

"일어나" - '일어난다.'(칼 미완료)이다. 여호와는 그들을 위하여 일어나실 것이다. 여호와는 이제 그들의 문제에 개입하실 것이다. 하나님은 가련한 자를 악인으로부터 구원하신다.

"원하는" - '숨 쉰다(breathe).' '내뿜는다.'이다. 미완료이다.

"안전한 지대에" - '구원', '안전'이다.

"두리라" - '놓는다.' '둔다'(칼 미완료)이다. '원하는 안전한 곳에 둘 것이다.'라는 뜻이다. 여호와께서 그들을 구원하셔서 안전한 곳에 두실 것이다. 시인은 여호와의 그 말씀을 믿는다. 여호와 말씀의 성격이 어떠한가?

6, 여호와의 약속에 대한 회상

6, "여호와의 말씀은 순결함이여 흙 도가니에 일곱 번 단련한 은 같도다"

"여호와의 말씀" - '여호와의 약속'을 말한다.

"순결함이여" - '순수한(pure)', '깨끗한(clean)'이라는 뜻인데, '불순물이 섞이지 않음'이다. 여호와 말씀의 순결함을 무엇에 비유하는가?

"도가니" - '용광로(furnace)'이다.

"일곱 번" - 완전한 숫자로 충분히 단련했음을 말한다.

"단련한" - '정제한다(refine).' '깨끗하게 한다(purify).'(분사)이다.

"은 같도다" - 은은 고대에서 가장 귀한 금속 중 하나였다. 은은 교환 수단이었다. 서로에게 신뢰를 주기 때문이다. 여호와 말씀의 순결성을 강조하고 있다. 여호와의 말씀은 은처럼 귀하다. 동시에 여호와의 말씀은 용광로에서 일곱 번 녹여서 거른 순은처럼 순수하다.

악인의 거짓말과 여호와의 말씀은 어떤 차이가 있는가? 악인의 말과 여호와의 말씀은 본질에서 다르다. 악인의 말은 거짓으로 가득하다. 그러나 여호와의 말씀은 순결하다. 여호와의 말씀은 거짓, 기만, 배반, 비뚤어짐, 그리고 악인의 책략에 대항한다. 따라서 오직 여호와의 말씀만 믿을 수 있다. 여호와 말씀의 신뢰도가 최고이다.

오늘 우리에게 주는 의미는 무엇인가? 여호와의 순결한 말씀을 믿을 때 사람 사이에도 신뢰의 말을 할 수 있다. 인간관계, 사회관계에 신뢰를 쌓을 수 있다. 세상은 '언어의 조직망'을 갖고 있다. 이 조직망이 찢어지면 세상은 스스로 지탱할 수 없다. 언어 조직망의 뿌리는 신뢰이다. 그 신뢰는 말의 신뢰에 있다. 오늘 우리 사회, 인간관계에 말의 신뢰가 약해졌다.

말의 신실함을 어떻게 회복할 수 있는가? 여호와의 신실한 말씀을 믿어야 한다. 여호와를 의지하고 그분의 신실한 약속을 믿어야 한다. 그때 우리의 말도 신실할 수 있다. 세상이 신실함을 회복할 수 있다. 여호와의 말씀을 믿는 그는 무엇을 위해 기도하는가?

4. 여호와의 말씀을 믿는 시인은 무엇을 위해 기도합니까(7)? 그

런데 이 세상은 어떠합니까(8)? 그런데도 그는 어떻게 기도할 수 있습니까?

7-8, 구원을 위한 기도

7, "여호와여 그들을 지키사 이 세대로부터 영원까지 보존하시리이다"

"여호와여" - '당신은, 여호와'이다.

"그들을 지키사" - '지킨다.' '보존한다.'(칼 미완료)이다. 여호와는 '그들', '우리'를 지킬 것이다.

"이 세대로부터 영원까지" - '지금 사는 이곳에서부터 영원토록'이라는 뜻이다.

"보존하시리이다" - '지킨다.' '보호한다.'(칼 미완료)이다. 여호와는 '그'를, '그들'을, '우리'를 보호할 것이다.

시인은 여호와 말씀의 순결성을 믿기에 희망 속에서 기도한다. 여호와께서 그 백성을 지켜서 보존하실 줄 믿는다. 하나님의 백성은 삶의 환경에 상관없이 이 악한 세상에서 하늘 아버지로부터 특별한 보호를 받는다. 악인이 세상을 거꾸로 뒤집더라도 하나님은 그 백성을 지키신다. 지금 이곳에서부터 영원토록 지키신다. 그런데 이 세상은 어떠한가?

8, "비열함이 인생 중에 높임을 받는 때에 악인들이 곳곳에서 날뛰는도다"

"비열함이" - '쓸모없음(worthlessness)', '비열함(vileness)'이다.

"인생 중에" - '사람의 자녀(the sons of men/ the children of man)'이다.

"높임을 받는 때에" - '오른다.' '높인다.'이다.

"악인들이" - '악한', '죄를 지은'이다.

"날뛰는도다" - '걷는다(walk on).' '어슬렁어슬렁한다(prowl).'(히트파엘 미완료)이다. '활보하고 있다.'라는 뜻이다.

세상에 악이 만연해 있다. 세상에서 추한 일이 판을 칠 때 악인은 곳곳에서 우글거린다. 시인은 악이 날뛰는 이런 상황에서 완전한 구원의 길이 멀리 있음을 안다.

그런데도 그는 어떻게 기도할 수 있는가? 그는, 악인이 왕처럼 세상을 돌아다닐지라도 하나님은 그 백성을 보호하신다는 믿음이 있다. 왜냐하면 여호와의 말씀은 흠이 없기(flawless) 때문이다. 그는 여호와 말씀의 순결을 믿기에 그분께 도움을 청한다.

엘리야는 원수와 싸우다 지쳐서 불평했다. "오직 나만 남았거늘 그들이 내 생명을 찾아 빼앗으려 하나이다"(왕상 19:10b). 그러나 여호와께서 그에게 말씀하셨다. "그러나 내가 이스라엘 가운데에 칠천 명을 남기리니 다 바알에게 무릎을 꿇지 아니하고 다 바알에게 입맞추지 아니한 자니라"(왕상 19:18). 엘리야는 현실이 아닌 여호와의 말씀을 믿고 희망을 품고 일어났다. 여호와의 말씀은 어떤 절망적인 상황에서도 희망을 준다. 여호와의 말씀을 믿고 비열한 세상에서 목자로 살게 한다.

13

나를 생각하사

말씀 시편 13:1-6
요절 시편 13:3
찬송 370장, 372장

1. 시인은 '어느 때까지니까'라는 말을 몇 번 반복합니까(1-2)? 그의 심정이 어떠할까요? 그 이유는 무엇입니까(1b)? '영원히 잊는다.' '얼굴을 돌린다.'라는 말은 무슨 뜻입니까? 그는 무엇을 또 토로합니까(2)?

2. 그때 시인은 누구에게 도움을 호소합니까(3a)? 그는 여호와 하나님께 무슨 세 가지를 기도합니까(3b)? 그는 왜 이렇게 기도합니까(3c)? 이 기도에서 무엇을 배웁니까? 그는 어떤 일이 일어나지 않기를 바랍니까(4)?

13(13:1-6)

3. 그러나 시인은 누구를 의지합니까(5a)? 여호와의 사랑을 의지하는 그의 마음은 어떠합니까(5b)? 그는 왜 여호와를 찬송합니까(6)? 여호와는 어떤 분입니까?

13
나를 생각하사

말씀 시편 13:1-6
요절 시편 13:3
찬송 370장, 372장

1. 시인은 '어느 때까지니까'라는 말을 몇 번 반복합니까(1-2)? 그의 심정이 어떠할까요? 그 이유는 무엇입니까(1b)? '영원히 잊는다.' '얼굴을 돌린다.'라는 말은 무슨 뜻입니까? 그는 무엇을 또 토로합니까(2)?

(다윗의 시: 인도자를 따라 부르는 노래, To the choirmaster. A Psalm of David)

이 시는 절망과 신뢰가 교차한다. 이 시는 개인 애가이다. 하지만 하나님 백성 공동체의 필요를 표현하고 있다.

1-2, 어느 때까지이니까

1, "여호와여 어느 때까지니이까 나를 영원히 잊으시나이까 주의 얼굴을 나에게서 어느 때까지 숨기시겠나이까"

"여호와" - 하늘과 땅을 지으신 분이며, 이스라엘의 하나님이시다. 그는 무엇을 기도하는가?

"어느 때까지니이까" - 1절과 2절에서 네 번 반복한다. 그 반복은 시인의 고통과 절망을 강조한다. 그는 깊이 절망하고 있다. 그는 참을 수 없는 고통을 겪고 있다. 그 이유가 무엇인가?

"잊으시나이까" - '잊는다(forget).' '모른다(ignore).'(칼 미완료)이다. 첫째로, 시인은 여호와께서 자신을 영원히 잊으신 것처럼 느낀다.

"숨기시겠나이까" - '숨긴다(hide).' '감춘다(conceal).'(히필 미완료)이다. 둘째로, 시인은 여호와께서 그 얼굴을 그에게서 숨기신 것으로 생각한다. '얼굴을 숨긴다.'라는 말은 '미워서 얼굴을 돌린다.' '그 결을 떠난다.'라는 뜻이다.

'영원히 잊는다.' '얼굴을 돌린다.'라는 말은 무슨 뜻인가? 하나님한테서 멀어짐, 소외당함을 뜻한다. 하나님께서 그의 삶에 전혀 개입하지 않으심을 뜻한다. 그는 지금 몹시 외롭고 고통스럽다. 그는 외적인 어려움보다도 여호와께서 자신을 잊은 그것이 더 아프다. 하나님의 무관심, 침묵이 가장 큰 고통이다. 하나님과 관계에서 하나님의 침묵, '거리감'이 가장 힘든 부분이다. 왜냐하면 그는 하나님의 보호하심, 은총, 그리고 평화를 체험하지 못하기 때문이다. 그는 또 무엇을 토로하는가?

2, "나의 영혼이 번민하고 종일토록 마음에 근심하기를 어느 때까지 하오며 내 원수가 나를 치며 자랑하기를 어느 때까지 하리이까"

"영혼이" - '숨 쉬는 존재', '생명'이다.

"번민" - '의논(counsel)', '의도(purpose)'이다.

"하고" - '놓는다.' '둔다.'(칼 미완료)이다. '내 영혼에 충고해야 하는가(must I take counsel in my soul)?'라는 뜻이다.

"근심하기를" - '큰 슬픔', '고통'이다. '내 생각과 씨름해야 하는가(must I wrestle with my thoughts)?'라는 뜻이다. 그는 고통에서 벗어나기 위해 깊은 생각에 빠져 있다.

"어느 때까지 하오며" - 그는 다시 두 가지를 토로한다. 그는 세 번째로, "언제까지 영혼이 번민하고 근심해야 하는가?"라고 묻는다.

"나를 치며" - '위에', '에 대해'이다.

"자랑하기를" - '오른다(be exalted over).' '이긴다(triumph over).'(칼 미완료)'이다. '내 원수가 언제까지 내 위에 있을 것인가?' '내 위에서 우쭐거려야 하는가?'라는 뜻이다. 원수는 시인의 번민을 보고 자신을 자랑한다. 원수는 의기양양하다. 그것은 하나님께서 시인을 잊으신 것을 뜻할 수 있다. 그는 네 번째로 "언제까지 원수의 의기양양한 모습을 봐야 하는가?"라고 묻는다.

시인은 하나님의 침묵, 마음에 근심, 원수의 의기양양한 모습을 보면서 괴로워하고 있다. 하나님과의 관계성에 대한 갈등, 삶에서 만나는 아픔 등 이중의 번민을 하고 있다. 그때 그는 누구에게 도움을 호소하는가?

2. 그때 시인은 누구에게 도움을 호소합니까(3a)? 그는 여호와 하나님께 무슨 세 가지를 기도합니까(3b)? 그는 왜 이렇게 기도합니까(3c)? 이 기도에서 무엇을 배웁니까? 그는 어떤 일이 일어나지 않기를 바랍니까(4)?

3-4, 눈을 밝히소서

3, "여호와 내 하나님이여 나를 생각하사 응답하시고 나의 눈을 밝히소서 두렵건 대 내가 사망의 잠을 잘까 하오며"

"여호와 내 하나님이여" - 그는 여호와 하나님께 도움을 청한다. 그는 하나님께서 무관심한 것처럼 보일지라도 그분께 기도한다. 그만큼 그는 그분을 믿기 때문이다. 그는 여호와 하나님께 명령법으로 무슨 세 가지를 기도하는가?

"생각하사" - '본다(look).' '두루 생각한다(consider).'(히필 명령)이다.

"응답하시고" - '대답한다.' '증언한다.'(칼 명령)이다.

"밝히소서" - '빛난다.' '밝게 한다.'(히필 명령)이다.

이 기도에서 무엇을 배울 수 있는가? 첫째로, "생각하사." 시인은 여호와께서 "영원히 잊으셨다." "얼굴을 숨기셨다."라고 말했는데, 이제 "나를 생각해 주십시오." "나를 보십시오."라고 기도한다. 그는 여호와께서 자기한테서 얼굴을 감추신 데서 자기를 보기를 바란다. 그는 여호와의 은혜를 구하고 있다. 하나님으로부터의 소외와 버림받음은 절망을 낳는다. 그러나 하나님의 '생각하심'은 희망과 새로운 삶을 낳는다.

둘째로, "응답하시고." 그는 자기 기도를 들어달라고 기도한다. 응답은 하나님께서 시인을 영혼의 번민에서 구원하는 적극적인 표현이다. 그는 여호와께서 자기에게 적극적인 은총을 주도록 기도한다.

셋째로, "눈을 밝히소서." '눈'은 활력의 척도이다. 슬픔, 병, 고난은 눈을 어둡게 한다. 건강, 힘, 기쁨은 눈을 밝게 한다. 그는 오직 여호와만이 자기 눈을 밝혀 주실 줄 믿었다. 그는 하나님께서 근심을 없애서 눈을 밝게 하실 줄 믿었다. 그는 하나님의 보호하심, 평화, 그리고 은총을 마음 깊이 체험하려고 한다. 그는 왜 이렇게 기도하는가?

"두렵건 대" - '~하지 않도록', '아니'이다.

"잠을 잘까" - '잠잔다.' '잠들다.'(칼 미완료)이다. 그는 죽음의 잠에 빠지는 것을 두려워한다. 그는 고통과 슬픔으로 이미 죽음의 영역에 들어왔다. 여호와께서 기도에 응답하지 않으면 죽음에 빠질 수밖에 없다. 그가 죽음에 빠지면, 의인이 실패하는 것은 물론이고 그 백성과 맺은 여호와의 언약도 실패한다. 따라서 여호와는 의인에게 더 많은 문제가 오기 전에, 악인이 의인을 이기고 더 많은 기쁨을 누리기 전에 당신의 명예를 위해 의인을 생각해야 한다. 시인은 여호와 하나님께서 자기를 '생각하시고', '응답하시고', '눈을 밝혀 주시도록' 간절하게 기도한다. 그는 또 왜 그렇게 기도하는가?

4, "두렵건 대 나의 원수가 이르기를 내가 그를 이겼다 할까 하오며 내가 흔들릴 때에 나의 대적들이 기뻐할까 하나이다"

"두렵건 대" - '하지 않도록(lest)'이다.

"나의 원수가" - '죽음'을 의인화했다.

"이르기를" - '말한다.'(칼 미완료)이다.

"내가 그를 이겼다 할까" - '할 수 있다(be able).' '이긴다(overcome).'(칼 완료)이다.

"내가 흔들릴" - '비틀거린다.' '미끄러진다.'(니팔 미완료)이다. 그것은 죽음 앞에서 흔들림을 뜻한다.

"하오며" - '~하지 않도록', '아니'이다. 시인은 원수가 "나를 이겼다."라고 말하지 않도록 기도한다.

"나의 대적들" - 일반적인 '대적자들'이다.

"기뻐할까 하나이다" - '기뻐한다.' '즐거워한다.'(칼 미완료)이다. 시인이 흔들리면 그 대적은 기뻐한다. 시인은 죽음에서 구원받을 뿐만 아니라, 보통의 대적들이 날뛰는 데서 구원받기를 기도한다. 그러나 시인은 누구를 의지하는가?

3. 그러나 시인은 누구를 의지합니까(5a)? 여호와의 사랑을 의지하는 그의 마음은 어떠합니까(5b)? 그는 왜 여호와를 찬송합니까(6)? 여호와는 어떤 분입니까?

5-6, 찬송하리라

5, "나는 오직 주의 사랑을 의지하였사오니 나의 마음은 주의 구원을 기뻐하리이다"

"나는 오직" - '그러나 나는(But I)'이라는 뜻이다. 그는 깊은 절망을 경험했으나 포기하지 않는다. 그의 발은 절망의 늪에 절대로 빠지지 않는다.

"사랑"(חֶסֶד, *chesed*) - '끊임없는 사랑(unfailing love)', '인자(loving-kindness/ steadfast love)'이다.

"의지하였사오니" - '믿는다(trust in).' '확신한다(be confident).'(칼 완료)이다. 시인은 여호와의 사랑을 믿었다. 그는 가장 절망적인 상황에서도 그 절망에 빠지지 않았다. 오히려 여호와의 사랑에 든든히 섰다. 정말로 놀라운 일이 아닐 수 없다. 흔들리지 않고 여호와의 사랑에 든든히 서 있는 그의 마음은 어떠한가?

"기뻐하리이다" - '기뻐한다.'(칼 미완료)이다. 그의 마음은 여호와의 구원을 기뻐한다. 여호와의 사랑은 구원의 기쁨을 준다. '구원'은 하나님 자녀의 '완전한 안녕(the whole well-being)'이다. 기뻐한 그는 무엇을 하는가?

6, "내가 여호와를 찬송하리니 이는 주께서 내게 은덕을 베푸심이로다"

"찬송하리니" - '노래 부른다(sing).'(칼 미완료) 그는 여호와께 노래한다. 그 이유는 무엇인가?

"은덕을 베푸심이로다" - '충분히 대우한다.' '풍족하게 대한다(deal

bountifully).'(칼 완료)이다. 그가 여호와께 노래하는 이유는 그분께서 자신을 너그럽게 대해주셨기 때문이다.

여호와는 어떤 분인가? 여호와는 당신의 사랑을 의지하는 사람에게 은덕을 베푸시는 분이다. 여호와는 당신께 기도하는 그 사람을 돌보시고, 원수로부터 이기게 하시고, 열악한 환경에서 이기게 하신다. 여호와께서 번민과 연민을 치료하신다. 자신의 고통을 하나님께 아뢰는 사람은 고통 안에 더는 머물지 않는다. 희망과 기쁨으로 여호와를 노래한다.

14

어리석은 사람은

말씀 시편 14:1-7
요절 시편 14:1
찬송 86장, 505장

1. '어리석은 자'란 무슨 뜻입니까(1a)? 그는 마음에서 무엇을 말합니까(1b)? '하나님이 없다.'라는 말은 무슨 뜻입니까? 그들의 삶은 어떠합니까(1c)?

2. 여호와께서 무엇을 하십니까(2)? 하나님은 어떤 판결을 내립니까(3)? '다', '함께', '하나도'를 통해 말하려는 바는 무엇입니까?

14(14:1-7)

3. '죄악을 행하는 자'는 누구를 말합니까(4a)? 그들의 문제는 무엇입니까(4b)? 그러나 그들의 마음은 어떠합니까(5a)? 왜 그들은 두려워합니까(5b-6)?

4. 구원은 어디에서 옵니까(7a)? 그때 그 백성은 무엇을 합니까(7b)? 이 말씀을 통해서 인간의 본질과 구원의 희망에 관해 무엇을 생각할 수 있습니까?

14
어리석은 사람은

말씀 시편 14:1-7
요절 시편 14:1
찬송 86장, 505장

1. '어리석은 자'란 무슨 뜻입니까(1a)? 그는 마음에서 무엇을 말합니까(1b)? '하나님이 없다.'라는 말은 무슨 뜻입니까? 그들의 삶은 어떠합니까(1c)?

(다윗의 시: 인도자를 따라 부르는 노래, To the choirmaster. Of David)

53편과 병행이다. 14편은 하나님의 이름을 '여호와'로 나타나고, 53편은 '하나님'으로 나타난다. 하나님과 세상의 관계는 어떠한가?

1-3, 어리석은 자

1, "어리석은 자는 그의 마음에 이르기를 하나님이 없다 하는도다 그들은 부패하고 그 행실이 가증하니 선을 행하는 자가 없도다"

"어리석은 자"(נָבָל, *nabal*) - '어리석은', '분별없는'이다. '뻔뻔하고 건방진 사람(the imprudent)'을 뜻한다. '악인'과 같은 뜻이다(4).

"그의 마음에" - '마음(heart)', '이해력(understanding)', '의지(will)'이다.

"없다"(אַיִן, *ayin*) - '어느 쪽도 아니다(neither).' '아무 데도 없다(nowhere).' '전연 않다(nothing).'이다. 그들은 '하나님이 없다.'라고 생각한다.

'없다.'라는 말을 강조한다: "하나님이 없다"(1a)./ "선을 행하는 자가 없다"(1b)./ "선을 행하는 자가 없다"(3a)./ "하나도 없다"(3b).

'하나님이 없다.'라는 말은 무슨 뜻인가? 문자적으로는 '하나님의 존재 자체를 인정하지 않음', 즉 '무신론'을 뜻한다. 하지만 내용으로는 '하나님의 존재를 인정하면서도 실제 삶에서는 그분의 존재를 인정하지 않음'을 뜻한다. 그 마음에서 '하나님이 없다.'라고 말하는 사람은 이론적 교리적 무신론자가 아니라 '실천적 무신론자(practical atheists)'이다. 그들은 하나님의 존재를 부인하기보다 실제 삶에서 하나님의 살아계심, 인도하심을 부인한다. 그들은 삶에서 하나님을 중요하게 여기지 않는다. 그들은 유신론의 흔적을 붙잡으면서 인간적이면서 세속적으로 산다. 그들의 실제 삶은 어떠한가?

"그들은 부패하고" - '멸망시킨다.' '파괴한다(destroy).'(히필 완료)이다. '부패한다.'라는 뜻이다.

"가증하니" - '몹시 싫어한다(abhor).' 가증스럽다(be abominable).'(히필 완료)이다. '혐오스러운 일을 한다.'라는 뜻이다.

"선을" - '하나님의 말씀대로 사는 삶'이다.

"없다" - '어느 쪽도 아니다(neither).' '아무 데도 없다(nowhere).' '전연 않다(nothing).'이다. 그들은 말씀대로 살지 않는다. 그들은 하나님과 그 말씀에 의도적으로 마음을 닫고 귀를 막는다. 하나님 없이 사는 인간의 죄악 된 본성을 뜻한다. '나발'이라는 사람이 있었다(삼상 25:3). 여호와께서 무엇을 하시는가?

2. 여호와께서 무엇을 하십니까(2)? 하나님은 어떤 판결을 내립니까(3)? '다', '함께', '하나도'를 통해 말하려는 바는 무엇입니까?

2, "여호와께서 하늘에서 인생을 굽어살피사 지각이 있어 하나님을 찾는 자가 있는가 보려 하신즉"

"인생을" - '인류', '이스라엘'이다.

"굽어살피사" - '위에 걸친다(overhang).' '내려다본다(look out/look down).'(히필 완료)이다. 여호와께서 하늘에서 사람을 보고 판단하신다.

창조주 왕(The Creative-King)께서 그 피조물과 그 백성을 보신다. 바벨탑 사건과 소돔과 고모라에 대한 여호와의 방문을 기억나게 한다. "여호와께서 사람들이 건설하는 그 성읍과 탑을 보려고 내려오셨더라"(창 11:5). "내가 이제 내려가서 그 모든 행한 것이 과연 내게 들린 부르짖음과 같은지 그렇지 않은지 내가 보고 알려 하노라"(창 18:21). 여호와께서 삶의 현장을 정확하게 알려고 살피신다. 그 목적은 무엇인가?

"지각이 있어" - '지혜롭게 행한다(wise).' '이해한다(understand).'(분사)이다. '여호와를 찾는 사람', '여호와의 말씀대로 살려고 하는 사람'이다.

"보려 하신즉" - '본다.' '바라본다.'(부정사)이다.

"찾는 자가" - '주의하여 찾는다(to seek with care).' '문의한다(inquire).'(분사)이다. 여호와는 살피신 후에 무슨 판결을 내리시는가?

3, "다 치우쳐 함께 더러운 자가 되고 선을 행하는 자가 없으니 하나도 없도다"

"다" - '모두(all)'이다.

"치우쳐" - '빗나간다.' '돌이킨다(turn aside).'(칼 완료)이다. '옆으로 돌았다(have turned aside).' '잘못된 길로 갔다.' '배교자가 되었다(became apostate).'라는 뜻이다. 도덕적 의미에서 바른길을 떠나 잘못된 길로 가는 것, 즉 죄를 짓는 것이다.

"함께" - '결합 됨(unitedness)', '함께(together)'이다.

"더러운 자가 되고" - '도덕적으로 타락한다(be corrupt morally).'(니팔 완료)이다. '함께 부패했다(together they have become corrupt).'라는 뜻이다.

"하나도" - '한결같이'이다.

"없다" - '어느 쪽도 아니다(neither).' '아무 데도 없다(nowhere).' '전연 않다(nothing).'이다. 그들은 삶에서 선을 행하지 않는다.

"다", "함께", "하나도"를 강조한다. 그것은 그 사회, 인류가 공동으로 타락했음을 뜻한다. 그것은 노아 홍수 직전의 세상 모습과 같다(창 6:5, 12). 바울 사도가 지적한 로마 사회의 모습과 같다(롬 3:11-12).

3. '죄악을 행하는 자'는 누구를 말합니까(4a)? 그들의 문제는 무엇입니까(4b)? 그러나 그들의 마음은 어떠합니까(5a)? 왜 그들은 두려워합니까(5b-6)?

4, 무지한 자

4, "죄악을 행하는 자는 다 무지하냐 그들이 떡 먹듯이 내 백성을 먹으면서 여호와를 부르지 아니하는도다"

"무(지하냐)" - '아니', '아니다.'이다.

"(무)지하냐" - '알다.' '이해한다.'(칼 완료)이다. '정말 모르는가?'라는 뜻이다. 어리석은 사람의 문제는 '알지 못함', '이해하지 못함'에 있다.

무엇을 모르는가? 하나님을 모르고, 인생을 모른다. 하나님의 말씀을 모르고, 사람의 죄악 된 본성을 모른다.

"먹듯이" - '먹는다(eat).' '소비한다(consume).' '삼켜버린다(devour).'(분사)이다.

"내 백성을" - '어리석은 사람'과 대조한다. '의인'(5), '가난한 사람'(6)으로 부른다.

"먹으면서" - '먹는다(eat).' '소비한다(consume).' '삼켜버린다(devour).'(칼 완료)이다. 악인은 의인을 박해하는 일을 마치 밥을 먹듯이 쉽고 습관적으로 했다.

"부르지" - '부른다(call).' '불러낸다(call out).'(칼 완료)이다.

"아니하는도다" - '아니', '아니다.'이다. 그들은 하나님을 부르지 않았다. 그러나 그들의 마음은 어떠한가?

5-6, 의인의 피난처

5, "그러나 거기서 그들은 두려워하고 두려워하였으니 하나님이 의인의 세대에 계심이로다"

"그들은 두려워하고" - '공포(dread)'이다.

"두려워하였으니" - '두려워한다(fear).' '경외한다(revere).'(칼 완료)이다. 그들은 삶에서 두려워하고 또 두려워하였다. 그들은 '하나님이 없다.'라고 말하면서도 두려워하고 또 두려워한다. 그들은 하나님의 심판을 마음으로 느끼기 때문이다.

"(왜냐하면)" - 그 이유를 설명한다.

"의인의" - '의로운', '공정한'이다. '믿는 사람'을 뜻한다. 즉 "하나님은 계신다."라고 믿고, 삶에서 그렇게 사는 사람이다.

"세대에 계심" - '시대', '세대'이다. 하나님은 의인의 세대 속에서 활동하신다. 하나님은 없는 존재가 아니라 엄연히 존재하는 분이다. 하나님은 의인의 편이시다.

6, "너희가 가난한 자의 계획을 부끄럽게 하나 오직 여호와는 그의 피난처가 되시도다"

"너희가" - '어리석은 사람'이다. 의인을 박해하는 사람이다.

"가난한 자" - '가난한(poor)', '비천한(humble)', '억압받는(oppressed)'이다. '의인'(5)을 뜻한다.

"계획을" - '의논(counsel)', '의도(purpose)'이다.

"부끄럽게 하나" - '부끄러워한다(be ashamed).' '창피를 준다(put to shame).'(히필 미완료)이다. 악인은 의인의 계획을 늘 좌절시킨다.

"오직" - '마치처럼(as though)', '라는 것 때문에(because that)', '그러나(but)'이다.

"그의 피난처가 되시도다" - '피난처(refuge)', '은신처(shelter)'이다. 그러나 여호와께서 가난한 사람을 감싸주신다. 그러므로 삶에서 하나님을 부정하는 일이 얼마나 심각한가? 구원은 어디에서 오는가?

4. 구원은 어디에서 옵니까(7a)? 그때 그 백성은 무엇을 합니까(7b)? 이 말씀을 통해서 인간의 본질과 구원의 희망에 관해 무엇을 생각할 수 있습니까?

7, 구원

7, "이스라엘의 구원이 시온에서 나오기를 원하도다 여호와께서 그의 백성을 포로된 곳에서 돌이키실 때에 야곱이 즐거워하고 이스라엘이 기

뻐하리로다"

"구원이" - '구원(salvation)', '구출(deliverance)'이다.

"시온에서" - 기드론 골짜기와 두로 골짜기 사이에 있는 요새화된 언덕으로 다윗이 여부스 사람한테서 빼앗은 곳이다(삼하 5:7). 그 후 이곳을 '다윗성'으로 불렀다. 시온은 특별히 성전 근방을 가리키거나 일반적으로는 예루살렘 자체를 가리켰다. 이스라엘 전 국가, 즉 언약 공동체를 함축하기도 했다(사 1:27). 시온은 하나님이 있으신 곳이다.

"나오기를" - '준다(give).' '만들다.'(칼 미완료)이다.

"원하도다" - '누구(who)'이다. "아, 이스라엘을 위한 구원은 시온에서 나올 것이다(that salvation for Israel would come out of Zion)."

이사야와 바울 사도도 말했다. "여호와의 말씀이니라 구속자가 시온에 임하며 야곱의 자손 가운데에서 죄과를 떠나는 자에게 임하리라"(사 59:20). "그리하여 온 이스라엘이 구원을 받으리라 기록된바 구원자가 시온에서 오사 야곱에게서 경건하지 않은 것을 돌이키시겠고"(롬 11:26). 구원은 구체적으로 무엇을 말하는가?

"포로된 곳에서" - '포로 상태(captivity)'이다.

"돌이키실 때에" - '돌아간다.' '돌아선다(return).'(부정사)이다. 여호와께서 그 백성을 바벨론에서 이스라엘로 되돌려 보내신 일이다. 그때 그 백성은 무엇을 하는가?

"즐거워하고" - '즐거워한다(rejoice).'(칼 미완료)이다.

"기뻐하리로다" - '기뻐한다(glad).'(칼 미완료)이다. 여호와께서 그 백성을 그들의 땅으로 되돌려 보내시니 그들은 기뻐하고 즐거워할 것이다.

이 말씀을 통해서 인간의 본질과 구원의 희망에 관해 무엇을 생각할 수 있는가? 우리는 죄인으로서 인간의 본질과 구원의 희망을 배울 수 있다. 어리석은 사람은 여호와를 믿지 않은 이방 사람이며, 유대인 안에서 경건하지 않은 사람이다. 어리석은 사람은 말로는 하나님을 말하지만, 삶에서는 하나님이 없는 그것처럼 사는 사람이다. 그들은 죄인의 표상이다.

그런 그들에게 구원의 희망이 있는가? 구원은 어디에서 오는가?

그들에게도 구원의 희망이 있다. 구원의 희망은 시온에 있다. 하나님께 있다. 예수 그리스도께 있다.

이 시는 바울의 인간론과 구원론에 영향을 끼쳤다. 그는 인간에 대해 선언했다. “그러면 어떠하냐 우리는 나으냐 결코 아니라 유대인이나 헬라인이나 다 죄 아래에 있다고 우리가 이미 선언하였느니라. 기록된바 의인은 없나니 하나도 없으며”(롬 3:9-10). 그는 구원의 희망을 어디에서 찾았는가? “이제는 율법 외에 하나님의 한 의가 나타났으니 율법과 선지자들에게 증거를 받은 것이라, 곧 예수 그리스도를 믿음으로 말미암아 모든 믿는 자에게 미치는 하나님의 의니 차별이 없느니라”(롬 3:21-22). 이제는 누구든지 예수님을 믿음으로 구원받는다. 구원받으면 즐거워하고 기뻐한다.

15

누구입니까

말씀 시편 15:1-5
요절 시편 15:1
찬송 424장, 429장

1. '주의 장막', '주의 성산'은 무엇을 말합니까(1)? '누구인가?'라는 말을 통해 무엇을 배울 수 있습니까?

2. 첫 번째에서 세 번째 자격 조건은 무엇입니까(2)? 네 번째에서 일곱 번째 자격 조건은 무엇입니까(3-4a)?

3. 여덟 번째부터 열 번째 자격 조건은 무엇입니까(4b-5a)? 열 가지 자격 조건을 볼 때 어떤 점을 강조합니까? 이 조건이 우리에게 주는 의미는 무엇입니까?

4. 우리가 이렇게 살면 어떤 은총을 받습니까(5b)? 변화무쌍한 세상에서 흔들리지 않는 삶의 비결은 무엇입니까?

15

누구입니까

말씀 시편 15:1-5
요절 시편 15:1
찬송 424장, 429장

1. '주의 장막', '주의 성산'은 무엇을 말합니까(1)? '누구인가?'라는 말을 통해 무엇을 배울 수 있습니까?

(다윗의 시, A Psalm of David)

성전에 계신 하나님 안으로 들어갈 수 있는 사람의 자격에 관한 질문과 그에 대한 대답이다.

1, 질문

1, "여호와여 주의 장막에 머무를 자 누구오며 주의 성산에 사는 자 누구오니이까"

"주의 장막에" - '천막(tent)', '거처(dwelling)'이다. '천막으로 만든 주님의 집'이다.

"머무를 자" - '머무른다(abide).' '거한다(dwell in/with).'(칼 미완료)이다. '혈족이 아닌 사람들 사이에서 산다.' '손님으로 산다.'라는 뜻이다.

"누구오며" - '누가 머물겠는가?'라는 뜻이다. 주님의 장막에 머무를 사람의 자격 조건을 묻는다.

"주의 성산" - '구별된 산', '거룩한 산'이다. '여호와께서 계시는 곳', '여호와께서 택하신 곳', 즉 '예루살렘 성전'이다.

"사는 자" - '거주한다(dwell).'(칼 미완료)이다. 잠시 머무는 것이 아니라 장기적이거나 영구적인 체제의 개념을 강조한다. 성소 안에서 하나님과 함께하며(communion with God) 보호를 받는다.'라는 뜻이다. 즉 '하나님과 교제하며(fellowship with God) 거룩한 삶을 사는 사람(who live a holy life)'을 뜻한다.

"누구이니이까" - '누가 성전에 살 수 있는가?'라는 말은 '누가 예배에 참석할 수 있는가?'라는 뜻이다. 하나님께 예배하는 사람의 자격을 묻는다.

'누구인가?'라는 말을 통해 무엇을 배울 수 있는가? 주님의 성전에는 아무나 들어갈 수 없고, 일정한 자격이 있어야 들어갈 수 있음을 배운다. 당시에는 아무나 성전에 들어가 예배할 수 없었다. 특히 육체적으로 흠이 있는 사람, 혈통적으로 정통 유대인이 아닌 사람은 아예 여호와의 총회에 들어갈 수 없었다(신 23:1-3). 문지기를 여호와의 전 여러 문에 세워 부정한 사람을 들어오지 못하도록 했다(대하 23:19).

당시 이스라엘 남자는 1년에 세 번은 예루살렘 성전으로 반드시 가서 예배해야 했다. 그 세 번은 유월절(Passover), 오순절(Pentecost/ 초실절, Firstfruits), 그리고 초막절(Booths/ 장막절, Tabernacle day)이다. 그들이 성전 안으로 들어가려면 반드시 거쳐야 할 의식이 있었다. 그것을 '성전 입장 의식(entrance liturgy)'이라고 한다. 그들은 가장 먼저 제사장에게 큰소리로 물었다. "주의 장막에 머무를 자 누구입니까?" "예배할 수 있는 자격이 무엇입니까?"라는 뜻이다. 그에 관해서 제사장이 대답한다. 제사장이 대답하는 자격 조건은 무엇인가?

2. 첫 번째에서 세 번째 자격 조건은 무엇입니까(2)? 네 번째에서 일곱 번째 자격 조건은 무엇입니까(3-4a)?

2-5a, 대답

2, "정직하게 행하며 공의를 실천하며 그의 마음에 진실을 말하며"

"정직하게" - '완전한', '결백하게(blamelessly)'이다. 동물 제사를 지낼 때 흠이 없는 온전한 상태를 뜻한다. 완전한 윤리적 삶을 말한다.

"행하며" - '간다(go).' '걷는다(walk).'(분사)이다. 첫째로, 완전하게,

즉 흠 없이 사는 사람이다.

"공의를" - '공의(justice)', '공정(rightness)'이다.

"실천하며" - '한다(do).'(분사)이다. 둘째로, 공의롭게 사는 사람이다.

"진실을" - '견고(firmness)', '진리(truth)'이다.

"말하며" - '말한다(speak).' '담화한다(converse).'(분사)이다. 셋째로, 진실을 마음으로 말하는 사람이다. 그는 믿을 수 있다.

3, "그의 혀로 남을 허물하지 아니하고 그의 이웃에게 악을 행하지 아니하며 그의 이웃을 비방하지 아니하며"

"남을 허물하지" - '돌아다닌다(go about).' '염탐한다(spy out).'(칼 완료)이다.

"아니하고" - '아니(no)', '아니다(not).'이다. 부정어를 통해서 보다 구체적이고 확고한 행동을 말한다. '무엇을 하지 않는다.'라는 사실을 강조한다. 넷째로, 허물을 말하지 않는 사람이다. '정직하게 행하며'(2)와 대조한다. 정직한 자는 혀로 다른 사람을 염탐하러 다니지 않는다.

"그의 이웃에게" - '친구(friend)', '동료(companion)', '또 다른 사람(another person)'이다.

"행하지" - '한다(do).' '형성한다(fashion).' '성취한다(accomplish).'(칼 완료)이다. 다섯째로, 악을 행하지 않는 사람이다. '공의를 실천한다.'(2)와 대조한다.

"그의 이웃" - '가까운(near)', '친족(kinsman)'이다.

"비방하지" - '비난', '조롱'이다.

"아니" - '아니', '아니다.'이다.

"하며" - '들어 올린다(to lift up).' '가져간다(to bear).'이다. 여섯째로, 비방하지 않는 사람이다. '진실을 말한다.'(2)와 대조한다.

4a, "그의 눈은 망령된 자를 멸시하며 여호와를 두려워하는 자들을 존대하며..."

"망령된 자를" - '거절한다(reject).' '경멸한다(despise).'(분사)이다. '하나님한테서 버림을 받은 사람'을 뜻한다.

"멸시하며" - '업신여긴다(despise/ regard with contempt).'(분사)이다.

"존대하며" - '무겁다(heavy).' '영예롭다(be honorable).' '영광스럽다(be glorious).'(피엘 미완료)이다. 그는 '여호와를 두려워하는 사람을 높이는 사람이다.'라는 뜻이다. 일곱째로, 그는 망령된 자를 무시하고 여호와를 두려워하는 사람을 존경한다.

3. 여덟 번째부터 열 번째 자격 조건은 무엇입니까(4b-5a)? 열 가지 자격 조건을 볼 때 어떤 점을 강조합니까? 이 조건이 우리에게 주는 의미는 무엇입니까?

4b, "... 그의 마음에 서원한 것은 해로울지라도 변하지 아니하며"

"서원한 것은" - '맹세한다(swear).' '엄명한다(adjure).'(니팔 완료)이다.

"변하지" - '바꾼다(change).' '교환한다(exchange).'(히필 미완료)이다.

"아니하며" - '아니', '아니다(not).'이다. 그는 '바꾸지 않는 사람이다.'라는 뜻이다. 여덟째로, 그는 서원한 것을 손해가 나도 바꾸지 않는 사람이다. 그는 잘못하지 않도록 맹세하며, 바꾸지 않는다.

5a, "이자를 받으려고 돈을 꾸어 주지 아니하며 뇌물을 받고 무죄한 자를 해하지 아니하는 자이니..."

"꾸어 주지" - '준다(give).'(칼 완료)이다.

"아니하며" - '아니', '아니다.'이다. '꾸어 주지 않는다.'라는 뜻이다. 아홉째로, 그는 이자를 받으려고 돈을 꿔주지 않는다.

모세의 법에 따르면, 같은 이스라엘 사람에게서 이자 받는 그것을 금지했다(출 22:25). 이자를 받는 일은 이방 사람에게만 허용했다(신 23:20). 동족이 가난하면 돕는 기회이지 돈을 버는 기회가 아니다. 성전에 들어가는 사람은 이웃에 돈을 빌려주되, 그 이자를 받아서는 안 된다.

"받고" - '취한다(take).'(칼 완료)이다.

"아니하며" - '아니', '아니다.'이다. '받지 않는다.'라는 뜻이다.

"뇌물을 받고 무죄한 자를 해하지 아니하는 자이니" - '죄 없는 사람을 해치려고 뇌물을 받지 않는다.'라는 뜻이다. 뇌물은 부정부패의 온상이다. 뇌물을 받으면 공의가 굽게 되고 정당한 대우를 받아야 할 사람이 억울하게 된다. 열 번째로, 그는 뇌물을 받지 않는다.

이상에서 볼 때, 성전에 들어갈 수 있는 열 가지 조건은 그 원리에서 '열 가지 말씀', 즉 십계명을 닮았다. 정직, 공의, 그리고 진실 등 세 가지 조건은 하나님과의 관계성을 말한다. 그리고 그 후에 나오는 일곱 가지 조건은 이웃과의 관계성을 말한다. 예배자는 하나님과의 관계성은 물론이고 이웃과의 관계성도 중요하다. 하나님 앞에서 산다고 해서 이웃과의 관계성을 무시할 수 있다. 정말로 하나님 앞에서 살면, 즉 하나님과의 관계성이 바르면 이웃과의 관계성도 바를 수밖에 없다. 그런 사람이 참 예배자이다.

오늘 우리에게 주는 의미는 무엇인가? 우리는 하나님의 은혜로, 예수님을 믿음으로 의롭다 함을 받았다. 그 은혜로 하나님의 성전에서 예배할 수 있다. 그런데 우리는 삶에서 윤리적 부족함을 깨닫는다. 그래서 마음이 아플 때도 있고, 몹시 실망할 때도 있다. 반면 어떤 사람은 그런 자신의 삶을 합리화하기도 한다. 하지만 우리는 실망해서도 안 되고, 합리화해서도 안 된다. 우리는 예수님의 은혜로 구원받아 예배에 참석하니 더욱 그 은혜받은 사람답게 살아야 한다. 하나님과의 관계는 물론이고 이웃과의 관계에도 힘써야 한다. 하나님의 기준에 맞는 예배자로 살아야 한다.

어떻게 그렇게 살 수 있는가? 하나님의 말씀 앞에서 살고자 하고, 예수님의 은혜를 믿고, 성령님을 의지해야 한다. 그러면 우리는 좀 더 성숙한 하나님의 사람으로 자랄 수 있다. 하나님께 예배할 수 있는 자격을 갖출 수 있다. 우리가 그렇게 살면 어떤 은총을 받는가?

4. 우리가 이렇게 살면 어떤 은총을 받습니까(5b)? 변화무쌍한 세상에서 흔들리지 않는 삶의 비결은 무엇입니까?

5b, 약속

5b, "... 이런 일을 행하는 자는 영원히 흔들리지 아니하리이다"

"이런 일을" - '이것들(these)'이다.

"행하는 자는" - '한다(do).' '형성한다(fashion).' '성취한다(accomplish).'(분사)이다. '이렇게 사는 사람'을 뜻한다.

"흔들리지" - '비틀거린다(totter).' '흔들린다(shake).'(니팔 미완료)이다.

"아니하리이다" - '아니', '아니다.'이다. '흔들리지 않는다.'라는 뜻이다. '안전'과 '행복'을 말하는 비유법이다.

변화무쌍한 세상에서 흔들리지 않는 삶의 비결은 무엇인가? 여호와의 장막에 들어가 여호와께 예배하는 것이다. 하나님께 예배하는 일이 소극적으로 보이고, 세상과 상관없는 일처럼 보일 수 있다. 하지만 시편은 분명하게 말씀한다. "이런 일을 행하는 자는 영원히 흔들리지 아니하리이다."

16

생명의 길을 보이시리니

말씀 시편 16:1-11
요절 시편 16:11
찬송 542장, 488장

1. 시인은 무엇을 기도합니까(1a)? 그는 왜 그렇게 기도합니까(1b)?

2. 시인은 주님께 무엇을 고백합니까(2)? '복'은 무엇을 말합니까(3, 5, 10, 11)? 성도들은 어떤 존재입니까(3)? 다른 신에게 예물을 드리는 사람은 어떻게 됩니까(4a)?

3. 그러나 시인은 어떻게 했습니까(4b)? 그는 왜 이방신의 이름을 부르지 않았습니까(5-6)?

4. 시인은 기업을 생각하면서 누구를 송축합니까(7a)? 여호와께서 그를 어떻게 훈계하십니까(7b)? 그는 왜 흔들리지 않습니까(8)?

5. 그러므로 그의 마음은 어떠합니까(9)? 그는 왜 부활 신앙으로 살 수 있습니까(10)? '멸망시키지 않는다.'라는 말은 무슨 뜻입니까? 그는 어떻게 그 희망을 품었습니까(11)? '생명의 길을 보이신 주님'을 통해 무엇을 배웁니까? 오늘 우리에게 주는 의미는 무엇입니까?

16
생명의 길을 보이시리니

말씀 시편 16:1-11
요절 시편 16:11
찬송 542장, 488장

1. 시인은 무엇을 기도합니까(1a)? 그는 왜 그렇게 기도합니까(1b)?

(다윗의 믹담, A Miktam of David)

"믹담" - '음악적 용어나 전례적 용어(a musical or liturgical term)'이다.

위기 상황에서 주님께 의탁하는 기도이다.

1-4, 주님 안에서 확신

1, "하나님이여 나를 지켜 주소서 내가 주께 피하나이다"

"하나님이여"(אֵל, *el*) - '하나님(God)', '강한 자(mighty one)'이다.

"나를 지켜 주소서" - '지킨다(keep).' '경계한다(guard).'(칼 명령)이다. '나를 지켜 주소서.'라는 뜻이다.

시인은 누구인가? 첫째로, 제사장이다. 둘째로, 가나안 신을 섬겼다가 여호와께로 돌아온 사람이다. 셋째로, 위기를 맞은 사람이다. 공통점은 위기에서 평화를 누린다는 점이다.

그는 어떤 위험에 처했을까? 혼합주의(2-4)와 죽음(10)이다. 그는 그 위험에서 벗어난 후에 구원을 감사하며 기뻐하고 있다.

이 시의 초점은 무엇인가? 주님과 함께 누리는 좋은 것, 곧 생명의 길이다. 그는 삶에서 경험한 하나님의 선하심을 찬양한다. 그는 과거의 어려움을 돌아보며 미래에 대한 확신, 생명의 길을 고백한다.

그는 기도로 시작하고(1), 주님 안에서 확신을 설명한다(2-4). 왜냐면 그분이 주시는 모든 좋은 것과(5-8) 생명의 길을 계속해서 걸을 수 있는 것에 대한 기대로 즐거워하기 때문이다(9-11). 그는 왜 하나님께 기도할 수 있는가?

"(왜냐하면)" - '왜냐하면(for)'을 뜻한다.

"주께" - '안에(in)', '곁에(by)'이다.

"피하나이다" - '피난한다(seek refuge).' '보호를 받기 위해 도망한다(flee for protection).'(칼 완료)이다.

"주께 피하나이다" - '왜냐하면 나는 주님 안에 피하기 때문이다.' '왜냐하면 주님을 유일한 피난처로 삼기 때문이다.'라는 뜻이다. 그는 하나님께 지켜 주시도록 기도한다. 시인은 주님께 무엇을 고백하는가?

2. 시인은 주님께 무엇을 고백합니까(2)? '복'은 무엇을 말합니까(3, 5, 10, 11)? 성도들은 어떤 존재입니까(3)? 다른 신에게 예물을 드리는 사람은 어떻게 됩니까(4a)?

2, "내가 여호와께 아뢰되 주는 나의 주님이시오니 주밖에는 나의 복이 없다 하였나이다"

"여호와께"(יהוה, *yhwh*) - '여호와', '야훼(Yahweh)'이다.

"아뢰되" - '말한다.' '기도한다.'(칼 완료)이다.

"나의 주님이시오니"(אֲדֹנָי, *adonai*) - '나의 주(my Lord/ LORD)'이다.

'여호와', '주님'을 반복한다. 이 말은 당시 세상을 지배한 '바알'과 대조한다. 그러나 그는 "나는 당신의 종입니다. 당신은 나의 주님이십니다."라고 고백한다. 그는 여호와의 종으로서 자기 인식이 분명하다.

"주밖에는" - '위에(above)', '을 넘어서'이다.

"나의 복이" - '선한(good)', '좋은'이다.

'좋은 것'은 무엇인가? 삶에서 누리는 선물이다. '즐거움'(3), '산업', '소득', '기업'(5), '멸망하지 않음'(10), 그리고 '생명'이다(11).

"없다" - '아무것도 않다.'이다. "나의 좋은 것은 오직 주님에게만 달려 있습니다." "주님을 떠나서는 좋은 것을 가질 수 없습니다."라는 뜻이다. 여호와는 모든 좋은 것의 근원(the source of all of his benefits)이시다. 그래서 그는 오직 여호와께 피한다.

3, "땅에 있는 성도들은 존귀한 자들이니 나의 모든 즐거움이 그들에게 있도다"

"(관해)" - '관해 말하면(as for)'이라는 뜻이다.

"성도들은" - '거룩한(holy)', '성도(saint)'이다.

"땅에 있는 성도들은" - 두 가지로 번역할 수 있다. 첫째는, '이 땅에 있는 거룩한 신들'이다. 즉 '가나안 신', '이방신'을 말한다. 둘째는, '이 땅에 있는 거룩한 사람들'이다. '여호와께로 신실한 사람들'을 뜻한다. 우리는 '이스라엘 언약 공동체'로 본다.

"존귀한 자들이니" - '위대한', '장엄한(majestic)'이다.

"그들에게 있도다" - '안에(in)', '곁에(by)'이다. '존귀한 그들이 내 기쁨이다.'라는 뜻이다. 땅에 있는 성도는 시인과 함께 여호와께 피하며 기도하기에 기쁨이다. 반면 다른 신에게 예물을 드리는 사람은 어떻게 되는가?

4a, "다른 신에게 예물을 드리는 자는 괴로움이 더할 것이라..."

"다른 신에게" - '다른 하나의', '또 하나의(another)'이다.

"예물을 드리는 자는" - '값을 치르고 얻는다(acquire by paying a purchase price).'(칼 완료)이다.

"더할 것이라" - '많다.' '크다.'(칼 미완료)이다. '괴로움이 더할 것이다.'라는 뜻이다.

3. 그러나 시인은 어떻게 했습니까(4b)? 그는 왜 이방신의 이름을 부르지 않았습니까(5-6)?

4b, "... 나는 그들이 드리는 피의 전제를 드리지 아니하며 내 입술로 그 이름도 부르지 아니하리로다"

"나는 그들이 드리는 피의" - '피'이다.

"전제를" - '신에게 바친 술(libations/ drink offerings)'이다.

"피의 전제" - '우상에게 피를 쏟아 바치는 제사', '피로 빚은 제삿술'을 뜻한다. 그들은 피에 특별한 힘이 있다고 믿고, 사람의 피를 부어 드렸다. 이것은 '몰록(몰렉, Moloch)' 신에게 암몬 족속이 했던 제사이다. 그들은 어린아이를 죽여 그 피를 제단에 바치거나 어린아이를 불 가운데 지나게 했다(레 18:21; 20:4). 또 고대 혼합 종교에서 동물의 피를 온몸에 뿌리고 춤추던 의식을 말한다.

"드리지" - '붓는다(pour).' '바친다(offer).'(히필 미완료)이다.

"아니하며" - '아무것도 않다.'이다.

"부르지" - '들어 올린다.' '가지고 간다.'(칼 미완료)이다.

"아니하리로다" - '아무것도 않다.'이다.

이방 사람은 신의 이름을 부를 때 소원을 이룰 수 있다고 생각했다. 하지만 시인은 우상의 이름조차 말하지 않았다. "내가 바알들의 이름을 그의 입에서 제거하여 다시는 그의 이름을 기억하여 부르는 일이 없게 하리라"(호 2:17). 이교(Paganism)는 주권자 하나님을 신뢰하지 않는 삶의 방식이다. 시인은 우상에 대한 혐오를 말했다. 대신에 그는 주님이 자기에게 얼마나 좋은 분인지를 깨달았다. 주님께 대한 충성은 그분이 주신 좋은 것에 대한 반응이다. 주님이 시인에게 주시는 좋은 그것은 무엇인가?

5-6, 믿음의 체험

5, "여호와는 나의 산업과 나의 잔의 소득이시니 나의 분깃을 지키시나이다"

"나의 산업과" - '배당(share)', '몫(part)'이다.

"나의 잔" - '컵'이다. 은유적으로 '생명을 건강하게 유지해 주는 것', '자양분(sustenance)'을 뜻한다.

"소득이시니" - '몫(portion)', '부분(part)'이다. 여호와는 그가 받을 유산의 몫이고, 생명을 건강하게 유지해 주는 자양분이다.

"나의 분깃을" - '제비뽑기(lot)', '부분(portion)'이다.

"지키시나이다" - '붙잡는다(grasp/ lay hold of).' '지지한다

(support).'(분사)이다. 이스라엘은 제비뽑기를 통해 땅을 기업으로 받았다. 그런데 레위 지파는 땅을 받지 않았다(수 13:14). 왜냐하면 여호와가 그들의 기업이기 때문이다(민 18:20).

6, "내게 줄로 재어 준 구역은 아름다운 곳에 있음이여 나의 기업이 실로 아름답도다"

"줄로" - '끈(cord)', '영토(territory)'이다. '땅을 측량하기 위해 사용하는 줄'을 뜻한다.

"재어 준" - '떨어진다(fall).' '내던져진다(be cast down).'이다. '줄로 재어서 주신 그 땅'을 뜻한다.

"아름다운 곳에 있음이여" - '즐거운(pleasant)', '사랑스러운(lovely)'이다. 주님께서 그를 위해 하신 일이 아름답다.

"아름답도다" - '만족스럽다.' '즐겁다(be pleasing).'(칼 완료)이다. 그는 아름다운 곳을 받았다. 그의 기업은 아름답다. 이스라엘은 가나안을 주님으로부터 받았다. 그곳은 아름답다. 시인은 기업을 생각하면서 누구를 송축하는가?

4. 시인은 기업을 생각하면서 누구를 송축합니까(7a)? 여호와께서 그를 어떻게 훈계하십니까(7b)? 그는 왜 흔들리지 않습니까(8)?

7-8, 주님 안에서 확신

7, "나를 훈계하신 여호와를 송축할지라 밤마다 내 양심이 나를 교훈하도다"

"나를 훈계하신" - '충고한다(advise/ counsel).' '계획한다(plan).'(칼 완료)이다.

"여호와를" - 그는 여호와께 집중한다. 그는 '여호와를 중심으로 하는 관점(theocentric viewpoint)'을 품었다.

"송축할지라" - '무릎을 꿇는다(kneel).' '축복한다(bless).' '찬양한다(praise).'(피엘 미완료)이다. 시인은 충고하는 여호와를 찬양한다. 여호와는 그에게 어떻게 충고하셨는가?

“내 양심이” - ‘콩팥(kidneys)’, ‘마음’이다. ‘감정의 중심’을 뜻한다.

“나를 교훈하도다” - ‘징계한다(discipline).’ ‘가르친다(instruct).’(피엘 완료)이다. ‘신장이 내게 지시한다(my kidneys instruct me).’ ‘밤에도 내 마음이 가르친다(in the night also my heart instructs me).’라는 뜻이다. 그는 왜 흔들리지 않는가?

8, “내가 여호와를 항상 내 앞에 모심이여 그가 나의 오른쪽에 계시므로 내가 흔들리지 아니하리로다”

“모심이여” - ‘와 일치한다(agree with).’ ‘같다(be like).’(피엘 완료)이다.

“항상 내 앞에 모심이여” - ‘언제나 나와 함께한다.’ ‘나는 항상 내 앞에 주님을 모셨다.’라는 뜻이다.

“그가 나의 오른쪽에 계시므로” - ‘오른손(right hand)’, ‘오른편(right side)’이다. 주님이 굳게 잡아주시고, 늘 도와주시는 모습이다. 주님의 도움이 언제나 가까이에 있음을 뜻한다.

“내가 흔들리지” - ‘비틀거린다(totter).’ ‘흔들리다(shake).’(니팔 미완료)이다.

“아니하리로다” - ‘아무것도 않다.’이다. 하나님이 그의 곁에 늘 계시니 그는 흔들리지 않는다. 그는 어떤 위험을 만나든지 하나님의 도움을 확신한다. 그는 생명의 위험 앞에서도 흔들리지 않는다. 주님께서 죽음도 해결하실 줄 굳게 믿기 때문이다. 그러므로 그의 마음은 어떠한가?

5. 그러므로 그의 마음은 어떠합니까(9)? 그는 왜 부활 신앙으로 살 수 있습니까(10)? ‘멸망시키지 않는다.’라는 말은 무슨 뜻입니까? 그는 어떻게 그 희망을 품었습니까(11)? ‘생명의 길을 보이신 주님’을 통해 무엇을 배웁니까? 오늘 우리에게 주는 의미는 무엇입니까?

9-11, 믿음의 체험

9, "이러므로 나의 마음이 기쁘고 나의 영도 즐거워하며 내 육체도 안전히 살리니"

"이러므로" - '따라서(therefore)', '그러므로(so)'이다.

두 가지를 생각할 수 있다. 첫째는, 주님께서 주권자로서 그를 보하신다(1-2a). 둘째로, 주님께서 그에게 좋은 것을 주신다(2b, 5-8). 그러므로 그는 무엇을 하는가?

"나의 마음이" - '마음(heart)'이다.

"기쁘고" - '기뻐한다.'(칼 완료)이다. 첫째로, 그의 마음은 기쁨으로 가득하다.

"나의 영도" - '영광(glory)'이다. '내 존재(my whole being)'를 뜻한다.

"즐거워하며" - '즐거워한다.'(칼 미완료)이다. 둘째로, 그 영혼이 즐거워한다.

"내 육체도" - '살(flesh)'이다.

"안전히" - '안전(safety)', '염려 없는'이다.

"살리니" - '거주한다.' '임시로 산다(tabernacle).'(칼 미완료)이다. '내 육체가 안전하게 산다.'라는 뜻이다. 이 말을 '몸이 썩지 않는다.' 즉 '죽지 않는다.'라고 해석할 수 있다. 셋째로, 그는 이 땅에서 아무 걱정 없이 산다. 그는 죽음에 관해 걱정하지 않는다. 그는 삶의 현장에서 '부활 신앙으로 산다. 그는 왜 부활 신앙으로 살 수 있는가?

10, "이는 주께서 내 영혼을 스올에 버리지 아니하시며 주의 거룩한 자를 멸망시키지 않으실 것임이니이다"

"이는" - '마치 처럼(as though)', '라는 것 때문에(because that)'이다.

"스올에" - '죽은 자의 거처', '무덤(grave)', '지옥(hell)'이다.

"버리지" - '떠난다(leave).' '버린다(forsake).'(칼 미완료)이다.

"아니하시며" - '아니', '아니다.'이다. '스올에 버리지 않는다.' '죽게 하지 않는다.'라는 뜻이다.

"멸망시키지" - '구덩이(pit)', '멸망(destruction)'이다.

"않(으실)" - '아니', '아니다.'이다.

"(않)으실 것임이니이다" - '준다.' '놓는다.'(칼 미완료)이다. '썩지 않게 하실 것이다.'라는 뜻이다.

무슨 뜻인가? 두 가지로 생각할 수 있다. 첫째로, 시인은 에녹과 엘리야처럼 죽지 않고 하나님 앞으로 직접 나갈 것을 믿었다. 시인은 죽음을 통과하지 않고 하나님 나라로 바로 올라가기를 기대한다. 둘째로, 시인은 수명을 다하고 죽을 때까지 하나님께서 죽음의 위험에서 건져주실 것을 바라본다. 그리고 죽음 후에 부활할 그것에 대한 희망을 품었다. 그는 어떻게 그 희망을 품었는가?

11, "주께서 생명의 길을 내게 보이시리니 주의 앞에는 충만한 기쁨이 있고 주의 오른쪽에는 영원한 즐거움이 있나이다"

"생명의 길을" - '생명으로 인도하는 길(the way that leads to life)'이다.

"내게 보이시리니" - '알다.' '이해한다.'(히필 미완료)이다. '알려준다(make known to me).'라는 뜻이다. 주님께서 그에게 생명의 길을 알려주셨다.

"주의 앞에는" - '얼굴(face)'이다. '성전 예배'를 뜻한다.

"충만한" - '충분(fullness)'이다.

"기쁨이 있고" - '기쁨(joy)', '즐거움'이다.

"주의 오른쪽에는" - '오른손(right hand)', '오른편(right side)'이다.

"영원한" - '승리(victory)', '영속(perpetuity/ forever)'이다.

"즐거움이 있나이다" - '즐거운(pleasant)', '사랑스러운(lovely)'이다. 주님께서 내 오른쪽에 계시니, 이 큰 즐거움이 영원토록 이어질 것이다.

'생명의 길을 보이신 주님'을 통해 무엇을 배우는가? 주님은 당신께 피하는 사람에게 생명의 길을 보여주신다. 주님은 어떤 절망적인 상황에서도, 죽음의 위험 앞에서도 생명에 대한 희망을 품도록 도와주신다. 시인이 죽음에서 생명에 대한 희망을 품을 수 있었던 것은 주님께서 생명의 길을 보여주셨기 때문이다. 그는 하나님 안에서 '죽음의 극복', 즉 '죽음의 상대화'의 수준에 이르렀다. 그는 삶과 죽음은 다른 기원이 있지 않고 하나의 기원만 있음을 알았다. 그는 여호와께 생명의 희망이 있음을 알았다.

사도 베드로는 다윗이 영접한 그 말씀이 예수 그리스도를 통해 이루어졌음을 증언했다. 그는 그 말씀을 예수 그리스도의 부활을 가리키는 그것으로 인용했다(행 2:27, 31). 사도 바울도 다윗이 부활을 바라보았음을 말할 때 이 말씀을 인용했다(행 13:35-37). 다윗의 예언이 그리스도를 통해 이루어졌다. 예수 그리스도는 죽음에 처했다. 그리고 죽으셨다. 그러나 그분께 죽음이 끝은 아니었다. 새로운 시작이었다. 예수님은 죽음을 이기고 부활하셨다. 다윗은 물론이고, 베드로와 바울도 예수님의 부활에서 온 인류를 향한 희망을 보았다. 하나님은 예수님을 통해 생명의 길을 알려주셨다.

오늘 우리에게 주는 의미는 무엇인가? 하나님은 오늘 우리에게도 생명의 길을 보여주신다. 누구든지 예수님을 믿음으로 생명의 길을 볼 수 있다. 오늘도 하나님께 피하는 사람, 주님을 항상 모시는 사람에게는 생명의 길이 있다. 멸망하지 않는다. 주님을 모시고 사는 삶에 기쁨이 넘친다. 주님께서 내 오른쪽에 계시니, 이 큰 즐거움이 영원토록 이어진다.

17
주님의 얼굴을 뵈오리니

말씀 시편 17:1-15
요절 시편 17:15
찬송 359장, 400장

1. 다윗은 누구에게 기도합니까(1)? '여호와'는 어떤 분입니까? 그는 구체적으로 무엇을 위해 기도합니까(2)?

2. 그는 어떻게 판단을 받고자 합니까(3a)? 그 결과는 무엇입니까(3b)? 그는 어떤 길을 걸었습니까(4-5)?

17(17:1-15)

3. 시인은 왜 하나님께 기도했습니까(6)? 하나님은 어떤 분입니까(7)? 그분은 그 백성을 어떻게 돌보십니까(8)? '눈동자 같이 지킨다.' '날개 그늘에 감춘다.'라는 말은 무슨 뜻입니까? 시인은 어떤 어려움을 겪습니까(9)?

4. 악인의 실체는 어떠합니까(10-11)? '마음은 기름에 잠겼다.'라는 말은 무슨 뜻입니까? 그들은 무엇을 닮았습니까(12)?

5. 시인은 위기의 순간에 누구에게 도움을 청합니까(13)? 악인은 어떻게 삽니까(14)? 시인은 누구에게 희망을 둡니까(15)? '깰 때'는 무엇을 말합니까? '주님의 얼굴을 뵈오리니'라는 말을 통해 무엇을 배웁니까?

17
주님의 얼굴을 뵈오리니

말씀 시편 17:1-15
요절 시편 17:15
찬송 359장, 400장

1. 다윗은 누구에게 기도합니까(1)? '여호와'는 어떤 분입니까? 그는 구체적으로 무엇을 위해 기도합니까(2)?

(다윗의 기도: A Prayer of David)

"기도" - '중재한다.'라는 말에서 유래했으며, '기도(prayer)'를 뜻한다. '시'라는 말 대신에 '기도'라고 했다. 이 말은 '강한 간청'을 뜻한다.

이 기도는 다윗이 마온 황무지에서 사울에게 추격을 받았을 때의 정황을 반영한다(삼상 23:25-26). 그는 부정한 일을 하지 않았는데도 원수가 그를 에워싸고 넘어뜨리려고 한다. 그러나 그는 그때 무엇을 하는가?

1-5, 의인의 기도

1, "여호와여 의의 호소를 들으소서 나의 울부짖음에 주의하소서 거짓 되지 아니한 입술에서 나오는 나의 기도에 귀를 기울이소서"

"여호와여" - 다윗은 여호와께 기도한다.

여호와는 어떤 분인가? 여호와는 언약의 하나님이시다. 그분은 그 아들딸과 놀라운 약속을 하셨고, 그 약속을 이루겠다고 맹세하셨다. 그런데 지금 그 아들딸은 몹시 괴로워하고 있다. 다윗은 여호와의 약속을 믿고 확신 가운데 기도로 하나님께 다가간다. 그 확신의 근거는 언약의 하나님과 자신의 바른 삶에 있다.

"의의 호소를" - '공의(justice)', '공정(rightness)'이다. '시인의 공의(my rightness)'를 뜻한다.

“들으소서” - ‘듣는다(hear).’ ‘경청한다(listen to).’(칼 명령)이다.

“나의 울부짖음에” - ‘울리는 외침(ringing cry)’이다. 위기의 때에 도움을 청하는 소리이다.

“주의하소서” - ‘듣는다(hear).’ ‘주의한다(be attentive).’(히필 명령)이다.

“거짓 되지 아니한 입술에서” - ‘거짓을 모르는’, ‘속임이 없는’이다. ‘공의’와 반의어이다.

“나의 기도에” - ‘기도’이다.

“귀를 기울이소서” - ‘경청한다(listen).’ ‘귀를 기울인다(give ear).’(히필 명령)이다. 여호와는 거짓 없는 기도를 들으신다. 하나님은 거짓말하는 입술로 기도하면 듣지 않으신다. 그는 무엇을 위해 기도하는가?

2, “주께서 나를 판단하시며 주의 눈으로 공평함을 살피소서”

“주께서” - ‘얼굴(face)’이다. ‘하나님의 얼굴’을 뜻한다.

“나를 판단” - ‘정의(justice)’, ‘법령(ordinance)’이다.

“하시며” - ‘나간다(go out).’ ‘앞으로 간다(go forth).’(칼 미완료)이다. 첫째로, 하나님의 판단을 받는 것(vindication)이다. 그 판단의 내용은 6-15절이다.

“공평함을” - ‘정직함(uprightness)’, ‘곧음(straightness)’이다.

“살피소서” - ‘본다(look/ see).’ ‘준비한다(provide).’(칼 미완료)이다. 둘째로, 하나님의 조사를 받는 것(investigation)이다. 그 조사의 내용은 3-5절이다.

시인은 여호와의 판단과 조사를 받고자 한다. 그는 자신의 삶이 의롭고, 거짓을 말하지 않았음을 주님께서 판단하고 조사해주기를 기도한다. 그는 여호와께서 자신을 판단하고 조사하면 자신의 의로움을 아실 줄 믿었다. 그는 어떻게 판단을 받고자 하는가?

2. 그는 어떻게 판단을 받고자 합니까(3a)? 그 결과는 무엇입니까(3b)? 그는 어떤 길을 걸었습니까(4-5)?

3, “주께서 내 마음을 시험하시고 밤에 내게 오시어서 나를 감찰하셨으나 흠을 찾지 못하셨사오니 내가 결심하고 입으로 범죄하지 아니하리이다”

“마음을” - ‘인격의 기능인 감정, 생각, 의지’를 뜻한다.

“시험하시고” - ‘감찰한다(examine).’ ‘시험한다(try/ test).’ ‘입증한다(prove).’(칼 완료)이다.

“밤에” - ‘밤새도록’이다. 시인이 성전에서 ‘잠자는 동안’을 뜻한다.

당시 공의가 분명하지 않을 때 성전에 가서 제사장에게 하나님의 판결을 물었다(신 17:8-9). 시인도 여호와의 판결을 묻고자 성전으로 갔다.

“나를 감찰하셨으나” - ‘제련한다(smelt).’ ‘연단 한다(refine).’(칼 완료)이다. ‘금속을 제련한다.’라는 뜻이다. 그 결과는 무엇인가?

“흠을 찾지” - ‘발견한다.’ ‘찾아낸다.’(칼 미완료)이다.

“시험하시고”, “감찰하셨으나”, “찾지” - 세 개의 동사이다.

“못하셨사오니” - ‘아무것도 않다.’이다. 하나님은 아무것도 찾지 못하셨다.

“내가 결심하고” - ‘하려고 생각한다(purpose).’ ‘숙고한다(consider).’(칼 완료)이다.

“범죄하지” - ‘건너간다(pass over).’ ‘어긴다(transgress).’(칼 미완료)이다.

“아니하리이다” - ‘아무것도 않다.’이다.

“못하셨사오니”, “아니하리이다” - 두 개의 부정사이다.

하나님은 언제 시험하시는가? 밤에 하신다. 사람이 성전에서 자는 동안에 하신다. 사람은 잠을 잘 때는 자신을 숨기지 못한다.

어떻게 시험하시는가? 하나님은 사람의 마음을 정확히 아신다. 그 결과는 무엇인가? 시인은 죄가 없다. 하나님께서 그를 시험하고, 감찰하고, 찾았지만, 아무것도 찾지 못하셨다. 그는 죄를 짓지 않았다. 그는 어떤 길을 걸었는가?

4, "사람의 행사로 논하면 나는 주의 입술의 말씀을 따라 스스로 삼가서 포악한 자의 길을 가지 아니하였사오며"

"행사로 논하면" - '일(work)', '보수(recompense)', '보상(reward)'이다. '남들이야 어떠하든지'라는 뜻이다.

"주의 입술의" - '입술(lip)', '언어(language)', '말(speech)'이다.

"말씀을 따라" - '말(word)', '말함(speaking)'이다.

"스스로 삼가서" - '지킨다(keep).' '감시한다(observe).'(칼 완료)이다. '길을 지켰다.' '길을 따르지 않았다.'라는 뜻이다.

"길을 가지 아니하였사오며" - '길'이다. '약탈하는 무리의 길로 가지 않았다.'라는 뜻이다. 시인은 자신이 죄를 짓지 않았음(integrity)을 확신한다. 남들이야 어떠했든지, 그는 주님께서 하신 말씀을 따랐기에 약탈하는 무리의 길로 가지 않았다.

5, "나의 걸음이 주의 길을 굳게 지키고 실족하지 아니하였나이다"

"주의 길을" - '통로(track)', '길(paths)'이다. '경건한 삶'을 뜻한다.

"굳게 지키고" - '붙잡는다(grasp/ lay hold of).' '단단히 붙잡는다(hold fast).'(부정사)이다. 시인은 주님의 길을 굳게 지켰다. 주님의 길은 악인의 길, 즉 그들의 삶의 방식과 완전히 다르다.

"실(족)" - '비틀거린다.' '미끄러진다.'(니팔 완료)이다.

"(실)족하지" - '발'이다.

"아니하였나이다" - '아무것도 않다.'이다. 그런 그는 하나님께 왜 기도했는가?

3. 시인은 왜 하나님께 기도했습니까(6)? 하나님은 어떤 분입니까(7)? 그분은 그 백성을 어떻게 돌보십니까(8)? '눈동자 같이 지킨다.' '날개 그늘에 감춘다.'라는 말은 무슨 뜻입니까? 시인은 어떤 어려움을 겪습니까(9)?

6-9, 보호를 위한 기도

6, "하나님이여 내게 응답하시겠으므로 내가 불렀사오니 내게 귀를

기울여 내 말을 들으소서"

"하나님이여"(אֵל, *'el*) - '하나님(God)'이다.

"내게 응답하시겠" - '대답한다.'(칼 미완료)이다.

"으므로" - '마치 처럼(as though)', '라는 것 때문에(because that)' 이다.

"불렀사오니" - '부르다(call).' '암송한다(recite).'(칼 완료)이다. '하나님이 나에게 대답하실 것이기 때문에 불렀습니다.'라는 뜻이다.

"기울여" - '뻗는다(extend).' '기울인다(incline).'(히필 명령)이다. '기울이소서'라는 뜻이다.

"들으소서" - '듣는다(hear).' '경청한다(listen to).'(칼 명령)이다. 그가 하나님께 기도하는 이유는 기도하면 응답하시고 들으실 줄 믿기 때문이다. 하나님은 어떤 분인가?

7, "주께 피하는 자들을 그 일어나 치는 자들에게서 오른손으로 구원하시는 주여 주의 기이한 사랑을 나타내소서"

"주께 피하는 자들을" - '피난한다(seek refuge).' '보호를 받기 위해 도망한다(flee for protection).'(분사)이다. 비유적으로 '하나님께 소망을 둔다(put trust in God).' '하나님을 신뢰한다(hope in God).'라는 뜻이다.

"그 일어나 치는 자들에게서" - '일어선다(rise).' '일어난다(arise).' (히필 명령)이다.

"주의 기이한 사랑을"(חֶסֶד, *chesed*) - '인자(loving-kindness)', '한결같은 사랑(steadfast love)'이다.

"나타내소서" - '구별된다(be distinct).' '명확히 한다(marked out).' (히필 명령)이다. '당신의 변함없는 사랑을 놀랍게 보여주소서(Wondrously show Your loving kindness).' '당신의 변함없는 사랑으로 나를 구별하소서(Distinguish me by your steadfast love).'라는 뜻이다. 그분은 그 백성을 어떻게 돌보시는가?

8, "나를 눈동자 같이 지키시고 주의 날개 그늘 아래에 감추사"

"눈동자 같이" - 문자적 의미는 '작은 사람(little man)', '눈이 작은 사람(little man of the eye)'이다. '눈동자(The pupil of the eye)'는 '매우 신경을 써서 보호해야 하는 귀중한 어떤 존재', '눈에 넣어도 아프지 않은'을 뜻한다.

그런데 '눈의 사과(the apple of eye)'라고도 한다. 그것은 '다른 모든 것보다 가치가 있는 무엇이나 누군가'를 뜻한다. "여호와께서 그를 황무지에서, 짐승이 부르짖는 광야에서 만나시고 호위하시며 보호하시며 자기의 눈동자 같이 지키셨도다"(신 32:10).

"지키시고" - '지킨다(keep).' '감시한다(observe).'(칼 명령)이다.

"그늘 아래에" - '그림자', '그늘(shadow)'이다. '날개 그늘'은 첫째로, 계약에 기초한 보살핌이나 보호를 뜻한다. 언약궤를 덮고 있는 '그룹(cherub)'의 날개를 생각나게 한다. 둘째는, 어미 새가 새끼를 보호하고 인도하는 모습을 뜻한다. 독수리는 그 보금자리를 뒤흔들고 새끼들 위에서 퍼덕이며, 날개를 펴서 새끼들을 받아 그 날개로 업어 나른다. 이처럼 여호와께서 그 백성을 애굽에서 구원하고 광야로 인도하실 때 홀로 그 백성을 인도하셨다(신 32:11-12a).

시인은 위험에 처했을 때, 출애굽의 하나님, 시내 산에 계신 그분을 기억하고 그분께 도움을 청했다. 그분의 놀라운 사랑을 의지했다. 그는 어떤 어려움을 겪는가?

9, "내 앞에서 나를 압제하는 악인들과 나의 목숨을 노리는 원수들에게서 벗어나게 하소서"

"내 앞에서 나를 압제하는" - '파멸한다(ruin).' '멸망시킨다(destroy).'(칼 완료)이다. 마치 적군이 성을 파멸하려는 것처럼 악인이 시인을 파멸하려고 한다.

"악인들", "원수들" - 거짓 고소자이다. 시인은 이제 '원수'를 말한다.

"벗어나게 하소서" - '얼굴(face)'이다.

다윗을 쫓는 사울의 모습을 생각할 수 있다. "그가 숨어 있는 모든 곳을 정탐하고 실상을 내게 보고하라 내가 너희와 함께 가리니 그가 이 땅에 있으면 유다 몇천 명 중에서라도 그를 찾아내리라 하더라"(삼상 23:23). 다윗은 이 악인한테서 벗어나도록 기도한다. 악인의 실체는 어떠한가?

4. 악인의 실체는 어떠합니까(10-11)? '마음은 기름에 잠겼다.'라는 말은 무슨 뜻입니까? 그들은 무엇을 닮았습니까(12)?

10-12, 악인

10, "그들의 마음은 기름에 잠겼으며 그들의 입은 교만하게 말하나이다"

"기름" - '지방(fat)'이다.

"잠겼으며" - '닫는다(shut).' '폐쇄한다(close).'(칼 완료)이다. 이것은 '냉담한 마음(callous hearts)', '반항적인 마음(rebellious hearts)'을 뜻한다. 그들은 탐욕스럽고, 이기적이고, 무감각한 마음(insensitive nature)이었다.

"교만하게" - '솟아오름', '교만(proud)', '장엄(majesty)'이다.

"말하나이다" - '말한다(speak).' '담화한다(converse).'(피엘 완료)이다. '그들의 입은 오만으로 가득 차 있다.'라는 뜻이다. 그들의 반항적인 마음은 교만으로 나타났다. 그것은 하나님과 사람에게 나타났다. 그들은 믿음의 사람을 어떻게 하는가?

11, "이제 우리가 걸어가는 것을 그들이 에워싸서 노려보고 땅에 넘어뜨리려 하나이다"

"우리가 걸어가는 것을" - '걸음(step)', '보행(going)'이다.

"그들이 에워싸서" - '주위를 돌다.' '둘러싼다.'(칼 완료)이다.

"노려" - '놓는다.'(칼 미완료)이다.

"보고" - '눈(eye)'이다.

"넘어뜨리려 하나이다" - '늘인다(extend).' '나쁜 길로 빠진다(pervert).' '기울인다(incline).'(부정사)이다. 오만한 그들은 말로 그치지 않고, 경건하게 사는 사람을 넘어뜨린다. 그들은 무엇을 닮았는가?

12, “그는 그 움킨 것을 찢으려 하는 사자 같으며 은밀한 곳에 엎드린 젊은 사자 같으니이다”

“그 움킨 것을” - ‘찢는다(tear).’(부정사)이다.

“찢으려 하는” - ‘그리워한다(yearn for).’ ‘간절히 바란다(long after).’(칼 미완료)이다. ‘찢을 것을 간절히 바란다.’라는 뜻이다.

“엎드린” - ‘앉는다(sit).’ ‘머무른다(remain).’(분사)이다. 그들은 배고픈 사자처럼 은밀한 그곳에 숨어 있다. 시인은 원수의 정체를 밝힌다.

“사자” - ‘강한 야수’, ‘격렬한 식욕(ferocious appetite)’을 상징한다. 그 사자는 악인의 강한 모습을 상징한다. 그는 위기의 순간에 누구에게 도움을 청하는가?

5. 시인은 위기의 순간에 누구에게 도움을 청합니까(13)? 악인은 어떻게 삽니까(14)? 시인은 누구에게 희망을 둡니까(15)? ‘깰 때’는 무엇을 말합니까? ‘주님의 얼굴을 뵈오리니’라는 말을 통해 무엇을 배웁니까?

13, 구원을 위한 기도

13, “여호와여 일어나 그를 대항하여 넘어뜨리시고 주의 칼로 악인에게서 나의 영혼을 구원하소서”

“일어나” - ‘일어선다(rise).’ ‘일어난다(arise).’(칼 명령)이다. 군대 용어이다. 악인의 기세가 등등하여 싸움이 불가피하다. 주님이 일어나셔서 무기로 악인을 물리쳐 주도록 기도한다.

“대항하여” - ‘만난다(meet).’ ‘맞선다(confront).’(피엘 명령)이다.

“넘어뜨리시고” - ‘고개 숙여 인사한다(bow down).’ ‘무릎을 꿇고 주저앉는다(sink down to one's knees).’(히필 명령)이다.

“주의 칼로” - ‘칼(sword)’, ‘창칼’을 뜻한다.

“구원하소서” - ‘도피한다(escape).’ ‘구원한다(save/ deliver).’(피엘

명령)이다. 군사적 은유를 사용했다. 여호와를 전쟁 용사로 묘사한다. 여호와께서 '칼로 끝장을 내소서.'라는 뜻이다. 시인은 사자와 같은 악인이 위협할 때 여호와께로 눈을 돌렸다. 그는 내일이 아닌 오늘 구원을 위해 기도했다. 악인은 어떻게 사는가?

14, 악인

14, "여호와여 이 세상에 살아 있는 동안 그들의 분깃을 받은 사람들에게서 주의 손으로 나를 구하소서 그들은 주의 재물로 배를 채우고 자녀로 만족하고 그들의 남은 산업을 그들의 어린아이들에게 물려 주는 자니이다"

"이 세상에" - '생의 시간'이다. '세상 사람'을 말한다.

"그들의 분깃을 받은" - '배당(share)', '몫(part)', '영역(territory)'이다. '이 세상에서 받을 몫을 다 받고 사는 사람들', 즉 악인을 뜻한다. 그들이 받은 것은 상이 아니라 벌이다.

"주의 손으로 나를 구하소서" - '손(hand)', '능력(power)'이다.

"주의 재물로" - '보물(treasure)'이다.

"채우고" - '채운다.' '가득 찬다.'(피엘 미완료)이다.

"만족하고" - '만족한다(be satisfied).'(칼 미완료)이다.

"그들의 남은 산업을" - '나머지(rest)', '잔여(remnant)'이다.

"물려 주는 자니이다" - '쉰다.' '휴식한다.'(히필 완료)이다.

그들은 재물로 자기 배를 채우고 남은 것을 자녀에게 물려주고, 그래도 남으면 자식의 자식에게까지 물려준다. 그들은 물질 중심으로 산다.

예수님은 이런 비유를 들어 말씀하셨다. "어떤 부자가 많은 곡식을 수확하자 궁리했다. '이 많은 곡식을 쌓아 둘 곳이 없으니 어떡하지? 내 창고를 헐고 더 크게 지어 그곳에 두면 되는구나. 그리고 내 영혼에 말해야지, 여러 해 동안 쓸 많은 물건을 쌓아 두었으니, 너는 마음 놓고, 먹고 마시고 즐겨라.' 그러나 하나님께서 말씀하셨다. '어리석은 사람아, 오늘 밤에 네 영혼을 도로 찾을 것이다. 그러면 네가 장만한 그것이 누구의 것이 되겠느냐?' 자기를 위해서는 재산을 모으면서 하나님께 인색한 사람은 바로 이처럼 될 것이다”(눅 12:16-21). 시인은 그런 사람한테서 구원해주시도록 기도한다. 시인은 누구에게 희망을 두는가?

15, 의로운 중에 희망

15, “나는 의로운 중에 주의 얼굴을 뵈오리니 깰 때에 주의 형상으로 만족하리이다”

“의로운 중에” - ‘공의(justice)’, ‘공정(rightness)’이다. ‘하나님께서 악인을 심판하시는 것을 깨달은 때’를 뜻한다.

“주의 얼굴을” - ‘얼굴’, ‘하나님의 얼굴’을 뜻한다.

“뵈오리니” - ‘본다(look/ see).’(칼 미완료)이다. 그는 하나님의 얼굴을 본다. 시인은 하나님의 판결을 구했다(2). 그는 주님의 은총을 구했다(7). 이제 이 두 가지를 다 이루었다. 하나님의 얼굴을 보았기 때문이다.

“깰 때” - ‘성전에서 자고 깨어남(in the ritual of the psalmist’s vigil)’(부정사)이다. 그리고 그것은 하나님으로부터 ‘죄가 없음’을 인정받는 승리와 영광의 순간이다. 그뿐만 아니라, 부활의 순간도 뜻한다. 죽음에서 살아날 때 주님의 형상으로 만족한다.

“주의 형상으로” - ‘닮음(likeness)’, ‘형태(form)’이다.

“만족하리이다” - ‘만족한다(be satisfied).’(칼 미완료)이다. 시인은 ‘하나님의 나타나심(현현, theophany)’을 만족한다.

‘주님의 얼굴을 뵈오리니’라는 말을 통해 무엇을 배우는가? 하나님을 만남이 모든 문제의 해결이고, 가장 큰 행복의 순간이다.

다윗은 어떤 상태에 있었는가? 그는 악인한테 고발을 당했다. 그는 자기를 찢으려는 원수 앞에 서 있었다. 그의 원수는 말과 행동으로 그를 에워싸고 갈기갈기 찢으려고 했다. 그의 삶은 밤처럼 시험으로 가득 차 있었다. 그때 그는 주님을 바라보았다. 주님께 희망을 품었다. 그리고 그는 희망을 이루었다. 주님의 얼굴을 뵈었기 때문이다.

문자적으로 누구든지 주님의 얼굴을 볼 수 없다. 따라서 ‘주님의 얼굴을 본다.'라는 말은 주님께서 함께하심을 체험하는 것을 뜻한다. 주님의 살아계심, 도와주심을 깨닫는 것을 뜻한다. 그분이 우리의 기도를 들으시고, 내 어려운 문제를 해결하심을 깨닫는 것을 뜻한다.

주님은 어떤 분인가? 주님은 당신을 찾는 사람을 구원하는 분이다. 주님은 위기에 처한 사람에게 도움이시다. 그분께 부르는 짖는 사람에게 기이한 사랑을 베푸는 분이다. 눈동자처럼 지키는 분이다. 그분의 날개 아래 감추는 분이다. 주님은 당신이 창조한 이 우주와 이 역사에서 절대로 졸지도 아니하고 주무시지도 않는다. 여호와는 지금부터 영원까지 함께하며 지키신다(시 121:4, 8).

어떤 사람은 "우리의 역사에 하나님의 손길이 없다."라고 말한다. 하지만 하나님은 행동하신다. 우리의 오감을 진동하기까지 하신다. 그분의 행동은 '기이한 사랑'으로 나타난다. 우리가 어떤 상황을 만나도 그분의 사랑을 믿고 기도하면 그분의 얼굴을 뵙고 만족할 수 있다.

18

나의 힘이신 여호와

말씀 시편 18:1-50
요절 시편 18:1
찬송 65장, 70장

1. 시인은 여호와께 무엇을 고백하며, 왜 그렇게 고백합니까(1)? 어떤 점에서 여호와는 그에게 힘이십니까(2)? 그 사랑 고백은 어디에서 왔습니까(3)?

2. 그의 삶은 얼마나 심각했습니까(4-5)? 그때 그는 무엇을 했습니까(6)? 기도를 들으신 주님의 반응은 무엇입니까(7-9)? 그분은 어떻게 오셨습니까(10-15)? 그분은 그를 어떻게 구원하셨습니까(16-19)?

3. 시인은 여호와 앞에서 어떻게 살았습니까(20-24)? 그분은 어떤 분입니까(25-29)? 그분의 말씀은 어떠합니까(30-31)? 그분은 그를 어떻게 인도하십니까(32-36)?

4. 그 결과 시인의 삶은 어떻게 바뀌었습니까(37-42)? 여호와는 그를 어느 정도 높이셨습니까(43-45)?

5. 시인은 여호와를 어떤 분으로 찬송합니까(46-48)? 그 찬양의 결론은 무엇입니까(49-50)? 여호와는 오늘 나에게 어떤 분입니까?

18
나의 힘이신 여호와

말씀 시편 18:1-50
요절 시편 18:1
찬송 65장, 70장

1. 시인은 여호와께 무엇을 고백하며, 왜 그렇게 고백합니까(1)? 어떤 점에서 여호와는 그에게 힘이십니까(2)? 그 사랑 고백은 어디에서 왔습니까(3)?

(인도자를 따라서 부른 여호와의 종 다윗의 시: 여호와께서 다윗을 그 모든 원수의 손에서와 사울의 손에서 건져 주신 날에 다윗이 이 노래의 말로 여호와께 아뢰어 이르되, To the choirmaster. A Psalm of David, the servant of the Lord, who addressed the words of this song to the Lord on the day when the Lord delivered him from the hand of all his enemies, and from the hand of Saul. He said:)

다윗은 죽음의 문턱까지 갔다. 그는 사울에게 쫓겼기 때문이다. 그때 그는 하나님으로부터 구원받았다. 그는 승리를 주신 주님께 감사하며 찬양했다.

이 시는 '다윗'으로 시작하여 '다윗'으로 끝난다(50). 첫 연과 마지막 연이 같은 형태를 띠는 '수미쌍관(首尾雙關, rhyming couplets)'이 나타난다. 또 3절과 47절에서 '반석'을 말했다. 이 시는 다윗의 신실함(20-29)과 관련한 하나님의 신실하심(1-2, 46-50)에 초점을 맞추었다. 이 시는 삼하 22:1-51과 나란히 간다.

1-3, 반석이신 여호와

1, "나의 힘이신 여호와여 내가 주를 사랑하나이다"

"나의 힘이신" - '힘', '능력'이다. 그 힘은 죽음에서 건지고, 원수로부터 구원하는 힘이다.

"내가 주를 사랑하나이다" - '깊이 사랑한다(love deeply).' '자비심을 갖는다(have mercy).'(칼 미완료)이다. 그는 내면 깊은 곳에서 나오는 사랑을 고백했다. 그 사랑은 그분과 깊은 사귐에서 나왔다. 시인이 '여호와(YHWH)를 사랑한다.'라고 고백한 곳은 이곳뿐이다.

그는 왜 그렇게 사랑을 고백하는가? 그분이 힘이기 때문이다. 여호와께는 전능한 힘이 있다. 어떤 점에서 여호와는 그에게 힘이신가?

2, "여호와는 나의 반석이시요 나의 요새시요 나를 건지시는 이시요 나의 하나님이시요 내가 그 안에 피할 나의 바위시요 나의 방패시요 나의 구원의 뿔이시요 나의 산성이시로다"

"나의 반석이시요"(סֶלַע, *sela*) - '바위(rock)', '절벽(cliff)'이다. 바위의 갈라진 틈을 가리킨다. '안전한 피신처'를 뜻한다. 다윗은 이곳에 숨어서 사울의 추격을 피했다(삼상 23:25).

"나의 요새시요" - '성채(fortress)'이다. 엔게디(Enged)처럼 산악 속의 동굴을 말한다(삼상 22:4). 다윗은 광야의 암벽 동굴로 여러 번 피했다.

"나를 건지시는 이시요" - '도피한다(escape).' '구원한다(save/deliver).'(분사)이다. 주님은 바른 판결로 구원하는 분이다.

"나의 하나님이시요"(אֵל, *'el*) - '하나님'이다.

"피할" - '피난한다(seek refuge).' '보호를 받기 위해 도망한다(flee for protection).'(칼 미완료)이다. 비유적으로, '하나님께 소망을 둔다(put trust in God).'이다.

"나의 바위시요"(צוּר, *tsur*) - '거대한 바위', '반석(rock)'이다. 암석층으로 이루어진 견고한 피신처를 뜻한다.

"나의 방패시요" - '작은 원형의 방패(shield)'이다. '주님의 보호'를 뜻한다.

"뿔이시요" - '힘', '약동하는 생명력'이다. 여호와의 능력과 승리를 뜻한다.

18(18:1-50)

“나의 산성이시로다” - ‘높은 곳(high place)’, ‘피난처(refuge)’이다. ‘산악 지대에 고립된 높은 곳’을 뜻한다. 염해 부근의 ‘마사다(Masada, מצדה)’처럼 적이 접근하여 공격하기 어려운 곳이었다.

시인은 ‘힘이신 여호와’를 7가지 은유(metaphors), 즉 ‘나의 반석(rock)’, ‘나의 요새(my fortress)’, ‘나를 건지시는 이(my deliverer)’, (‘나의 하나님, my God)’), ‘나의 바위(my rock)’, ‘나의 방패(my shield)’, ‘나의 구원의 뿔(the horn of my salvation)’, ‘나의 산성(my stronghold)’으로 노래한다. 그 은유는 시인이 싸움터에서 경험한 내용이며, 가나안의 지형에서 나왔다. 그것은 하나님의 특성을 나타낸다. 그것은 시인에게 ‘모든 분이신 하나님(God as the all-sufficient One)’께 대한 강렬한 사랑의 표현이다. 그 사랑 고백은 어디에서 왔는가?

3, “내가 찬송 받으실 여호와께 아뢰리니 내 원수들에게서 구원을 얻으리로다”

“찬송 받으실” - ‘밝게 비춘다.’ ‘찬양한다.’(분사)이다.

“아뢰리니” - ‘부른다(call).’ ‘암송한다(recite).’(칼 미완료)이다. ‘주님 찬양받으소서, 나는 부르짖었습니다.’라는 뜻이다.

“구원을 얻으리로다” - ‘구원받는다(be saved).’ ‘구출된다(be delivered).’(니팔 미완료)이다. 그 사랑 고백은 원수로부터 구원을 받음에서 왔다. 하나님은 시인이 도움을 청했을 때 구원하셨기에 사랑받고, 찬송 받기에 합당하신다. 그 확신은 그 삶의 체험에서 왔다. 그의 삶은 얼마나 심각했는가?

2. 그의 삶은 얼마나 심각했습니까(4-5)? 그때 그는 무엇을 했습니까(6)? 기도를 들으신 주님의 반응은 무엇입니까(7-9)? 그분은 어떻게 오셨습니까(10-15)? 그분은 그를 어떻게 구원하셨습니까(16-19)?

4-6, 환난

4, "사망의 줄이 나를 얽고 불의의 창수가 나를 두렵게 하였으며"

"사망" - '죽음(death)', '죽은 자의 영역(realm of the dead)'이다.

"줄" - '죽음의 오랏줄'이다. 죽음의 줄에 매인 것이므로 엄청난 고통, 슬픔을 뜻한다.

"나를 얽고" - '둘러싼다(surround).' '포위한다(encompass).'(칼 완료)이다.

"불의" - '무가치한 것(worthlessness)'이다.

"의 창수가" - '와디(wadi)', '급류(torrent)'이다. '파괴적인 많은 물'인데, 두려움을 준다. 예상하지 못한 갑작스러운 죽음을 뜻한다.

"나를 두렵게 하였으며" - '갑작스러운 공포에 휩싸인다(be overtaken by sudden terror).' '겁나게 한다(terrify).'(피엘 미완료)이다.

5, "스올의 줄이 나를 두르고 사망의 올무가 내게 이르렀도다"

"스올" - '죽은 자의 거처', '음부(sheol)', '무덤(grave)'이다. '돌아오지 않는 땅'으로 불렀다.

"나를 두르고" - '돌다(turn around).' '에워싼다(encircle/surround).'(칼 완료)이다.

"올무가" - '덫', '올가미(snare)'이다. 사냥꾼이 짐승을 잡으려고 사용했던 도구였다.

"내게 이르렀도다" - '만난다(meet).' '맞선다(confront).' '앞서간다(go before).'(피엘 완료)이다.

그는 현재 겪는 위험을 음부와 죽음의 세계가 그를 묶어서 죽음을 향해 끌고 가는 그것처럼 말한다. 죽음은 마치 사냥꾼이 덫을 놓은 그것과 같았다. 그는 그 덫을 피할 수 없었다.

시인은 고통에 대한 묘사를 가나안 문학을 배경으로 하고 있다. '못(Mot)'은 고대 가나안의 죽음과 지하 세계의 신이었다. '얌(Yam)'은 바다와 혼돈의 신이었다. 그 신들이 사람을 덮치면 남는 것은 파멸과 죽음뿐이었다. 그러나 그는 그 상황에서 무엇을 하는가?

6, "내가 환난 중에서 여호와께 아뢰며 나의 하나님께 부르짖었더니

그가 그의 성전에서 내 소리를 들으심이여 그의 앞에서 나의 부르짖음이 그의 귀에 들렸도다"

"환난 중에서" - '고통(affliction)', '재난(distress)'이다.

"여호와께"(YHWH) - '여호와'이다.

"아뢰며" - '부른다(call).' '암송한다(recite).'(칼 미완료)이다.

"나의 하나님"(אֱלֹהִים, *elohim*) - '하나님(God)'이다.

"부르짖었더니" - '도와 달라고 부르짖는다(cry out for help).'(피엘 미완료)이다. 시인은 절망의 순간에, 환난의 때 여호와께로 눈과 마음을 돌렸다. 그리고 그분께 기도했다. 왜냐하면 그는 언약에 신실한 여호와는 기도를 들으시는 분임을 믿었기 때문이다.

"그의 성전에서" - '전(temple)', '성소(sanctuary)'이다. '하나님이 계신 집', '천상의 처소'를 뜻한다. '천상의 처소'는 예루살렘 성전의 원형이다.

"들으심이여" - '듣는다(hear).' '경청한다(listen to).'(칼 미완료)이다.

"그의 앞에서" - '얼굴(face)'이다.

"나의 부르짖음이" - '도와 달라는 부르짖음(cry for help).'이다.

"들렸도다" - '안으로 간다(go in).' '들어간다(enter).'(칼 미완료)이다.

그는 죽음의 신음, 슬픔이 둘러싸는 동안 믿음으로 여호와를 불렀다. 그분은 당신의 거룩한 성전에서 그 목소리를 들으셨고, 울부짖음에 귀를 기울이셨다. 그분은 땅에서부터 올라오는 기도를 하늘 집에서 들으셨다. 그분은 그 아들딸의 고통에 관심을 가지신다. 기도를 들으신 주님의 반응은 무엇인가?

7-15, 여호와의 오심

7, "이에 땅이 진동하고 산들의 터도 요동하였으니 그의 진노로 말미암음이로다"

"진" - '흔들린다(shake).' '진동한다(quake).'(칼 미완료)이다.

"동하고" - '흔들린다.' '떨다.'(칼 미완료)이다.

"요" - '와들와들 떨다(tremble).' '떨다(quake).'(칼 미안료)이다. '와

들와들 떨었다(trembled).'라는 뜻이다.

"동하였으니" - '흔들린다(shake).' '몹시 흔들린다(quake).'(히트파엘 미완료)이다. '스스로 몹시 흔들렸다(quaked).'라는 뜻이다.

"진노로" - '탄다(burn).' '화를 낸다(be kindled of anger).'(칼 완료)이다.

"말미암음이로다" - '마치~처럼(as though)' '라는 것 때문에(because that)'이다.

하나님은 시인의 기도를 들으시고 크게 화를 내셨다. '진동', '요동'은 그분의 화를 표현한 것이다. 하나님은 시인을 구원하려고 이 세상에서 가장 강한 것을 뿌리째 흔들었다. 원수들이 시인을 대적하고 하나님을 반대했기 때문이다.

8, "그의 코에서 연기가 오르고 입에서 불이 나와 사름이여 그 불에 숯이 피었도다"

"연기", "불" - 원수에 대한 여호와의 복수를 표현한 것이다.

"오르고" - '올라간다.'(칼 완료)이다.

"불이 나와" - '불(fire)'이다.

"사름이여" - '먹는다(eat).' '삼켜버린다(devour).' '태워버린다(burn up).'(칼 미완료)이다.

"피었도다" - '불탄다.' '잔인하다(be brutish).'(칼 완료)이다. 바벨론 주신 '마르둑'이 입을 열면 불길이 뿜어져 나왔다. 그러나 여호와는 그런 우상을 태워버리신다.

9, "그가 또 하늘을 드리우시고 강림하시니 그의 발아래는 어두캄캄하도다"

"드리우시고" - '뻗는다(extend).' '밀다(spread out).'(칼 미완료)이다.

"강림하시니" - '내려간다(go down/ descend).' '행진해서 내려간다(march down).'(칼 미완료)이다. 죽음에 처한 시인을 구원하려고 하나님께서 당신을 낮추어 높은 하늘에서 내려오신다.

"어두캄캄하도다" - '어두운 구름(dark cloud)', '짙은 어둠(thick darkness)'이다. '바알'은 구름을 타고 다녔고, 그의 목소리를 우레와 번개의 맹렬한 소리로 묘사했다. 그런데 여호와는 하늘을 열고 내려 오셨다. 그분의 발아래는 먹구름이 있었다. '하나님의 현현(theophany)'을 강조한다. 그분은 어떻게 오셨는가?

10, "그룹을 타고 다니심이여 바람 날개를 타고 높이 솟아오르셨도다"

"그룹" - '그룹(Cherub)'이다. '천사와 같은 계열의 존재'를 뜻한다.

"타고" - '올라탄다(mount and ride).' '타고 간다(ride).'(칼 미완료)이다.

"다니심이여" - '날다(fly).' '날아다닌다(fly about).'(칼 미완료)이다.

"바람 날개를" - '날개 편 새와 같은 바람'이다. '그룹'과 함께 하나님의 이동 수단이다.

"높이 솟아오르셨도다" - '재빠르게 날다(fly swiftly).' '공중으로 날아간다(dart through the air).'(칼 미완료)이다. 여호와께서 빠르게 움직이는 모습을 표현한 것이다.

11, "그가 흑암을 그의 숨는 곳으로 삼으사 장막같이 자기를 두르게 하심이여 곧 물의 흑암과 공중의 빽빽한 구름으로 그리하시도다"

"그의 숨는 곳으로" - '숨는 곳(hiding place)'이다. 하나님은 사람에게 당신을 나타내시지만, 숨어 계신다.

"삼으사" - '놓는다.' '둔다.'(칼 미완료)이다.

"장막같이" - '덮어 가리는 것', '임시 오두막'이다.

"자기를 두르게 하심이여" - '부분을 둘러싸고 있는 것', '주위에 있는 사람들'이다.

"빽빽한 구름으로 그리하시도다" - '짙은 구름'이다. 하나님은 어둠으로 당신을 두르시고, 시커먼 구름으로 싸여계신다. 하나님은 신비로운 분이다. 그러나 그분은 어떻게 나타나시는가?

12, "그 앞에 광채로 말미암아 빽빽한 구름이 지나며 우박과 숯불이 내리도다"

"그 앞에" - '앞에(before),' '맞은편에'이다.

"광채로 말미암아" - '빛남(brightness)'이다. 그분은 환한 빛으로 오셨다.

"지나며" - '지나간다.' '사라진다.'(칼 완료)이다.

"우박" - 심판을 강조한다. 하나님은 우박으로 애굽을 치셨다(출 9:22).

"불이 내리도다" - '불'이다. 하나님은 원수를 우박과 불로 치신다.

13, "여호와께서 하늘에서 우렛소리를 내시고 지존하신 이가 음성을 내시며 우박과 숯불을 내리시도다"

"우렛소리를 내시고" - '천둥 친다(to thunder).'(히필 미완료)이다. 하나님께서 사람 앞에 나타나심, '현현'을 뜻한다(출 19:16).

"지존하신 이가" - '높은(high)', '가장 높은(most high)'이다. 하나님은 가장 높은 분이다. 하나님은 온 세상에 계시고, 모든 신 위에 계시기 때문이다. 그분은 하늘과 땅을 지으셨기 때문이다(창 14:19).

"내시며" - '준다.' '놓는다.'(칼 미완료)이다.

"불을 내리시도다" - '불(fire)'이다.

14, "그의 화살을 날려 그들을 흩으심이여 많은 번개로 그들을 깨뜨리셨도다"

"날려" - '보낸다.' '뻗친다.'(칼 미완료)이다.

"그들을 흩으심이여" - '흩어진다.'(히필 미완료)이다.

"(쏘아)" - '쏜다.' '던진다.'(칼 완료)이다.

"그들을 깨뜨리셨도다" - '깨뜨린다(break).' '없애버린다(consume).'(칼 미완료)이다.

15, "이럴 때에 여호와의 꾸지람과 콧김으로 말미암아 물밑이 드러나고 세상의 터가 나타났도다"

“콧김으로” - ‘콧바람의 돌풍’, 즉 ‘큰 분노’를 뜻한다(출 15:8).

“물밑이” - ‘수로(the channels of waters)’, ‘바다의 밑바닥’을 뜻한다.

“드러나고” - ‘바라본다(look at).’ ‘조사한다(inspect).’(니팔 미완료)이다.

“세상의 터가” - ‘세상의 기초’이다.

“나타났도다” - ‘덮개를 벗긴다(uncover).’ ‘제거한다(remove).’(니팔 미완료)이다. 이 모습은 홍해가 갈라져 마른 땅을 드러냈을 때를 기억나게 한다(출 14:21). 시인이 구원받는 일은 과거 그 조상이 구원받았던 일과 같다. 하나님은 당신의 종을 구원하기 위해 바다의 밑바닥과 땅의 기초도 드러내셨다. 그분은 그를 어떻게 구원하셨는가?

16-19, 여호와의 구원

16, “그가 높은 곳에서 손을 펴사 나를 붙잡아 주심이여 많은 물에서 나를 건져내셨도다”

“손을 펴사” - ‘보낸다.’ ‘뻗친다.’(칼 미완료)이다.

“나를 붙잡아 주심이여” - ‘취한다(take).’ ‘을 붙잡는다(lay hold of).’(칼 미완료)이다.

“많은 물에서” - ‘지하 세계의 물’, ‘혼돈의 물’인데, 죽음에 대한 비유이다.

“나를 건져내셨도다” - ‘끌어낸다(draw).’(히필 미완료)이다. 바벨론의 신 ‘마르둑’은 어떤 사람을 회복할 때 그를 강에서 건져냈다. 그 강은 저승 세계의 문 옆에서 흘렀는데, 그 강에서 건짐은 죽음 직전에 구원받음을 뜻한다.

17, “나를 강한 원수와 미워하는 자에게서 건지셨음이여 그들은 나보다 힘이 세기 때문이로다”

“강한 원수와 미워하는 자” - ‘죽음’을 뜻한다.

“건지셨음이여” - ‘구해낸다(deliver).’ ‘구출한다(rescue).’(히필 미완료)이다. 주님은 강력한 힘을 지닌 원수한테서 무력한 시인을 구원했다. 하나님의 도움이 없으면 그는 파괴적인 원수에 의해 삼켜졌을 것이다.

"힘이 세기" - '강한(strong)'이다. 여호와께서 그를 구원하신 것은 그들보다 더 강하기 때문이다.

18, "그들이 나의 재앙의 날에 내게 이르렀으나 여호와께서 나의 의지가 되셨도다"

"내게 이르렀으나" - '만난다(meet).' '맞선다(confront).'(피엘 미완료)이다.

"의지가" - '지지물', '도움이 되는 것(support)'이다.

"되셨도다" - '이다.' '된다.' '일어난다.'(칼 미완료)이다. 시인은 여호와께서 자기의 의지가 되셨음을 고백한다. 그는 인간적인 힘에 의지하지 않고 여호와를 의지했다. 그분은 그를 어떻게 하셨는가?

19, "나를 넓은 곳으로 인도하시고 나를 기뻐하시므로 나를 구원하셨도다"

"넓은 곳" - '위험에서 벗어났다.' '안전', '자유'를 뜻한다.

"인도하시고" - '나간다(go out).' '앞으로 간다(go forth).'(히필 미완료)이다.

"기뻐하시(므로)" - '기뻐한다.' '즐거워한다.'(칼 완료)이다.

"(하시)므로" - '마치~처럼(as though)', '~이므로(as)'이다.

"구원하셨도다" - '구원한다(rescue).' '구조된다(be rescued).'(피엘 미완료)이다. 하나님께서 그를 기뻐하셔서 구원하셨다. 그가 구원받은 이유는 그가 회개했기 때문이 아니다. 그가 죄를 깨달았기 때문이 아니다. 그분이 그를 기뻐하셨기 때문이다. 그는 여호와 앞에서 어떻게 살았는가?

3. 시인은 여호와 앞에서 어떻게 살았습니까(20-24)? 그분은 어떤 분입니까(25-29)? 그분의 말씀은 어떠합니까(30-31)? 그분은 그를 어떻게 인도하십니까(32-36)?

20-24, 하나님을 향한 우리의 신실

20, “여호와께서 내 의를 따라 상 주시며 내 손의 깨끗함을 따라 내게 갚으셨으니”

“내 의를 따라” - ‘공의(justice)’, ‘공정(rightness)’이다. 하나님에 대한 시인의 반응이다. 구체적으로 무엇인가?

“상 주시며” - ‘보상한다(recompense).’ ‘보답한다(reward).’(칼 미완료)이다.

“손의 깨끗함” - ‘의’와 같은 뜻으로 ‘삶의 깨끗함’이다. 빌라도는 자신은 죄가 없음을 증명하려고 손을 씻었다(마 27:24).

“갚으셨으니” - ‘돌아간다.’ ‘돌아선다(return).’(히필 미완료)이다. 주님은 시인의 의로움과 깨끗함을 보고 상을 주셨다. 그의 의는 무엇인가?

21, “이는 내가 여호와의 도를 지키고 악하게 내 하나님을 떠나지 아니하였으며”

“도를” - ‘길’, ‘태도’, ‘방식’이다.

“지키고” - ‘지킨다(keep).’ ‘주의한다(give heed).’(칼 완료)이다. 그는 첫째로, 하나님의 말씀대로 살았다.

“악하게” - ‘악하다(be wicked).’ ‘악하게 행한다(act wickedly).’(칼 완료)이다.

“떠나지 아니하였으며” - ‘아니.’ ‘아니다(not).’이다. 둘째로, 그는 그분을 악하게 떠나지 않았다.

22, “그의 모든 규례가 내 앞에 있고 내게서 그의 율례를 버리지 아니하였음이로다”

“규례가” - ‘공정(justice)’, ‘법령(ordinance)’이다.

“그의 율례를” - ‘규정’, ‘조례(enactment)’이다.

“버리지” - ‘빗나간다.’ ‘돌이킨다(turn aside).’ ‘떠난다(depart).’(히필 미완료)이다.

“아니하였음이로다” - ‘아니’, ‘아니다(not).’이다. 셋째로, 그는 주님의 말씀을 버리지 않았다.

23, “또한 나는 그의 앞에 완전하여 나의 죄악에서 스스로 자신을 지켰나니”

“그의 앞에” - ‘와 함께’, ‘가운데(among)’이다.

“완전” - ‘완전한(complete)’, ‘흠 없는(blameless)’이다.

“하여” - ‘이 일어난다.’ ‘이다.’(칼 완료)이다. ‘그는 그분과 함께 흠이 없었다.’라는 뜻이다.

“스스로 자신을 지켰나니” - ‘지킨다(keep).’ ‘주의한다(give heed).’(히트파엘 완료)이다. 넷째로, 그는 죄악에서 스스로 잘 지켰다(kept myself). 이 말은 ‘행위의 의로움이나 완전함’을 뜻하는 것은 아니다. 그것은 하나님의 모든 자비에 대한 사랑과 기쁨의 표현이다. 그는 하나님께 이렇게 말하는 것이 아니다. “내가 당신에 한 일을 보세요.” 그는 이렇게 말한다. “주님, 저는 당신을 너무나 사랑해서 당신을 기쁘게 하려고 최선을 다합니다.” 여호와께서 그런 그를 어떻게 하셨는가?

24, “그러므로 여호와께서 내 의를 따라 갚으시되 그의 목전에서 내 손이 깨끗한 만큼 내게 갚으셨도다”

“갚으시되” - ‘돌아간다.’ ‘돌아선다(return).’(히필 미완료)이다.

“그의 목전에서” - ‘눈앞에(before eye)’이다.

“내게 갚으셨도다” - ‘에게(to)’, ‘에 관하여(in reference to)’이다.

‘나의 의로운 행위대로, 내가 그 앞에서 깨끗하게 산 그대로, 여호와께서 갚으셨다.’라는 뜻이다. 그가 의롭게 산 것은 여호와의 은총 때문이었다. 그분은 어떤 분인가?

25-29, 우리를 향한 하나님의 신실

25, “자비로운 자에게는 주의 자비로우심을 나타내시며 완전한 자에게는 주의 완전하심을 보이시며”

“자비로운 자” - ‘거룩한 사람(holy one)’, ‘성도(saint)’이다.

“주의 자비로우심을 나타내시며” - ‘친절하다.’ ‘부끄럽게 한다.’(히트파엘 미완료)이다. ‘친히 친절을 보인다.’라는 뜻이다.

“주의 완전하심을 보이시며” - ‘완성한다.’ ‘끝낸다(be complete).’(히트파엘 미완료)이다. 주님은 거룩한 사람에게는 친절을 보이시고, 흠 없는 사람에게는 완전하심을 보이신다.

26, “깨끗한 자에게는 주의 깨끗하심을 보이시며 사악한 자에게는 주의 거스르심을 보이시리니”

“주의 깨끗하심을 보이시며” - ‘깨끗이 한다(purge).’ ‘선택한다(choose).’ ‘빛나게 한다(make bright).’(히트파엘 미완료)이다.

하나님은 자신을 도우신다. 자신은 ‘자비로운 자’, ‘완전한 자’, 그리고 ‘깨끗한 자’이다. 즉 ‘신실함’에 관심을 품은 사람이다.

“주의 거스르심을 보이시리니” - ‘비틀다.’ ‘꼰다(twist).’(히필 미완료)이다.

27, “주께서 곤고한 백성은 구원하시고 교만한 눈은 낮추시리이다”

“곤고한” - ‘가난한(poor)’, ‘고생하는(afflicted)’이다. ‘착취와 억압을 받는 사람’이다.

“구원하시고” - ‘구원한다.’(히필 미완료)이다.

“교만한 눈” - 하나님이 미워하시는 일곱 가지 죄 가운데 하나이다. “여호와께서 미워하시는 것 곧 그의 마음에 싫어하시는 것이 예닐곱 가지이니, 곧 교만한 눈과 거짓된 혀와 무죄한 자의 피를 흘리는 손과 악한 계교를 꾀하는 마음과 빨리 악으로 달려가는 발과 거짓을 말하는 망령된 증인과 및 형제 사이를 이간하는 자이니라”(잠 6:16-19).

“낮추시리이다” - ‘낮다(be low).’ ‘겸손해지다(be humbled).’(히필 미완료)이다.

28, “주께서 나의 등불을 켜심이여 여호와 내 하나님이 내 흑암을 밝

히시리이다”

“등불을” - ‘생명과 번영’을 상징한다.

“켜심이여” - ‘밝아진다(become light).’ ‘빛나게 한다(cause to shine).’(히필 미완료)이다. 주님은 어둠을 밝히고 충만한 생명으로 되돌리는 빛이시다.

“흑암을” - ‘불행’과 ‘죽음’을 나타낸다.

“밝히시리이다” - ‘빛나게 한다.’ ‘비춘다(shine).’(히필 미완료)이다. 빛은 악마가 접근하지 못하도록 한다. 위험으로부터 막아준다.

29, “내가 주를 의뢰하고 적군을 향해 달리며 내 하나님을 의지하고 담을 뛰어넘나이다”

“주를 의뢰하고” - ‘안에(in)’, ‘곁에(by)’, ‘와 함께(with)’이다.

“적군을 향해” - ‘침략자의 무리(band of raiders)’, ‘비적(marauding band)’, ‘습격 도당(raiding party)’이다.

“달리며” - ‘달린다(run).’(칼 미완료)이다. ‘적군을 공격한다.’라는 뜻이다.

“내 하나님을 의지하고” - ‘하나님’이다.

“담” - ‘역경’을 뜻한다.

“뛰어넘나이다” - ‘껑충 뛴다(leap).’(피엘 미완료)이다. 하나님은 시인이 역경을 넘어서도록 도와주신다. 그분의 말씀은 어떠한가?

30-36, 하나님의 완전하심

30, “하나님의 도는 완전하고 여호와의 말씀은 순수하니 그는 자기에게 피하는 모든 자의 방패시로다”

“하나님의 도는” - ‘길(way)’, ‘태도’, ‘방식’이다.

“완전하고” - ‘완전한’, ‘완성한(complete)’이다. 하나님의 길은 흠이 없다. 주님은 약속하시고, 그 약속에 따라 일하신다. 그분은 당신의 말씀을 일하심으로 입증한다. 따라서 그분의 말씀은 완전하다.

“말씀은” - ‘말’, ‘연설(speech)’이다.

“순수하니” - ‘제련한다(smelt).’ ‘연단 한다(refine).’(분사)이다. 주님의 말씀은 금이나 은처럼 찌꺼기가 없다(flawless). 따라서 그분의 말씀을 의지할 수 있다.

"피하는" - '도피한다.'(분사)이다.

"방패시로다" - '최고의 보호'를 뜻한다. 하나님은 싸움에서 최고로 보호하는 분이다. 그러므로 시인은 그분을 어떤 분으로 고백하는가?

31, "여호와 외에 누가 하나님이며 우리 하나님 외에 누가 반석이냐"

"외에" - '은 그렇다 치고(apart from)', '을 제외하고(except)', '없이(without)'이다.

"하나님이며"(אֱלוֹהַּ, *'eloach*) - '오, 하나님'을 뜻한다.

"외에" - '을 제외하고(except)', '단지(only)'이다.

"반석이냐" - '반석(rock)', '절벽(cliff)'이다. '완전한 피난처'를 뜻한다.

여호와만이 하나님이시다. 여호와 외에 다른 신은 없다(사 44:6). 그분은 시인을 어떻게 인도하는가?

32, "이 하나님이 힘으로 내게 띠 띠우시며 내 길을 완전하게 하시며"

"이 하나님이"(אֵל, *'el*) - '하나님'이다.

"내게 띠 띠우시며" - '허리를 졸라맨다(gird).' '옷을 입힌다(clothe).'(분사)이다. '강하게 만드셨다.'라는 뜻이다. 하나님께서 그를 강하게 만드셨다.

"하시며" - '준다(give).' '세운다.'(칼 미완료)이다.

33, "나의 발을 암사슴 발 같게 하시며 나를 나의 높은 곳에 세우시며"

"암사슴 발 같게" - '산양', '가젤' 등이다. 험악한 지형에서도 넘어지지 않고 잘 달린다. 고대 전쟁에서 민첩함은 성공적인 전사의 중요한 자질이었다.

"하시며" - '일치한다.' '같다.'(분사)이다.

"세우시며" - '계속해서 서 있다(stand).' '남아 있다(remain).'(히필 미완료)이다. 그는 고지를 점령하여 높은 곳에 서서 나라를 지킨다.

34, "내 손을 가르쳐 싸우게 하시니 내 팔이 놋 활을 당기도다"

"가르쳐" - '배운다.' '가르친다.'(분사)이다. 여호와는 그에게 싸우는 법을 '가르치신다.' 칼과 창과 화살을 사용하는 법을 가르쳤다. 군사적 '전략(戰略, strategy, 전쟁을 전반적으로 이끌어 가는 방법이나 책략, 전술보다 상위의 개념이다.)'과 '전술(戰術, tactics, 전투 상황에 대처하기 위한 기술과 방법, 전략의 하위 개념이다.)'을 가르쳤다.

"싸우게 하시니" - '전투(battle)', '전쟁(war)'이다.

"당기도다" - '내려간다(descend).'(피엘 완료)이다.

35, "또 주께서 주의 구원하는 방패를 내게 주시며 주의 오른손이 나를 붙들고 주의 온유함이 나를 크게 하셨나이다"

"방패" - 여호와는 그에게 '방어하는 법'도 가르치셨다.

"주시며" - '준다.' '놓는다.'(칼 미완료)이다.

"나를 붙들고" - '떠받친다.' '지탱한다.'(칼 미완료)이다. '안전하게 보호한다.'라는 뜻이다.

"주의 온유함이" - '겸손(humility)'이다.

"나를 크게 하셨나이다" - '크게 된다(become great).' '많아진다(become many/ much).'(히필 미완료)이다.

36, "내 걸음을 넓게 하셨고 나를 실족하지 않게 하셨나이다"

"넓게 하셨고" - '넓다(be wide).'이다. '넓은 영토를 주셨다.'(히필 미완료)이다. '멀리 뛰는 힘찬 다리를 주셨다.'라는 뜻이다.

"실(족)" - '비틀거린다.' '흔들린다.'(칼 완료)이다.

"(실)족하지" - '발목(ankle)'이다.

"않게 하셨나이다" - '아니', '아니다.'이다. 여호와께서 시인의 삶을 비틀거리지 않게 하셨다. 그 결과 시인의 삶은 어떻게 바뀌었는가?

4. 그 결과 시인의 삶은 어떻게 바뀌었습니까(37-42)? 여호와는 그를 어느 정도 높이셨습니까(43-45)?

37-42, 원수에 대한 시인(왕)의 승리

37, "내가 내 원수를 뒤쫓아가리니 그들이 망하기 전에는 돌아서지 아니하리이다"

"뒤쫓아" - '뒤따른다.' '추격한다.'(칼 미완료)이다.

"가리니" - '도달한다.' '이른다.'(히필 미완료)이다.

"그들이 망하기" - '다 써버린다(consume).' '실패한다(fail).'(부정사)이다. 지금까지 시인은 원수에게 쫓겨 다녔는데, 이제는 원수를 쫓는 자가 되었다.

"돌아서지" - '돌아간다.'(칼 미완료)이다.

"아니하리이다" - '아니', '아니다.'이다. 그는 원수를 진멸할 때까지 돌아가지 않는다.

38, "내가 그들을 쳐서 능히 일어나지 못하게 하리니 그들이 내 발아래에 엎드러지리이다"

"내가 그들을 쳐서" - '때린다(strike).' '심한 상처를 입힌다(wound severely).'(칼 미완료)이다.

"능히" - '할 수 있다.' '이긴다.'(칼 미완료)이다.

"일어나지" - '일어난다.'(부정사)이다.

"못하게 하리니" - '아니', '아니다.'이다.

"엎드러지리이다" - '떨어진다(fall).' '내던져진다(be cast down).'(칼 미완료)이다. 원수는 완전히 패배했다.

39, "주께서 나를 전쟁하게 하려고 능력으로 내게 띠 띠우사 일어나 나를 치는 자들이 내게 굴복하게 하셨나이다"

“나를 전쟁하게 하려고” - ‘전투(battle)’, ‘전쟁(war)’이다.

“띠 띠우사” - ‘허리를 졸라맨다(gird).’ ‘옷을 입힌다(clothe).’(피엘 미완료)이다.

“일어나 나를 치는 자들이” - ‘일어난다(rise/ arise).’ ‘선다(stand).’(분사)이다.

“내게 굴복하게 하셨나이다” - ‘고개 숙여 인사한다(bow down).’ ‘무릎을 꿇는다(kneel).’(히필 미완료)이다. 여호와는 원수를 무릎 꿇게 하셨다.

40, “또 주께서 내 원수들에게 등을 내게로 향하게 하시고 나를 미워하는 자들을 내가 끊어 버리게 하셨나이다”

“또 주께서 내 원수들에게 등을” - ‘원수(enemy)’이다.

“향하게 하시고” - ‘준다.’ ‘둔다.’(칼 완료)이다. ‘원수를 달아나게 하셨다.’라는 뜻이다. 전쟁에서 원수가 등을 보이는 것은 패배를 뜻한다.

“나를 미워하는 자들을” - ‘미워한다(hate).’(분사)이다.

“내가 끊어 버리게 하셨나이다” - ‘끝낸다(put an end to).’ ‘끊는다(cut off).’(히필 미완료)이다.

41, “그들이 부르짖으나 구원할 자가 없었고 여호와께 부르짖어도 그들에게 대답하지 아니하셨나이다”

“그들이 부르짖으나” - ‘부르짖는다.’ ‘외친다.’(피엘 미완료)이다. ‘원수가 여호와께 기도했다.’라는 뜻이다. 고대 근동에서는 전쟁 때 적을 이기려고 자기 신뿐만 아니라 다른 나라 신에게도 기도했다.

“구원할 자가” - ‘구원한다.’(분사)이다.

“없었고” - ‘결코~않다(never).’ ‘아무도 ~않다.’이다.

“부르짖어도” - ‘~위에’, ‘~에 대해’이다.

“그들에게 대답하지” - ‘대답한다(answer).’ ‘응한다.’(칼 완료)이다.

“아니하셨나이다” - ‘아니’, ‘아니다.’이다. 여호와는 그들의 기도에 응답하지 않으셨다.

42, “내가 그들을 바람 앞에 티끌같이 부숴뜨리고 거리의 진흙 같이 쏟아 버렸나이다”

“티끌”, “진흙” - ‘철저한 파괴’, ‘굴욕’을 뜻한다.

“부숴뜨리고” - ‘닳게 한다.’ ‘빻는다.’(칼 미완료)이다.

“쏟아 버렸나이다” - ‘비운다(make empty/ empty out).’(히필 미완료)이다. 오물처럼 비워버렸다. 여호와는 그를 어느 정도 높이셨는가?

43-45, 영광스러운 구원

43, “주께서 나를 백성의 다툼에서 건지시고 여러 민족의 으뜸으로 삼으셨으니 내가 알지 못하는 백성이 나를 섬기리이다”

“백성의 다툼에서” - ‘제 백성의 다툼’이다. ‘다윗의 초기 통치에 있었던 내분’을 뜻한다.

“건지시고” - ‘도피한다.’(피엘 미완료)이다.

“으뜸으로” - ‘머리(head)’, ‘정상(summit)’, ‘우두머리(chief)’이다.

“삼으셨으니” - ‘둔다.’ ‘정한다.’(칼 미완료)이다.

“나를 섬기리이다” - ‘일한다.’ ‘섬긴다.’(칼 미완료)이다. 주님께서 반역하는 백성에게서 그를 구하여 주시고, 뭇 민족을 다스리게 하시니, 모르는 백성까지 그를 섬긴다.

44, “그들이 내 소문을 들은 즉시로 내게 청종함이여 이방인들이 내게 복종하리로다”

“들은 즉시로” - ‘보고’, ‘소식’이다.

“청종함이여” - ‘듣는다(hear).’ ‘경청한다(listen to).’(니팔 미완료)이다.

“복종하리로다” - ‘속인다(deceive).’ ‘굽실거린다.’(피엘 미완료)이다.

45, “이방 자손들이 쇠잔하여 그 견고한 곳에서 떨며 나오리로다”

“쇠잔하여” - ‘무분별하다(be senseless).’ ‘어리석다(be foolish)’(칼

미완료)이다. '잎이나 꽃이나 채소가 떨어지거나 시드는 것'을 뜻한다.

"그 견고한 곳에서" - '가장자리(border)', '요새'이다. '적들이 지키고 있던 견고한 산성'을 뜻한다.

"떨며 나오리로다" - '흔들린다.' '진동한다(quake).'(칼 미완료)이다. 이방 사람이 사기를 잃고, 숨어 있던 요새에서 나와 항복했다(삼하 8:9-10). 그는 여호와를 어떤 분으로 찬송하는가?

5. 시인은 여호와를 어떤 분으로 찬송합니까(46-48)? 그 찬양의 결론은 무엇입니까(49-50)? 여호와는 오늘 나에게 어떤 분입니까?

46-50, 반석이신 여호와

46, "여호와는 살아 계시니 나의 반석을 찬송하며 내 구원의 하나님을 높일지로다"

"살아 계시니" - '살아있는(living)', '생존하여 있는(alive)'이다. 여호와는 변하지 않는 생명력과 힘을 가지셨다. 여호와는 오늘도 일하십니다. 여호와는 그 백성을 원수한테서 구원하시고, 그 아들딸을 죽음에서 구원하신다.

"나의 반석을" - '반석(rock)', '절벽(cliff)'이다. '안전함'을 상징한다. 여호와는 가장 안전한 피난처이시다.

"찬송하며" - '축복한다.' '찬양한다.'(분사)이다.

"높일지로다" - '높인다(be high).' '일어난다(rise up).'(칼 미완료)이다. 구원의 하나님을 높여야 한다.

47, "이 하나님이 나를 위하여 보복해 주시고 민족들이 내게 복종하게 해 주시도다"

"보복해" - '복수', '앙갚음'이다.

"주시고" - '준다.' '놓는다.'(분사)이다. '복수를 허락한다.'라는 뜻이다. 복수는 하나님의 특권이다. 하나님만이 복수하실 수 있다.

"복종하게 해 주시도다" - '말한다(speak).' '복종하게 한다

(subdue).'(히필 미완료)이다.

48, "주께서 나를 내 원수들에게서 구조하시니 주께서 나를 대적하는 자들의 위에 나를 높이 드시고 나를 포악한 자에게서 건지시나이다"

"구조하시니" - '도피한다(escape).' '구원한다(save/ deliver).'(분사)이다.

"나를 대적하는 자들의" - '일어선다.' '일어난다.'(분사)이다.

"나를 높이 드시고" - '높인다(be high).' '일어난다(rise up).'(포렐 미완료)이다. 여호와는 그를 구원하실 뿐만 아니라, 높이셨다.

"건지시나이다" - '구해낸다(deliver).' '구원한다(save).'(히필 미완료)이다. 그러므로 그는 무엇을 하는가?

49, "여호와여 이러므로 내가 이방 나라들 중에서 주께 감사하며 주의 이름을 찬송하리이다"

"이러므로" - '그와 같이', '따라서'이다.

"이방 나라들 중에서" - '민족(nation)', '백성(people)'이다. '많은 나라 중에서(among the nations)'이다. 다윗의 통치 아래로 들어온 이방 나라이다.

"주께 감사하며" - '찬양한다(praise).' '감사한다(give thanks).'(히필 미완료)이다.

"찬송하리이다" - '노래한다(sing).' '찬양한다(sing praise).'(피엘 미완료)이다. 시인은 민족 가운데 여호와를 찬양하고, 여호와의 이름을 찬송한다.

바울은 롬 15:9에서 이 말씀을 인용했다. "이방인들도 그 긍휼하심으로 말미암아 하나님께 영광을 돌리게 하려 하심이라 기록된 바 그러므로 내가 열방 중에서 주께 감사하고 주의 이름을 찬송하리로다 함과 같으니라." 바울은 그리스도를 통해 이방인이 하나님의 은총을 받은 것을 말했다. 그는 그리스도의 왕권을 노래하며, 우리의 소망이 그분에게 있음을 찬양한다. 그 찬양의 내용은 무엇인가?

18(18:1-50)

50, "여호와께서 그 왕에게 큰 구원을 주시며 기름 부음 받은 자에게 인자를 베푸심이여 영원토록 다윗과 그 후손에게로다"

"큰" - '성장한다.' '크게 된다.'(분사)이다.

구원을 주시며" - '구원(salvation)', '구출(deliverance)'이다.

"기름 부음 받은 자에게" - '기름 부음을 받은 사람(anointed one)'이다.

"인자를" - '사랑(loving-kindness)', '자비(mercy)'이다.

"베푸심이여" - '한다(do).' '성취한다(accomplish).'(분사)이다.

"그 후손에게로다" - '씨를 뿌림(sowing)', '씨(seed)', '자손(offspring)'이다.

주님은 손수 세우신 왕에게 큰 승리를 안겨 주시고, 손수 기름을 부어 세우신 다윗과 그 자손에게 한결같은 사랑을 영원무궁하도록 베푸신다. 시인은 주님께 대한 사랑 고백으로 시작하여(1) 주님이 베푸시는 인자(50)로 마무리한다. 주님의 사랑은 어려움 속에 있는 사람을 돕는 힘이다. 여호와는 오늘 나에게 어떤 분인가?

19
여호와의 율법

말씀 시편 19:1-14
요절 시편 19:7
찬송 200장, 203장

1. '하늘'과 '궁창'은 무엇을 합니까(1)? 여기에는 무슨 뜻이 있습니까? '날'과 '밤'은 무엇을 합니까(2)? 하늘은 그분의 영광을 어떻게 증언합니까(3-4a)?

2. 온 세상의 대표는 무엇입니까(4b)? 해의 모습은 어떠합니까(5-6)?

19(19:1-14)

3. '해의 계시'보다 더 확실한 계시는 무엇입니까(7a)? '토라'의 첫 번째와 두 번째 특징은 무엇입니까(7b)? 세 번째와 네 번째 특징은 무엇입니까(8)?

4. 다섯 번째와 여섯 번째의 특징은 무엇입니까(9)? 그 '토라'의 맛이 어떠합니까(10)? 그러나 그는 '토라'에 관해 어떤 자세를 품어야 합니까(11)?

5. 시인은 '토라' 앞에서 무엇을 깨닫습니까(12)? 그는 무엇을 위해 기도합니까(13)? 그가 기도하는 그분은 누구시며, 그의 간절함이 어떠합니까(14)? 이상에서 시인과 '토라'와 관계를 통해 무엇을 배웁니까?

19
여호와의 율법

말씀 시편 19:1-14
요절 시편 19:7
찬송 200장, 203장

1. '하늘'과 '궁창'은 무엇을 합니까(1)? 여기에는 무슨 뜻이 있습니까? '날'과 '밤'은 무엇을 합니까(2)? 하늘은 그분의 영광을 어떻게 증언합니까(3-4a)?

(다윗의 시. 성가대 지휘자를 따라 부른 노래. 여호와의 율법은 완전하다. The Law of the Lord Is Perfect. To the choirmaster. A Psalm of David).

피조물을 통해 드러나는 하나님의 우주적 자기 계시와 '토라(*Torah*)'에 대한 은혜로운 교훈을 충만한 경외심으로 묘사한다. 하나님 안에서 자연과 율법과 인간의 관계를 다룬다. 시인은 우주와 그 영광을 바라보다가 율법의 완전함을 깨닫고, 하나님 앞에서 자신이 죄인임을 느낀다. 햇빛이 모든 것을 찾아내는 것처럼 율법은 그 영혼이 숨으려는 곳이 어디든 찾아낸다. 그래서 인간은 하나님의 용서와 보호가 필요하다. 시인은 자신의 말과 생각이 하나님의 마음에 들도록 기도한다.

1-4a, 하늘의 계시

1, "하늘이 하나님의 영광을 선포하고 궁창이 그의 손으로 하신 일을 나타내는도다"

"하늘이" - '하늘들(heavens)'이다. 하나님과 천상의 존재가 사는 곳이다.

"하나님"(אֵל, *el*) - '만물을 지으신 분'이다.

"영광을" - '풍부', '영예', '영광'이다. 자연과 역사 안에 드러나는 하나님의 힘과 위엄이다.

"선포하고" - '계산한다(count).' '자세히 말한다.'(분사)이다.

"궁창이" - '광활한 공간', '창공(firmament)'이다. 지구를 둘러싸고 있는 넓은 하늘이다(창 1:6).

히브리적인 우주관에 의하면, 세상은 하늘과 땅과 바다(지하의 물)의 3요소로 이루어졌다. 궁창을 거대한 천막으로 비유하기도 한다(사 40:22). 궁창 아래의 물은 모여 바다가 되고, 궁창 위의 물은 하늘 창고에 보관했다(창 1:6, 7). 그 궁창에는 창 또는 문이 있어서, 그것을 열면 그곳에서 비가 내린다고 여겼다(창 7:11, 욥 38:37).

"그의 손으로 하신 일을" - '손의 일(handwork)', '그분 손의 솜씨'이다. 하나님께서 지으신 세계이다.

"나타내는도다" - '말한다(tell).' '알게 한다(make known).'(분사)이다.

여기에는 무슨 뜻이 있는가? 고대 근동에서는 '마르둑(Marduk)'이 '혼돈의 물' 신 '티아맛(Tiamat)'을 격파하고 둘로 쪼갬으로 윗물과 아랫물을 분리하여 궁창을 만들었다고 생각했다. 그러나 창조주 하나님께서 궁창을 만드셨다. 그 궁창이 하나님께서 하신 일을 나타낸다. 작품을 보면 그 작품을 만든 사람을 알 수 있다. 그림을 보면 그 그림을 그린 화가를 생각할 수 있다. 바울 사도는 말했다. "창세로부터 그의 보이지 아니하는 것들 곧 그의 영원하신 능력과 신성이 그가 만드신 만물에 분명히 보여 알려졌나니 그러므로 그들이 핑계하지 못할지니라"(롬 1:20). 날과 밤은 무엇을 하는가?

2, "날은 날에게 말하고 밤은 밤에게 지식을 전하니"

"날은" - '낮'이다. 찬란함과 위엄과 은총을 상징한다.

"(말)하고" - '솟아 나온다.' '붓는다(pour).'(히필 미완료)이다. 물이 분수에서 솟아오르듯 날마다 하나님의 찬란함이 이어진다.

"밤은" - 신비, 조화, 아름다움과 평화를 상징한다.

"지식" - '하나님을 아는 지식', 곧 '창조 질서'이다. 하나님의 영광과 솜씨에 대한 지식이다.

19(19:1-14)

"전하니" - '보인다(show).' '알린다(make know).'(피엘 미완료)이다. 하나님의 영광과 솜씨에 대한 지식을 전한다.

피조물은 하나님의 영광을 계속해서, 쉼 없이 노래한다. 그것은 매일, 밤마다, 쉼 없이 뛰는 이어달리기 선수와 같다. 하늘은 어떻게 그분의 영광을 증언하는가?

3, "언어도 없고 말씀도 없으며 들리는 소리도 없으나"

"언어도" - '이야기(speech)', '말(word)'이다.

"없고" - '을 제외하고(except)', '어느 쪽도 ~아니다(neither).'이다.

"말씀도" - '말(word)', '말함(speaking)'이다.

"소리도" - '목소리(voice)', '음성(sound)'이다.

"언어", "말씀", "소리" - 같은 말이다. '하늘의 언어', '하늘의 말씀', '하늘의 소리'를 뜻한다.

"없고" - '을 제외하고(except)', '어느 쪽도 ~아니다(neither).'이다.

"언어", "말씀", "소리"는 누구의 것인가? 주어가 무엇인가? '하늘들(the heavens)'이다(1). '하늘은 스스로 말을 할 수 없다.'라는 뜻이다. 즉 하늘은 '들을 수 없는 소리(inaudible noise)'를 말한다. 하늘은 침묵하는 것처럼 보여도 엄청난 메시지를 전한다. 하늘은 하나님을 찬양할 뿐만 아니라, 하나님에 관해 증언한다. 그 소리는 어떠한가?

4a, "그의 소리가 온 땅에 통하고 그의 말씀이 세상 끝까지 이르도다..."

"그의 소리가" - '줄', '끈(line)'이다. '그들이 측정하는 줄(Their measuring line)'을 뜻한다. 여기서는 '하늘의 소리'라는 뜻이다.

"땅" - '세상(world)'을 뜻한다.

"통하고" - '나간다(go out).' '앞으로 간다(go forth).'(칼 완료)이다. 그들의 목소리(측정하는 줄)가 온 땅에 퍼졌다.

"그의 말씀이" - '말', '일'이다.

"끝까지 이르도다" - '끝(end)', '말단(extremity)'이다. 온 세상이 하나님의 영광을 찬양하는 소리로 가득 차 있다. 온 세상의 대표는 무엇인가?

2. 온 세상의 대표는 무엇입니까(4b)? 해의 모습은 어떠합니까(5-6)?

4b-6, 해의 계시

4b, "... 하나님이 해를 위하여 하늘에 장막을 베푸셨도다"

"해를 위하여" - '태양(sun)'이다.

"하늘에" - '안에(in)', '곁에(by)', '와 함께(with)'이다. 복수이다. '그들 안에(in them)'인데, '하늘들 안에'라는 뜻이다.

"장막을" - '천막(tent)', '거처(dwelling)'이다. 해가 밤에 머무는 곳이다.

"베푸셨도다" - '둔다(put).' '세운다(set).'(칼 완료)이다. 하나님께서 해를 만드시고, 하늘의 궁창에 두고 땅에 비취게 하셨다. 하나님은 해를 위해서 하늘에 천막을 세우셨다. 해는 그곳에 머문다. 해가 밤에 쉬는 곳이다.

그런데 흥미로운 점은 해가 '궁전'에 머물지 않고 '천막'에서 쉰다는 것이다. 해의 영광과 하나님의 영광을 대조한다. 해는 천막에서 매일 아침 나온다.

바벨론은 해를 최고의 신 '샤마쉬(Shamash, 해라는 뜻)'로 부르며 숭배했다. 해는 매일 아침 높은 언덕에서 솟아서 빛나는 하늘의 큰 문을 열었다. 애굽은 해 숭배를 '헬리오폴리스(Heliopolis, 해의 도시)'에서 했다. 매일 아침 해는 그 빛으로 '오벨리스크(Obelisk, 방첨탑(方尖塔), 높고 좁으며 4개의 면을 지녔는데 점점 가늘어지는 피라미드 모양의 꼭대기를 지닌 기념 건조물이다. 한 덩어리의 암석으로 만들었다.)'의 꼭대기를 때리며 나타났다. 그들은 그곳을 태양신이 나타나는 장소로 여겼다. 그러나 성경은 해가 신이 아니라 하나님의 손으로 만든 작품 중 하나로 증언한다(창 1:16). 그 해는 어떤 모습인가?

5, "해는 그의 신방에서 나오는 신랑과 같고 그의 길을 달리기 기뻐

하는 장사 같아서”

“그의 신방에서” - ‘덮개(canopy)’, ‘침실(chamber)’이다.

“나오는” - ‘나간다.’(분사)이다.

“신랑과 같고” - ‘신랑’이다. 해를 신랑에 비유했다. 해의 화사하고 싱그러운 모습을 표현한다. 해는 기뻐하는 신랑과 같은 신선한 느낌을 준다.

“장사 같아서” - ‘강한 사람(mighty man)’이다.

“달리기” - ‘뛴다.’ ‘달린다.’(부정사)이다.

“기뻐하는” - ‘크게 기뻐한다.’(칼 미완료)이다. 해는 용사처럼 힘차게 길을 달린다. 동쪽 지평선에서 매일 영광스럽게 솟아오르는 해는 신랑 같고, 서쪽 지평선까지 달리는 모습은 달리기를 즐기는 용사와 같다.

6, “하늘 이 끝에서 나와서 하늘 저 끝까지 운행함이여 그의 열기에서 피할 자가 없도다”

“나와서” - ‘나감’이다.

“운행함이여” - ‘돌아옴(coming round)’, ‘시간이나 공간의 순회(circuit of time or space)’이다. 이것은 해가 뜨고 지는 것을 뜻한다.

“그의 열기에서” - ‘태양(sun)’이다. ‘태양 빛’을 뜻한다. 그 빛은 생명력을 상징하며 매우 강렬하다.

“피할 자가” - ‘감춘다(hide).’ ‘숨긴다(conceal).’이다.

“없도다” - ‘어느 쪽도 ~아니다(neither).’ ‘결코~않다(never).’이다. 아무것도 그 열기 앞에 숨을 수 없다. 빛 앞에서는 모든 것이 드러나기 때문이다. 해는 아침마다 어김없이 솟아올라 어둠을 몰아내고 찬란한 아름다움과 힘을 드러낸다. 이 모습은 해가 하나님의 영광을 찬양하는 것을 뜻한다. ‘해의 계시’보다 더 확실한 계시는 무엇인가?

3. ‘해의 계시’보다 더 확실한 계시는 무엇입니까(7a)? ‘토라’의 첫 번째와 두 번째 특징은 무엇입니까(7b)? 세 번째와 네 번째 특징은 무엇입니까(8)?

7-11, 율법의 계시

7, “여호와의 율법은 완전하여 영혼을 소성시키며 여호와의 증거는 확실하여 우둔한 자를 지혜롭게 하며”

“율법은”(תּוֹרָה, *torah*) - ‘율법(law)’, ‘가르침’이다. 오경과 구약의 말씀이다. ‘토라’는 삶의 모든 영역을 가르친다. ‘토라’의 첫 번째 특징은 무엇인가?

“완전하여” - ‘완전한(complete/perfect)’, ‘흠 없는(blameless)’이다.

“영혼을” - ‘숨 쉬는 존재’, ‘생명’이다.

“소성시키며”(蘇醒) - 우리 말은 ‘까무러쳤다가 다시 깨어남’, ‘중병을 치르고 난 뒤에 다시 회복함’이다. 히브리어는 ‘돌아온다(return).’ ‘회복한다.’(분사)이다. 여호와의 ‘토라’는 음식물의 영양분처럼 생기를 돋게 하여 활력을 되찾게 한다. 생기는 사람이 힘을 잃거나 죽을 때 떠난다. 첫째로, ‘토라’는 완전하여 우리의 영혼을 살린다(reviving the soul).

“증거는” - ‘증거(testimony)’이다. 주님의 의지와 뜻에 관한 증거이다.

“확실하여” - ‘확증한다(confirm).’ ‘신실하다(be faithful).’(분사)이다.

“우둔한 자를” - ‘단순한(simple)’, ‘어리석은’이다. 지혜나 분별력이 없는 사람이다.

“지혜롭게 하며” - ‘지혜롭다(be wise).’ ‘지혜롭게 행동한다(act wisely).’(분사)이다. 둘째로, ‘토라’는 확실하여 어리석은 사람을 지혜롭게 만든다(making wise the simple).

아담과 하와는 ‘선악을 알게 하는 나무의 열매’를 먹고 지혜를 얻고자 했다(창 3:6). 하지만 그들은 지혜를 얻지 못했다. ‘토라’가 사람을 지혜롭게 한다.

8, “여호와의 교훈은 정직하여 마음을 기쁘게 하고 여호와의 계명은 순결하여 눈을 밝게 하시도다”

“교훈은” - ‘가르침’, ‘훈계(precept)’이다. ‘훈계들(the precepts)’이다.

하나님께서 자기 백성 위에 얹은 의무를 나타낸다.

"정직하여" - '똑바른(up-right)'이다. '신뢰성이 있는'이다. 여호와의 말씀은 그분의 행동과 일치한다.

"기쁘게 하고" - '기뻐한다(rejoice).'(피엘 분사)이다. 셋째로, '토라'는 마음을 기쁘게 한다(rejoicing the heart).

"계명은" - '명령(commandment)'이다.

"순결하여" - '순결한(pure)', '깨끗한(clean)'이다.

"밝게 하시도다" - '밝아지다.' '눈이 밝게 된다(become light).'(분사)이다. '어떤 것을 깨닫는다.'라는 뜻이다. 넷째로, '토라'는 눈을 밝게 한다(enlightening the eyes).

눈에서 빛이 사라지면 죽음이 가까운 것이다. 해는 자연의 빛을 비추지만, '토라'는 영혼의 눈을 밝혀준다.

4. 다섯 번째와 여섯 번째의 특징은 무엇입니까(9)? 그 '토라'의 맛이 어떠합니까(10)? 그러나 그는 '토라'에 관해 어떤 자세를 품어야 합니까(11)?

9, "여호와를 경외하는 도는 정결하여 영원까지 이르고 여호와의 법도 진실하여 다 의로우니"

"경외하는 도는" - '두려워함'이다. '토라'를 뜻한다.

"정결하여" - '순수한(pure)', '깨끗한(clean)'이다. '내적 순결'을 뜻한다.

"이르고" - '계속해서 서 있다(stand).' '남아 있다(remain).'(칼 분사)이다. 다섯째로, '토라'는 정결하여 영원히 남아 있다(enduring forever). 세상은 없어져도 하나님의 말씀은 영원하다. 예수님은 말씀하셨다. "진실로 너희에게 이르노니 천지가 없어지기 전에는 율법의 일점일획도 결코 없어지지 아니하고 다 이루리라"(마 5:18).

"법도" - '정의(justice)', '법령(ordinance)'이다.

"진실하여" - '견고(firmness)', '진리(truth)'이다.

"다" - '연합됨', '함께(together)'이다.

"의로우니" - '공의롭다(be just).' '의롭다(righteous).'(칼 완료)이다. 여호와의 법규는 의롭다. 그래서 사람을 의롭게 한다. 여섯째로, '토라'는 진실하여 모두 의롭다(righteous altogether). 그 '토라'의 맛이 어떠한가?

10, "금 곧 많은 순금보다 더 사모할 것이며 꿀과 송이 꿀보다 더 달도다"

"순금보다" - '정련된 순금(fine gold)'이다.

"더 사모할 것이며" - '몹시 바란다(desire).' '매우 기뻐한다(delight in).'(분사)이다.

"송이" - '흐르는 꿀(flowing honey)', '송이 꿀(honey from the comb)'이다.

"꿀" - '벌집(honeycomb)', '벌집에서 나오는 꿀'이다.

"더 달도다" - '단맛(sweetness)'이다.

'토라'는 금보다 순금보다 더 탐스럽고, 꿀보다 송이 꿀보다 더 달콤하다. 꿀은 혀끝에만 달지만, '토라'는 영혼에 달콤함을 준다. 왜냐하면 '토라'는 생명을 주기 때문이다. 그러나 시인은 '토라'에 대해 어떤 자세를 품어야 하는가?

11, "또 주의 종이 이것으로 경고를 받고 이것을 지킴으로 상이 크니이다"

"또" - '다시(again)', '그러나(but)'이다. 율법은 완전하지만, 자신은 부족한 종임을 고백한다.

"이것으로" - '안에', '와 함께'이다. '토라'를 뜻한다.

"경고를 받고" - '경고한다(warn).' '훈계한다(admonish).'(분사)이다. '더욱이 그는 토라에 의해 경고를 받았다.'라는 뜻이다.

"이것을 지킴으로" - '지킨다(keep).' '주의한다(give heed).'(부정사)이다.

"상이" - '결과(consequence)'이다.

"크니이다" - '많은(much/ many)', '큰(great)'이다. '토라'를 지키면

큰 상이 따른다. 그는 그 말씀으로 깨우침을 받고, 그대로 살면 큰 상을 받는다는 자세를 품어야 한다.

5. 시인은 '토라' 앞에서 무엇을 깨닫습니까(12)? 그는 무엇을 위해 기도합니까(13)? 그가 기도하는 그분은 누구시며, 그의 간절함이 어떠합니까(14)? 이상에서 시인과 '토라'와 관계를 통해 무엇을 배웁니까?

12-14, 묵상

12, "자기 허물을 능히 깨달을 자 누구리요 나를 숨은 허물에서 벗어나게 하소서"

"자기 허물을" - '실수(error)', '잘못'이다.

"능히 깨달을 자" - '이해한다.' '깨닫는다(discern).'(칼 미완료)이다. 시인은 율법의 영광을 노래하다가 자신의 부족함을 깨닫는다. 그는 해를 보고 율법을 생각했다. 그러나 영광스러운 율법을 볼 때, 그는 자신의 허물을 깨달았다. 그는 무엇을 하는가?

"숨은 허물에서" - '감춘다(hide).' '숨긴다(conceal).'(분사)이다.

"벗어나게 하소서" - '깨끗하다(be clear).' '자유롭다(be free).' '무죄하다(be innocent).'(피엘 명령)이다. '숨겨진 허물이 깨끗하다고 선언하소서.'라는 뜻이다. 그는 용서를 구한다.

13, "또 주의 종에게 고의로 죄를 짓지 말게 하사 그 죄가 나를 주장하지 못하게 하소서 그리하면 내가 정직하여 큰 죄과에서 벗어나겠나이다"

"고의로" - '거만한(proud)', '오만한(arrogant)'이다.

"죄를 짓지 말게 하사" - '보류한다(withhold).' '저지한다(keep in check).' '삼간다(refrain).'(칼 명령)이다. '물러서게 하소서(Keep back).'라는 뜻이다.

"주장하지" - '통치한다(rule).' '지배한다(have dominion).' '군림한다(reign).'(칼 미완료)이다.

“내가 정직하여” - ‘완성한다(be complete).’(칼 미완료)이다.

“죄과에서” - ‘반역(rebellion)’, ‘죄(transgression)’이다. 하나님께 반역하는 죄이다.

“벗어나겠나이다” - ‘깨끗하다(be clear).’ ‘자유롭다(be free).’ ‘무죄하다(be innocent).’(니팔 완료)이다.

시인은 죄인 줄 알면서도 고의로 죄를 짓지 않도록 막아주셔서 죄의 손아귀에 다시는 잡히지 않게 지켜 주시고, 모든 죄를 벗어 버릴 수 있도록 기도한다. 그는 죄를 짓지 않는 완벽한 사람으로 자라는 것이 아니라, 큰 죄를 피하기를 바란다. 그는 하나님께 반역하는 죄를 짓지 않는 것, 즉 우상숭배를 하지 않기를 바란다.

자기를 발견하고 기도하는 그로부터 무엇을 배우는가? 사람은 말씀 앞에 설 때 자기 모습을 볼 수 있다. 말씀은 나를 비추는 거울이다. 거울 없이 자기를 볼 수 없듯이 말씀 없이 자기를 알 수 없다. 말씀 앞에 서면 누구든지 시인처럼 죄인인 자기를 깨닫고 주님께 기도한다. 그가 기도하는 그분은 누구신가?

14, “나의 반석이시요 나의 구속자이신 여호와여 내 입의 말과 마음의 묵상이 주님 앞에 열납되기를 원하나이다”

“나의 반석이시요” - ‘반석(rock)’, ‘절벽(cliff)’이다. 안전과 방어를 상징한다.

“나의 구속자이신”(גָּאַל, *ga'al*) - ‘구속한다(redeem).’ ‘속량한다(ransom).’(분사)이다. ‘자기 친족을 어려움이나 위험에서 구한다.’라는 뜻이다. 이 말을 주님께 사용할 때는, ‘그분이 혈육에 의해서가 아니라, 선택으로 백성의 친척이 되는 것’을 뜻한다. 하나님께서 시인을 선택하셔서 구원자가 되셨다.

“여호와여” - 그분은 ‘언약을 사랑하는 하나님(the covenant-loving God)’이다. 시인은 그분께 무엇을 바르는가?

“주님 앞에” - ‘얼굴(face)’이다. ‘희생제물을 드릴 때’의 모습이다.

“말과” - ‘기도’를 뜻한다.

“묵상이” - ‘묵상(meditation)’, ‘속삭임’이다.

19(19:1-14)

"열납되기를" - '즐거움', '기꺼이 받아들임'이다.

"원하나이다" - '이 일어난다.' '된다.'(칼 미완료)이다. '당신이 보기에 받아들일 수 있다(be acceptable in your sight).'라는 뜻이다. 시인은 자신의 말과 생각이 제물이 되기를 바란다.

이상에서 시인과 '토라', 그리고 자연과의 관계에 대해 무엇을 배울 수 있는가? 시인은 '대우주(macrocosm)'에서 '소우주(microcosm)'를 거쳐 '토라'를 만난다. 그는 우주와 그 영광을 바라보며 '토라'의 완전함을 묵상하다가 하나님 앞에서 겸손을 느꼈다. 그는 해와 율법을 대조하면서 드러나지 않은 자신의 잘못이 있음을 깨닫고 하나님께 용서를 구했다. 하나님의 피조물로서 태양 빛의 투명함, 율법의 보배로움, 인간의 겸손이 하나님의 찬란한 영광을 드러낸다. 태양이 없으면 생명체가 존재할 수 없다. 하나님의 말씀이 없으면 사람도 존재할 수 없다. 우리는 '토라'를 통해 그분을 알고 나를 알아서 내 영혼이 소성하기를 바란다.

20

하나님의 이름을 자랑하리로다

말씀 시편 20:1-9
요절 시편 20:7
찬송 350장, 357장

1. 시인은 언제 무엇을 위해 기도합니까(1)? '야곱의 하나님'은 어떤 분입니까?

2. 시인은 계속해서 무엇을 기도합니까(2-4)? '소제를 기억하시며'라는 말은 무슨 뜻입니까? 그는 무엇을 기대합니까(5)?

20(20:1-9)

3. 그는 무엇을 확신합니까(6)? 그러나 '어떤 사람'은 무엇을 합니까(7a)? 반면 '우리'는 무엇을 합니까(7b)? '하나님의 이름을 자랑한다.'라는 말은 무슨 뜻입니까? '어떤 사람'과 '우리'는 어떻게 됩니까(8)? 우리는 무엇을 배웁니까?

4. 여호와께서는 어떻게 응답하십니까(9)?

20
하나님의 이름을 자랑하리로다

말씀 시편 20:1-9
요절 시편 20:7
찬송 350장, 357장

1. 시인은 언제 무엇을 위해 기도합니까(1)? '야곱의 하나님'은 어떤 분입니까?

(다윗의 시. 성가대 지휘자를 따라 부른 노래. 우리 하나님 여호와를 신뢰하라. Trust in the Name of the Lord Our God. To the choirmaster. A Psalm of David).

이 시편의 배경은 시온 성전에서 왕의 승리를 기원하는 제사 의식이다. 전쟁하기 전에 백성이 왕을 위해 하는 기도이다. 전쟁의 승리는 군사적 전략이 아니라, 하나님께 달려 있다고 믿었기 때문이다.

1, 환난 날에 기도

1, "환난 날에 여호와께서 네게 응답하시고 야곱의 하나님의 이름이 너를 높이 드시며"

"환난 날에" - '위기와 시련의 때'이다. '전쟁의 때'를 뜻한다.

"네게 응답하시고" - '대답한다.' '노래한다.'(칼 미완료)이다. '전쟁하는 왕에게 응답하신다.'라는 뜻이다.

"야곱의 하나님" - '야곱에게 구원자로 나타나신 그분'이시다. 그분은 이스라엘을 애굽에서 구원하셨다(출 19:4). 그분은 언약을 기억하고 이루신다.

"이름" - '임하심', '인격', '능력'을 나타낸다. 여호와의 이름은 예루살렘 성전과 관련이 있다. 여호와는 당신의 이름이 "예루살렘 성전에 머물 것이다."라고 하셨다(왕상 8:29).

"너를 높이 드시며" - '도달하기 어려울 정도로 높다(be

inaccessibly high).'(피엘 미완료)이다. 시인은 계속해서 무엇을 기도하는가?

2. 시인은 계속해서 무엇을 기도합니까(2-4)? '소제를 기억하시며'라는 말은 무슨 뜻입니까? 그는 무엇을 기대합니까(5)?

2-4, 하나님의 도움을 위한 기도

2, "성소에서 너를 도와주시고 시온에서 너를 붙드시며"

"성소에서"(קֹדֶשׁ, *qodesh*) - '구별(apartness)', '거룩함', '신성함(sacredness)'이다. '예루살렘 성전'을 뜻한다.

"(도와)주시고" - '보낸다(send).' '내보낸다(send away).'(칼 미완료)이다. 여호와께서 성전에서 왕을 도와주시도록 기도한다. 그것은 전쟁에서 이기는 것이다.

"너를 붙드시며" - '떠받친다(sustain).' '의지한다(support).'(칼 미완료)이다.

3, "네 모든 소제를 기억하시며 네 번제를 받아 주시기를 원하노라(셀라)"

"소제를" - '소제(meat offering)', '선물(present)'이다.

"기억하시며" - '생각한다(think).' '기억한다(remember).'(칼 미완료)이다. '하나님께서 제사를 받으시고 복 주심'을 뜻한다.

"네 번제를" - '전체 번제(whole burnt offering)'이다. 제물을 태워 드리는 제사이다. 번제를 지내는 제사장은 아무것도 받지 못했다.

"받아 주시기를 원하노라" - '살찐다(become fat).' '번영한다(be prosperous).'(피엘 미완료)이다. '번제물을 기꺼이 받아달라.'라는 뜻이다.

"(셀라)" - '들어 올린다(lift up).' '높인다(exalt).'라는 뜻이다.

이것은 왕이 제사 지내는 모습이다. 왕은 전쟁에 나가기 전 제물을 드렸다. 블레셋이 이스라엘과 싸우려고 가까이 왔을 때 사무엘은 미스바에서 제사를 지냈다(삼상 7:9-10).

4, "네 마음의 소원대로 허락하시고 네 모든 계획을 이루어 주시기를 원하노라"

"네 마음의 소원대로" - '마음(heart)', '이해(understanding)'이다. '마음을 따라서'라는 뜻이다.

"허락하시고" - '준다.' '세운다.'(칼 미완료)이다. 왕의 마음을 따라서 여호와께서 왕께 모든 것을 허락해 달라는 기도이다.

"계획을" - '충고', '조언'이다. '전쟁에 대한 작전 계획이나 충고'를 뜻한다.

"이루어 주시기를 원하노라" - '가득 찬다(be full).' '가득 채운다(fill).'(피엘 미완료)이다. 왕의 계획대로 여호와께서 모든 것을 이루어 주시기를 원한다. 그는 무엇을 기대하는가?

5, 기대에 대한 기쁨

5, "우리가 너의 승리로 말미암아 개가를 부르며 우리 하나님의 이름으로 우리의 깃발을 세우리니 여호와께서 네 모든 기도를 이루어 주시기를 원하노라"

"너의 승리로 말미암아" - '구원(salvation)'이다. '원수로부터 구원', 즉 '승리'를 뜻한다.

"개가를 부르며" - '외친다(cry out).' '기뻐 소리친다(shout for joy).'(피엘 미완료)이다.

"우리의 깃발을 세우리니" - '기를 들다.' '기를 세운다.'(칼 미완료)이다. '싸움에서 승리하는 것'을 뜻한다.

"이루어 주시기를 원하노라" - '가득 찬다(be full).' '가득 채운다(fill).'(피엘 미완료)이다. 주님께서 왕의 모든 소원을 이루어 주시기를 원한다. 그는 무엇을 확신하는가?

3. 그는 무엇을 확신합니까(6)? 그러나 '어떤 사람'은 무엇을 합니까(7a)? 반면 '우리'는 무엇을 합니까(7b)? '하나님의 이름을 자랑한다.'라는 말은 무슨 뜻입니까? '어떤 사람'과 '우리'는 어떻게 됩니

까(8)? 우리는 무엇을 배웁니까?

6-8, 하나님의 도우심에 대한 확신

6, “여호와께서 자기에게 기름 부음 받은 자를 구원하시는 줄 이제 내가 아노니 그의 오른손의 구원하는 힘으로 그의 거룩한 하늘에서 그에게 응답하시리로다”

“자기에게 기름 부음 받은 자를” - ‘기름 부음을 받은 사람(anointed one)’이다. 왕의 정체성이다.

“구원하시는” - ‘구원한다.’(히필 완료)이다.

“이제” - ‘지금’, ‘그러므로’이다. 새로운 전환이 일어난다. 앞에서 왕이 승리를 위해 한 기도가 이제 응답을 받는다.

“자기에게 기름 부음 받은 자를” - ‘기름 부음을 받은 사람(anointed one)’이다.

“내가 아노니” - ‘알다.’ ‘이해한다.’(칼 완료)이다. 하나님이 왕에게 구원의 승리를 주실 줄 확신한다.

“그에게 응답하시리로다” - ‘대답한다.’ ‘노래한다.’(칼 미완료)이다.

주님께서 기름을 부으신 왕에게 승리를 주시고, 그 거룩한 하늘에서 왕에게 응답하여 주시고, 주님의 힘찬 오른손으로 왕에게 승리를 안겨 주시는 분이심을 확신했다. 그러나 ‘어떤 사람’은 무엇을 하는가?

7, “어떤 사람은 병거, 어떤 사람은 말을 의지하나 우리는 여호와 우리 하나님의 이름을 자랑하리로다”

“어떤 사람” - ‘적’을 뜻한다.

“병거” - ‘전차(chariot)’이다. 고대 근동에서 가장 강한 무기였다.

“말을 의지하나” - ‘말(horse)’이다. ‘적’은 막강한 군사력을 믿었다. 기마를 의지했다. 반면 ‘우리’는 무엇을 하는가?

“우리는” - ‘전쟁하러 나가는 왕’이다. ‘어떤 사람’과 대조한다.

“이름을” - ‘병거’, ‘말’과 대조한다.

“자랑하리로다” - ‘생각한다(think).’ ‘기억한다(remember).’(히필 미완료)이다. '기억이 나게 한다.' '기억하고 있다.'를 뜻한다. 그러나 '우리'는 주님의 이름을 기억하고 있다. 이스라엘의 가장 강한 무기는 여호와를 기억하는 믿음이다. 병거를 의지하는 '어떤 사람'과 하나님의 이름을 자랑한 '우리'는 어떻게 되었는가?

8, "그들은 비틀거리며 엎드러지고 우리는 일어나 바로 서도다"

"비틀거리며" - '고개 숙여 인사한다(bow down).' '무릎을 꿇는다(kneel).'(칼 완료)이다.

"엎드러지고" - '떨어진다(fall).' '실패한다(fail).'(칼 완료)이다. 기마와 병거를 의지하는 그들은 쓰러진다. 인간의 뛰어남을 의지하는 사람은 그들 욕망에 사로잡히고 죽음의 구렁텅이에 빠진다.

"일어나" - '일어선다(rise).' '일어난다(arise).'(칼 완료)이다.

"바로 서도다" - '되돌아간다(return).' '반복한다(repeat).'(히트포엘 미완료)이다. 주님의 이름을 자랑하는 우리는 굳게 서 있다. 우리는 다른 사람이 넘어질 때 똑바로 일어선다.

무엇을 배우는가? 전쟁에서 승리의 요인은 무기를 의지하는 데 있지 않다. 여호와의 이름을 자랑하는 데 있다. 다윗은 전투를 앞두고 주님께 예배했다. 제사를 통해 주님의 주권을 인정하고 그분께 모든 것을 맡겼다.

우리의 삶은 싸움터와 같다. 어떻게 싸워야 하는가? 무엇을 의지해야 하는가? 우리는 주님의 이름을 자랑함으로 싸워야 한다. 그러면 여호와께서 어떻게 응답하시는가?

4. 여호와께서는 어떻게 응답하십니까(9)?

9, 환난 날에 기도

9, "여호와여 왕을 구원하소서 우리가 부를 때에 우리에게 응답하소서"

"구원하소서" - '구원한다(save).' '승리한다.'(히필 명령)이다. '전쟁에서 승리한다.'라는 뜻이다.

20(20:1-9)

“부를 때에” - “환난 날에”(1)와 연관이 있다.

“우리에게 응답하소서” - ‘대답한다.’ ‘노래한다.’(칼 미완료)이다. ‘환난 날’, ‘부를 때’, 그리고 ‘응답한다.’로 이어진다. 시인은 여호와께서 왕을 전쟁에서 이기도록 기도한다.

21

여호와를 의지하오니

말씀 시편 21:1-13
요절 시편 21:7
찬송 542, 546장

1. 왕은 왜 기뻐하며 즐거워합니까(1)? '힘'과 '구원'은 무엇을 말합니까?

2. 왕이 크게 즐거워하는 또 다른 이유는 무엇입니까(2)? 여호와는 왕에게 또 무엇을 하셨습니까(3)? '씌우셨나이다.'라는 말을 통해 무엇을 배웁니까?

21(21:1-13)

3. 왕은 여호와께 무엇을 구했습니까(4a)? 여호와는 그에게 무엇을 주셨습니까(4b-6)? '복을 받게 하시며'라는 말은 무슨 뜻입니까?

4. 그런 왕의 삶은 어떠합니까(7)? 삶에서 흔들리지 않을 비결은 무엇입니까?

5. 왕은 누구를 찾아 어떻게 합니까(8-10)? 원수가 음모를 꾸며도 어떻게 됩니까(11-12)? 그 백성은 무엇을 합니까(13)? 그 찬송을 오늘 우리는 누구에게 적용할 수 있습니까(고전 15:25)?

21

여호와를 의지하오니

말씀 시편 21:1-13
요절 시편 21:7
찬송 542, 546장

1. 왕은 왜 기뻐하며 즐거워합니까(1)? '힘'과 '구원'은 무엇을 말합니까?

(다윗의 시. 성가대 지휘자를 따라 부른 노래, To the choirmaster. A Psalm of David).

21편은 20편에서 드린 기도를 응답받고 왕이 승리를 거두고 기뻐하는 모습이다. 감사기도이다.

1, 왕의 기쁨

1, "여호와여 왕이 주의 힘으로 말미암아 기뻐하며 주의 구원으로 말미암아 크게 즐거워하리이다"

"주의 힘으로 말미암아" - '힘(strength)', '능력(power)'이다. '여호와께서 전쟁에서 이기게 하셨다.'라는 뜻이다. 힘은 그분의 '언약적 사랑(covenant loving)'에 대한 증거이다.

"기뻐하며"(שָׂמַח, *samach*) - '기뻐한다(rejoice).' '즐거워한다(glad).'(칼 미완료)이다. '왕은 기뻐한다.' '여러 이유와 대상이 사람을 즐겁게 한다.'라는 뜻이다.

"주의 구원으로 말미암아" - '구원'이다. '여호와께서 싸움터에서 승리하게 하셨다.'라는 뜻이다.

"즐거워하리이다"(גִּיל, *gil*) - '좋아한다(rejoice).' '기쁘다(be glad).'(칼 미완료)이다. 과거와 현재에서 하나님의 구원으로 누리는 즐거움이다.

하나님이 세우신 왕(theocratic king)은 전쟁에서 승리가 하나님 힘의 증거임을 알았다. 그 힘을 통해서 왕은 싸움에서 이겼다. 그것은 여호와의 은혜로운 선물이었다. 그는 싸움에서 이기게 하신 여호와 안에서 기뻐한다. 왕이 크게 즐거워하는 또 다른 이유는 무엇인가?

2. 왕이 크게 즐거워하는 또 다른 이유는 무엇입니까(2)? 여호와는 왕에게 또 무엇을 하셨습니까(3)? '씌우셨나이다.'라는 말을 통해 무엇을 배웁니까?

2-6, 하나님의 선물

2, "그의 마음의 소원을 들어주셨으며 그의 입술의 요구를 거절하지 아니하셨나이다(셀라)"

"그의 마음의" - '마음(heart)', '정신(mind)'(단수 3인칭)이다. '왕의 마음'을 뜻한다.

"소원을" - '욕망(desire)'이다. '깊은 마음에서 나오는 간절하고 뜨거운 열망'이다. 20:4-6에 나오는 시인의 기도를 뜻한다.

"들어주셨으며" - '준다(give).' '세운다.'(칼 완료)이다. 여호와는 왕의 마음에서 나오는 그 기도를 들어주셨다. 주님은 그 종이 구하지 않은 것까지도 주신다. 왕의 소원과 여호와의 마음이 같았기 때문이다. 주님과 왕은 같은 마음이었다. 그는 주님을 사랑하고 그분의 말씀에 순종했기 때문이다.

"요구를" - '요구(reguest)'이다.

"거절하지" - '움츠린다(withhold).' '억제한다(refrain).'(칼 완료)이다.

"아니하셨나이다" - '아무것도 ~않다.'이다. 주님은 당신의 종이 기도할 때 거절하지 않으셨다. 여호와는 왕에게 또 무엇을 하셨는가?

3, "주의 아름다운 복으로 그를 영접하시고 순금 관을 그의 머리에 씌우셨나이다"

"아름다운" - '많은', '풍성한(rich)', '좋은(good)'이다.

"복으로" - '복을 주는 것', '축복'이다. 하나님이 왕에게 주신 선물이다. 그 선물은 무엇인가?

"그를 영접하시고" - '만난다(meet).' '앞서간다(go before).'(피엘 미완료)이다. 여호와는 왕 앞에서 나가신다. 그를 보호하고 인도하신다. 모압 사람이 이스라엘을 빵과 물로 영접하지 않고 발람을 고용하여 저주하려고 했다. 그때 하나님께서 이스라엘보다 앞서가셔서 발람의 저주를 복으로 바꾸셨다(신 23:4-5).

"관을" - '면류관(crown)', '화관(wreathe)'이다.

"'씌우셨나이다" - '놓는다(put).' '둔다(set).'(칼 미완료)이다. 왕의 승리와 함께 왕의 대관식을 생각나게 한다. 하나님은 다윗을 왕으로 세우셨다.

여기서 중요한 점은 '왕이 스스로 관을 쓴 것이 아니라, 여호와께서 씌우셨다.'라는 것이다. 하나님만이 진정한 왕이시므로, 세상 왕은 하나님 왕권을 대표할 뿐이다. 그는 왕직을 하나님한테서 받았다. "왕은 하나님의 어리석은 신하일 뿐이다." 왕은 여호와께 무엇을 구했는가?

3. 왕은 여호와께 무엇을 구했습니까(4a)? 여호와는 그에게 무엇을 주셨습니까(4b-6)? '복을 받게 하시며'라는 말은 무슨 뜻입니까?

4, "그가 생명을 구하매 주께서 그에게 주셨으니 곧 영원한 장수로소이다"

"생명을" - '살아있는(living)', '생존하여 있는(alive)'이다.

"구하매" - '묻는다(ask).' '간청한다(beg).'(칼 완료)이다.

"주께서 그에게 주셨으니" - '준다(give).' '세운다.'(칼 완료)이다.

"장수로소이다" - '긴 날들(length of days)'을 뜻한다.

왕은 싸움터로 가기 전 전쟁에서 자신의 생명을 지켜 주도록 여호와께 기도했다. 그런데 여호와께서 그 생명을 보호하셨고, 긴 날들을 주셨다. 하나님은 다윗의 생명뿐만 아니라, 그 왕조를 계속해서 이어가도록 하셨다. 또 어떤 복을 주셨는가?

5, “주의 구원이 그의 영광을 크게 하시고 존귀와 위엄을 그에게 입히시나이다”

“주의 구원이” - ‘왕을 전쟁에서 이기게 하신 일’, ‘주님께서 왕에게 승리를 안겨 주신 일’이다.

“그의 영광을” - ‘풍부’, ‘영예’이다.

“크게 하시고” - ‘위대한’, ‘큰(great)’이다. ‘왕은 크게 영광을 받았다.’라는 뜻이다.

“존귀와” - ‘광채(splendor)’, ‘위엄(majesty)’, ‘힘(vigor)’이다.

“위엄을” - ‘꾸밈(ornament)’, ‘빛남’이다.

“입히시나이다” - ‘일치한다(agree with).’ ‘같다(be like).’(피엘 미완료)이다. ‘위엄과 존귀를 받았다.’라는 뜻이다.

여호와께서는 그에게 영광, 존귀, 위엄을 주셨다. 영광, 존귀, 위엄은 하나님의 성품이다. 왕은 하나님을 반영하는 존재가 되었다.

6, “그가 영원토록 지극한 복을 받게 하시며 주 앞에서 기쁘고 즐겁게 하시나이다”

“지극한 복을” - ‘복을 주는 것’, ‘축복’이다.

“받게 하시며” - ‘놓는다.’ ‘둔다.’(칼 미완료)이다. ‘당신은 그를 복으로 만든다.’라는 뜻이다.

“즐겁게 하시나이다” - ‘즐거워한다.’(피엘 미완료)이다.

여호와께서 왕을 복으로 만드셨다. 그것은 마치 아브라함을 복으로 만드신 것과 같다(창 12:2). 왕은 주님의 복을 소유하며 전하는 사람이다. 왕은 주님 복의 통로로서 하나님의 복을 받아 백성에게 전해 주어야 한다. 그런 그는 한없는 기쁨을 누린다. 그런 그의 삶은 어떠한가?

4. 그런 왕의 삶은 어떠합니까(7)? 삶에서 흔들리지 않을 비결은 무엇입니까?

7, 왕의 반응

7, "왕이 여호와를 의지하오니 지존하신 이의 인자함으로 흔들리지 아니하리이다"

"의지하오니" - '믿는다(trust in).' '확신한다(be confident).'(분사)이다. 왕은 여호와를 믿는다. '의지', '신뢰'는 여호와와 왕의 관계에서 핵심 요소이다. 여호와한테서 받는 모든 축복의 필수조건이다. 왕이 여호와를 의지하니 그의 삶은 어떠한가?

"지존하신 이" - '높은', '가장 높은 분'이다.

"의 인자함으로" - '인자(loving-kindness)', '변함없는 사랑(unfailing love)'이다. 왕은 여호와를 의지하고, 여호와는 왕에게 인자를 베푼다. 그러므로 그런 사랑을 받은 그는 어떠한가?

"흔들리지" - '비틀거린다(totter).' '흔들린다(shake).'(니팔 미완료)이다.

"아니하리이다" - '아무것도 ~않다.'이다. 왕이 여호와를 의지하니, 지극히 높으신 분의 인애로 흔들리지 않는다.

삶에서 흔들리지 않을 비결은 무엇인가? 여호와를 의지하는 것이다. 왕의 길, 의인의 삶은 긴장의 연속이다. 험난한 길이다. 그 믿음이 흔들리기 쉽다. 그러다 무너질 수 있다. 그러나 여호와를 의지하는 왕은 흔들리지 않는다. 주님을 의지하는 사람은 흔들리지 않는다. "의인은 영영히 이동되지 아니하여도(never be uprooted) 악인은 땅에 거하지 못하게 되느니라"(잠 10:30).

이사야는 앗수르의 위협에 직면하여 공포에 휩싸인 아하스 왕에게 말했다. "만일 너희가 굳게 믿지 아니하면 너희는 굳게 서지 못하리라"(사 7:9b). 아하스는 자신을 택하여 왕으로 세우신 그분을 믿어야 했다. 하지만 그는 "나는 여호와를 시험하지 아니하겠나이다." (사 7:12b)라고 말했다. 그는 여호와를 의지하지 않았다. 그의 마음은 마치 거센 바람 앞에서 요동하는 수풀처럼 흔들렸다(사 7:2). 그러나 시편의 왕은 주님을 의지하고 가장 높으신 분의 한결같은 사랑으로 흔들리지 않는다. 왕은 누구를 찾는가?

5. 왕은 누구를 찾아 어떻게 합니까(8-10)? 원수가 음모를 꾸며도 어

떻게 됩니까(11-12)? 그 백성은 무엇을 합니까(13)? 그 찬송을 오늘 우리는 누구에게 적용할 수 있습니까(고전 15:25)?

8-12, 왕에 대한 백성의 기대

8, "왕의 손이 왕의 모든 원수들을 찾아냄이여 왕의 오른손이 왕을 미워하는 자들을 찾아내리로다"

"왕의 손이" - '손(hand)'이다.

"원수들을" - '적', '원수'이다. '왕의 원수'를 뜻한다.

"찾아냄이여" - '찾는다.' '얻는다.'(칼 미완료)이다.

"왕의 오른손이" - '오른손(right hand)'이다.

"왕을 미워하는 자들을" - '미워한다(hate).' '증오한다(to be hateful).'(분사)이다. '미워하는 사람들(those who hate you)'을 뜻한다.

"찾아내리로다" - '찾는다.' '발견한다(find).'(칼 미완료)이다. 왕은 모든 원수를 찾아내며, 왕을 미워하는 사람을 사로잡을 것이다. 그들을 어떻게 하는가?

9, "왕이 노하실 때에 그들을 풀무불 같게 할 것이라 여호와께서 진노하사 그들을 삼키시리니 불이 그들을 소멸하리로다"

"왕이 노하실" - '얼굴(face)'이다.

"풀무불 같게" - '아궁이', '화덕(furnace/ oven)'이다.

"할 것이라" - '놓는다(put).' '둔다(set).'(칼 미완료)이다. '여호와께서 그들을 불가마처럼 만드신다.'라는 뜻이다.

"진노하사" - '콧구멍(nostrils)', '화(anger)'이다.

"그들을 삼키시리니" - '삼킨다(swallow down).' '다 써 버린다(swallow up).'(피엘 미완료)이다.

"그들을 소멸하리로다" - '먹는다(eat).' '먹어 치운다(devour).' '다 태워버린다(burn up).'(칼 미완료)이다. 원수는 지옥 벌을 받고, 꺼지지 않는 불에 태워진다. 왕은 원수의 자손을 어떻게 하는가?

10, "왕이 그들의 후손을 땅에서 멸함이여 그들의 자손을 사람 중에

서 끊으리로다"

"그들의 후손을" - '열매(fruit)'이다.

"멸함이여" - '멸망한다(perish).' '멸망된다(be destroyed).'(피엘 미완료)이다. 원수와 그 후손은 망한다.

"그들의 자손을" - '씨(seed)', '자손(offspring)'이다.

"사람 중에서" - '아담 아들', '아담 손자'이다.

"끊으리로다" - 원문에는 없다. 왕은 땅에서 그 자손을, 인생들 가운데서 그 후손을 진멸할 것이다.

옛적에 전쟁할 때 군인만 멸하지 않고 그 자식도 멸했다. 적국의 왕은 물론이고 그 후손을 멸하는 것이 일반적이었다. 원수의 완전한 파멸과 왕의 완전한 승리를 뜻한다. 원수가 음모를 꾸며도 어떻게 되는가?

11, "비록 그들이 왕을 해하려 하여 음모를 꾸몄으나 이루지 못하도다"

"비록" - '라는 것 때문에(because that)', '그러나(but)'이다.

"하여" - '내뻗는다.' '친다.'(칼 완료)이다.

"꾸몄으나" - '계획한다(plan).' '판단을 내린다(make a judgment).'(칼 완료)이다.

"이루지" - '할 수 있다(be able).' '이긴다(prevail).'(칼 미완료)이다.

"못하도다" - '아무것도 ~않다.'이다. 원수가 음모를 꾸며도 계획을 이루지 못한다. 왜 그렇게 되는가?

12, "왕이 그들로 돌아서게 함이여 그들의 얼굴을 향하여 활시위를 당기리로다"

"돌아서게" - '어깨(shoulder)', '등(back)'이다. '등을 돌리게 한다.'(칼 미완료)이다. '패배하게 만든다.'라는 뜻이다.

"함이여" - '놓는다.' '둔다.'(칼 미완료)이다.

"그들의 얼굴을" - '그 사람들 자신'이다.

"활시위를" - '끈(cord)', '줄(string)'이다. '활시위'인데, '화살(arrows)'

을 뜻한다.

"당기리로다" - '준비한다(make ready with).'(포엘 미완료)이다. 왕은 그들의 얼굴에 활을 겨누셔서 달아나게 하실 것이다. 그 백성은 무엇을 하는가?

13, 백성의 기쁨

13, "여호와여 주의 능력으로 높임을 받으소서 우리가 주의 권능을 노래하고 찬송하게 하소서"

"여호와여" - 여호와께 기도한다. 무엇을 기도하는가?

"높임을 받으소서" - '높다(be high).' '일어난다(rise up).'(칼 명령)이다. '여호와여, 여호와의 능력으로 높임을 받으소서(Be exalted, O Lord, in your strength)!'라는 뜻이다.

"노래하고" - '노래한다(sing).'(칼 미완료 복수)이다. '우리', 즉 '백성'이 노래한다.

"찬송하게 하소서" - '찬양한다(sing praise).' '연주한다(make music).'(피엘 미완료)이다. '우리는 노래하고 당신의 힘을 찬양할 것이다.'라는 뜻이다. 왕은 여호와의 힘 안에서 즐거워했다(1). 백성은 주님을 노래하고 그 힘을 찬송한다.

이 찬송을 누구에게 적용할 수 있는가? 예수 그리스도께 적용할 수 있다. 그분은 우리의 왕이시며 그분의 권능을 노래하기에 합당한 분이시다. 그리스도는 세상 왕과 달리 신체적인 힘이나 잔인한 힘을 사용하지 않으셨다. 오히려 선의 힘, 고난을 겪는 힘, 사랑하는 힘을 보이셨다.

나폴레옹(Napoléon Bonaparte)은 '워털루 전투(Battle of Waterloo)'에서 패배한 후에 세인트 헬레나(Saint Helena)에 갇혔다. 그때 그는 이런 말을 한 것으로 알려졌다. "예수 그리스도는 가장 훌륭한 사람이다. 나는 사라지는 왕국을 세웠지만, 그분의 나라는 절대 사라지지 않을 것이다. 나는 힘으로 세웠지만, 그분은 사랑 위에 세우셨다." 여호와의 왕국, 그리스도 왕의 나라만이 영원하다.

22

버림받음과 찬송

말씀 시편 22:1-31
요절 시편 22:1
찬송 343장, 345장

1. 시인은 왜 탄식합니까(1)? 하나님은 어느 정도 응답하지 않습니까(2)? 그러나 그는 하나님을 어떤 분으로 고백합니까(3)? 조상과 그분과의 관계는 어떠합니까(4-5)?

2. 시인은 사람 앞에서 어떤 존재입니까(6)? 이웃은 그를 어떻게 비웃습니까(7-8)? 그러나 시인과 여호와는 어떤 특별한 관계입니까(9-10)? 그는 그분께 무엇을 구합니까(11)?

22(22:1-31)

3. 그는 지금 어떤 상태에 있습니까(12-18)? '겉옷과 속옷을 나눈다.' 라는 말은 무슨 뜻입니까? 그는 그런 절박한 상황에서 무엇을 합니까(19-21)?

4. 그는 주님의 이름을 위해 무엇을 합니까(22-23)? 공동체는 왜 여호와를 찬송해야 합니까(24)?

5. 그는 왜 회중 가운데서 찬송합니까(25-27)? 그들은 왜 여호와를 예배합니까(28-29)? 후손은 무엇을 합니까(30-31)?

22
버림받음과 찬송

말씀 시편 22:1-31
요절 시편 22:1
찬송 343장, 345장

1. 시인은 왜 탄식합니까(1)? 하나님은 어느 정도 응답하지 않습니까(2)? 그러나 그는 하나님을 어떤 분으로 고백합니까(3)? 조상과 그분과의 관계는 어떠합니까(4-5)?

(다윗의 시. 성가대 지휘자를 따라 '아침의 암사슴'이란 곡조에 맞춰 부른 노래, To the choirmaster: according to The Doe of the Dawn. A Psalm of David.)

"아침" - '그늘진 어둠이 끝나는 시간과 구원의 때'를 말한다. 당시에는 구원, 즉 하나님의 도움이 아침에 온다고 믿었다.

이 시는 다윗의 버림받음(abandonment)을 말하면서 장차 오실 메시아의 버림받음을 상징한다(마 27:46).

1, "내 하나님이여 내 하나님이여 어찌 나를 버리셨나이까 어찌 나를 멀리하여 돕지 아니하시오며 내 신음 소리를 듣지 아니하시나이까"

"내 하나님이여 내 하나님이여 어찌 나를 버리셨나이까(לָמָה עֲזַבְתָּנִי אֵלִי אֵלִי, *eli eli lama azabitani*)

"내 하나님이여"(אֵל, *el*) - '하나님(God)', '강한 자(mighty one)'이다.

"내 하나님이여 내 하나님이여" - 두 번 반복한다. 그는 하나님과 그만큼 깊은 인격적 관계에 있음을 강조한다. 그런 그는 왜 탄식하는가?

"나를 버리셨나이까" - '떠난다.' '저버린다(forsake).'(칼 완료)이다. '고난의 원형(archetype distress)'은 '버림(abandonment)'이나 '소외

(alienation)'이다. 그는 자신을 버리신 하나님과 자신이 버림받은 사실을 이해하지 못한다. 왜냐하면 하나님은 자신을 버리면 안 된다고 여기기 때문이다. 버려서는 안 될 분이 자신을 버렸다고 생각하기 때문이다. 그런 그는 하나님께 묻는다. '하나님, 왜 나를 버리셨습니까?'

이 탄식을 십자가에 달리신 예수님께서 하셨다. "제구시에 예수께서 크게 소리 지르시되 엘리 엘리 라마 사박다니 하시니 이를 번역하면 나의 하나님, 나의 하나님 어찌하여 나를 버리셨나이까 하는 뜻이라"(막 15:34). 시인이 버림받음을 생각하는 이유는 무엇인가?

"나를 멀리하여" - '먼(remote/ far)'이다.

"돕지 아니하시오며" - '구원(salvation)'이다.

"내 신음" - '울부짖음(roaring)'이다. 동물의 '으르렁거리는 소리', '포효하는 소리', '하나님께 불평하는 소리'를 뜻한다.

"소리를 듣지 아니하시나이까"(דָּבָר, *dabar*) - '말(word)', '연설(speech)'이다.

시인이 버림받음을 생각한 이유는 하나님께서 멀리 계시기 때문이다. 그의 기도를 듣지 않으시기 때문이다. 하나님의 멀리 계심은 그의 부르짖음이 응답받지 못한 것, 즉 구원받지 못함으로 나타난다. 하나님은 어느 정도 응답하지 않으시는가?

2, "내 하나님이여 내가 낮에도 부르짖고 밤에도 잠잠하지 아니하오나 응답하지 아니하시나이다"

"내 하나님이여"(אֱלֹהִים, *'elohim*) - '하나님'이다.

"부르짖고" - '부른다(call).' '암송한다(recite).'(칼 미완료)이다.

"잠잠하지" - '침묵(silence)', '휴식(repose)'이다.

"응답하지" - '대답한다.'(칼 미완료)이다.

"아니하시나이다" - '아니', '아니다(not).'이다. 하나님은 낮에도 응답하지 않고, 밤에도 모른 체하신다. 시인은 낮에도 부르짖고, 밤에도 잠자코 있을 수 없었다. 그는 깊은 고통 속에서 있기 때문이다. 그런데도 하나님은 응답하지 않으셨다. 그러나 그는 하나님을 어떤 분으로 고백하는가?

3, "이스라엘의 찬송 중에 계시는 주여 주는 거룩하시니이다"

"(그러나)" - 주님은 자기에는 침묵하고 계신다. 하지만 그분은 어디에 계시는가?

"주는 거룩하시니이다" - '그러나 당신은 거룩하십니다.'를 뜻한다.

"주여" - '당신(thou)'이다.

"거룩하시니이다" - '거룩한', '신성한'이다. 하나님은 사람과는 달리 거룩하신 분이다. 그분은 어디에 계시는가?

"찬송 중에" - '영광', '찬양'이다.

"계시는 주여" - '머무른다(remain).' '거주한다(dwell).'(분사)이다. '찬양 가운데 앉아 계시는 분(who are seated among the praises)'을 뜻한다.

'하나님의 부재(God's absence)'를 느끼는 고뇌 속에서도 그분은 여전히 찬송 중에 계신다. 그분은 멀리 계시지 않고 가까이 계신다. 조상과 그분과의 관계는 어떠했는가?

4, "우리 조상들이 주께 의뢰하고 의뢰하였으므로 그들을 건지셨나이다"

"우리 조상들이" - '아버지(father)'이다.

"주께" - '~안에(in)', '~와 함께(with)'이다.

"의뢰하고" - '믿는다(trust in).' '확신한다(be confident).'(칼 완료)이다. 조상들은 주님을 믿었고, 믿었다. 주님은 그들을 위해 무엇을 하셨는가?

"의뢰하였으므로" - '믿는다(trust in).' '확신한다(be confident).'(칼 완료)이다.

"그들을 건지셨나이다" - '도피한다(escape).' '구원한다(save).'(피엘 미완료)이다. 조상은 주님을 믿었고, 주님은 그들을 구원하셨다. 거룩하신 하나님은 인생을 초월하시나 그 백성의 고통에 무관심하지 않으신다. 주님은 그 백성과 특별한 관계를 맺었다. 그 관계는 '의뢰', '믿음'이다.

5, "그들이 주께 부르짖어 구원을 얻고 주께 의뢰하여 수치를 당하지 아니하였나이다"

"주께" - '~에(into)', '~에 대하여(against)', '~에 관하여(in reference to)'이다.

"부르짖어" - '소리친다.' '외친다(cry out).'(칼 완료)이다.

"구원을 얻고" - '구조된다(be delivered).' '도망한다(escape).'(니팔 완료)이다. 그들은 주님께 외쳤고, 구원받았다.

"의뢰하여" - '믿는다(trust in).' '확신한다(be confident).'(칼 완료)이다.

"수치를 당하지" - '부끄러워한다(be ashamed).' '창피를 준다(put to shame).'(칼 완료)이다.

"아니하였나이다" - '아니', '아니다.'이다. 그들은 주님을 의지했고, 부끄러움을 당하지 않았다.

"의뢰하고", "의뢰하였으므로", "의뢰하여" - '신뢰'라는 말을 세 번 반복한다.

"건지셨나이다", "구원을 얻고", "수치를 당하지 아니하였나이다" - '신뢰'와 대조한다. 조상은 그분을 신뢰했다. 그랬을 때 하나님은 그들을 구원하셨다. 무관심하지 않으셨다. 신뢰는 시인이 하나님께 부르짖은 근거였다. 하나님을 향한 신뢰는 기도의 절대적 기초이다. 그러나 시인은 사람 앞에서 어떤 존재인가?

2. 시인은 사람 앞에서 어떤 존재입니까(6)? 이웃은 그를 어떻게 비웃습니까(7-8)? 그러나 시인과 여호와는 어떤 특별한 관계입니까(9-10)? 그는 그분께 무엇을 구합니까(11)?

6, "나는 벌레요 사람이 아니라 사람의 비방 거리요 백성의 조롱 거리니이다"

"(그러나)" - 여호와는 거룩하시고, 이스라엘의 찬송 중에 계시며,

우리 조상은 주님께 부르짖어 구원받았다. 그러나 나는 어떤 존재인가?

"벌레요" - '벌레(worm)', '주홍색(scarlet)'이다. '구더기'를 말한다. 구더기는 부패하여 고약한 냄새가 나는 그곳에 생긴다. 자신의 존엄을 나타낼 수 없고, 천함과 굴욕의 은유이다.

"사람이"(אִישׁ, *ysh*) - '개인으로서의 남자(man)', '남편(husband)'이다.

"아니라" - '아니', '아니다.'이다. 그는 인격을 말할 수 있는 사람이 아니다. 최고의 낮아짐을 뜻한다. 시인은 가치가 없고, 비참한 처지임을 고백한다. 그러나 더 심각한 문제는 무엇인가?

"사람"(אָדָם, *'adam*) - '아담(Adam)', '인류(mankind)'이다. '특정한 집단으로서의 사람'이다. '이웃'을 뜻한다.

"비방 거리요" - '비난', '조롱'이다.

"백성" - '민족(people)'이다. '사람'과 같은 뜻이다.

"조롱 거리니이다" - '멸시한다(despise).' '업신여긴다(regard with contempt).'(분사)이다. 이웃은 그를 조롱한다.

시인이 비참한 것은 벌레처럼 낮아졌기 때문만은 아니다. 이웃으로부터 비방을 받고 조롱을 받기 때문이다. 이웃은 비참하게 된 시인을 위로하기는커녕 공격한다. 왜냐하면 이웃이 볼 때 시인은 하나님에게 버림받았기 때문이다. 이웃은 어떻게 그를 비웃는가?

7, "나를 보는 자는 다 나를 비웃으며 입술을 비쭉거리고 머리를 흔들며 말하되"

"나를 비웃으며" - '조롱한다(mock).' '비웃는다(deride).'(히필 미완료)이다.

"비쭉거리고" - '열린(opened)'이다. 경멸하는 몸짓이다.

"흔들며 말하되" - '흔들린다(shake).' '움직인다(move).'(히필 미완료)이다. 무시하는 모습이다. 이것은 이웃이 시인을 조롱하는 모습이다. 원수는 무슨 말로 시인을 빈정대는가?

8, "그가 여호와께 의탁하니 구원하실 걸, 그를 기뻐하시니 건지실 걸 하나이다"

"의탁하니" - '위탁한다(commit).' '신뢰한다(trust).'(칼 명령)이다. 여호와께 모든 것을 맡기고 신뢰했다.

"구원하실 걸" - '도피한다(escape).' '구원한다(save).'(피엘 미완료)이다.

'비방하는 사람'은 "주님께 모든 것을 의탁했으니 구원하실 것이다."라고 조롱했다. 또 "너를 주께 맡겨라. 그가 너를 구원하실 것이다."라고 조롱했다.

"기뻐하시니" - '기뻐한다.' '즐거워한다.'(칼 완료)이다.

"건지실 걸 하나이다" - '구해낸다(deliver).' '구출한다(rescue).'(히필 미완료)이다.

십자가에 못 박히신 예수님을 두고 지나가던 사람이 이 시편 구절을 인용하여 예수님을 조롱했다. "그가 하나님을 신뢰하니 하나님이 원하시면 이제 그를 구원하실지라..."(마 27:43). 그러나 시인과 여호와는 어떤 특별한 관계인가?

9, "오직 주께서 나를 모태에서 나오게 하시고 내 어머니의 젖을 먹을 때에 의지하게 하셨나이다"

"오직" - '마치~처럼(as though)', '~라는 것 때문에(because that)', '그러나(but)'이다. 전환점을 나타낸다. 그는 과거 신앙 체험을 근거로 현재 하나님의 도움을 구한다. 원수의 조롱 앞에서 그는 자신과 하나님과의 특별한 관계를 새롭게 기억한다.

"모태에서" - '아기집(womb)'이다. 시인과 하나님과의 관계는 '아기집'에서부터 시작했다.

"나오게 하시고" - '갑자기 나타난다(burst forth).'(분사)이다. 하나님은 그를 어머니 배 속에서 끌어내신 산파 역할을 하셨다. "나는 어머니의 태 속에서 썩을 수도 있었는데, 주님께서 나오게 하셨다."라는 뜻으로 읽을 수 있다. 자신이 존재하게 된 것은 하나님 때문이다.

"젖을 먹을" - '가슴(breast)', '유방(bosom)'이다.

"의지하게 하셨나이다" - '믿는다(trust in).' '안심한다(feel safe).' '확신한다(be confident).'(분사)이다. 하나님은 시인을 어린 시절부터 안전하게 지켜 주셨다. 하나님은 그를 출생에서부터 지금까지 돌보셨다. 그는 이날까지 그분을 의지하며 살았다.

10, "내가 날 때부터 주께 맡긴 바 되었고 모태에서 나올 때부터 주는 나의 하나님이 되셨나이다"

"날 때부터" - '자궁(womb)'이다.

"맡긴 바 되었고" - '내던지다(throw).' '집어 던진다(hurl).'(호팔 완료)이다. '아들로 받아짐'을 뜻한다. 그는 생명의 시작부터 하나님께 맡겨졌다. 하나님께서 입양하셨다.

"나의 하나님이 되셨나이다" - '나의 하나님이셨다(you have been my God).'라는 뜻이다. 하나님은 모태에서부터 그의 하나님이셨다. 그를 보호하고 인도하셨다. 그는 '모태신앙인'으로 이 사실을 알고 있다. 그리고 하나님을 '나의 하나님으로' 고백한다. 그는 그분께 무엇을 구하는가?

11, "나를 멀리하지 마옵소서 환난이 가까우나 도울 자 없나이다"

"멀리하지" - '멀리 있다(become far/ distant).'(칼 미완료)이다.

"가까우나" - '가까운(near)', '친족(kinsman)'이다.

시인은 '하나님은 멀리 계시고 고통은 가까이 있다.'라는 사실을 알았다. 시인은 고통이 가까이 있는 원인을 하나님은 멀리 계신 데서 찾았다. 그는 "하나님과 자신과의 거리를 좁혀달라."라고 기도한다. 그는 지금 어떤 상태인가?

3. 그는 지금 어떤 상태에 있습니까(12-18)? '겉옷과 속옷을 나눈다.' 라는 말은 무슨 뜻입니까? 그는 그런 절박한 상황에서 무엇을 합니까(19-21)?

12, “많은 황소가 나를 에워싸며 바산의 힘센 소들이 나를 둘러쌌으며”

“황소가” - ‘수소(bullock)’이다. 힘을 상징한다.

“나를 에워싸며” - ‘두루 다닌다(go about/ around).’ ‘둘러싼다(encircle/ surround).’(칼 완료)이다.

“바산” - 요단 동편의 한 지역으로 비옥했다.

“힘센 소들이” - ‘강한(strong)’, ‘황소’이다. 힘을 상징한다. 바산의 소들은 살찌고 크고 거칠고 힘이 셌다.

“나를 둘러쌌으며” - ‘둘러싼다(surround).’ ‘적의로 둘러싸인다(surround (with hostility).’(피엘 완료)이다. 시인은 야수의 위협을 받고 있다. 그 야수는 힘센 짐승처럼 강하고 무섭고 잔인하다.

13, “내게 그 입을 벌림이 찢으며 부르짖는 사자 같으니이다”

“벌림이” - ‘가른다(part).’ ‘열다(open).’(칼 완료)이다.

“찢으며” - ‘찢는다(tear).’ ‘잡아뗀다(rend).’(분사)이다.

“부르짖는” - ‘으르렁거린다.’ ‘큰소리를 지른다(roar).’(분사)이다.

“사자 같으니이다” - ‘사자’이다. 마치 찢고 부르짖는 사자같이 그것들이 그 입을 벌렸다. 원수가 먹이를 찾아다니는 사자처럼 공격한다. 그는 극한 위험에 처했다. 이것은 다윗이 사울에게 쫓기는 모습이다. 그는 얼마나 절박한가?

14, “나는 물 같이 쏟아졌으며 내 모든 뼈는 어그러졌으며 내 마음은 밀랍 같아서 내 속에서 녹았으며”

“쏟아졌으며” - ‘쏟는다(pour).’(니팔 완료)이다.

“어그러졌으며” - ‘나눈다(divide).’ ‘분리한다(separate).’(히트파엘 완료)이다.

“밀랍 같아” - ‘밀초(wax)’이다.

“서” - ‘이 일어난다.’ ‘이 된다(to become).’(칼 완료)이다.

“내 속” - ‘내면에 있는 부분들(inward parts)’, ‘창자(bowels)’이다.

“녹았으며” - ‘용해한다(dissolve).’ ‘녹는다(melt).’(니팔 완료)이다.

초가 녹아 사라지듯이 그의 마음도 두려움과 아픔으로 녹아버렸다. 시인의 괴로움은 '엎질러진 물', '어그러진 뼈', 그리고 '밀초같이 녹아내리는 마음'과 같다.

'물처럼 엎질러진' 모습은 존재의 바탕을 상실한 인간이며 벌레와 같고 희망이 없는 인생이다. 그는 완전히 힘을 잃고 철저한 무기력에 빠졌다. '뼈가 어그러진' 모습은 극심한 고통을 표현한다. '마음이 밀초처럼 녹아내리는' 모습은 희망과 용기를 완전히 잃어버렸음을 뜻한다. 생각하고 감정을 나타낼 여력이 없다.

15, "내 힘이 말라 질그릇 조각 같고 내 혀가 입천장에 붙었나이다 주께서 또 나를 죽음의 진토 속에 두셨나이다"

"내 힘이" - '힘(strength)', '능력(power)'이다.

"말라" - '마른다(be dried up).' '시들게 한다(wither).'(칼 완료)이다.

"질그릇 조각 같고" - 마른 옹기 조각처럼 힘이 빠졌다.

"붙었나이다" - '달라붙는다(stick to).' '떨어질 수 없게 한다(stick with).'(분사)이다. 그는 목이 말라 혀가 입속에 들러붙었을 정도였다.

예수님은 십자가에서 숨을 거두기 직전에 "목마르다."(요 19:28)라고 말씀하셨다.

"진토 속에" - '먼지(dust)', '재(ashes)'다.

"두셨나이다" - '놓는다(set).' '둔다.'(칼 미완료)이다. 이것은 '무덤'을 뜻한다. 하나님은 시인을 죽음으로 내몰았다.

16, "개들이 나를 에워쌌으며 악한 무리가 나를 둘러 내 수족을 찔렀나이다"

"에워쌌으며" - '두루 다닌다(go about/ around).' '둘러싼다(encircle).' '포위한다(surround).'(칼 완료)이다.

"나를 둘러" - '베어버린다(strike off).' '에워싼다.'(히필 완료)이다.

"찔렀나이다" - '사자(lion)'이다. 다른 사본에는 "그들은 내 손과 발에 사자처럼 있다(like a lion they are at my hands and feet)."라고

했다. 하지만 여기서는 '찌른다(pierce)'로 이해한다.

"개들", "악한 무리" - 악당은 사나운 개처럼 죽어가는 시인을 위협한다. 당시 개들은 썩은 고기를 찾아 다녔다(왕상 14:11).

17, "내가 내 모든 뼈를 셀 수 있나이다 그들이 나를 주목하여 보고"

"셀 수 있나이다" - '계산한다(count).' '다시 계산한다(recount).'(피엘 미완료)이다. 그는 피부와 뼈가 맞닿아서 뼈를 셀 수 있을 정도로 앙상했다. "그의 살은 파리하여 보이지 아니하고 보이지 않던 뼈가 드러나서"(욥 33:21).

"주목하여" - '바라본다.' '조사한다.'(히필 미완료)이다.

"보고" - '본다.' '바라본다.'(칼 미완료)이다. 악한 무리는 시인의 비참한 모습을 바라보았다. 그들은 시인의 현재를 보면서 즐거워했다.

18, "내 겉옷을 나누며 속옷을 제비 뽑나이다"

"겉옷", "속옷" - 시인의 마지막 소유물이다.

"나누며" - '분배한다(share).' '나눈다(divide).'(피엘 미완료)이다.

"뽑나이다" - '떨어진다(fall).' '내던져진다(be cast down).'(히필 미완료)이다. 악한 무리는 시인이 죽기도 전에 그의 옷을 나누어 가지는 슬픈 일을 벌인다. 그들은 시인의 옷을 전리품처럼 나누고 있다.

'겉옷과 속옷을 나눈다.'라는 말은 무슨 뜻인가? 시인은 그의 마지막 소유물마저 뺏긴다. 속옷을 뺏기는 것은 가장 수치스러운 일이다. 예수님을 십자가에 못 박은 군인들은 그분의 옷을 나누어 가졌다(마 27:35). 예수님은 사람들 앞에서 발가벗기는 수치를 당하셨다. 그는 그 절박한 상황에서 무엇을 하는가?

19, "여호와여 멀리하지 마옵소서 나의 힘이시여 속히 나를 도우소서"

"멀리하지" - '멀리한다.' '모른 체한다.'(칼 미완료)이다.

"마옵소서" - '아니', '아니다.'이다. '나에게서 멀지 말고, 멀지 마십시오(do not be far from me and be not far off).'라는 뜻이다. 그는 여호와께서 '멀리하지 말고', '모른 체하지 말도록' 기도한다.

"나의 힘이시여" - 그는 하나님을 '힘'으로 부른다. 왜냐하면 그에게는 아무 힘이 없기 때문이다. 그리고 이 현실을 이기려면 힘이 필요하기 때문이다. 그런데 그 힘은 오직 여호와께만 있다. 그래서 그는 그분께 도움을 청한다.

"속히" - '재촉한다.' '서두른다.'(칼 명령)이다.

"나를 도우소서" - '도움', '원조'이다. 죽음을 앞둔 그는 하나님의 빠른 도움을 절박하게 간청한다.

20, "내 생명을 칼에서 건지시며 내 유일한 것을 개의 세력에서 구하소서"

"칼에서 건지시며" - '칼'이다. '절박한 위험', '죽음의 위험'을 뜻한다.

"내 유일한 것을" - '오직(only)', '독생자(only begotten son)'이다. '하나밖에 없는 것'을 뜻한다. 즉 '그의 생명'이다. 그에게 남은 것이라고는 오직 생명뿐이다.

"세력에서" - '손'이다.

"구하소서" - '구해낸다(deliver).' '구출한다(rescue).'(히필 명령)이다. 시인은 자신의 생명을 죽음에서 구원해주시도록 기도한다. 그의 기도는 응답받았는가?

21, "나를 사자의 입에서 구하소서 주께서 내게 응답하시고 들소의 뿔에서 구원하셨나이다"

"사자의 입", "들소의 뿔" - '살인적 권세'를 뜻한다. '악한 무리'(16)의 위협이다.

"구하소서" - '구해낸다(deliver).' '구출한다(rescue).'(히필 명령)이다.

"주께서 내게 응답하시고" - '대답한다.' '노래한다.'(칼 완료)이다. '응답하셨다(עֲנִיתָנִי, *anahtani*, answered).'라는 뜻이다. 마침내 여호와께서 그의 기도를 응답하셨다.

"뿔에서 구원하셨나이다" - '뿔(horn)', '광채(ray)'이다. 주님께서 사자의 입과 들소의 뿔에서 그를 구원하셨다. 그의 기도는 헛되지 않았다. 주님은 그를 버리지 않으셨다. 주님은 그로부터 멀리 계시지 않았다. 주님은 그를 버림받음에서 구원하신 구원자이시다. 그는 주님의 이름을 위해 무엇을 하는가?

4. 그는 주님의 이름을 위해 무엇을 합니까(22-23)? 공동체는 왜 여호와를 찬송해야 합니까(24)?

22, "내가 주의 이름을 형제에게 선포하고 회중 가운데에서 주를 찬송하리이다"

"형제에게" - '한 조상에서 나온 자손'을 뜻한다.

"선포하고" - '계산한다(count).' '선언한다(declare).'(피엘 미완료)이다. 그는 주님의 이름을 그 백성에게 전한다.

"회중 가운데에서" - '모임 한복판(congregation midst)'이다.

"주를 찬송하리이다" - '비춘다(shine).' '찬양한다(praise).'(피엘 미완료)이다. 그는 회중 가운데서 주님을 찬양한다. 그리고 그는 회중을 향해 무엇을 강조하는가?

23, "여호와를 두려워하는 너희여 그를 찬송할지어다 야곱의 모든 자손이여 그에게 영광을 돌릴지어다 너희 이스라엘 모든 자손이여 그를 경외할지어다"

"여호와를 두려워하는 너희여", "야곱의 모든 자손이여", "너희 이스라엘 모든 자손이여" - 같은 말이다. 믿음의 공동체이다.

"그를 찬송할지어다" - '밝게 비춘다.' '찬양한다.'(피엘 명령)이다.

"그에게 영광을 돌릴지어다" - '영예롭다(be honorable).' '영광스럽다(be glorious).'(피엘 명령)이다.

"경외할지어다" - '무서워한다.'(피엘 명령)이다. '강하거나 우월한 사람이나 사물 앞에서 위협을 당한다.'라는 뜻이다. 시인은 혼자가 아닌 공동체와 함께 찬송하고, 영광을 돌리고, 경외한다. 찬송, 영광, 그리고 경외는 공동체가 함께할 때 훨씬 더 어울린다. 공동체는 왜 여호와를 찬양해야 하는가?

24, “그는 곤고한 자의 곤고를 멸시하거나 싫어하지 아니하시며 그의 얼굴을 그에게서 숨기지 아니하시고 그가 울부짖을 때에 들으셨도다”

“곤고한 자” - ‘가난한(poor)’, ‘고생하는(afflicted)’이다. ‘사회적 약자’를 뜻한다. 시인은 자신을 ‘곤고한 자’로 여긴다.

“곤고를” - ‘고생(affliction)’이다.

“멸시하거나” - ‘멸시한다(despise).’ ‘업신여긴다(regard with contempt).’(칼 완료)이다.

“싫어하지” - ‘몹시 싫어한다(detest).’ ‘가증하게 한다(make abominable).’(피엘 완료)이다.

“아니하시고” - ‘아니’, ‘아니다.’이다. 여호와는 사람과는 달리 가련한 사람의 가엾음을 업신여기지 않으신다. 싫어하지도 않으신다. 하나님은 가난한 자를 버리지 않으셨다.

“숨기지” - ‘감춘다(hide).’ ‘숨긴다(conceal).’(히필 완료)이다.

“아니하시고” - ‘아니’, ‘아니다.’이다. 그분은 가난한 사람을 모른 척하지 않으신다.

“그가 울부짖을 때에” - ‘부르짖는다.’ ‘외친다.’(부정사)이다.

“들으셨도다” - ‘듣는다(hear).’(칼 완료)이다. 그분은 가련한 사람의 기도를 거절하거나 무시하지 않으셨다. 관대하게 들으셨다. 그러므로 그분을 찬양해야 한다. 그는 왜 회중 가운데서 찬양하는가?

5. 그는 왜 회중 가운데서 찬송합니까(25-27)? 그들은 왜 여호와를 예배합니까(28-29)? 후손은 무엇을 합니까(30-31)?

25, “큰 회중 가운데에서 나의 찬송은 주께로부터 온 것이니 주를 경외하는 자 앞에서 나의 서원을 갚으리이다”

“큰 회중 가운데에서 나의 찬송은 주께로부터 온 것이니” - ‘큰 회중 가운데서 내가 주님을 찬송함도 주님한테서 왔다.'라는 뜻이다.

"회중 가운데에서" - '모임(assembly)', '회중(congregation)'이다. 큰 축제에 회중이 모이는 것을 뜻한다. 그때 사람들은 서원을 갚는다.

"주께로부터 온 것이니" - '~와 함께(with)'이다. 구원은 여호와한테서 온다. 주님께서 그를 먼저 구원하셔서 그는 그분을 찬송한다. 찬송은 하나님의 은총에 대한 반응이다.

"갚으리이다" - '완성한다.' '평화언약을 맺는다(be in a covenant of peace).'(피엘 미완료)이다. 그는 서원을 채웠다.

시인은 어려움 중에 서원했고, 서원이 이루어진 후 성전 뜰에서 감사제를 지냄으로 서원을 갚았다. 그는 어려움에 있을 때 서원했고, 그 서원을 찬양과 감사 제물을 드림으로 채웠다. 그가 서원을 채움으로 하나님과의 관계는 더 새롭게 지속할 것이다. 또 누가 주님을 찬양해야 하는가?

26, "겸손한 자는 먹고 배부를 것이며 여호와를 찾는 자는 그를 찬송할 것이라 너희 마음은 영원히 살지어다"

"겸손한 자는" - '가난한 사람'을 뜻한다. 가난한 사람은 하나님 앞에서 비천한 사람으로 여긴다. 그것이 겸손이다.

"먹고" - '먹는다.'(칼 미완료)이다.

"배부를 것이며" - '만족한다(be satisfied).'(칼 미완료)이다. 이 배경은 잔치이다. 축제 때는 가난한 사람도 제사 음식을 나누는 식탁에 초대받아 배불리 먹었다.

"찾는 자는" - '자주 간다.' '문의한다.'(분사)이다.

"그를 찬송할 것이라" - '밝게 비춘다.' '찬양한다.'(피엘 미완료)이다.

"살지어다" - '살아 있다.' '생명을 유지한다.'(칼 미완료)이다. '만수무강'을 뜻한다. 감사 제사를 지낸 후에 잔치에 참석한 사람에게 복을 기원하는 말이다.

27, "땅의 모든 끝이 여호와를 기억하고 돌아오며 모든 나라의 모든

족속이 주의 앞에 예배하리니"

"땅의 모든 끝이" - '온 인류 공동체'를 뜻한다.

"기억하고" - '주의를 기울인다(pay attention to).' '기억한다(remember).'(칼 미완료)이다.

"돌아오며" - '돌아선다(return).'(칼 미완료)이다. '회개한다.'라는 뜻이다.

"예배하리니" - '몸을 구부린다.' '절한다(bow down).'(히트파엘 미완료)이다.

"모든 나라의 모든 족속이" - '한 민족이나 두 민족이 아닌 온 세상에 있는 셀 수 없는 민족'이다. 그들이 여호와께 돌아와 예배한다. 그들은 왜 여호와를 예배하는가?

28, "나라는 여호와의 것이요 여호와는 모든 나라의 주재심이로다"

"나라는" - '왕의 신분(kingship)', '왕권(rayalty)'이다.

"여호와의 것이요" - '여호와'이다.

"모든 나라의" - '민족', '국민'이다.

"주재심이로다" - '통치한다(rule).' '지배한다(have dominion).'(분사)이다.

모든 민족이 그분께 예배하는 이유는 그분이 주재, 지배자이기 때문이다. 모두가 여호와의 지배를 받는다. 여호와는 이스라엘의 지배자만이 아니라, 온 세상 만민의 지배자이시다.

29, "세상의 모든 풍성한 자가 먹고 경배할 것이요 진토 속으로 내려가는 자 곧 자기 영혼을 살리지 못할 자도 다 그 앞에 절하리로다"

"풍성한 자가" - '살찐(fat)', '기름진'이다.

"먹고" - '먹는다.'(칼 완료)이다.

"경배할 것이요" - '구부린다(bow down).'(히트파엘 미완료)이다.

"진토 속으로" - '티끌(dust)', '재(ashes)'다.

"살리지" - '살다.' '생명을 유지한다.'(피엘 완료)이다.

"못할 자도" - '아니', '아니다.'이다.

“절하리로다” - ‘고개 숙여 인사한다(bow down).’ ‘무릎을 꿇고 주저앉는다(sink down to one's knees).’(칼 미완료)이다.

“풍성한 자”, “내려가는 자” - 둘을 대조한다. 왜냐하면 대조적인 두 부류이기 때문이다. ‘풍성한 자’는 늘 배불리 먹어서 건강한 사람이다. ‘내려가는 자’는 건강이 다하여 죽어가는 사람이다. 그 둘은 모든 사람을 총칭한다. 하지만 모든 사람이 예외 없이 하나님을 경배한다.

30, “후손이 그를 섬길 것이요 대대에 주를 전할 것이며”

“후손이” - ‘아직 태어나지 않은 오는 세대’이다.

“그를 섬길 것이요”(עָבַד, *'abad*) - ‘일한다(work).’ ‘섬긴다(serve).’(칼 미완료)이다.

“전할 것이며” - ‘자세히 말한다.’ ‘계산한다.’(푸알 미완료)이다. 후손은 세대 간에 끊어지지 않고 대대로 주님의 구원을 전할 것이다. 구원의 이야기(the story of redemption)는 국가뿐만 아니라 아직 태어나지 않은 세대도 포함할 것이다. 무엇을 전하는가?

31, “와서 그의 공의를 태어날 백성에게 전함이여 주께서 이를 행하셨다 할 것이로다”

“와서” - ‘온다.’ ‘안으로 간다(go in).’(칼 미완료)이다.

“그의 공의를” - ‘의로움’, ‘의로운 행위’이다. 시인을 고난과 죽음에서 구원한 일을 뜻한다.

“태어날” - ‘낳는다.’(분사)이다.

“전함이여” - ‘말한다(tell).’ ‘알게 한다(make known).’(히필 미완료)이다.

“주께서 이를 행하셨다” - ‘한다(do).’ ‘성취한다(accomplish).’(칼 완료)이다.

“할 것이로다” - ‘마치~처럼(as though)’ ‘라는 것 때문에(because that)’이다. ‘선포할 것이다.’라는 뜻이다. 구원받은 이의 후손은 그분의 구원 사역을 증언한다.

23

여호와는 나의 목자

말씀 시편 23:1-6
요절 시편 23:1
찬송 568장, 570장

1. 시인은 여호와를 어떤 분으로 부릅니까(1a)? '목자'라는 말은 무슨 뜻입니까? 여호와가 목자이신 그의 삶은 어떠합니까(1b)?

2. 목자는 양을 어디로 인도합니까(2-3)? 시인은 왜 두려워하지 않습니까(4a)? 목자는 그 양과 어떻게 함께합니까(4b)?

23(23:1-6)

3. 목자는 양을 어떻게 안위합니까(5)? 그 결과 시인은 무엇을 합니까(6)? '여호와의 집에 영원히 산다.'라는 말은 무슨 뜻입니까?

23
여호와는 나의 목자

말씀 시편 23:1-6
요절 시편 23:1
찬송 568장, 570장

1. 시인은 여호와를 어떤 분으로 부릅니까(1a)? '목자'라는 말은 무슨 뜻입니까? 여호와가 목자이신 그의 삶은 어떠합니까(1b)?

(다윗의 시. A Psalm of David)

하나님의 보호하심에 대한 깊은 신뢰를 고백한다. '시편의 진주(pearl)'로 불린다.

1, "여호와는 나의 목자시니 내게 부족함이 없으리로다"

"여호와" - '언약의 하나님', '공급(provision)과 보호(protection), 그리고 인도(guidance)의 하나님'을 뜻한다. 여호와는 자비롭고 은혜롭고 노하기를 더디 하고 인자와 진실이 많은 하나님이다(출 34:6). 그 여호와가 시인에게는 어떤 분인가?

"나의 목자시니"(רָעָה, *ra'ah*) - '풀을 뜯긴다(pasture).' '가축을 먹인다.' '돌본다(tend).'(분사)이다. '로에(רֹעֶה, *ro'eh*)'는 '양치는 사람', 즉 '목자(shepherd)'이다.

당시 근동에서는 목자라는 말을 왕이나 신에게 사용했다. 함무라비(Hamurabi) 왕은 자신을 '목자'로 불렀다. 바벨론 정의의 신 '샤마쉬(Shamash)'를 '목자'로 불렀다: "하위 세계의 목자, 상위의 수호자(Shepherd of the lower world, guardian of the upper)." 한편 히브리인 전통에서 '목자'는 하나님에 대한 가장 오래된 칭호 중 하나였다. 여호와를 유일한 왕으로 믿는 이스라엘이 그분을 목자로 부르는 일은 자연스럽다. 야곱이 요셉을 축복할 때 이 단어를 처음 사용했다: "...야곱의 전능자 이스라엘의 반석인 목자의 손을 힘입음이라"(창

49:24b). 이처럼 구약에서 목자의 표상은 언제나 집단으로 나타났다. 즉 '이스라엘 나라의 목자, 여호와'이다.

하지만 오늘 다윗은 그 목자를 개인적으로 부른다: '나의 목자 여호와.' 그는 하나님에 관한 개인의 친밀함, 인격적 관계를 강조한다.

목자의 주요한 임무는 무엇인가? 목자의 주요 임무는 양에게 먹거리를 제공하는 것(provision)뿐만 아니라, 양을 보호하고(protection), 인도(guidance)하는 일이다. 여호와가 목자이신 시인의 삶은 어떠한가?

"내게 부족함이" - '부족하다(lack).' '필요하다(have a need).'(칼 미완료)이다.

"없으리로다" - '아니(no)', '아니다(not).'이다. '모든 그것을 다 가졌다.'라는 말은 아니다. '내게 꼭 필요한 그것은 다 있다.'라는 뜻이다. 시인은 '그동안 부족이 없었으며, 지금도 없으며, 앞으로도 없을 것이다.' 왜 부족함이 없는가?

2. 목자는 양을 어디로 인도합니까(2-3)? 시인은 왜 두려워하지 않습니까(4a)? 목자는 그 양과 어떻게 함께합니까(4b)?

2, "그가 나를 푸른 풀밭에 누이시며 쉴 만한 물가로 인도하시는도다"

"푸른 풀" - '새로 돋는 풀(new grass)', '싱싱한 채소(green herb)'이다.

"밭에" - '목초지(pasture)', '풀밭(meadow)'이다.

"누이시며" - '눕는다(lie down).'(히필 미완료)이다.

"쉴 만한" - '안식처(resting place)'이다. '쉼의 물', '잔잔한 물'을 뜻한다.

"인도하시는도다"(נָהַל, *nahal*) - '물 있는 그곳으로 인도하여 쉬게 한다.' '쉴 곳으로 데리고 간다.'(피엘 미완료)이다.

"풀밭", "물가" - 양에게 가장 중요한 요소이다. 목자는 양에게 이 두 가지를 부족함이 없도록 공급한다. 그러니 부족함이 없다.

애굽에서 나온 이스라엘은 40년을 광야에서 살았다. 겉만 보면 그들의 삶은 부족함의 연속이었다. 물도 부족했고, 빵도 부족했다. 그런 그들은 자주 불평했다. 하지만 목자이신 여호와께서 그들에게 물을 주셨고, 빵을 주셨다. 옷도 떨어지지 않았다. 여호와께서 그들과 함께하셔서 부족함이 없었다(신 2:7).

3, "내 영혼을 소생시키시고 자기 이름을 위하여 의의 길로 인도하시는도다"

"소생시키시고" - '돌아온다(return).'(포엘 미완료)이다. 시인은 목자의 인도를 통해 생기를 되찾는다.

"자기 이름을 위하여" - '자기 명성을 위하여'라는 뜻이다.

"위하여" - '의도(purpose)', '의지(intent)'이다.

"의" - '올바름', '공의(righteousness)'이다.

"길로" - 양에게 위험이 없는 안전한 길이다. '바른길'은 생명의 길, 행복의 길이다.

"인도하시는도다"(נָחָה, *nachah*) - '인도한다(lead).' '안내한다(guide).'(히필 미완료)이다. 목자는 자기 이름을 위해서 양을 바른길로 인도한다. 시인은 왜 두려워하지 않는가?

4, "내가 사망의 음침한 골짜기로 다닐지라도 해를 두려워하지 않을 것은 주께서 나와 함께 하심이라 주의 지팡이와 막대기가 나를 안위하시나이다"

"사망의 음침한" - '죽음의 그늘', '짙은 그늘(deep darkness)'이다.

"꼴짜기" - '풀밭', '물가'와 대조한다. 두려움으로 가득 차 있음을 뜻한다.

"다닐" - '간다(go).' '온다(come).' '걷는다(walk).'(칼 미완료)이다.

"지라도" - '같이(alike)', '그런데도(though)'이다.

"해를" - '악(evil)', '재난(distress)'이다.

"두려워하지" - '두려워한다(fear).' '무서워한다(be afraid).'(칼 미완료)이다.

“않을 것은” - ‘아니’, ‘아니다.’이다.

“나와 함께 하심”(עִמָּד, *imad*) - ‘와 함께(with)’이다.

“이라” - ‘~라는 것 때문에(because that).’ ‘왜냐하면~이니까(for)’이다. 시인은 어두웠던 시기를 생각하며, 그때 하나님께서 함께하셨음을 기억한다. 그때도 하나님은 그를 버리지 않으셨다. 그래서 그는 죽음의 그늘도 두려워하지 않는다. 목자가 양과 함께하기 때문이다. 목자는 그 양과 어떻게 함께하는가?

“주의 지팡이와”(*shebet*) - ‘막대기(staff)’, ‘홀’을 뜻한다. 야수나 적으로부터 자신과 양을 보호하기 위한 도구이다. 끝이 금속이나 못으로 되어 있다.

“막대기”(*mish'ena*) - ‘지주(support)’이다. 양을 인도하고 통제하기 위한 것으로 지팡이보다 긴 나무로 된 도구이다. 맨 윗부분이 활처럼 구부러져 있었다. 목자는 이 막대기로 양이 곁길로 가면 뒷다리를 잡아끌고 왔다. 구덩이에 빠지면 끌어올렸다. 목자는 막대기로 바른길로 인도한다.

“나를 안위하시나이다” - ‘측은히 여긴다(be sorry).’ ‘위로한다(comfort).’(피엘 미완료)이다. 목자가 양을 이렇게 위로하니 어떤 상황에서도 양은 두려워하지 않는다. 부족함이 없다. 목자는 양을 어떻게 안위하는가?

3. 목자는 양을 어떻게 안위합니까(5)? 그 결과 시인은 무엇을 합니까(6)? ‘여호와의 집에 영원히 산다.’라는 말은 무슨 뜻입니까?

5, “주께서 내 원수의 목전에서 내게 상을 차려 주시고 기름을 내 머리에 부으셨으니 내 잔이 넘치나이다”

“내 원수의” - ‘묶는다(bind).’ ‘좁다(be narrow).’ ‘고통 중에 있다(be in distress).’(분사)이다. ‘원수들(enimies)’을 뜻한다. 시인을 끊임없이 괴롭히는 사람이다. ‘어둠의 골짜기’와 같다.

“목전에서” - ‘앞에(before)’, ‘마주하고’이다.

“상을” - ‘식탁(table)’이다.

"차려 주시고" - '정돈한다(set in order).' '준비한다(prepare).'(칼 미완료)이다. 하나님은 원수들이 보는 앞에서 그 백성에게 상을 차려 주신다. 상은 하나님의 풍성한 사랑, 따뜻한 사랑의 표현이다.

"기름" - 축제 때 사용하는 기쁨의 상징이다.

"부으셨으니" - '살찐다(become fat).' '기름 붓다(anoint).'(피엘 완료)이다. '기름을 부으셨다(anointed with oil).'라는 뜻이다.

집을 찾아오는 귀한 손님의 머리에 기름을 부었다. 이것은 주인의 극진한 대접을 의미했다. 기름은 중동 지방의 무더운 날씨로부터 피부를 보호하는 효과가 있었다. 한편으로는 머리에 기름 바름은 생기를 회복시켜 주는 것을 뜻한다.

"넘치나이다" - '풍성(saturation)', '넘침'이다. 그 상은 음식과 음료로 가득했다. 주인의 너그러움과 풍요를 표현한다. 그런 시인의 마음은 어디로 향하는가?

6, "내 평생에 선하심과 인자하심이 반드시 나를 따르리니 내가 여호와의 집에 영원히 살리로다"

"평생에" - '살아 있는 모든 날(all the days of my life)'이다.

"선하심과" - '좋은', '즐거운'이다.

"인자하심이" - '인자(loving kindness)'이다.

"선하심", "인자하심" - "지팡이", "막대기"와 짝을 이룬다. 그것은 언약에서 신실하신 여호와의 성품이다.

"나를 따르리니" - '뒤를 따른다(follow after).' '추적한다(pursue).'(칼 미완료)이다. 참으로 그분의 선하심과 인애가 시인이 사는 날 동안 따를 것이다. 왜 그런 일이 가능한가?

"여호와의 집" - '성전'이다. "푸른 풀밭", "쉴 만한 물가"와 같은 뜻이다.

"살리로다" - '앉는다(sit).' '머무른다(remain).' '거주한다(dwell).'(칼 완료)이다. '주님의 집, 즉 성전에서 산다.'라는 뜻이다.

'여호와의 집에 영원히 산다.'라는 말은 무슨 뜻인가? 첫째로, 이 땅에서의 삶을 말한다. 시인은 이 땅에서 성전으로 들어갈 수 있고,

성전의 모든 예배에 참석할 수 있다. 하나님과 언제나 교제할 수 있다. 따라서 그런 삶은 늘 평화와 안전, 행복과 생명이 넘친다.

둘째로, 하나님 나라에서의 삶을 말한다. 시인은 이 땅을 떠나서도 하나님 나라에서 영원히 살 수 있다. 사도 요한은 세상에서 고통받는 모든 사람에게 '위대한 목자(the Great Shepherd)'이신 주님께서 그 양 떼에 베푸실 은혜를 묘사했다. "그들이 다시는 주리지도 아니하며 목마르지도 아니하고 해나 아무 뜨거운 기운에 상하지도 아니하리니, 이는 보좌 가운데에 계신 어린 양이 그들의 목자가 되사 생명수 샘으로 인도하시고 하나님께서 그들의 눈에서 모든 눈물을 씻어 주실 것임이라"(계 7:16-17). 하나님 나라를 소망하는 그는 어떤 부족함도 느끼지 않는다.

24
영광의 왕

말씀 시편 24:1-10
요절 시편 24:8
찬송 67장, 72장

1. 시인은 여호와를 어떤 분으로 선언합니까(1)? '여호와의 것이로다.'라는 말은 무슨 뜻입니까? 왜 모든 것이 여호와의 것입니까(2)?

2. 누가 그분에게 받아들여집니까(3-4)? 그런 사람은 어떤 복을 받습니까(5)? '복'과 '의'는 무엇입니까? 그런 복을 받은 사람은 어떤 사람입니까(6)?

24(24:1-10)

3. '문들'은 무엇을 해야 합니까(7)? '영광의 왕이 들어가신다.'라는 말은 무슨 뜻입니까? '영광의 왕'은 누구십니까(8)?

4. 그러므로 '문들'은 무엇을 해야 합니까(9)? '영광의 왕'은 누구십니까(10)? '만군의 여호와'는 어떤 분입니까?

24
영광의 왕

말씀 시편 24:1-10
요절 시편 24:8
찬송 67장, 72장

1. 시인은 여호와를 어떤 분으로 선언합니까(1)? '여호와의 것이로다.'라는 말은 무슨 뜻입니까? 왜 모든 것이 여호와의 것입니까(2)?

(다윗의 시. A Psalm of David)

'언약궤'가 성전으로 들어가는 '행진 의전' 때 성전으로 들어가려는 백성과 문 앞에 서 있는 제사장 사이에 묻고 대답한 상황을 배경으로 한다.

1, "땅과 거기에 충만한 것과 세계와 그 가운데에 사는 자들은 다 여호와의 것이로다"

"땅과" - '지구', '대지'이다. 온 세상을 뜻한다.

"거기에 충만한 것과" - '가득 참(fullness)', '풍부'이다. 하나님이 창조하신 우주 안에 있는 모든 존재를 말한다.

"세계와" - '세계(world)'이다. 사람이 살고 경작하여 농산물을 내는 곳이다.

"사는 자들은" - '앉는다(sit).' '머무른다(remain).' '거주한다(dwell).' (분사)이다. 생명, 특히 사람을 말한다. '거기에 충만한 것'과 '그 가운데에 사는 자'를 대조한다. '세상에 존재하는 것'과 '사람'을 뜻한다.

"여호와의 것이로다" - '여호와의 것'이다. 땅에 있는 모든 것, 이 세상의 모든 사람은 세상의 것도, 우리의 것도 아니다. 오직 여호와의 것이다. 여호와는 온 세상의 주님이시며 통치자이시다. 왜 모든 것이 여호와의 것인가?

2, "여호와께서 그 터를 바다 위에 세우심이여 강들 위에 건설하셨도다"

"(왜냐하면)" - 1절에 대한 이유를 설명한다. 주님의 주권을 다시 강조한다.

"여호와께서 그 터를" - '그것', '그'이다.

"바다" - '바다(sea)', '물'이다.

"세우심이여" - '세운다(establish).' '~의 기초를 둔다(found).'(칼 완료)이다.

"강들" - 일반적인 '강'보다는 '우주적인 물'이다.

"건설하셨도다" - '확립한다.' '준비한다.'(포엘 미완료)이다.

"바다", "강" - 태초의 혼돈의 물을 뜻한다.

옛사람은 '세상은 태초에 바다로 뒤덮여 있었다.'라고 생각했다. 가나안 창조 신화(Canaanite cosmogony, 우주생성론)에서는 바다와 강이 질서를 위협하는 혼돈의 세력으로 나타난다. 가나안 사람이 섬겼던 풍요와 폭풍우의 신 '바알(Baal)'은 바다의 신 '얌(yam)'과 강의 신 '나하르(nahar)'를 정복하여 질서를 세웠다. 그리고 왕위에 올랐다.

그러나 여호와께서 물 위에 세상을 세우고, 강 위에 그것을 굳히셨다. 혼돈을 없애고 짜임새 있는 세상의 질서를 만드셨다. 여호와는 지혜로운 건축자로서 온 세상을 견고한 기초 위에 세우셨다. 그분은 만유의 주권자이시다. 누가 그분에게 받아들여질까?

2. 누가 그분에게 받아들여집니까(3-4)? 그런 사람은 어떤 복을 받습니까(5)? '복'과 '의'는 무엇입니까? 그런 복을 받은 사람은 어떤 사람입니까(6)?

3, "여호와의 산에 오를 자가 누구며 그의 거룩한 곳에 설 자가 누구인가"

"여호와의 산에" - '시온산', '거룩한 산(holy hill/ holy place)'인데,

예루살렘 성전을 뜻한다.

“오를 자” - ‘올라간다(go up).’ ‘오른다(climb/ ascend).’(칼 미완료)이다. 시온 언덕에 있는 성전으로 올라가는 것을 뜻한다. 성전까지 예배하기 위해 올라가는 행진을 가리키는 전문 용어이다.

“거룩한 곳에” - 여호와의 창조와 질서를 상징하는 장소인데, 성전을 뜻한다.

“설 자가” - ‘일어선다(rise).’ ‘선다(stand).’(칼 미완료)이다. ‘견고하게 자리를 잡는다.’라는 뜻이다.

“누가” - ‘과연 누가 설 수 있는가?’라고 묻는다. 누가 온 땅의 왕이신 창조주 여호와께 나갈 수 있는가? 누가 그 거룩한 산에 오를 수 있는가? 순례자는 성전에 들어가기 위해 제사장에게 묻는다. 그 대답은 무엇인가?

4, “곧 손이 깨끗하며 마음이 청결하며 뜻을 허탄한 데에 두지 아니하며 거짓 맹세하지 아니하는 자로다”

“손이 깨끗하며” - ‘외적 행동의 순결함’, ‘밖으로 드러난 행위의 순결’을 뜻한다.

“깨끗하며” - ‘깨끗하다(be clear).’ ‘순결하다(be innocent).’(형용사)이다.

“마음이 청결하며” - ‘내면의 청결함’을 뜻한다.

“청결하며” - ‘깨끗이 하다(purge).’ ‘정결하게 하다(cleanse).’(형용사)이다.

여호와의 산에 오를 사람은 첫째로, 손이 깨끗하고 마음이 청결한 사람이다. 그는 행위와 생각에서 순수하다. 예수님은 말씀하셨다. “마음이 청결한 자는 복이 있나니 그들이 하나님을 볼 것임이요”(마 5:8).

“뜻을”(נֶפֶשׁ, *nepesh*) - ‘생명(life)’, ‘사람(person)’, ‘마음(mind)’이다.

“허탄한 데에” - ‘허무(emptiness/ vanity)’이다. ‘우상’, ‘헛된 신’을 뜻한다.

“두지” - ‘들어 올린다.’ ‘가지고 간다.’(칼 완료)이다.

"아니하며" - '아니(no)', '아니다(not).'이다. 둘째로, 허무한 것에 마음을 두지 않은 사람이다. 우상에 마음을 빼기지 않은 사람이다.

"거짓" - '속임(deceit)', '배반(treachery)'이다.

"맹세하지" - '맹세한다(swear).' '엄명한다(adjure).'(니팔 완료)이다.

"아니하는 자로다" - '아니(no)', '아니다(not).'이다. 셋째로, 거짓으로 맹세하지 않은 사람이다. 실천하려는 마음도 없이 서약해서는 안 된다. 하나님과의 신뢰, 사람과의 신뢰를 지켜야 한다. 그런 사람은 어떤 복을 받는가?

5, "그는 여호와께 복을 받고 구원의 하나님께 의를 얻으리니"

"복" - '축복(blessing)'이다.

"받고" - '들어 올린다.' '가지고 간다.'(칼 미완료)이다. 축복은 하나님의 종이 누리는 은총이다. '세상에 태어남'을 뜻한다.

"의를 얻으리니" - '공의(justice)', '의(righteousness)'이다. '죄로부터 구원받음'을 뜻한다.

"복", "의" - 두 개를 대조한다. 여호와는 그 종에게 생명을 주시고, 구원하신다. 그런 복을 받은 사람은 어떤 사람인가?

6, "이는 여호와를 찾는 족속이요 야곱의 하나님의 얼굴을 구하는 자로다(셀라)"

"이는" - '이것(this)', '이러한(such)'이다.

"여호와를 찾는" - '주의하여 찾는다(to seek with care).' '문의한다(inquire).'이다. 성전에 가서 예배하는 것, 하나님께 묻는 것을 뜻한다.

"족속이요" - '시대(period)', '세대(generation)'이다.

"하나님의 얼굴을" - '얼굴'이다.

"구하는 자로다" - '구한다(seek).' '요구한다(require).'(분사)이다. 주님께 도움을 구하는 것을 뜻한다.

"찾는다", "구한다" - 성전 예배와 연관된 전문 용어이다. 성전 예배에 참여하고, 여호와의 복을 받을 사람은 여호와를 찾고, 그분의 얼굴을 구하는 사람이다. 그때 '문들'은 무엇을 해야 하는가?

3. '문들'은 무엇을 해야 합니까(7)? '영광의 왕이 들어가신다.'라는 말은 무슨 뜻입니까? '영광의 왕'은 누구십니까(8)?

7, "문들아 너희 머리를 들지어다 영원한 문들아 들릴지어다 영광의 왕이 들어가시리로다"

"문들아" - '문간(opening)', '출입구(doorway)'이다. '성전 문들'을 뜻한다.

"너희 머리를" - '머리', '윗부분'이다.

"들지어다" - '들어 올린다.' '가지고 간다.'(칼 명령)이다.

'문들아, 너희 머리를 들어라.' '문을 활짝 열어라.'라는 뜻이다. 왜냐하면 영광의 왕은 너무 높으셔서 낮고 좁은 문으로 들어갈 수 없기 때문이다.

"영원한" - '영원(forever)', '오래된(old)'이다. '고대의'라는 뜻이다.

"문들아" - '성문(gate)'이다. 여부스 사람의 옛 도읍인 예루살렘 성문일 것이다(대상 11:5).

"들릴지어다" - '들어 올린다.' '가지고 간다.'(니팔 명령)이다.

"영광의 왕이" - '여호와'이시다. 전쟁에서 승리하신 모습과 연관된다.

"들어가시리로다" - '~안으로 간다(go in).' '들어간다(enter).'(칼 미완료)이다.

'영광의 왕이 들어가신다.'라는 말은 무엇을 뜻하는가? 여호와께서 예루살렘으로 입성하는 모습이다. 역사에서는 여호와의 궤, 언약궤가 예루살렘으로 들어가는 모습이다. 다윗 때 여호와의 궤는 석 달 동안 오벧에돔의 집에 있었다. 다윗이 가서 하나님의 궤를 기쁨으로 메고 다윗성으로 올라갔다. 궤를 멘 사람들이 여섯 걸음을 가매 다윗이 소와 살진 송아지로 제사를 지냈다. 다윗이 여호와 앞에서 힘을 다하여 춤을 추었다. 온 이스라엘 족속이 즐거이 환호하며 나팔을 불고 여호와의 궤를 메어왔다(삼하 6:11-15). 언약궤가 예루살렘으로 들어오는 그것은 영광의 왕이 거룩한 성으로 들어오심을 뜻한다. 영광의 왕은 누구신가?

8, "영광의 왕이 누구시냐 강하고 능한 여호와시요 전쟁에 능한 여호와시로다"

"영광의 왕이 누구시냐" - '이 영광의 왕은 누구냐?'라는 뜻이다. 수사적 질문으로 강조법이다. 주님과 비교할 수 있는 사람은 없다.

"강하고" - '강력한(mighty)'이다.

"능한" - '강한 사람(mighty man)'이다. '강하고 강하신 여호와'를 뜻한다.

"전쟁에 능한" - '전쟁에서 전능한'이다.

"여호와시로다" - 여호와는 전쟁의 용사이시다. 그분은 원수를 무찌르고 승리하신다.

영광의 왕은 누구신가? 여호와이시다. 여호와가 영광의 왕이시다. 가나안 사람은 '바알'을, 블레셋 사람은 다산의 신 '다곤(Dagon)', 또는 '다간(Dagan)'을 영광의 왕으로 섬겼다. 모압 사람은 죽음의 신 '그모스(Chemosh)'를, 암몬 사람은 죽음의 신 '몰렉(Molech)', 또는 '밀곰(Milcom)'을 영광의 왕으로 섬겼다. 모압과 암몬은 '그모스'와 '몰렉'에게 사람을 바쳤다(human sacrifice, 인신공양, 人身供養). 그러나 영광의 왕은 강하고 강하고 전쟁에서 강한 여호와이시다. 그러므로 '문들'은 무엇을 해야 하는가?

4. 그러므로 '문들'은 무엇을 해야 합니까(9)? '영광의 왕'은 누구십니까(10)? '만군의 여호와'는 어떤 분입니까?

9, "문들아 너희 머리를 들지어다 영원한 문들아 들릴지어다 영광의 왕이 들어가시리로다"

"문들아" - 7절을 그대로 받는다.

10, "영광의 왕이 누구시냐 만군의 여호와께서 곧 영광의 왕이시로다

(셀라)”

“만군의” - ‘전쟁(war)’, ‘군대(army)’이다.

“만군의 여호와께서” - ‘만군의 하나님(the Yahweh of Hosts/Almighty)’을 뜻한다.

‘만군의 여호와’는 어떤 분인가? 그분은 당신의 명령으로 움직일 수 있는 수많은 하늘 군대를 가지셨다. 그분은 하늘과 땅의 모든 권세를 지휘하는 ‘신적인 용사(the Divine Warrior)’이시다. 그분은 싸울 때마다 항상 이긴다. 그분은 그 백성 편에서 싸우신다. 그러므로 그분의 백성은 아무것도 두려워하지 않는다. 그분은 온 우주의 창조주-하나님(the Creator-God)이시다. 그분은 통치자이시며, 심판장이시며, 유일한 경배의 대상이시다. 그 영광의 왕(the King of Glory)께서 우리 가운데 살려고 내려오셨다. 그분이 곧 한 아기로 태어난 예수 그리스도이시다.

주후 113년 로마의 역사가인 ‘젊은 플리니(Pliny the Younger)’는 이런 말을 했다. “기독교인은 해로운 사람이 아니다. 그들은 정해진 날 미명(未明, 날이 채 밝지 않음) 전에 일어나 모인다. 그들은 교성곡(交聲曲, 칸타타, cantata; 독창 · 중창 · 합창과 기악 반주로 이루어짐)으로 그리스도를 신으로 모시는 노래를 부른다. 엄숙하게 성찬을 행하며, 도적질, 강도, 간음, 믿음을 깨뜨리거나, 신뢰를 깨뜨리는 행동을 하지 않는다.”

그들이 불렀던 노래가 시편 24편이었다. 그때 그들은 땅의 성소를 들어가면서 하늘의 성소로 들어가는 것으로 느꼈다. 그들에게 땅의 성소는 하늘의 성소였다. 그들은 성전에 들어가면서 자신이 초월적 차원에 있음을 알았다. 이것은 종교적 공간 이해이다. 성전은 구별된 곳이며, 온 우주이다. 영광의 왕이시며 만군의 여호와께서 그들과 함께하시기 때문이다.

25

기억하옵소서

말씀 시편 25:1-22
요절 시편 25:6
찬송 290장, 302장

1. 시인은 누구에게로 향합니까(1)? 그는 그분께 무엇을 위해 기도합니까(2)? '원수'는 어떻게 되기를 바랍니까(3)?

2. 그는 여호와께 무엇을 바랍니까(4-5)? 그는 무엇에 근거해서 이렇게 기도합니까(6)? 그는 대신 무엇을 기억하지 않도록 기도합니까(7)? '기억하옵소서'라고 기도하는 시인을 통해 무엇을 배웁니까?

25(25:1-22)

3. 여호와께서 그 백성에게 선하심을 드러내신 목적은 무엇입니까(8)? 여호와는 죄인을 어떻게 가르칩니까(9)? 그 길은 어떤 길입니까(10)?

4. 시인은 무엇을 위해 기도합니까(11)? 하나님은 용서하신 후에 무엇을 합니까(12)? 그를 어디로 인도합니까(13-14)?

5. 시인은 그 눈을 누구에게로 향합니까(15)? 그는 지금 어떤 상태에 있습니까(16-18)? 그는 어떤 외적 어려움을 겪고 있습니까(19)? 그는 무엇을 위해 기도합니까(20-21)? 그는 끝으로 누구를 위해 기도합니까(22)?

25

기억하옵소서

말씀 시편 25:1-22
요절 시편 25:6
찬송 290장, 302장

1. 시인은 누구에게로 향합니까(1)? 그는 그분께 무엇을 위해 기도합니까(2)? '원수'는 어떻게 되기를 바랍니까(3)?

(다윗의 시, Of David)

이 시는 히브리어 알파벳 형식(acrostic)으로 짜졌다. 하지만 '와우(ו)', '카프(כ)'로 시작하는 문장은 없다. 반면 '페(פ)'는 두 번 나타난다(16, 22a). '레쉬(ר)'도 두 번 나타난다(18, 19). 시인은 아픈 현실에서 여호와께서 자기를 기억해 주시도록 기도하는데, 그 모습을 알파벳 형식으로 풀어나간다.

1-3, 구원과 인도를 위한 기도

1, "여호와여 나의 영혼이 주를 우러러보나이다"

"(당신에게, to You)" - '알렙(א)'으로 시작한다.

"나의 영혼이" - '생명(life)', '마음(mind)'이다.

"우러러보나이다"(נָשָׂא, *nasha*) - '들어 올린다(to lift up).' '가지고 간다.'(칼 미완료)이다. 여기서는 '마음을 향한다.' '기대한다.'라는 뜻이다. 시인은 여호와께로 마음을 향하고 기대하는 자세로 나간다. 왜냐하면 그는 여호와를 우러러보면 실망하지 않음을 알기 때문이다. 그가 여호와를 우러러봄은 어떻게 나타났는가?

2, "나의 하나님이여 내가 주께 의지하였사오니 나를 부끄럽지 않게 하시고 나의 원수들이 나를 이겨 개가를 부르지 못하게 하소서"

"나의 하나님이여" - 시인은 하나님과 깊은 인격적 관계성을 표현하고 있다. 그는 하나님께 좀 더 가까이 다가간다. 그리고 기도한다.

"주께" - '안에(in)'이다. '베(ב)'로 시작한다.

"의지하였사오니" - '믿는다(trust in).' '확신한다(be confident).'(칼 완료)이다. 그의 우러러봄은 의지함으로 나타났다.

"나를 부끄럽지" - '부끄러워한다(be ashamed).' '창피를 준다(put to shame).'(칼 미완료)이다.

"않게 하시고" - '아니', '아니다.'이다. 그는 주님을 의지하였으니 부끄러움을 당하지 않도록 기도한다. 그는 하나님께서 자기를 보호하실 줄 믿는다. 원수는 어떻게 되기를 바라는가?

"이겨 개가를 부르지" - '기뻐 날뛴다(exult).' '즐거워한다(rejoice).'(칼 미완료)이다.

"못하게 하소서" - '아니', '아니다.'이다. 그는 원수가 으스대는 꼴을 보지 않도록 기도한다.

3, "주를 바라는 자들은 수치를 당하지 아니하려니와 까닭 없이 속이는 자들은 수치를 당하리이다"

"(정말로, indeed)" - '기멜(ג)'로 시작한다.

"주를 바라는 자들은" - '기다린다(wait/ look for).' '바란다(hope).'이다.

"수치를 당하지" - '부끄러워한다(be ashamed).' '창피를 준다(put to shame).'(칼 미완료)이다.

"아니하려니와" - '아니', '아니다.'이다. 주님을 기다리는 사람은 수치를 당할 리가 없다.

엘리사벳은 하나님 앞에 의인으로 살았는데도, 잉태하지 못했다. 그녀는 나이가 많았다. 그런 그녀에게 하나님은 "아들을 낳을 것이다."라는 좋은 소식을 전했다. 그녀는 하나님의 말씀대로 마침내 아이를 잉태했는데, 이렇게 고백했다. "주께서 나를 돌보시는 날에 사람들 앞에서 내 부끄러움을 없게 하시려고 이렇게 행하심이라 하더라"(눅 1:25).

"까닭 없이" - '헛되이(vainly)', '공허하게(emptily)'이다.

“속이는 자들은” - ‘성실하지 않게 다룬다(deal treacherously).’ ‘거짓으로 대한다(deal deceitfully).’(분사)이다. 주님을 배신하는 자이다.

“수치를 당하리이다” - ‘부끄러워한다(be ashamed).’ ‘창피를 준다(put to shame).’(칼 미완료)이다. 주님을 경외하지 않은 배신자는 그들의 믿음 없는 것에 대한 정당한 보상, 즉 벌을 받을 것이다. 그는 여호와께 무엇을 바라는가?

2. 그는 여호와께 무엇을 바랍니까(4-5)? 그는 무엇에 근거해서 이렇게 기도합니까(6)? 그는 대신 무엇을 기억하지 않도록 기도합니까(7)? ‘기억하옵소서’라고 기도하는 시인을 통해 무엇을 배웁니까?

4-7, 인도와 용서를 위한 기도

4, “여호와여 주의 도를 내게 보이시고 주의 길을 내게 가르치소서”

“주의 도를” - ‘길(way)’, ‘태도(manner)’이다. ‘달렛(ㄱ)’으로 시작한다.

“내게 보이시고” - ‘알다(know).’ ‘이해한다(understand).’(히필 명령)이다.

“주의 길을” - ‘길(way)’, ‘작은 길(path)’이다.

“내게 가르치소서” - ‘가르친다(teach).’(피엘 명령)이다.

“주의 도”, “주의 길” - 하나님의 말씀 안에 있는 삶의 방식(the manner of life)이다. 그는 자신이 마땅히 가야 할 길을 가르쳐주시도록 기도한다.

5, “주의 진리로 나를 지도하시고 교훈하소서 주는 내 구원의 하나님이시니 내가 종일 주를 기다리나이다”

“주의 진리로” - ‘견고(firmness)’, ‘진리(truth)’이다. 진리는 사람이 주님의 길(the paths of the Lord)을 걷는 것, 즉 ‘신실함으로(in faithfulness)’ 사는 것을 말한다.

“나를 지도하시고” - ‘밟는다(tread).’ ‘인도한다(lead).’(히필 명령)이다. '헤(ה)'로 시작한다.

"교훈하소서" - '가르친다(teach).'(피엘 명령)이다.

"보이시고(make me)", "가르치소서(teach me)"(4), "지도하소서(lead me)", "교훈하소서(teach me)"(5) - 참된 경건은 하나님의 말씀에 대한 외적인 일치가 아니라, 그 말씀을 삶에 적용하는 것이다. 시인은 하나님 말씀의 내면화(internalization, 마음속에 깊이 자리 잡힘)를 위해서 기도한다. 그는 왜 그렇게 기도하는가?

"내 구원의 하나님이시니" - 왜냐하면 당신은 내 구원의 하나님이시기 때문이다. 여호와는 시인에게 구원자이시다.

"기다리나이다" - '기다린다(wait/ look for).' '바란다(hope).'(피엘 완료)이다. 왜냐하면 나는 당신을 종일 기다리기 때문이다. 그는 무엇에 근거하여 기도하는가?

6, "여호와여 주의 긍휼하심과 인자하심이 영원부터 있었사오니 주여 이것들을 기억하옵소서"

"주의 긍휼하심과" - '불쌍히 여김', '온화한 자비(tender mercy)'이다.

"인자하심이" - '변함없는 사랑(loving-kindness)'이다.

"영원부터" - '영원', '옛날(from of old)'이다.

"있었사" - '그들', '그것들'이다.

"오니" - '마치~처럼(as though)', '~이므로(as)'이다. 긍휼과 인자는 옛날부터 있었다.

"주여 이것들을 기억하옵소서" - '기억한다(remember).' '회상한다.'(칼 명령)이다. '자인(ז)'으로 시작한다. '와우(ו)'를 건너뛰었다.

시인은 "여호와께서 당신의 긍휼과 인자를 기억하시도록" 기도한다. 왜 여호와께서 긍휼과 인자를 기억해야 하는가? 그것들은 옛날부터 있었기 때문이다. 여호와께서는 옛날부터 긍휼과 인자를 그 백성에게 베푸셨기 때문이다. 여호와는 긍휼과 인자를 아브라함, 이삭, 그리고 야곱에게 베푸셨다. 다윗에게도 베푸셨다. 그는 그 긍휼과 인자에 근거해서 기도한다. 그는 여호와께서 무엇을 기억하지 말기를 바라는가?

7, “여호와여 내 젊은 시절의 죄와 허물을 기억하지 마시고 주의 인자하심을 따라 주께서 나를 기억하시되 주의 선하심으로 하옵소서”

“내 젊은 시절의” - ‘젊음’, ‘청년(youth)’이다.

“죄와” - ‘죄(sin)’, ‘죄가 되는 일(sinful thing)’이다. ‘헤트(ח)’로 시작한다.

“허물을” - ‘반발심(rebellious spirit)’, ‘위반(transgression)’이다.

“기억하지” - ‘기억한다(remember).’ ‘회상한다.’(칼 미완료)이다.

“마시고” - ‘아니’, ‘아니다.’이다. ‘기억하옵소서.’와 대조한다. 이 고백은 그가 심한 죄인이었음을 말하는 것보다는 자기가 빠뜨린 죄를 표현한 것이다. 그 죄를 기억하지 말도록 기도한다. 대신 무엇을 위해 기도하는가?

“주의 인자하심을 따라”(according to your steadfast love) - ‘인자’, 즉 ‘사랑’이다. 그는 자신의 부족함이 아닌 하나님의 인애, 변함없는 사랑에 기초하여 기도한다.

“나를 기억하시되” - ‘기억한다(remember).’ ‘회상한다.’(칼 명령)이다. 그는 여호와께서 자기를 기억해 주시도록 기도한다.

“선하심으로” - ‘좋은 것(good things)’이다. ‘사랑’과 같은 뜻이다.

“으로 하옵소서” - ‘목적(purpose)’, ‘의지(intent)’이다. “당신의 선하심으로 나를 기억하소서(Please remember me according to your lovingkindness).” “당신의 사랑에 따라 당신은 나를 기억하소서(According to thy love remember thou me).” 용서의 근거는 그 백성을 향한 하나님의 선하심이다.

‘기억하옵소서’라고 기도하는 시인을 통해 무엇을 배우는가? 그의 기도의 근거는 자기의 행위가 아니라 여호와의 긍휼과 사랑에 있다. 그는 “주님, 내가 얼마나 열심히 살았는지를 기억해 주세요.”라고 기도하지 않았다. 그는 오히려 자신의 죄를 기억하지 말도록 기도했다. 그러면서 그는 자기를 기억해 달라고 기도하는데, 그 근거 또한 자기가 아닌 여호와의 긍휼과 인자, 그리고 선하심이다.

25(25:1-22)

다윗은 옛적에 한 여인의 심히 아름다움을 보고 왕권으로 취했다. 그런데 그녀는 자기 충신의 아내였다. 그는 그 충신을 전장에서 죽게 했고, 그녀와 결혼했다. 다윗이 행한 그 일은 여호와 보시기에 악했다(삼하 11:27). 여호와께서 선지자를 보내 그런 다윗을 꾸짖었다. 그는 하나님께 자기 죄를 고백하며 간구하되 금식하고 밤새도록 땅에 엎드렸다(삼하 12:15). 그가 그렇게 기도할 수 있었던 근거는 자기 행위가 아닌 여호와의 긍휼과 사랑이었다. 그는 한결같으신 주님의 긍휼과 사랑을 기억하도록 기도한다. 그 사랑에 기초하여 자신을 기억해 달라고 기도했다. 그랬을 때 하나님은 그를 기억하셨고, 용서하셨다. 그를 위대한 왕으로 쓰셨다. 그 점에서 다윗의 기도는 우리에게 큰 은혜이며, 도전이다. "주님, 당신의 긍휼과 인자를 기억하소서! 당신의 인자와 선하심으로 나를 기억하소서!" 여호와께서 그 백성에게 선하심을 드러내신 목적은 무엇인가?

3. 여호와께서 그 백성에게 선하심을 드러내신 목적은 무엇입니까(8)? 여호와는 죄인을 어떻게 가르칩니까(9)? 그 길은 어떤 길입니까(10)?

8-10, 인도에 대한 확신

8, "여호와는 선하시고 정직하시니 그러므로 그의 도로 죄인들을 교훈하시리로다"

"선하시고" - '좋은'이다. '테트(ט)'로 시작한다.

"정직하시니" - '똑바른', '정직한(upright)'이다. 이것은 여호와의 완전한 성품, 신성한 완전함(divine perfection)이다.

"그의 도로" - '길(way)', '태도(manner)'이다.

"교훈하시리로다" - '던진다(throw).' '가르친다(teach).'(히필 미완료)이다. 여호와께서 신성한 완전함을 드러내신 목적은 그 백성에게 삶을 가르치려는데 있다. 여호와는 은혜롭고 올바른 방식으로 죄인에게 당신의 길을 가르치는 '최고의 선생님(the Master-Teacher)'이시다. 어떻게 가르치는가?

9, "온유한 자를 정의로 지도하심이여 온유한 자에게 그의 도를 가르치시리로다"

"온유한 자를" - '가난한', '겸손한(humble)'이다. 여기서는 '죄인'을 뜻한다. 그는 이미 주님을 경외하고 있다.

"지도하심이여" - '밟는다(tread).' '인도한다(lead).'(히필 미완료)이다. '요드(י)'로 시작한다.

"그의 도를" - '길(way)', '태도(manner)'이다.

"가르치시리로다" - '가르친다(teach).'(피엘 미완료)이다.

"교훈하시리로다"(8), "지도하심이여", "가르치시리로다"(9) - 하나님의 가르치심을 세 가지 동의어로 강조한다. 여호와는 겸손한 사람에게 당신의 도를 가르치신다. 그 길은 어떤 길인가?

10, "여호와의 모든 길은 그의 언약과 증거를 지키는 자에게 인자와 진리로다"

"모든" - '모두(all)', '완전함(the whole)'이다. '카프(כ)'로 시작한다.

"인자와" - '사랑'이다.

"진리로다" - '견고(firmness)', '진리(truth)'이다.

여호와는 당신의 언약과 증언을 지키는 사람을 사랑과 진리로 인도한다. 여호와는 그 백성을 공정하고, 사랑스럽고, 충실하게 대하신다. 왜냐하면 그분은 그 백성이 당신을 닮기를 기대하기 때문이다. 시인은 무엇을 위해 기도하는가?

4. 시인은 무엇을 위해 기도합니까(11)? 하나님은 용서하신 후에 무엇을 합니까(12)? 그를 어디로 인도합니까(13-14)?

11, 용서를 위한 기도

11, "여호와여 나의 죄악이 크오니 주의 이름으로 말미암아 사하소서"

"나의 죄악이" - '불법(iniquity)', '죄(quilt)'이다.

“크오니” - ‘많은’이다. 그의 죄는 크다. ‘큰 죄’는 우상숭배를 뜻한다. 하지만 여기서는 시인이 하나님 앞에서 느끼는 마음의 표현이다.

“말미암아” - ‘목적(purpose)’, ‘의지(intent)’이다. ‘라멧(ל)’으로 시작한다.

“주의 이름으로 말미암아” - 시인은 자신의 명예가 아닌 여호와의 명예를 걸고 기도한다.

“사하소서” - ‘용서한다(forgive).(칼 완료)이다. 그는 자신의 죄를 고백하고 용서를 구한다. “그의 죄는 크지만, 하나님의 용서는 더 크다(Great though the sin is, God's forgiveness is greater).”

시인은 여기서도 자기의 명예를 근거로 하거나 자기의 명예를 위해 용서를 구하지 않는다. 그는 여호와의 이름을 근거로 기도한다. 자기가 용서받지 못하면 여호와의 이름을 가릴 수 있다. 여호와의 명예에 흠이 갈 수 있다. 그러니 자기의 큰 죄를 용서해 달라는 것이다. 그의 죄는 크지만, 하나님의 용서는 더 큼을 알기 때문이다. 참으로 은혜로운 기도가 아닌가? 참으로 도전적인 기도가 아닌가? 하나님은 용서하신 후에 무엇을 하시는가?

12-14, 인도에 대한 확신

12, “여호와를 경외하는 자 누구냐 그가 택할 길을 그에게 가르치시리로다”

“누구냐” - ‘멤(מ)’으로 시작한다.

“여호와를 경외하는 자 누구냐” - ‘죄를 용서받은 사람’이다.

“그가 택할” - ‘선택한다(choose).’ ‘하기로 한다(decide for).’(칼 미완료)이다.

“그에게 가르치시리로다” - ‘던진다(throw).’ ‘가르친다(teach).’(히필 미완료)이다. 그가 선택해야 할 길을 여호와께서 가르쳐 주실 것이다. 여호와는 죄인을 용서하신 후에 그가 걸을 수 있는 길을 가르치신다. 그의 삶을 인도하신다. 그를 어디로 인도하시는가?

13, “그의 영혼은 평안히 살고 그의 자손은 땅을 상속하리로다”

"영혼은" - '눈(נ)'으로 시작한다.

"평안히" - '좋은', '번영'이다.

"살고" - '숙박한다(lodge).' '밤을 지낸다(spend the night).'(칼 미완료)이다. 첫째로, 그의 영혼은 행복에 머물 것이다.

"상속하리로다" - '점유한다(occupy).' '상속자이다(be an heir).'칼 미완료)이다. 그의 자손은 땅을 상속할 것이다.

14, "여호와의 친밀하심이 그를 경외하는 자들에게 있음이여 그의 언약을 그들에게 보이시리로다"

"여호와의 친밀하심이" - '여호와께서 고백한다(the Lord confides).' '여호와의 비밀(the secret of God)'을 뜻한다. '의논', '협의(counsel)'라는 뜻도 있다. '사멕(ס)'으로 시작한다.

"그를 경외하는 자들에게 있음이여" - '경외하는 사람'이다. 경건한 사람은 교제를 즐긴다.

둘째로, 주님을 경외하는 사람이 받는 복은 '주님과의 사귐', '친밀함', 또는 '의논'이다. 여호와는 당신을 경외하는 사람에게는 '당신의 비밀을 털어놓는다.' 이 친밀함은 참된 행복을 준다.

"언약을" - '언약(covenant)', '우호 동맹(alliance of friendship)'이다.

"그들에게 보이시리로다" - '알다(know).' '이해한다(understand).'(부정사)이다. 언약을 이해하도록 도와준다. 그 언약은 하나님과의 친밀을 가능하게 한다. 그러므로 시인은 그 눈을 누구에게로 향하는가?

5. 시인은 그 눈을 누구에게로 향합니까(15)? 그는 지금 어떤 상태에 있습니까(16-18)? 그는 어떤 외적 어려움을 겪고 있습니까(19)? 그는 무엇을 위해 기도합니까(20-21)? 그는 끝으로 누구를 위해 기도합니까(22)?

15-22, 구원과 보호를 위한 기도

15, "내 눈이 항상 여호와를 바라봄은 내 발을 그물에서 벗어나게 하실 것임이로다"

25(25:1-22)

"눈" - '아인(ע)'으로 시작한다.

"항상" - '연속성(continuity)', '영속(perpetuity)'이다.

"바라봄은" - '~에(unto)', '~에 관하여(in reference to)'이다. 그는 언제나 여호와를 바라본다. 그는 언제나 여호와를 향하는 영혼의 눈을 가지고 있다. 그는 왜 이렇게 하는가?

"그물에서" - '새를 잡을 때 사용하는 도구'이다. 시인은 자신의 위기를 '그물'에 비유했다.

"벗어나게 하실" - '나간다(온다, go out, come out).' '앞으로 간다(go forth).'(히필 미완료)이다.

"것임이로다" - '마치~처럼(as though)', '라는 것 때문에(because that)', '그러나(but)'이다. 그가 여호와를 항상 바라보는 이유는 그분께서 그를 그물에서 벗어나게 하시기 때문이다. 그는 지금 어떤 상태에 있는가?

16, "주여 나는 외롭고 괴로우니 내게 돌이키사 나에게 은혜를 베푸소서"

"외롭고" - '오직(only)', '독생자(only begotten son)', '외로운'이다.

"괴로우니" - '가난한(poor)', '고생하는(afflicted)'이다. 그는 지금 외롭고 가련한 상태에 있다. 그에게는 친구도 없다. 그는 하나님한테서 버림받은 것처럼 느꼈다.

"돌이키사" - '방향을 바꾼다(turn).'(칼 명령)이다. '페(פ)'로 시작한다.

"나에게 은혜를 베푸소서" - '자비롭다(be gracious).' '간절히 원한다(beseech).'(칼 명령)이다. 그는 주님께서 외롭고 괴로운 자신을 돌보아 주시도록 기도한다.

17, "내 마음의 근심이 많사오니 나를 고난에서 끌어내소서"

"근심이" - '곤란', '고통'이다. '차데(צ)'로 시작한다.

"많사오니" - '넓다.'(히필 완료)이다.

"끌어내소서" - '나간다(go out).' '앞으로 간다(go forth).'(히필 명

령)이다. '고통을 풀어준다.'라는 뜻이다. 그는 마음의 고통에서 벗어나게 해 주시고, 이 아픔에서 건져 주시도록 기도한다.

18, "나의 곤고와 환난을 보시고 내 모든 죄를 사하소서"

"곤고와 환난" - 그는 자신의 죄로 곤고와 환난을 겪고 있다.

"보시고" - '본다.'(칼 명령)이다. '레시(ר)'로 시작한다.

"사하소서"(נָשָׂא, *nasha*) - '들어 올린다.' '가지고 간다(take away).'(칼 명령)이다. 여기서는 '가지고 간다.'이다. 그는 여호와께서 '그의 곤고와 환난과 모든 죄를 지고 가시도록(my affliction and my distress and take away all my sins)' 기도한다. 죄의 무거운 짐을 내려놓게 하는 것은 '대신 지고 가는 것', 즉 용서뿐이다. 용서는 과거는 물론이고 현재도 필요하다. "당신께 믿음을 갖기 전에 저질렀던 죄뿐만 아니라, 현재도 저지른 죄도 용서해주소서!" 그는 어떤 외적 어려움을 겪고 있는가?

19, "내 원수를 보소서 그들의 수가 많고 나를 심히 미워하나이다"

"원수를" - 그에게는 원수가 있다. 원수는 시인을 미워한다.

"보소서" - '본다.'(칼 명령)이다. '레시(ר)'로 시작한다.

"그들의 수가 많고" - '크다.' '많다.'(칼 완료)이다.

"심히" - '폭력(violence)', '부당행위(wrong)'이다.

"미워하나이다" - '미워한다(hate).' '증오한다(to be hateful).'(칼 완료)이다. 원수는 시인에게 폭력을 행사하며 미워한다. 그는 여호와께 무엇을 위해 기도하는가?

20, "내 영혼을 지켜 나를 구원하소서 내가 주께 피하오니 수치를 당하지 않게 하소서"

"지켜" - '지킨다(keep).' '주의한다(give heed).'(칼 명령)이다. '내 영혼을 지켜주소서'라는 뜻이다. '쉰(ש)'으로 시작한다.

"나를 구원하소서" - '구해낸다(deliver).' '구원한다(save).'(히필 명령)이다. '나를 구원하소서'라는 뜻이다.

"피하오니" - '피난한다(seek refuge).' '보호를 받으려고 도망한다(flee for protection).' '하나님에게 소망을 둔다(put trust in God).'(칼 완료)이다. 그는 주님을 신뢰하고 주님의 집에서 보호를 구한다.

"수치를 당하지" - '부끄러워한다.' '창피를 준다.'(칼 미완료)이다.

"않게 하소서" - '아니', '아니다.'이다. 그는 주님께로 가면 창피를 당하지 않을 줄 믿는다.

21, "내가 주를 바라오니 성실과 정직으로 나를 보호하소서"

"내가 주를 바라오니" - '기다린다(wait/ look for).' '바란다(hope).'(피엘 완료)이다.

"성실과" - '완전함(completeness)', '순결(integrity)'이다. '타우(ת)'로 시작한다.

"정직으로" - '곧음(straightness)', '올바름(uprightness)'이다.

"나를 보호하소서" - '지킨다.'(칼 미완료)이다. 두 가지로 해석할 수 있다: "온전하고 올바르게 살아가도록 지켜주소서(For my clean and upright ways keep me safe)." "주님을 바라니 온전함과 올바름으로 나를 보호하소서(May integrity and uprightness preserve me)." 그는 끝으로 누구를 위해 기도하는가?

22, "하나님이여 이스라엘을 그 모든 환난에서 속량하소서"

"이스라엘을" - '이스라엘 공동체'를 뜻한다. 시인은 자신의 체험을 공동체로 연결한다. 공동체도 시인처럼 환난을 겪고 있다.

"속량하소서" - '대속한다(ransom).' '구원한다(rescue).'(칼 명령)이다. 값을 지급하거나 그에 상당하는 대체물을 줌으로써 한 사람으로부터 다른 사람에게 소유권을 이전하는 것을 뜻한다. '페(פ)'로 시작한다.

하나님께서 이스라엘을 속량하려면 뭔가 대가를 지급해야 한다. 그것은 장치 오실 예수 그리스도께서 십자가에서 죽으심을 상징한다. 예수님께서 죽으심으로 이스라엘은 속량을 받는다.

26

나를 속량하소서

말씀 시편 26:1-12
요절 시편 26:11
찬송 384장, 479장

1. 시인은 어떻게 살았습니까(1a)? 그가 말하는 '완전함'은 무엇입니까(1b)? 그런 그는 여호와께서 무엇을 바랍니까(1c)? '판단한다.'라는 말은 무슨 뜻입니까? 그는 무엇을 위해 기도합니까(2)? 그는 어떻게 살았습니까(3)?

2. 그의 삶은 악한 사람과 어떻게 달랐습니까(4-5)? 그는 무엇을 합니까(6-8)? 시인은 왜 '주님께서 계신 집'을 사랑합니까?

26(26:1-12)

3. 그는 무엇을 기도합니까(9)? 당시 죄인은 어떻게 살았습니까(10)?

4. 그러나 시인은 어떻게 살 겁니까(11a)? 그는 무엇을 기도합니까(11b)? 그는 어디에 섰으며, 무엇을 합니까(12)?

26

나를 속량하소서

말씀 시편 26:1-12
요절 시편 26:11
찬송 384장, 479장

1. 시인은 어떻게 살았습니까(1a)? 그가 말하는 '완전함'은 무엇입니까(1b)? 그런 그는 여호와께서 무엇을 바랍니까(1c)? '판단한다.'라는 말은 무슨 뜻입니까? 그는 무엇을 위해 기도합니까(2)? 그는 어떻게 살았습니까(3)?

(다윗의 시. Of David)

시인은 위기를 맞았다. 그는 죄를 짓지 않았는데도 부당한 대우를 받았다. 그는 여호와께서 판단하시고, 구원해주시도록 기도한다. 이 시는 순례 축제를 배경으로 한다.

1, "내가 나의 완전함에 행하였사오며 흔들리지 아니하고 여호와를 의지하였사오니 여호와여 나를 판단하소서"

"나의 완전함에" - '완전함(completeness)', '순결(integrity)'이다.

"행하였사오며" - '간다(go).' '걷는다(walk).'(칼 완료)이다. 시인은 자신이 '완전함', '순결한' 삶을 살았음을 고백한다. 그렇다고 그가 '죄 없는 완벽함(sinless perfection)'을 주장하지는 않는다. 그가 말하는 '완전함'은 무엇인가?

"흔들리지" - '실족한다.' '비틀거린다.'(칼 미완료)이다.

"아니하고" - '아니', '아니다.'이다. 그는 믿음에서 흔들리지 않았다. 믿음에서 발이 미끄러지지 않았다.

"의지하였사오니" - '믿는다(trust in).' '확신한다(be confident).'(칼 완료)이다. 그는 여호와를 의지했다. 그는 믿음에서 흔들리지 않고 여호와를 의지하며 살았다. 그것이 그가 주장하는 완전함이다.

26(26:1-12)

하나님 안에서 완전함이란 무엇인가? 도덕적 완전함이 아니다. 절대적 완전을 말하지 않는다. 인간은 완전한 존재가 아니기 때문이다. 따라서 시인은 물론 그 누구도 완전함에 이를 수 없다. 주장할 수도 없다. 다만 완전함이란 그분을 향한 믿음의 완전함일 뿐이다. 그는 여호와를 평생 믿으며 살았다.

하박국 선지자는 악인과 의인의 삶을 대조했다. "보라 그의 마음은 교만하며 그 속에서 정직하지 못하나 의인은 그의 믿음으로 말미암아 살리라"(합 2:4). 시인은 여호와께 무엇을 바라는가?

"나를 판단하소서" - '판결한다(judge).' '변호한다(vindicate).'(칼명령)이다. '나를 변호하소서(Vindicate me).'라는 뜻이다. 그는 그릇된 삶을 살지 않았으니 여호와께서 판결(변호)해 주시기를 바란다. 그는 무엇을 기도하는가?

2, "여호와여 나를 살피시고 시험하사 내 뜻과 내 양심을 단련하소서"

"나를 살피시고" - '감찰한다(examine).' '증명한다(prove).'(칼 명령)이다. '나를 증명하소서(Prove me).'라는 뜻이다.

"시험하사" - '시험한다(test).' '유혹한다(tempt).'(피엘 명령)이다. '나를 시험하소서(try me).'라는 뜻이다.

"내 뜻과" - '콩팥(kidneys)', '신장(reins)'이다.

"내 양심을" - '마음(heart)', '이해력(understanding)', '의지(will)'이다.

"단련하소서" - '정제한다(smelt/ refine).' '시험한다(test).'(칼 명령)이다.

"살피시고", "시험하사", "단련하소서" - '철저하게 조사한다.'라는 뜻이다. 시인은 같은 단어를 반복하면서 하나님의 조사에 적극적으로 임하겠다는 뜻을 나타낸다. 그는 왜 그렇게 기도하는가?

3, "주의 인자하심이 내 목전에 있나이다 내가 주의 진리 중에 행하여"

“(왜냐하면)” - 그가 기도하는 이유를 말한다.

“주의 인자하심이” - ‘한결같은 사랑(steadfast love)’이다.

“내 목” - ‘눈(eye)’이다.

“전에 있나이다” - ‘~의 앞에(before)’, ‘맞은편에’이다. ‘내가 늘 의식하며’라는 뜻이다. 왜냐하면 주님의 한결같은 사랑이 내 눈앞에 있었기 때문이다.

“내가 주의 진리 중에” - ‘견고(firmness)’, ‘진리(truth)’이다.

“행하여” - ‘간다(go).’ ‘걷는다(walk).’(히트파엘 완료)이다. ‘걸었다(have walked).’ ‘살았다.’라는 뜻이다. 나는 당신의 진리 안에서 걸었기 때문이다.

“주의 인자하심이”, “주의 진리 중에” - 하나님의 성품 중 중요한 두 가지이다. 하나님은 한결같은 사랑이시고, 진리이시다. 시인은 그 사랑과 진리 안에서 살았다. 그는 어려움을 겪어도 그분의 사랑과 진리를 믿고 살았다. 그러므로 그는 여호와께서 자신의 삶을 변호하고 증명해 주시도록 기도한다. 그의 삶은 악한 사람과 어떻게 달랐는가?

2. 그의 삶은 악한 사람과 어떻게 달랐습니까(4-5)? 그는 무엇을 합니까(6-8)? 시인은 왜 ‘주님께서 계신 집’을 사랑합니까?

4, “허망한 사람과 같이 앉지 아니하였사오니 간사한 자와 동행하지도 아니하리이다”

“허망한” - ‘공허(emptiness)’, ‘허무(vanity)’, ‘허위(falsehood)’이다. ‘우상 숭배자’를 뜻한다.

“앉지” - ‘앉는다(sit).’ ‘머무른다(remain).’(칼 완료)이다.

“아니하였사오니” - ‘앉지 않았다.’이다. ‘한자리에 앉지 않았다(have not sat with).’ ‘분리(dissociation)했다.’라는 뜻이다.

“간사한 자” - ‘숨긴다(hide).’ ‘감춘다(conceal).’이다. ‘자기 생각과 동기, 행동을 감추는 사람’을 뜻한다.

“동행하지도” - ‘~안으로 간다(go in).’ ‘들어간다(enter).’(칼 미완료)

이다. '어울리지 않을 것이다(will consort with).' '다니지 않을 것이다.'라는 뜻이다. 시인은 과거에도 그들과 교제하지 않았는데, 앞으로도 그렇게 살 것이다.

5, "내가 행악자의 집회를 미워하오니 악한 자와 같이 앉지 아니하리이다"

"행악자" - '나쁜', '악한'이다. '스스로 멸망을 불러오는 이교도'를 뜻한다.

"행악자의 집회를" - '악인의 모임(the assembly/ congregation of evil-doer)'이다. '예배 모임'(12)과 대조한다.

"미워하오니" - '미워한다(hate).' '증오한다(to be hateful).'(칼 완료)이다. 시인은 '악인의 모임'에 참여하지 않았다.

"악한 자와" - '사악한(wicked)', '죄를 지은(criminal)'이다. '공허한 담화로 시간을 보내는 사람'이다.

"앉지" - '앉는다.' '머무른다.'(칼 미완료)이다.

"아니하리이다" - '아니', '아니다.'이다. '앉지 않을 것이다.'라는 뜻이다. 시인은 그들과 헛된 소리를 하면서 시간을 낭비하지 않을 것이다. 그는 대신 무엇을 하는가?

6, "여호와여 내가 무죄하므로 손을 씻고 주의 제단에 두루 다니며"

"내가 무죄하므로" - '죄 없음(innocence)'이다.

"손을" - '손의 바닥', '권세'이다.

"씻고" - '씻는다.'(칼 미완료)이다. 성전 예식에 참여하려면 들어가기 전에 손을 씻었다. 빌라도는 예수님의 피에 대한 책임을 피하려고 손을 씻었다(마 27:24). 그것은 죄가 없음을 나타내는 표시였다.

"주의 제단에" - '제사 지내는 장소'이다. '하나님께서 오심과 함께 하심'을 상징한다.

"두루 다니며" - '뒤돌아본다(turn around).' '두루 다닌다(go around).'(포엘 미완료)이다. 손이 깨끗한 사람만이 성전으로 들어가 제단 주위를 돌 수 있었다. 그곳에서 무엇을 하는가?

7, “감사의 소리를 들려주고 주의 기이한 모든 일을 말하리이다”

“들려주고” - ‘듣는다.’(부정사)이다.

“감사” - ‘감사’, ‘찬송’이다.

“주의 기이한” - ‘기이한(marvelous).’ ‘놀랄만한(wonderful).’이다.

“모든 일을” - 시인이 주님을 찬송하는 내용이다. 그것은 국가적으로나 개인적으로 체험한 구원 사건(the history of salvation)이다. 애굽에서 구원받은 일로부터 압살롬의 반역에서 구원받은 일이다.

“말하리이다” - ‘계산한다(count).’ ‘자세히 말한다(tell).’(부정사)이다. 시인은 감사의 찬송을 부르며, 주님의 놀라운 일을 말하며 주님의 제단을 두루 돈다. 그는 그 일을 이루신 주님을 찬양하고 고백했다. 시인은 왜 그렇게 했는가?

8, “여호와여 내가 주께서 계신 집과 주의 영광이 머무는 곳을 사랑하오니”

“주께서 계신 집과” - ‘성전에 있는 하나님의 거처’, 즉 ‘지성소’이다. 또는 넓은 의미의 ‘성전’이다.

“머무는” - ‘거처’, ‘성막’이다.

“곳을” - ‘설 자리’, ‘장소’이다. 성전은 하나님의 영광이 머무는 곳이다. “구름이 회막에 덮이고 여호와의 영광이 성막에 충만하매”(출 40:34). 여호와의 영광은 그 백성을 광야에서 보호하고 인도했다.

“사랑하오니” - ‘사랑한다(love).’ ‘사랑하고 있다(be in love).’(칼 완료)이다. 시인은 주님께서 계신 집과 주님의 영광이 머무는 그곳을 사랑한다. 그래서 그는 성전 제단에서 찬양하며 두루 다닌다.

왜 시인은 그곳을 사랑하는가? 그곳에 주님이 계시고, 주님의 영광이 머물기 때문이다. 그가 성전을 사랑하는 이유는 성전 건물이 아름답고 빛나는 담장이나 값비싼 식탁 용품이 있어서가 아니다. 시인이 행악자의 집회를 미워하고, 대신에 성전을 사랑하는 이유는 그곳에 여호와의 영광이 머물기 때문이다. 성전을 사랑하는 그는 무엇을 기도하는가?

3. 그는 무엇을 기도합니까(9)? 당시 죄인은 어떻게 살았습니까(10)?

9, "내 영혼을 죄인과 함께, 내 생명을 살인자와 함께 거두지 마소서"

"죄인과" - '의도적으로 하나님의 길을 벗어나는 사람'이다.

"살인자와" - '피의 사람', '피에 굶주린(bloodthirsty) 사람'이다. 목적을 이루기 위해 사람을 죽이는 사람이다.

"거두지" - '모은다(gather).' '제거한다(remove).'(칼 미완료)이다.

"마소서" - '아니', '아니다.'이다. 당시 이스라엘은 "하나님은 죄인을 때가 되기 전에 잘라버린다."라고 믿었다. 시인은 자기를 그런 죄인과 '함께(with)' 취급하지 않도록 기도한다. 시인은 자신의 생명이 살인자와 함께 휩쓸려 버리지 않기를 기도한다. 왜냐하면 그는 죄인이 아니기 때문이다. 당시 죄인은 어떻게 살았는가?

10, "그들의 손에 사악함이 있고 그들의 오른손에 뇌물이 가득하오나"

"사악함이 있고" - '계획(plan)', '음탕함(wickedness)'이다. '성적으로 부도덕한 사람'을 뜻한다.

"가득하오나" - '가득 찬다(be full).' '가득 채운다(fill).'(칼 완료)이다. 그들은 사회적으로 높은 자리에 있었다. 그런 그들이 뇌물을 받으니 공의를 왜곡했다. 그러나 시인은 어떻게 살 것인가?

4. 그러나 시인은 어떻게 살 겁니까(11a)? 그는 무엇을 기도합니까(11b)? 그는 어디에 섰으며, 무엇을 합니까(12)?

11, "나는 나의 완전함에 행하오리니 나를 속량하시고 내게 은혜를 베푸소서"

"나는" - '그러나 나는(But as for me)'이다.

"나의 완전함에" - '완전함(completeness)', '순결(integrity)'이다.

"행하오리니" - '간다(go).' '걷는다(walk).'(칼 미완료)이다. '걸을 것이다(shall walk).'라는 뜻이다. 그러나 나는 나의 순결함으로 걸을 것이다. 시인은 '죄인'이나 '살인자'와는 달리 순결한 삶을 살 것이다.

그는 하나님의 인자와 진리 안에서 걸었다(3). 그는 주님을 위한 사랑과 헌신을 선언했다(8). 미완료이지만 내용은 완료이다. 그는 지금까지 그런 삶을 살았다. 앞으로도 그렇게 살 것이다. 그러므로 그는 무엇을 기도하는가?

"나를 속량하시고" - '대속한다(ransom).' '구원한다(rescue/deliver).'(칼 명령)이다. '나를 구해주소서(Redeem me).'라는 뜻이다. "판단하소서"(1), "살피소서"(2)라는 말과 같다. 그는 죄에서 구원받기를 바란다.

"내게 은혜를 베푸소서" - '자비롭다(be gracious).' '불쌍히 여긴다(pity).'(칼 명령)이다. '은혜를 베풀어주소서(be gracious to me).'라는 뜻이다. 시인은 하나님께서 자신을 판단하고 살피고 시험한 후에 구원하고 은혜를 주시도록 기도한다.

무엇을 배울 수 있는가? 그의 확신에 찬 희망이다. 시인은 다른 사람으로부터 고소를 당했다. 그런 중에 그는 하나님한테서 변호를 받으려고 한다. 하나님한테서 구원받고 은혜받고자 한다. 왜냐하면 그는 하나님의 사랑과 은혜를 믿기 때문이다. 세상 사람이 무엇이라고 말하고 대하든지, 하나님은 의인을 사랑하시고 은혜를 베푸신다. 삶의 현장에서 겪는 환난에서 구원하신다.

때때로 우리는 다른 사람이 우리의 마음을 알아주지 않아도 하나님은 아신다는 것을 기억해야 한다. 세상이 우리를 고소할지라도 하나님은 우리의 신실함을 확증하심을 믿어야 한다. 우리가 만일 흔들리지 않는 믿음으로 주님을 믿는다면, 주님은 우리를 속량하시고 은혜를 주신다. 그는 어디에 섰으며, 무엇을 하는가?

12, "내 발이 평탄한 데에 섰사오니 무리 가운데에서 여호와를 송축하리이다"

"평탄한 데에" - '평평한 곳(level place)', '정직함(uprightness)'이다.

장소로 '안전한 성전 뜰 안의 평평한 곳'이면서 시인의 '완전함', 순결을 뜻한다.

"섰사오니" - '계속해서 서 있다(stand).' '남아 있다(remain).'(칼 완료)이다. 시인의 발은 평평한 땅, 순결에 서 있다. 그는 미끄러질 위험이 없다. 그는 무엇을 하는가?

"무리 가운데에서" - '모임(congregations)', '집회(assembly)'이다. '성전에 예배하려고 모인 사람들'을 뜻한다.

"송축하리이다" - '무릎을 꿇는다(kneel).' '찬양하다(praise).'(피엘 미완료)이다. '찬양할 것이다.' '축복할 것이다(will bless).'라는 뜻이다. 그는 예배하는 중에 주님을 찬양할 것이다. 그는 여호와께서 자신을 속량하실 줄 확신하며 찬양한다.

27
여호와를 기다릴지어다

말씀 시편 27:1-14
요절 시편 27:14
찬송 543장, 493장

1. 시인은 왜 누구도 두려워하지 않습니까(1)? 악인은 어떻게 되었습니까(2)? 시인의 마음은 어떠합니까(3)?

2. 시인이 여호와께 바라는 한 가지 일은 무엇입니까(4)? 여호와는 그런 그를 환난 날에 어떻게 하십니까(5)? 그는 여호와께 무엇을 합니까(6)?

3. 그는 무엇을 부르짖습니까(7)? 그는 어떤 자세로 기도합니까(8-9)? 그가 주님의 얼굴을 찾는 근거는 무엇입니까(10)? 우리를 향한 여호와의 마음이 어떠합니까?

4. 그는 여호와께 무엇을 구합니까(11-12a)? 왜 그렇게 기도합니까(12b)?

5. 시인은 무엇을 믿었습니까(13)? 시인은 청중에게 무엇을 권면합니까(14a)? 여호와를 기다리려면 왜 강해야 하고 용기를 내야 합니까(14b)?

27
여호와를 기다릴지어다

말씀 시편 27:1-14
요절 시편 27:14
찬송 543장, 493장

1. 시인은 왜 누구도 두려워하지 않습니까(1)? 악인은 어떻게 되었습니까(2)? 시인의 마음은 어떠합니까(3)?

(다윗의 시. Of David)

시인은 원수 때문에 위험한 상황에 놓여 있다. 그는 두려움과 싸우고 있다. 그는 두려움을 이기기 위해 주님의 구원을 간절히 바란다.

1, "여호와는 나의 빛이요 나의 구원이시니 내가 누구를 두려워하리요 여호와는 내 생명의 능력이시니 내가 누구를 무서워하리요"

"나의 빛이요" - '빛'이다. 빛은 어둠을 물리친다. 빛은 생명이다. 예수님은 모든 사람을 비추는 참 빛이시다(요 1:9). 예수님은 그분을 따르는 사람에게 생명을 주셨다(8:12).

"나의 구원이시니" - '구원'이다. 여호와는 구원자이시다. 여호와는 역사적인 구원 사건을 통해 그 백성을 구원하셨다. 그리고 지금도 구원하신다.

"누구를" - '누구'이다.

"두려워하리요" - '두려워한다(fear).' '무서워한다(be afraid).'(칼 미완료)이다.

"능력이시니" - '안전한 장소나 수단(place or means of safety)', '요새(the stronghold)', '피난처(refuge)'이다. 여호와는 시인의 '생명의 요새'이며, '안전한 피난처'이다.

"무서워하리요" - '두려워한다(fear).' '떨다(tremble).'(칼 미완료)이다. '두려워하리요.'와 같은 뜻이다.

시인은 왜 두려워하지 않는가? 여호와께서 그의 빛이고, 구원이고, 요새이기 때문이다. 그는 빛이고 구원이고 요새이신 여호와를 의지하기에 그 누구를 두려워하지도, 무서워하지도 않는다.

사도 바울도 로마 교회를 향해 외쳤다. "그런즉 이 일에 대하여 우리가 무슨 말 하리요 만일 하나님이 우리를 위하시면 누가 우리를 대적하리요"(롬 8:31). 시인은 어떤 두려움을 만났는가?

2, "악인들이 내 살을 먹으려고 내게로 왔으나 나의 대적들, 나의 원수들인 그들은 실족하여 넘어졌도다"

"내 살을" - '살', '육체'이다.

"먹으려고" - '먹는다.'(부정사)이다. 시인은 악인을 탐욕스러운 짐승으로 묘사한다. 원수는 그를 파멸하려고 한다. 그는 생명의 위험을 느끼고 있다. 하지만 원수는 어떻게 되었는가?

"왔으나" - '가까이 온다.'(부정사)이다.

"실족하여" - '비틀거린다(stumble).' '기우뚱거린다(totter).'(칼 완료)이다.

"넘어졌도다" - '떨어진다(fall).' '실패한다(fail).'(칼 완료)이다. '그들은 비틀거렸고 넘어졌다(they stumbled and fell).'라는 뜻이다. 시인을 파멸하려고 했던 원수가 오히려 파멸했다. 시인의 마음은 어떠한가?

3, "군대가 나를 대적하여 진 칠지라도 내 마음이 두렵지 아니하며 전쟁이 일어나 나를 치려 할지라도 나는 여전히 태연하리로다"

"군대가" - '큰 위험과 극도로 심각한 상황'을 뜻한다.

"진 칠지라도" - '진을 친다(encamp).' '에 대해 포위 공격한다(lay siege against).'(칼 미완료)이다.

"두렵지" - '두려워한다.'(칼 미완료)이다.

"아니하며" - '아니', '아니다.'이다. 그는 두려워하지 않는다.

"전쟁이" - '전쟁에 참여하는 사람'을 뜻한다.

"일어나" - '일어난다.'(칼 미완료)이다. '죽음이 이론이 아닌 현실로 다가왔다.'라는 뜻이다. '군대'와 '전쟁'은 시인의 원수이다.

"나를 치려 할지라도" - '때문에(becouse)', '비록 일지라도(although)'이다.

"태연하리로다" - '믿는다(trust in).' '안심한다(feel safe).' '확신한다(be confident).'(분사)이다. 그는 원수가 치려 할지라도 전혀 두려워하지 않는다. 왜냐하면 여호와께서 그의 빛이요 구원이요 생명의 피난처이기 때문이다. 그분께서 그를 보호하고 인도하고 도와주시기 때문이다. 그가 여호와께 바라는 한 가지 일은 무엇인가?

2. 시인이 여호와께 바라는 한 가지 일은 무엇입니까(4)? 여호와는 그런 그를 환난 날에 어떻게 하십니까(5)? 그는 여호와께 무엇을 합니까(6)?

4, "내가 여호와께 바라는 한 가지 일 그것을 구하리니 곧 내가 내 평생에 여호와의 집에 살면서 여호와의 아름다움을 바라보며 그의 성전에서 사모하는 그것이라"

"바라는" - '묻는다(ask).' '간청한다(beg).'(칼 완료)이다.

"한 가지 일" - '단 하나의 소원', 곧 '인생 목표'를 뜻한다. 그는 여호와께 한 가지를 구했다.

"구하리니" - '구한다(seek).' '요구한다(require).'(피엘 미완료)이다. '구할 것이다(will seek).'라는 뜻이다. 시인은 여호와께 청한 한 가지 일, 그것을 구할 것이다. 그것은 무엇인가?

"집에" - '집(house)', '건물(building)'이다.

"살면서" - '살다.' '머무른다.'(부정사)이다. '살기 위해'라는 뜻이다. 이 말은 '성전에서 살기 위해'라기보다는 '여호와와 함께하기 위해', '여호와의 보호를 받기 위해'라는 뜻이다.

"아름다움을" - '아름다움(beauty)', '호의(favor)'이다. '여호와의 은총과 사랑'을 뜻한다.

"바라보며" - '바라본다(behold).' '예언한다(prophesy).'(부정사)이다. '여호와의 사랑을 바라보고(to gaze upon the beauty of the Lord)'라

는 뜻이다.

"그의 성전에서" - '성전'이다.

"사모하는 그것이라" - '묻는다(inquire).' '찾는다(seek).'(부정사)이다. '성전에서 물으면서(to inquire in his temple)'이다.

시인이 기도하는 한 가지는 "한평생 여호와와 함께하며 여호와의 은총을 바라보며 성전에서 묻는 그것"이다. 그것이 그가 원하는 단 하나의 소원이며 인생 목표이다. 여호와는 그를 환난 날에 어떻게 하시는가?

5, "여호와께서 환난 날에 나를 그의 초막 속에 비밀히 지키시고 그의 장막 은밀한 곳에 나를 숨기시며 높은 바위 위에 두시리로다"

"환난 날에" - '원수가 시인을 괴롭히는 날', '원수가 시인을 고소하는 날'을 뜻한다.

"그의 초막 속에" - '덮어 가리는 것', '덤불(thicket)'이다. 뜨거운 날씨에서 그늘막을 만들어 사람을 보호한다.

"비밀히 지키시고" - '숨긴다(hide).' '저장한다(store up).'(칼 미완료)이다.

"그의 장막" - '천막(tent)', '거처(dwelling)'이다.

"은밀한 곳에" - '숨는 곳(hiding place)'이다.

"나를 숨기시며" - '숨긴다.' '감춘다.'(히필 미완료)이다.

"바위 위에" - '반석(rock)', '절벽(cliff)'이다.

"두시리로다" - '높다(be high).' '올린다.'(포엘 미완료)이다. '들어 올릴 것이다(will lift me up upon).'라는 뜻이다. '바위 위에 높이 있다.'라는 말은 '원수의 손 밖에 있다.' 즉 '위험에서 벗어나 안전한 상태에 있다.'라는 뜻이다.

"초막", "장막", "바위" - '안전'과 '보호'를 상징한다. 나그네가 낯선 곳에서 장막으로 들어가 더위나 추위와 위험을 피하듯이, 시인은 주님께 피하여 안전을 얻는다. 박해받고, 거짓 증거로 고소당하여 세상의 환란을 당하는 사람이 주님께 피하여 안전을 누린다. 그는 여호와께 무엇을 하는가?

6, "이제 내 머리가 나를 둘러싼 내 원수 위에 들리리니 내가 그의 장막에서 즐거운 제사를 드리겠고 노래하며 여호와를 찬송하리로다"

"들리리니" - '높다(be high).' '올린다.'(칼 미완료)이다. '원수에 대해 우세함', '역전'을 뜻한다. 여호와께서 자기를 원수한테서 구원하실 줄 믿었다.

"즐거운" - '전쟁, 위급 또는 기쁨을 알리는 외침', '경보나 나팔 소리(alarm, sound of trumpet)'이다.

"제사를" - '희생제물(sacrifice)'이다. 나팔을 울리면서 환호와 함께 드리는 제물이다. 기쁨의 희생 제사이다.

"드리겠고" - '제물로 바친다(sacrifice/ offer).'(칼 미완료)이다. 시인은 여호와께서 자기를 구원하실 줄 믿고 머리를 들고 즐거운 제사를 지낼 것이다.

"노래하며" - '노래 부른다(sing).'(칼 미완료)이다.

"찬송하리로다" - '노래한다(sing).' '찬양한다(sing praise).'(피엘 미완료)이다. 시인은 희생제물을 바치고 여호와께 찬양할 것이다. 그는 무엇을 부르짖는가?

3. 그는 무엇을 부르짖습니까(7)? 그는 어떤 자세로 기도합니까(8-9)? 그가 주님의 얼굴을 찾는 근거는 무엇입니까(10)? 우리를 향한 여호와의 마음이 어떠합니까?

7, "여호와여 내가 소리 내어 부르짖을 때에 들으시고 또한 나를 긍휼히 여기사 응답하소서"

"여호와여" - '언약을 지키는 신실하신 하나님'을 뜻한다.

"소리 내어" - '목소리', '음성'이다.

"부르짖을 때에" - '부른다.' '선포한다.'(칼 미완료)이다. '큰소리로 기도한다.'라는 말보다는 '간절하게 애원한다.' '온 힘을 기울여 기도한다.'라는 뜻이다.

"들으시고" - '듣는다(hear).' '경청한다(listen to).'(칼 명령)이다.

27(27:1-14)

“또한 나를 긍휼히 여기사” - ‘자비롭다(be gracious).’ ‘불쌍히 여긴다(pity).’(칼 명령)이다.

“응답하소서” - ‘대답한다.’(칼 명령)이다. ‘구원해 달라.’라는 뜻이다. 그는 어떤 자세로 기도하는가?

8, “너희는 내 얼굴을 찾으라 하실 때에 내가 마음으로 주께 말하되 여호와여 내가 주의 얼굴을 찾으리이다 하였나이다”

“찾으라 하실 때에” - ‘찾는다.’ ‘원한다.’(피엘 명령)이다.

“말하되” - ‘말한다.’(칼 완료)이다.

“찾으리이다” - ‘찾는다.’ ‘원한다.’(피엘 미완료)이다. ‘성전에서 주님의 함께하심을 찾는다.’이다. 그는 ‘주님의 집에서 살고자 한다.’(4) ‘주님의 집에서 예배하고자 한다.’라는 뜻이다. 그는 어둠 속에서 빛을 찾듯이 주님의 얼굴을 찾고자 한다. 그가 여호와를 찾을 때 여호와께서 어떻게 하지 말기를 바라는가?

9, “주의 얼굴을 내게서 숨기지 마시고 주의 종을 노하여 버리지 마소서 주는 나의 도움이 되셨나이다 나의 구원의 하나님이시여 나를 버리지 마시고 떠나지 마소서”

“주의 얼굴을” - ‘얼굴’이다.

“내게서” - ‘로부터(from)’, ‘에서 밖으로(out of)’이다.

“숨기지” - ‘(틀어) 막는다.’ ‘봉쇄한다(shut up).’(히필 미완료)이다.

“마시고” - ‘아니’, ‘아니다.’이다. “주님의 얼굴을 내게 숨기지 말아 주십시오.” ‘얼굴을 감추심’은 ‘은총을 거둔다.’ ‘분노한다.’라는 뜻이다.

“노하여” - ‘콧구멍(nostrils)’, ‘화(anger)’이다.

“버리지” - ‘던진다(pitch).’ ‘나쁜 길로 빠진다(pervert).’(히필 미완료)이다.

“마소서” - ‘아니’, ‘아니다.’이다. “화를 내지 마십시오.”

“되셨나이다” - ‘~이 일어난다.’ ‘~이 된다.’(칼 완료)이다. “주님은 나의 도움이십니다.”

27(27:1-14)

“나를 버리지” - ‘버린다(forsake/ cast off).’ ‘남겨둔 채 간다.’(칼 완료)이다.

“마소서” - ‘아니’, ‘아니다.’이다. “나를 물리치지 말아 주십시오”

“떠나지” - ‘떠난다(leave).’ ‘버린다(forsake).’(칼 미완료)이다.

“마시고” - ‘아니’, ‘아니다.’이다. “나를 버리지 마십시오.”

“숨기지 마소서(hide not)”, “돌아서지 마소서(turn not)”, “버리지 마소서(cast not)”, “떠나지 마소서(forsake not)” - 시인은 비슷한 말을 4번 반복한다. 그는 그만큼 주님의 버림을 두려워하기 때문이다. 그는 ‘주님이 함께하지 않으심’, 즉 ‘부재’를 두려워한다. 그래서 그는 주님의 얼굴을 찾는다. 함께하심을 간구한다. 그가 주님의 얼굴을 찾는 근거는 무엇인가?

10, “내 부모는 나를 버렸으나 여호와는 나를 영접하시리이다”

“내 부모”, “여호와” - ‘내 부모’와 ‘여호와’를 대조한다.

“나를 버렸으나” - ‘떠난다(leave).’ ‘버린다(forsake).’(칼 완료)이다. 내 부모는 나를 버렸다. 어떻게 부모가 자식을 버릴 수 있는가? 이런 일은 현실에서 일어나기 쉽지 않다. 물론 그런 일이 일어나기도 한다. ‘이 세상에서 일어날 수 없는 일이 일어날 수 있을지라도’라는 뜻이다. 하지만 여호와는 그 백성을 어떻게 하시는가?

“나를 영접하시리이다” - ‘모은다(gather).’ ‘거둬들인다(gather in).’(칼 미완료)이다. 부모가 나를 버릴지라도 여호와는 나를 거두신다.

우리를 향한 여호와의 마음이 어떠한가? 인간 사회에서 아무리 대단한 사랑과 열정과 헌신도 아들딸을 향한 엄마 아빠의 마음에는 미치지 못한다. 그러나 부모의 사랑이 아무리 크고 깊어도 주님의 사랑에 비할 수 없다. 부모가 자식을 버리는 일은 있을 수 없지만, 설사 있을지라도, 여호와는 아무리 극한 상황에서도 우리를 영접하신다. 주님의 사랑이 부모의 사랑보다 훨씬 더 크기 때문이다. 하나님의 사랑은 모든 인간의 사랑을 초월하기(transcend) 때문이다.

그는 그 사랑을 알기에 주님께 기도한다. “주는 우리 아버지시라 아브라함은 우리를 모르고 이스라엘은 우리를 인정하지 아니할지라도 여호와여, 주는 우리의 아버지시라 옛날부터 주의 이름을 우리의 구속자라 하셨거늘"(사 63:16). 시인은 극한 상황에서도 그분의 초월적 사랑을 알기에 오직 그분의 인도하심과 보호를 구한다. 그는 여호와께 또 무엇을 구하는가?

4. 그는 여호와께 무엇을 구합니까(11-12a)? 왜 그렇게 기도합니까(12b)?

11, "여호와여 주의 도를 내게 가르치시고 내 원수를 생각하셔서 평탄한 길로 나를 인도하소서"

"내게 가르치시고" - '가르친다(teach).'(히필 명령)이다. '가르쳐 달라.'라는 뜻이다. 첫째로, 그는 여호와께서 자기를 가르쳐주시도록 기도한다. 왜냐하면 사람은 본질에서 죄로 기우는 나약한 존재이기 때문이다. 사람은 스스로 바른길을 갈 수 없다. 주님의 가르침이 필요하다.

"평탄한" - '평평한 곳(level place)', '곧음(uprightness)'이다.

"생각하셔서" - '목적(purpose)', '의향(intent)'이다. '때문에(because of)'를 뜻한다.

"나를 인도하소서" - '인도한다(lead).' '안내한다(guide).'(칼 명령)이다. '인도하소서'라는 뜻이다. 둘째로, 그는 평탄한 길로 인도해 주시도록 기도한다. 왜냐하면 원수가 있기 때문이다. 시인 앞에는 원수가 있다. 그러므로 주님의 인도하심이 필요하다. 주님이 인도하셔야 원수를 이기고 평판한 길로 갈 수 있다. 그는 셋째로 무엇을 기도하는가?

12, "내 생명을 내 대적에게 맡기지 마소서 위증자와 악을 토하는 자가 일어나 나를 치려 함이니이다"

"내 대적에게" - '고통', '재난(distress)'이다. '적들(adversaries)'을 뜻한다.

"맡기지" - '준다(give).' '세운다(put).'(칼 미완료)이다.

“마소서” - ‘아니’, ‘아니다.’이다. ‘내맡기지 말라.’ ‘주지 말라.’라는 뜻이다. 그는 왜 그렇게 기도하는가?

“위증자” - ‘거짓말로 증언하는 사람’이다. 법정에서 거짓 고소를 하는 사람이다.

“악을 토하는 자가” - ‘악을 쉬는’, ‘악을 내뿜는’이다. ‘거짓 증언을 하는 것’을 뜻한다.

“일어나” - ‘일어난다.’(칼 완료)이다.

“나를 치려” - ‘안에(in)’, ‘와 함께(with)’이다.

“함이니이다” - ‘마치~처럼(as though)’, ‘이므로(as)’이다. 왜냐하면 거짓말로 증언하는 사람과 악을 내뿜는 사람이 그를 치려고 일어났기 때문이다. 시인은 무엇을 믿었는가?

5. 시인은 무엇을 믿었습니까(13)? 시인은 청중에게 무엇을 권면합니까(14a)? 여호와를 기다리려면 왜 강해야 하고 용기를 내야 합니까(14b)?

13, “내가 산 자들의 땅에서 여호와의 선하심을 보게 될 줄 확실히 믿었도다”

“산 자들” - ‘살아 있는(living)’, ‘생존해 있는(alive)’이다.

“땅에서” - ‘이 세상’을 뜻한다. 그곳은 ‘죽음의 땅(the state of death)’과는 구별된다.

“여호와의 선하심을” - ‘여호와의 선함’, ‘여호와의 복’이다.

“보게 될 줄” - ‘본다(see).’ ‘기대한다(hope).’(부정사)이다.

“확실히 믿었도다” - ‘확실하게 한다(comfirm).’ ‘믿는다(believe/trust).’(히필 완료)이다. 시인은 산 자의 땅에서 여호와의 선하심을 볼 줄을 확실히 믿었다. 그는 이 땅에서 어려움을 겪을지라도 여호와께서 구원하실 줄 믿었다. 그러므로 시인은 청중에게 무엇을 권면하는가?

14, “너는 여호와를 기다릴지어다 강하고 담대하며 여호와를 기다릴

지어다”

“기다릴지어다” - ‘기다린다(wait/ look for).’ ‘바란다(hope).’(피엘 명령)이다.

“여호와를” - ‘여호와의 오심’, ‘여호와의 일하심’, ‘여호와의 응답’이다. 시인은 청중에게 “여호와의 오심, 일하심, 그리고 응답을 기다려라.”라고 권면한다. 여호와를 기다리려면 무엇이 필요한가?

“강하고” - ‘강하다(be strong).’(칼 명령)이다. ‘강해라(Be strong).’라는 뜻이다.

“담대하며” - ‘강하다(be strong).’ ‘담대하다(bold).’ ‘용기를 내다(take courage).’(히필 미완료)이다. ‘용기를 내서 강해라.’라는 뜻이다.

“기다릴지어다” - ‘기다린다(wait/ look for).’ ‘바란다(hope).’(피엘 명령)이다. ‘기다려라(wait for).’라는 뜻이다. “여호와를 기다려라. 용기를 내서 강해라. 여호와를 기다려라.” 이 말씀을 보면, 여호와를 기다리려면 강해야 함을 알 수 있다.

무엇이 강해야 하는가? 믿음이 강해야 한다. 하나님을 향한 사랑과 소망이 강해야 한다.

왜 강해야 하는가? 하나님이 즉시 응답하지 않기 때문이다. 그런 중에 대적의 공격이 있고, 그 공격 앞에서 믿음과 소망과 사랑이 약해지기 때문이다. 왜냐하면 기다림은 내 시간이나 내 중심이 아닌, 하나님의 시간과 하나님 중심의 삶에 있기 때문이다. 하나님을 기다리려면 하나님 중심으로 살아야 한다. 하나님 중심으로 살려면 믿음도 강해야 하고, 소망도 강해야 하고, 사랑도 강해야 한다. 그래야 흔들리지 않고 끝까지 기다릴 수 있다.

“믿음으로 산다.”라는 말은 “기다림으로 산다.”라는 뜻이다. 기다림으로 살려면 강해야 한다. 강함은 성도가 현재의 고난과 그 고난으로부터 미래에 구원받을 사이에 있는 긴장을 견디게 하는 힘이다.

28

목자가 되소서

말씀 시편 28:1-9
요절 시편 28:9
찬송 569장, 570장

1. 시인은 여호와께 무엇을 기도합니까(1a)? 그의 고통이 어느 정도입니까(1b)? 그런 그는 어떻게 간구합니까(2)?

2. 시인의 기도 내용은 무엇입니까(3)? 악인을 어떻게 해야 합니까(4)? 왜 그렇게 해야 합니까(5)?

28(28:1-9)

3. 시인은 무엇을 확신합니까(6)? 그는 어떻게 찬송합니까(7)?

4. 시인은 누구에게로 눈을 돌립니까(8)? 그는 어떻게 백성에게 눈을 돌렸을까요? 그는 백성의 무엇을 위해 기도합니까(9)? 시인이 그리는 '목자 상'은 무엇입니까?

28

목자가 되소서

말씀 시편 28:1-9
요절 시편 28:9
찬송 569장, 570장

1. 시인은 여호와께 무엇을 기도합니까(1a)? 그의 고통이 어느 정도입니까(1b)? 그런 그는 어떻게 간구합니까(2)?

(다윗의 시. Of David)

시인은 목숨의 위협을 받고 있다. 그는 여호와께 구원을 간구한다.

1-2, 구원을 위한 간청

1, "여호와여 내가 주께 부르짖으오니 나의 반석이여 내게 귀를 막지 마소서 주께서 내게 잠잠하시면 내가 무덤에 내려가는 자와 같을까 하나이다"

"주께 부르짖으오니" - '부른다(call).'(칼 미완료)이다. 시인은 여호와께 계속해서 기도한다. 기도는 여호와를 의지하고 도움을 청하는 표현이다. 기도는 그분의 언약 백성이 누리는 특권이다. 그는 여호와를 어떻게 부르는가?

"나의 반석이여" - '힘', '안전', 그리고 '신뢰'를 뜻한다. 그는 여호와를 반석으로 부른다. 그는 여호와를 힘, 안전으로 믿는다. 그분께 무엇을 기도하는가?

"귀를 막지" - '침묵한다.' '잠자코 있다.'(칼 미완료)이다.

"마소서" - '아니', '아니다.'이다. '기도를 듣지 않는다.'라는 뜻이다. 그는 여호와께서 기도에 응답하시도록 기도한다. 만일 여호와께서 귀를 막으면 그는 어떻게 되는가?

"잠잠하시면" - '정적을 지킨다(keep quiet).' '잠자코 있다(hold

one's peace).'(칼 미완료)이다.

시인의 '부르짖음'과 여호와의 '잠잠함'을 대조한다. 그는 여호와의 도움을 받지 못하는 불안한 심정을 표현한다. 여호와의 잠잠함은 그의 고통을 악화하는 일이다. 그 고통이 어느 정도인가?

"무덤에" - '구덩이(pit)', '우물(well)'이다. '죽음의 세계'를 뜻한다.

"같을" - '~와 같다.'(니팔 완료)이다. '내려가는 사람과 같다(be like).'이다. '멸망할 사람', '죽은 사람'을 뜻한다.

"하나이다" - '하지 않도록', '할까 두렵다.'이다. 여호와께서 잠잠하시면 그는 죽음을 가까이에 느낄 수밖에 없다. 하나님이 침묵하시면 그는 죽을 수밖에 없다. 그런 그는 어떻게 간구하는가?

2, "내가 주의 지성소를 향하여 나의 손을 들고 주께 부르짖을 때에 나의 간구하는 소리를 들으소서"

"주의 지성소를" - '구별된 신탁 장소(apartness oracle)', '신성한 안 성소(holiness inner sanctuary)', '지성소(the Most Holy Place)'이다. 하나님의 함께하심을 가장 가까이에서 경험할 수 있는 성소의 장소이다. 시인은 '무덤'과 '지성소'를 대조한다.

"들고" - '들어 올린다.'(부정사)이다. 기도하는 자세이다. 당시에 기도할 때 손을 하늘이나 성전을 향해 들었다.

"부르짖을 때에" - '부르짖는다(cry out).' '외친다(shout).'(부정사)이다. 그는 지성소를 향해 손을 들고 기도한다.

"간구하는 소리를" - 시인은 손을 들뿐만 아니라, 소리로 기도한다.

"들으소서" - '듣는다(hear).' '경청한다(listen to).'(칼 명령)이다. 그의 기도 내용은 무엇인가?

2. 시인의 기도 내용은 무엇입니까(3)? 악인을 어떻게 해야 합니까(4)? 왜 그렇게 해야 합니까(5)?

3-5, 악인에 대한 심판

3, “악인과 악을 행하는 자들과 함께 나를 끌어내지 마옵소서 그들은 그 이웃에게 화평을 말하나 그들의 마음에는 악독이 있나이다”

“악인” - ‘죄를 지은 사람(the wicked)’이다.

“악을 행하는 자들” - ‘거짓을 만드는 사람(the workers of iniquity)’이다.

“나를 끌어내지” - ‘끌어당긴다(draw).’ ‘붙잡는다(seize).’(칼 미완료)이다.

“함께 나를 끌어내지 마옵소서” - 시인은 자신의 운명이 악인의 운명과 같아서는 안 된다고 기도한다. 그 이유가 무엇인가?

“그 이웃” - ‘친구(friend)’, ‘동료(companion/ fellow)’이다. ‘악인’과 ‘이웃’을 대조한다.

“화평을 말하나 그들의 마음에는 악독이 있나이다” - 악인은 평화를 말하지만, 마음에는 악이 있다. ‘화평(peace)’과 ‘악독(mischief)’을 대조한다. 악인은 이웃에게 절친한 친구처럼 말하지만, 실제로는 이웃의 인격과 명예와 삶의 기반을 무너뜨린다. 악인은 신뢰를 깨고, 이웃의 정직과 순수함을 이용한다. 시인은 하나님께서 그들을 어떻게 해주시도록 기도하는가?

4, “그들이 하는 일과 그들의 행위가 악한 대로 갚으시며 그들의 손이 지은 대로 그들에게 갚아 그 마땅히 받을 것으로 그들에게 갚으소서”

“그들이 하는 일과” - ‘일’, ‘행위’이다.

“그들의 행위가” - ‘행위(deed)’, ‘실천(practice)’이다.

“갚으시며” - ‘준다(give).’ ‘만들다(set).’(칼 명령)이다.

“지은 대로” - ‘행위’, ‘공작품’이다.

“그 마땅히 받을 것으로” - ‘보수(recompense)’, ‘이익(benefit)’이다.

“그들에게 갚으소서” - ‘준다(give).’ ‘만들다(set).’(칼 명령)이다.

시인은 악한 일을 하는 사람에게 그들의 행위대로 갚도록 기도한다. 그는 복수가 아니라 정의를 위해 기도한다. 원수에 대한 보응은 ‘하나님의 인과법(God’s law of causality)’의 통치 영역에 속한 것이다. '인과법'은 '하나님께서 의로운 사람에게 복을 주시고 악한 자에게 벌을 내리신다.'라는 뜻이다. 왜 그렇게 해야 하는가?

5, "그들은 여호와께서 행하신 일과 손으로 지으신 것을 생각하지 아니하므로 여호와께서 그들을 파괴하고 건설하지 아니하시리로다"

"행하신 일" - '일', '삯', '보수(recompense)'이다.

"지으신 것" - '행위', '공작품'이다. '그들이 하는 일'(4)과 '여호와께서 행하신 일'을 대조한다.

"생각하지" - '이해한다(understand).' '지각한다(perceive).'(칼 미완료)이다.

"아니하므로" - '아니기 때문에'를 뜻한다.

하나님이 악인의 행위를 갚아야 하는 이유는 그들의 악한 행위 때문만은 아니다. 그들이 여호와의 업적을 무시하고 존경하지 않기 때문이다. 그들이 '영적인 중력(spiritual gravity) 법칙'을 무시하기 때문이다. 지구는 중력의 영향을 받는다. 중력은 지구상 어느 곳에든지 작용하는 불변의 법칙이다. 그래서 모든 물체는 높은 데서 아래로 떨어진다. 이처럼 '영적인 중력 법칙'이 있다. 그 영적인 중력 법칙 중 대표적인 것은 "사람은 죄를 지으면 반드시 벌을 받는다."라는 것이다. 그 벌이 죽음이다. 죽음은 죄의 삯이다. 여호와께서 죄인을 어떻게 하시는가?

"여호와께서 그들을 파괴하고" - '쓰러뜨린다(beat down).' '깨뜨린다(break).'(칼 미완료)이다.

"건설하지" - '세운다(build).' '재건한다(rebuild).'(칼 미완료)이다.

"아니하시리로다" - '아니', '아니다.'이다. 여호와는 그들을 허물어뜨리며 다시는 일으키지 않으실 것이다. 시인은 무엇을 확신하는가?

3. 시인은 무엇을 확신합니까(6)? 그는 어떻게 찬송합니까(7)?

6-7, 구원에 대한 찬양

6, "여호와를 찬송함이여 내 간구하는 소리를 들으심이로다"

“찬송함이여” - ‘축복한다.’ ‘찬양한다.’(분사)이다. 그는 기도를 들으신 여호와를 찬송한다.

“들으심이로다” - ‘듣는다(hear).’ ‘경청한다(listen to).’(칼 완료)이다. 시인은 여호와께서 그의 찬송을 들으셨음을 확신한다. 그는 무엇을 하는가?

7, “여호와는 나의 힘과 나의 방패이시니 내 마음이 그를 의지하여 도움을 얻었도다 그러므로 내 마음이 크게 기뻐하며 내 노래로 그를 찬송하리로다”

“나의 힘과” - ‘힘(strength)’, ‘능력(power)’이다.

“나의 방패이시니” - ‘작은 원형의 방패(shield)’이다.

“의지하여” - ‘믿는다.’(칼 완료)이다. 시인은 그분을 의지했다. 이 말은 ‘계약자의 상호관계’를 강조한다.

“도움을 얻었도다” - ‘돕는다(help).’ ‘구한다(succor).’(니팔 완료)이다. 시인이 하나님을 의지했기에 하나님은 그를 위기에서 구원하셨다. 여호와의 도움을 경험한 그는 무엇을 하는가?

“크게 기뻐하며” - ‘기뻐 날뛴다(exult).’ ‘개가를 올린다(triumph).’(칼 미완료)이다. 그는 구원의 기초로서 하나님을 신뢰할 뿐만 아니라, 구원의 결과로서 기뻐한다.

“내 노래로” - ‘감사제를 동반하는 감사의 말’이다. ‘이 시편’을 뜻한다.

“그를 찬송하리로라” - ‘찬양한다(praise).’ ‘감사한다(give thanks).’(히필 미완료)이다. 감사의 희생 제사는 감사 시편의 공개적인 낭송과 함께 이루어진다. 시인은 누구를 위해 기도하는가?

4. 시인은 누구에게로 눈을 돌립니까(8)? 그는 어떻게 백성에게 눈을 돌렸을까요? 그는 백성의 무엇을 위해 기도합니까(9)? 시인이 그리는 ‘목자 상’은 무엇입니까?

8-9, 백성을 위한 기도

8, “여호와는 그들의 힘이시요 그의 기름 부음 받은 자의 구원의 요새이시로다”

“그들의” - ‘에 관하여(in reference to)’, ‘에 의하여(by)’이다. 복수형이다. ‘여호와의 백성’을 뜻한다. 시인의 개인적 관심이 공동체적 관심으로 바뀌었다.

“힘이시요” - ‘힘(strength)’, ‘권능(power)’이다. 여호와는 그 백성의 힘이시다.

“그의 기름 부음 받은 자의” - ‘기름 부음을 받은 사람(anointed one)’이다.

“요새” - ‘안전한 장소나 수단(place or means of safety)’이다. 여호와는 기름 부어 세우신 사람에게 구원의 요새이시다.

“이시로다” - ‘그’, ‘그것’이다.

기름 부음을 받은 사람은 누구인가? ① 현재의 왕인 다윗이다. ② 오실 메시아이다. 여호와는 왕의 구원 요새이며, 메시아의 구원 요새이다.

시인은 왜 백성에게 눈을 돌렸을까요? 시인은 자기의 기도에 침묵하지 않으신 여호와께서 그 백성의 기도에도 침묵하지 않을 줄 믿었기 때문이다. 그는 자기의 기도 앞에서 여호와의 침묵이 끝나니 불안도 끝났다. 그는 삶의 무거운 짐을 내려놓았다. 여호와께서 자기의 하나님이시듯이 그 백성의 하나님이심을 깨달았다. 자기를 구원하신 그분께서 그 백성도 구원하실 줄 믿었다. 다윗은 자신과 백성이 서로 연결되어 있음을 안다. 왕인 다윗은 ‘대왕(the Great King)’이신 여호와가 자신과 백성의 요새임을 고백한다. 시인은 백성을 위해 무엇을 기도하는가?

9, “주의 백성을 구원하시며 주의 산업에 복을 주시고 또 그들의 목자가 되시어 영원토록 그들을 인도하소서”

“주의 백성을” - 시인은 개인을 넘어 백성을 위해 기도한다. 그 기도의 내용은 네 번의 명령문으로 나타난다.

“구원하시며” - ‘구원한다(save).’ ‘보존한다(preserve).’(히필 명령)이다. 첫째로, '구원하소서(save).'라는 뜻이다. 그는 그 백성을 억압에서 구원해 주시길 기도한다.

"주의 산업에" - '유산(inheritance)', '물려받은 것(heritage)', '소유(possession)'이다. 그 백성은 여호와께서 택하신 소유이다.

"복을 주시고" - '축복한다(bless).' '찬양한다(praise).'(피엘 명령)이다. 둘째로, '축복하소서(bless).'라는 뜻이다.

"백성", "산업" - 여호와의 백성은 여호와의 소유이다. 그 백성을 축복해주시길 기도한다.

"또 그들의 목자가 되시어" - '풀을 뜯긴다(pasture).' '돌본다(tend).'(칼 명령)이다. 셋째로, '목자가 되소서(be shepherd).'라는 뜻이다. 시인은 여호와를 '목자'로 부른다.

"그들을 인도하소서" - '들어 올린다(lift up).' '가지고 간다(carry).'(피엘 명령)이다. 넷째로, '들어 올려주소서(lift up).'라는 뜻이다.

그런데 네 개의 명령형 문장을 하나의 문장으로 함축할 수 있다. "목자가 되소서!" 이 말에 '구원', '축복', '들어 올림(인도)'이 들어 있다. 이 세 가지는 목자가 하는 일의 핵심이다. 그중에서 '들어 올린다.'라는 말이 중요하다. 목자 상을 나타내기 때문이다.

시인이 그 백성을 위해 그리는 '목자 상'은 무엇인가? 양 떼를 '들어 올리는 목자 상'이다. 여호와는 그 백성의 왕-목자(the King-Shepherd)이시다. 그분의 왕국은 영원하다. 그런데 그분은 왕이면서도 그 백성을 들어 올리는 목자이다. 그분은 양을 인도할 때 일방적으로 뒤에서 몰거나 앞에서 끌지 않는다. 오히려 목자가 어린양을 들어 올려서 품에 안고 간다. 여호와는 자기 양 떼를 '몰고 가는' 분이 아니라 '섬기는 분'이다. 목자는 양 떼 위에 군림하는 제왕이 아니라 섬기는 종이다.

이 시상은 이사야 선지자의 말을 연상하게(reminiscent) 한다. "그는 목자같이 양 떼를 먹이시며 어린양을 그 팔로 모아 품에 안으시며 젖먹이는 암컷들을 온순히 인도하시리로다"(사 40:11). 이 모습은 예수님 표상과 합쳐진다. "도둑이 오는 것은 도둑질하고 죽이고 멸망시키려는 것뿐이요 내가 온 것은 양으로 생명을 얻게 하고 더 풍성히 얻게 하려는 것이라. 나는 선한 목자라 선한 목자는 양들을 위하여 목숨을 버리거니와"(요 10:10-11).

시인은 여호와께서 그 백성에게 이런 목자가 되시도록 기도한다. 그것은 곧 자기의 목자가 되시도록 기도하는 그것과 같다.

29

여호와께 돌려라

말씀 시편 29:1-11
요절 시편 29:1
찬송 621장, 412장

1. '권능 있는 자들'은 누구를 말할까요(1a)? 그들은 무엇을 해야 합니까(1b)? 그들은 어떻게 영광을 돌려야 합니까(2)? 이 말씀이 초막절을 지키는 그들에게 주는 의미는 무엇입니까?

2. 오직 여호와께만 예배해야 하는 첫 번째 이유는 무엇입니까(3)? '여호와의 소리'는 무엇을 말합니까? 두 번째 세 번째 이유는 무엇입니까(4)? 넷째로, 여호와의 소리는 또 무엇을 합니까(5-6)?

3. 다섯째로, 여호와의 소리가 무엇을 합니까(7)? 여섯째로, 여호와의 소리는 광야를 어떻게 합니까(8)? 일곱째로, 여호와의 소리는 무엇을 합니까(9a)? 그러므로 모든 것은 무엇을 해야 합니까(9b)? '여호와의 소리'가 초막절을 지키는 그들에게 주는 의미는 무엇입니까?

4. 여호와는 어떤 분으로 앉으셨습니까(10)? 그 모습은 누구로 나타났습니까(막 4:39)? 그분은 그 백성에게 무엇을 주십니까(11)? '힘'과 '평강'을 주시는 여호와께서 초막절을 지키는 그들에게 주는 의미는 무엇입니까?

29

여호와께 돌려라

말씀 시편 29:1-11
요절 시편 29:1
찬송 621장, 412장

1. '권능 있는 자들'은 누구를 말할까요(1a)? 그들은 무엇을 해야 합니까(1b)? 그들은 어떻게 영광을 돌려야 합니까(2)? 이 말씀이 초막절을 지키는 그들에게 주는 의미는 무엇입니까?

(다윗의 시. Of David)

그 시는 가을 초막절(Sukkot)을 배경으로 한다. 영원한 왕이시며 모든 자연을 다스리는 여호와를 찬양한다.

1-2, 여호와의 왕권(Kingship)을 찬양

1, "너희 권능 있는 자들아 영광과 능력을 여호와께 돌리고 돌릴지어다"

- "여호와께 돌려라, 너희 권능 있는 자들아/ 여호와께 돌려라, 영광과 능력을"

"권능 있는"(אֵל, *el*) - '하나님(God)', '강한 자(mighty one)'이다.

"자들아" - '아들(son)', '어떤 집단의 구성원(member of a group)'이다. '하나님의 아들들(sons of God, sons of might)', '하늘의 존재들(heavenly beings)', '하나님의 보좌를 둘러싸고 있는 천상의 총회(the divine assembly of heavenly beings who surround the throne of God)'이다.

"여호와께" - 여호와는 그 백성을 구원하셨다. 여호와는 그 백성을 위해 친히 싸우셨다. 여호와는 위대한 왕과 그 백성 사이에 언약의 관계성을 확증한다. 여호와는 구원자이고, 용사이시다. 그 백성은 그분께 무엇을 해야 하는가?

29(29:1-11)

"둘리고" - '준다(give).' '에 돌린다(ascribe).'(칼 명령)이다. '돌려라(Ascribe unto/ give to).'라는 뜻이다.

"영광" - '외적 광채'보다는 '내적인 힘'을 말한다.

"능력을" - '힘', '세력'이다. 군사 용어이다.

"영광", "능력" - 두 단어는 창조와 구원 사역에서 능력 있는 행위로 나타난다. 영광과 능력은 여호와의 왕적 특권(royal prerogative)을 나타낸다.

"돌리고" - '준다(give).' '에 돌린다(ascribe).'(칼 명령)이다. '돌려라(Ascribe unto/ give to).'라는 뜻이다. '하늘에 있는 존재', '천상의 총회'에 있는 모든 존재는 영광과 능력을 여호와께 돌려야 한다. 어떻게 영광을 돌려야 하는가?

2, "여호와께 그의 이름에 합당한 영광을 돌리며 거룩한 옷을 입고 여호와께 예배할지어다"

- "여호와께 돌려라, 그 이름에 합당한 영광을/ 여호와께 예배할찌어다, 거룩한 옷을 입고"

"그의 이름에 합당한" - '이름(name)'이다. '그의 이름'을 뜻한다.

"영광을" - '그 이름의 영광'이다. '이름 때문에 받는 영광', '그 이름에 합당한 영광'을 뜻한다.

"돌리며" - '준다(give).' '에 돌린다(ascribe).'(칼 명령)이다. '돌려라(Ascribe unto/ give to).'라는 뜻이다.

여호와의 이름에는 군사적 의미가 있다. 여호와는 전쟁의 용사이시다. 여호와의 이름은 존엄하다. 그분의 이름 여호와는 언제나 그 백성과 함께하시는 '임마누엘'이시다(마 1:23). 그분은 이 땅에 오신 예수님이시다. 사도 바울은 빌립보 교회에 그분께 영광을 돌리도록 권면했다. "이러므로 하나님이 그를 지극히 높여 모든 이름 위에 뛰어난 이름을 주사, 하늘에 있는 자들과 땅에 있는 자들과 땅 아래에 있는 자들로 모든 무릎을 예수의 이름에 꿇게 하시고"(빌 2:9-10).

"거룩한" - '구별(apartness)', '신성함(sacredness)'이다.

"옷을 입고" - '장식', '빛남(splendor)'이다. '거룩한 옷'은 여호와의 승리를 축하하고, 예배하기 위해 입는 옷이다. '거룩한 옷'은 '거룩한 삶'을 뜻한다(계 3:4).

"예배할지어다" - '절한다(bow down).'(히트파엘 명령)이다. 사람은 거룩한 분 앞에서 거룩한 옷을 입고 예배해야 한다. 그분께 영광을 돌리는 그것은 그분께 예배하는 것이다.

이 말씀이 초막절을 지키는 그들에게 주는 의미는 무엇인가? 첫째로, 그들은 영광과 능력을 오직 여호와께만 돌려야 한다. 고대 근동에서는 다신론적 종교관에 따라 하급 신은 최고 신에게 영광과 권능을 돌렸다. 시인은 사람만이 아니라 하늘의 영까지도 여호와께 영광을 돌리도록 했다.

지금 이스라엘은 풍성한 곡식을 거두었다. 그들은 지난해 많이 노력했고, 땀도 많이 흘렸다. 그 열매를 보면서 자기에게 영광을 돌릴 수 있다. 나를 덧보이고 싶고, 내가 사람한테 인정받고 싶다. 하지만 여호와께 영광을 돌려야 한다. 내가 아닌 여호와의 이름을 드러내야 한다. 왜냐하면 여호와께서 그 열매를 주셨기 때문이다.

둘째로, 그들은 여호와를 예배해야 한다. 여호와께 영광 돌리는 일은 예배로 나타난다. 그들이 '초막절을 지킨다.'라는 말은 '여호와께 영광을 돌린다.'라는 뜻이다. '여호와께 영광을 돌린다.'라는 말은 '여호와께 예배한다.'라는 뜻이다. 풍성한 열매 앞에서, 자기도취에 빠지면 안 된다. 오직 여호와께 감사하고, 그 감사의 표현으로 오직 여호와를 예배해야 한다. 오직 여호와께만 예배해야 하는 첫 번째 이유는 무엇인가?

2. 오직 여호와께만 예배해야 하는 첫 번째 이유는 무엇입니까(3)? '여호와의 소리'는 무엇을 말합니까? 두 번째 세 번째 이유는 무엇입니까(4)? 넷째로, 여호와의 소리는 또 무엇을 합니까(5-6)?

3-9, 여호와의 영광스러운 소리

3, "여호와의 소리가 물 위에 있도다 영광의 하나님이 우렛소리를 내시니 여호와는 많은 물 위에 계시도다"

"소리가"(קוֹל, *qol*) - '소리(sound)', '음성(voice)'이다.

"여호와의 소리가" - 3-9절에서 7번(3, 4a, 4b, 5, 7, 8, 9) 반복하며 강조한다.

'여호와의 소리'는 폭풍우의 표상인 우레, 뇌성, 그리고 폭풍 등이다. '여호와의 소리'는 '여호와의 '나타나심(현현, theophany)'이다. 여호와께서 인류 역사에 오셔서 간섭하고 구원하고 심판하심이다. 여호와께서 우주를 다스리는 권능과 위엄이다. 여호와의 소리는 단순한 소리가 아니다. 영광의 선포에 나타난 모든 결과를 보여주는 능력의 소리이다. 여호와의 소리가 첫 번째로, 무엇을 하는가?

"물" - '물들(waters)'이다. '지중해', '옛적의 홍수', '홍해'를 뜻한다.

"위에 있도다" - '위에(above)', '에 대해서(against)'이다. '물에 대항하여'라는 뜻이다. 첫째로, 여호와의 소리가 물에 대항하여 지배했다.

"영광" - 왕이신 여호와의 성품 중 하나이다. 권능과 능력, 거룩한 위엄과 아름다움이 여호와의 영광이다.

"우렛소리를 내시니" - '천둥 친다(to thunder).'(히필 완료)이다.

"많은 물" - '큰물'이다. '혼돈의 세력'을 상징한다.

"위에 계시도다" - '위에(above)'이다. 영광의 하나님이 우렛소리를 내시니 여호와는 혼돈의 많은 물 위에 계신다. 하나님은 혼돈의 세력을 정복했다.

무슨 뜻인가? 가나안 사람은 바다를 바다와 혼돈의 신 '얌(Yam)'과 번영과 천둥과 번개를 동반한 비(thunderstorms)의 신 '바알(Baal)'이 싸우는 전쟁터로 여겼다. '바알'은 '얌'을 정복했다. 가나안 모든 신들(pantheon)의 신인 '엘(*El*)', 즉 '바알'은 신들의 창시자였다. '바알'의 목소리는 천둥과 번개를 동반한 비(thunderstorms)에서 들린다고 생각했다. 그런데 여호와의 나타나심을 상징하는 폭풍우는 바알을 정복한 전사의 모습이었다. 여호와를 영광스러운 '엘(*El*)'로 직접 부르는 것은 '바알'보다 여호와가 더 우월함을 암시한 것이다. 세상을 다스리는 권능자는 다른 신이 아니라, 여호와이시다. 바알이 지배한 것으로 알았던 바다와 홍수를 여호와의 소리가 정복했다. 여호와의 소리는 '강력한 물(mighty waters)'을 장악하는 '강력한 용사(mighty warrior)이시다. 여호와의 소리는 그분의 피조물인 하늘은 물론이고 바다와 비도 다스리신다.

이스라엘이 풍성한 곡식을 거둘 수 있었던 것은 여호와께서 그들에게 풍성한 비를 주셨기 때문이다. 바알이 비를 주지 않고 여호와께서 주신다. 여호와는 비를 주관하신다. 그들은 초막절을 지키면서 그 여호와를 알아야 한다. 그리고 그분께 영광을 돌리고 예배해야 한다. 둘째로, 여호와의 소리는 어떠한가?

4, "여호와의 소리가 힘 있음이여 여호와의 소리가 위엄차도다"

"소리가" - '소리(sound)', '음성(voice)'이다.

"힘 있음이여" - '힘(strength)', '능력(power)'이다. 둘째로, 여호와의 소리는 힘이 있다. 셋째는 무엇인가?

"소리가" - '소리(sound)', '음성(voice)'이다.

"위엄차도다" - '장식(ornament)'이다. '위엄이 가득한(full of majesty).'이라는 뜻이다. 셋째로, 여호와의 소리는 위엄이 가득하다. 넷째로, 여호와의 소리는 무엇을 하는가?

5, "여호와의 소리가 백향목을 꺾으심이여 여호와께서 레바논 백향목을 꺾어 부수시도다"

"백향목을" - '나무 중의 왕자'이다. 매우 강하고 쉽게 꺾이지 않고 아름답고 견고하다. 애굽에서 메소포타미아에 이르기까지 지중해 전역에서 이 나무를 건축 재료로 사용했다. 솔로몬도 이 나무를 수입하여 궁전과 성전을 지었다(왕상 5:6). 이 나무는 힘과 교만(사 2:12, 13), 번성과 안정을 상징한다.

"꺾으심이여" - '깨뜨린다(break).' '깨뜨려 산산조각 낸다(break in pieces).'(분사)이다.

"레바논" - '흰 산'인데, 레바논산맥을 뜻한다.

"꺾어 부수시도다" - '깨뜨린다(break).' '깨뜨려 산산조각 낸다(break in pieces).'(피엘 미완료)이다. 넷째로, 여호와의 소리는 백향목을 꺾었다. 여호와는 아무리 강한 나무도 쉽게 꺾으신다. 안정과 견고함을 상징한 그 나무도 여호와 앞에서는 불안정하다. 가장 높고 가장 강하고 가장 아름다운 레바논의 향나무도 여호와의 힘과는 비교할 수 없다. 여호와는 바벨론이나 가나안의 신보다도 더 크신 분이다. 그분의 영광은 역사와 자연의 영역에서 모두 나타난다.

6, "그 나무를 송아지 같이 뛰게 하심이여 레바논과 시룐으로 들 송아지 같이 뛰게 하시도다"

- "그분은 레바논을 송아지처럼 뛰게 하고, 시룐을 들 송아지처럼"

"레바논과" - '레바논산맥'이다.

"뛰게 하심이여" - '깡충깡충 뛰놀다(skip about).'(히필 미완료)이다.

"시룐으로" - '갑옷'이라는 뜻인데, '헤르몬산'을 말한다. 시돈 사람은 헤르몬산을 시룐이라고 불렀다(신 3:9). 레바논과 시적 대구법으로 표현했다. 헤르몬산은 만년설로 덮여 있고, 매우 오래되고 견고하여 그 기초가 흔들리지 않는다.

"같이 뛰게 하시도다" - '~와 같이', '~처럼'이다. 여호와의 소리에 크고 강한 레바논이 송아지처럼, 그리고 흔들리지 않을 것 같은 헤르몬산이 들 송아지처럼 뛴다.

가나안 신화에서는 그 산을 '신들의 거주지'로 생각했다. 따라서 그 기초가 흔들린 것은 여호와께서 그런 신들보다 크심을 표현한다. 다섯째로, 여호와의 소리가 무엇을 하는가?

3. 다섯째로, 여호와의 소리가 무엇을 합니까(7)? 여섯째로, 여호와의 소리는 광야를 어떻게 합니까(8)? 일곱째로, 여호와의 소리는 무엇을 합니까(9a)? 그러므로 모든 것은 무엇을 해야 합니까(9b)? '여호와의 소리'가 초막절을 지키는 그들에게 주는 의미는 무엇입니까?

7, "여호와의 소리가 화염을 가르시도다"

29(29:1-11)

"화염을" - '불꽃(the flames of fire)'이다. '번개'를 뜻한다. 가나안 신화에서 '바알'은 번개의 신이었다. 번개는 신들의 무기였다.

"가르시도다" - '파헤친다(dig).' '자른다(hew).'(분사)이다. '불꽃이 튀고'라는 뜻이다. 다섯째로, 여호와의 소리가 화염을 가르셨다. 여호와께서 그 신들의 무기인 번개를 당신의 무기로 쓰신다. 여섯째로, 여호와의 소리가 무엇을 하는가?

8, "여호와의 소리가 광야를 진동하심이여 여호와께서 가데스 광야를 진동시키시도다"

"광야를" - 일반적으로 세 유형의 지역을 묘사한다: 목초지(렘 23:10), 사람이 살지 않는 땅(신 32:10), 오아시스 혹은 도시와 읍이 여기저기에 존재하는 넓은 지역이다. 이곳은 황무지는 아니고 사람이 일시적으로 사는 '반사막 초원(steppe)'이다.

"진동하심이여" - '빙빙 돌다.' '몸을 뒤틀다.' '흔들다.'(히필 미완료)이다. 여섯째로, 여호와의 목소리가 광야를 흔드신다.

"가데스" - '신성한 곳'을 뜻하며, 신 광야에 있었다.

"진동시키시도다" - '빙빙 돌다.' '몸을 뒤틀다.' '흔들다.'(히필 미완료)이다. 여호와께서 가데스 광야를 뒤흔드신다. 여호와의 소리가 하늘은 물론이고 땅에도 울려 퍼진다. 일곱째로, 여호와의 소리는 무엇을 하는가?

9, "여호와의 소리가 암사슴을 낙태하게 하시고 삼림을 말갛게 벗기시니 그의 성전에서 그의 모든 것들이 말하기를 영광이라 하도다"

"암사슴을" - '암사슴(doe/ hind)'이다.

"낙태하게 하시고" - '빙빙 돌다.' '몸을 뒤틀다.' '흔들다.'(포렐 미완료)이다. ① "진통을 겪게 하시고" ② "놀라게 해 낙태하게 하고" ③ "새끼를 낳게 하시고(makes the deer to calve/ makes the deer give birth)" ④ "참나무를 뒤틀게 하시고(twists the oaks)", "참나무를 흔드시고(makes the oaks to shake)." 암사슴이 천둥소리가 울리고 번개가 치고 나무가 부러지고 땅이 흔들리자 놀라서 조산하였다. 여호와의 소리에 동물도 공포에 휩싸였다.

"삼림을" - '벌집(honeycomb)', '숲(the forests)'이다.

"말갛게 벗기시니" - '벗긴다(strip).' '폭로한다(lay bare).'(칼 미완료)이다. 천둥과 번개와 함께 내린 폭우로 숲들이 사라졌다. 그러므로 모든 것은 무엇을 해야 하는가?

"그의 성전에서" - '궁전(palace)', '성소(sanctuary)'이다.

"그의 모든 것들이" - '모두(all)', '전체(the whole)'이다. "너희 권능 있는 자들아"를 뜻한다.

"말하기를" - '말한다(say).'(분사)이다.

"영광이라 하도다" - '영광'이다. 천상에 있는 하나님의 아들들이 여호와께 영광을 돌려야 한다고 말했다. 이것은 우주에 드러나신 여호와의 다스림을 일컫는 말이다. 여호와를 향한 피조물의 적절한 반응은 '대왕(the Great King)'이신 그분에게 영광을 돌리는 것이다. 하늘에 있는 모든 피조물은 여호와가 온 우주의 왕이심을 깨닫고 말해야 한다. "영광이라!" 그때 여호와는 어떤 분으로 앉으셨는가?

4. 여호와는 어떤 분으로 앉으셨습니까(10)? 그 모습은 누구로 나타났습니까(막 4:39)? 그분은 그 백성에게 무엇을 주십니까(11)? '힘'과 '평강'을 주시는 여호와께서 초막절을 지키는 그들에게 주는 의미는 무엇입니까?

10-11, 왕이신 여호와

10, "여호와께서 홍수 때에 좌정하셨음이여 여호와께서 영원하도록 왕으로 좌정하시도다"

"여호와께서" - 10-11절에서 4번 반복한다. 여호와가 누구신가를 강조한다.

"홍수 때에" - '홍수(flood)'인데, '혼돈'을 상징한다.

"좌정하셨음이여" - '앉는다(sit).' '머무른다(remain).'(칼 완료)이다. '앉으셨다(sat).' '정복했다.'라는 뜻이다. 여호와는 혼돈의 상징인 큰물을 정복하셨다.

29(29:1-11)

"영원하도록" - '영원'이다.

"좌정하시도다" - '앉는다(sit).' '머무른다(remain).'(칼 미완료)이다. '앉으신다(sits).'를 뜻한다. 여호와께서 영원토록 왕으로 다스리신다.

'바알'은 홍수와 바다의 신 '얌'을 정복한 후, 그리고 고대 바벨론 신 '마르둑(Marduk)'은 메소포타미아 바다의 여신 '티아맛(Tiamat)'을 정복한 후 왕이 되었다. 가나안과 바벨론에서는 큰물과 바다를 신격화했지만, 성경에서는 혼돈의 상징일뿐이다. 우주의 왕으로 앉으신 여호와는 모든 신의 왕이요, 동시에 이스라엘의 왕이시다. 큰물과 바다를 정복하신 여호와는 영원토록 다스리는 왕이시다.

그 모습은 누구에게로 나타났는가? 예수님께서 풍랑을 잔잔하게 하신 모습으로 나타났다. "예수께서 깨어 바람을 꾸짖으시며 바다더러 이르시되 잠잠하라 고요하라 하시니 바람이 그치고 아주 잔잔하여지더라"(막 4:39). 예수님은 육신의 몸을 입고 이 땅에 오신 왕이다. 그분은 이 세상과 하늘을 영원토록 다스리는 왕이다. 그분은 그 백성에게 무엇을 주시는가?

11, "여호와께서 자기 백성에게 힘을 주심이여 여호와께서 자기 백성에게 평강의 복을 주시리로다"

"자기 백성에게" - '백성'이다.

"힘을" - '힘(strength)', '능력(power)'이다.

"주심이여" - '준다(give).' '세운다(set).'(칼 미완료)이다. "여호와는 당신 백성에게 힘을 주실 것이다(Yahweh will give strength unto his people)." "여호와께서 그 백성에게 힘주시기를 바랍니다(May the Yahweh give strength to his people)."

"평강의" - '평화'이다. '땅에서는 평화'라는 뜻이다. 평화는 주님한테서 온다.

"복을 주시리로다" - '무릎을 꿇는다(kneel).' '축복한다(bless).'(피엘 미완료)이다. "여호와께서 평화로 그 백성을 축복하실 것이다(Jehovah will bless his people with peace)." "여호와께서 그 백성을 평화로 축복하시기를 빕니다(May the Lord bless his people with peace).”

‘힘’과 ‘평강’을 주시는 여호와께서 초막절을 지키는 그들에게 주는 의미는 무엇인가? 첫째로, 그들은 세상에서 겪는 어떤 어려움도 이길 수 있다. 어떤 원수도 두렵지 않다. 여호와께서 힘을 주시기 때문이다. 여호와께서 주시는 힘을 받으면 세상에서 두려울 일이 없다. 여호와의 힘이 함께하기 때문이다.

둘째로, 그들은 참 평화를 누릴 수 있다. 하늘에 있는 모든 존재는 여호와께 영광을 돌렸다. 땅에서는 그분을 통해 평화를 선물로 받는다. 이 땅에서 평화만큼 소중한 선물은 없다. 그런데 그 평화를 여호와께서 주신다. 평화는 여호와께서 우리에게 주시는 가장 큰 선물 중 하나이다.

그 일이 예수님께서 한 아기로 태어났을 때 나타났다. 그때 수많은 천군이 그 천사들과 함께 하나님을 찬송하며 말했다(눅 2:13). “지극히 높은 곳에서는 하나님께 영광이요 땅에서는 하나님이 기뻐하신 사람들 중에 평화로다 하니라”(눅 2:14). 예수님은 평화의 왕으로 오셨다. 그리고 평화를 주신다(요 20:21).

힘과 평화는 새의 양 날개와 같다. 힘이 있어야 원수를 만나도 이길 수 있다. 따라서 평화를 누릴 수 있다. 여호와께서 오늘 우리에게도 힘과 평화를 주시길 바란다.

30

슬픔이 변하여 춤이 되게 하시며

말씀 시편 30:1-12
요절 시편 30:11
찬송 283장, 428장

1. 시인은 무슨 고백으로 시작합니까(1a)? 그는 왜 여호와를 높입니까(1b)? 여호와는 그를 어디에서 끌어내셨습니까(2-3)?

2. 시인은 누구를, 어디로 초대합니까(4)? 성도는 왜 여호와를 찬송해야 합니까(5)? 그러나 시인의 과거는 어떠했습니까(6)? 여호와께서 그를 어떻게 하셨습니까(7)?

30(30:1-12)

3. 시인은 근심의 때 무엇을 했습니까(8)? 그가 주님께 부르짖는 근거는 무엇입니까(9)? 그의 삶의 목적은 무엇입니까? 그는 어떻게 기도합니까(10)?

4. 주님께서 그의 기도를 어떻게 들어주셨습니까(11)? '춤'은 무엇을 뜻하며, '옷'의 변화는 무엇을 뜻합니까? 그는 기쁨의 옷을 입고 무엇을 합니까(12)?

30
슬픔이 변하여 춤이 되게 하시며

말씀 시편 30:1-12
요절 시편 30:11
찬송 283장, 428장

1. 시인은 무슨 고백으로 시작합니까(1a)? 그는 왜 여호와를 높입니까(1b)? 여호와는 그를 어디에서 끌어내셨습니까(2-3)?

(다윗의 시. 성전 봉헌식 때 부른 노래, A Psalm of David. A song at the dedication of the temple)

1-3, 나를 끌어올리신 여호와

1, "여호와여 내가 주를 높일 것은 주께서 나를 끌어내사 내 원수로 하여금 나로 말미암아 기뻐하지 못하게 하심이니이다"

"내가 주를 높일 것은" - '높다(be high).' '찬양한다(extol).'(포렐 미완료)이다. 감사와 찬양을 통해 그 대상을 높은 분으로 인식하는 것을 뜻한다. 시인은 '찬양(I will exalt you)'(1)으로 시작하여 '찬양(I will give you thanks forever)'으로 끝난다. 그는 왜 여호와를 높이는가?

"주께서 나를 끌어내사" - '끌어당긴다.' '물에서 길어 올린다(to draw up out of the water).'(피엘 완료)이다. '덩이에서 끌어올리셨다.' 라는 뜻이다. 주님은 마치 두레박으로 물을 끌어 올리듯이 시인을 끌어올렸다.

"내 원수로 하여금" - '적(foe)', '원수(enemy)'이다. '시인의 원수'를 뜻한다.

"나로 말미암아" - '안에(in)', '에 의하여(by)'이다.

"기뻐하지" - '기뻐한다.' '즐거워한다.'(피엘 완료)이다.

"못하게 하심" - '아니', '아니다.'이다.

"이니이다" - '마치~처럼(as though)'이다. '원수가 시인을 보고 기뻐하지 못하도록 하셨다.'라는 뜻이다. 여호와께서 원수가 시인을 비웃지 못하도록 하셨다. 시인은 그 여호와를 높일 것이다. 여호와는 그를 어디에서 끌어내셨는가?

2, "여호와 내 하나님이여 내가 주께 부르짖으매 나를 고치셨나이다"

"여호와 내 하나님이여" - 시인은 "여호와, 나의 하나님"이라고 부른다. 그는 그만큼 하나님을 의지하고 있다.

"부르짖으매" - '부르짖는다.' '외친다.'(피엘 완료)이다. '도와 달라고 부르짖었다.'라는 뜻이다. 시인은 그분의 아들딸로서 그분의 마땅한 돌봄을 요구했다.

"나를 고치셨나이다" - '치료한다(heal).' '건강하게 한다(make healthful).'(칼 미완료)이다. 여호와는 시인을 첫째로, 병에서 끌어내셨다. 시인이 하나님께 기도하자 하나님께서 낫게 하셨다. 하나님은 능력 있는 의사로서 병든 사람을 낫게 하신다.

이스라엘은 병과 건강이 하나님한테서 온다고 생각했다. 하나님은 "죽이기도 하며 살리기도 하며 상하게도 하며 낫게도" 하신다(신 32:39). 그러므로 병들면 여호와께 기도해야 한다. 아사 왕은 그의 발이 병들어 매우 위독했으나 여호와를 찾지 않고 의사만 찾다가 숨을 거두었다(대하 16:12-13). 둘째로, 여호와는 그를 어디에서 끌어내셨는가?

3, "여호와여 주께서 내 영혼을 스올에서 끌어내어 나를 살리사 무덤으로 내려가지 아니하게 하셨나이다"

"내 영혼을" - '숨 쉬는 존재', '생명'이다.

"스올" - '죽은 자의 거처', '지하 세계(the underworld)'이다. 시인은 죽음의 웅덩이에 빠졌다.

"끌어내어" - '올라간다(go up).' '오른다(climb/ ascend).'(히필 완료)이다.

"나를 살리사" - '살아있다.' '생명을 유지한다.'(피엘 완료)이다.

"무덤으로" - '구덩이(pit)', '우물(well)'이다.

"내려가지 아니하게 하셨나이다" - '내려간다(go down/ descend).' '기울다(decline).'(부정사)이다. 여호와는 시인을 죽음의 영역에서 끌어내어 생명으로 인도하셨다. 그래서 그는 여호와를 높입니다.

두 가지로 번역할 수 있다: "무덤으로 내려간 사람 가운데서 나를 살리셨다." "나를 죽음에서 건지셔서 무덤으로 들어가지 않게 하셨다." 시인은 이제 누구를 초대하는가?

2. 시인은 누구를, 어디로 초대합니까(4)? 성도는 왜 여호와를 찬송해야 합니까(5)? 그러나 시인의 과거는 어떠했습니까(6)? 그는 무엇을 깨달았습니까(7)?

4-7, 여호와의 노염과 은총

4, "주의 성도들아 여호와를 찬송하며 그의 거룩함을 기억하며 감사하라"

"주의 성도들아" - '거룩한 사람(holy one)', '성도(saint)'이다. 여호와의 언약을 굳게 믿은 사람이다. 하나님의 구원을 체험한 사람이다.

"찬송하며" - '노래한다.' '연주한다(make music).'(피엘 명령)이다. 자신이 구원받은 체험을 말한 시인은 다른 사람도 주님을 찬송하도록 초대한다.

"그의 거룩함을" - '거룩함', '신성함'이다. '거룩한 이름(holy name)'과 같은 뜻이다.

"기억하며" - '기억(remembrance)', '기념(memorial)'이다.

'여호와의 거룩한 이름을 기억함'은 '그분의 함께하심'을 뜻한다. 그분을 기억하거나 그분의 이름을 부르면 여호와께서 함께하시고 돌보아 주신다. 그러므로 성도는 무엇을 해야 하는가?

"감사하라" - '찬양한다(praise).' '감사한다(give thanks).'(히필 명령)이다. '그분에 대한 거룩한 기억을 찬송하라.'라는 뜻이다.

시인은 공동체가 여호와를 함께 기억하고 감사하기를 바란다. 성도는 왜 여호와를 찬송해야 하는가?

5, "그의 노염은 잠깐이요 그의 은총은 평생이로다 저녁에는 울음이 깃들일지라도 아침에는 기쁨이 오리로다"

"그의 노염은" - '그분의 진노(anger)'이다. 인간의 죄에 대한 하나님의 반응이다.

"잠깐이요" - '순간(a moment)'이다. 하나님은 사람을 벌하실지라도 고통을 짧게 하신다.

"그의 은총은" - '그분의 호의(favor)', '그분의 선물'이다.

"평생이로다" - '살아있는(living)', '생존하여 있는(life time)'이다. 하나님은 은총을 평생 주신다. 하나님은 사람에게 진노도 하시고 은총도 주신다. 하지만 은총이 진노보다 강하다.

"저녁에는"/ "아침에는", "울음이"(weeping)/ 기쁨이"(rejoicing) - 대조하고 있다.

"깃들일지라도" - '숙박한다(lodge).' '밤을 지낸다(spend the night).'(칼 미완료)이다. 저녁은 어둠과 두려움과 고통의 시간이다. 하지만 저녁은 멈춰있지 않고 아침을 준비하는 시간이다.

"아침에는" - '빛의 시간'이며, '하나님 구원의 때', '부활의 시간'이다. '치료(healing)', '회복(restoration)', 그리고 '축복(blessing)'을 상징한다.

"기쁨이 오리로다" - '울리는 외침(ringing cry)'이다. 어둠을 몰아내는 아침은 반드시 온다. 어둠이 빛으로 바뀌고, 울음이 기쁨으로 바뀐다.

히스기야 왕이 병들어 죽게 되었을 때 이사야 선지자는 여호와의 말씀을 전했다. "네가 죽고 살지 못하리라." 그때 히스기야는 얼굴을 벽으로 향하고 여호와께 기도했다. 여호와께서 그의 기도에 응답하셨다. "내가 네 기도를 들었고, 네 눈물을 보았노라. 내가 너의 수명을 십오 년 더하리라"(사 38:1-5). 하나님은 저녁에 죽음을 선언하셨지만, 아침에는 생명을 주셨다. 그러나 시인의 과거는 어떠했는가?

6, "내가 형통할 때에 말하기를 영원히 흔들리지 아니하리라 하였도

다"

"내가" - '그러나 이제 나에 관해서는(but now as for me)'이다. 그는 자신의 과거를 말한다.

"형통할 때에" - '평안', '번영(prosperity)'이다. 건강하고 성공적이며 행복한 시절이다. 어려움 없이 모든 일이 잘될 때이다.

"말하기를" - '말한다(say).'(칼 완료)이다. 그는 평안할 때 말했다.

"영원히" - '영원(forever)', '영구한(everlasting)'이다.

"흔들리지" - '비틀거린다(totter).' '흔들린다(shake).'(니팔 미완료)이다.

"아니하리라" - '아무것도 ~않다.' '전연 ~않다.'이다.

"나는 영원히 흔들리지 않을 것이다(I shall never be moved)." 그는 자신의 행복을 당연하게 여겼다. 그는 교만했다. 왜냐하면 그의 형통이 하나님의 은총인 줄을 몰랐기 때문이다. 그것은 '잘못된 안정감(a false sense of security)', '거짓 확신'이다. 이런 착각을 '실용적 무신론(a practical atheism)'이라고 부른다. 그랬던 그가 무엇을 깨달았는가?

7, "여호와여 주의 은혜로 나를 산 같이 굳게 세우셨더니 주의 얼굴을 가리시매 내가 근심하였나이다"

"주의 은혜로" - '호의', '은총'이다.

"나를 산 같이" - '산', '산지'이다.

"굳게" - '힘(strength)', '능력(power)'이다. '하나님의 함께하심과 복'을 뜻한다.

"세우셨더니" - '계속해서 서 있다(stand).' '남아 있다(remain).'(히필 완료)이다. 그의 견고함은 산과 같았다. 그는 마침내 과거의 행복을 주님이 튼튼히 잡아주셨기 때문임을 알았다. 그는 형통이 주님한테서 온 것임을 깨달았다.

"가리시매" - '숨긴다(hide).' '감춘다(conceal).'(히필 완료)이다. 주님의 얼굴을 가리심(*Deus absconditus*)은 함께하심을 거두는 일이다. 하나님이 얼굴을 마주하심(*Deus revelatus*)은 함께하심이다. 주님께서 얼굴을 가리셨을 때 그는 어떠했는가?

“근심하였나이다” - ‘놀랜다.’ ‘당황한다.’(분사)이다. ‘두려움에 사로잡혔다.’ ‘실망했다(was dismayed).’라는 뜻이다. “흔들리지 않음”(firm, 6)과 “근심”(dismayed)을 대조한다. 그는 근심의 때 무엇을 했는가?

3. 시인은 근심의 때 무엇을 했습니까(8)? 그가 주님께 부르짖는 근거는 무엇입니까(9)? 그의 삶의 목적은 무엇입니까? 그는 어떻게 기도합니까(10)?

8-12, 슬픔이 변하여 춤으로

8, “여호와여 내가 주께 부르짖고 여호와께 간구하기를”

“여호와여” - 그는 여호와께로 돌아간다.

“부르짖고” - ‘부른다(call).’ ‘불러낸다(call out).’(칼 미완료)이다.

“간구하기를” - ‘간절히 원한다(beseech).’ ‘탄원한다(implore).’(히트파엘 미완료)이다. 시인은 시련을 겪을 때 여호와께 간구했다.

그가 주님을 찾을 수 있음은 주님을 믿기 때문이다. 누군가가 말했다. “주님께 부르짖음은 훌륭한 일이고, 천상의 것을 열망하는 사람의 특권이다. 그러나 어떤 사람이 사소한 지상의 것을 요구한다면, 그는 작고 낮은 목소리를 사용할 것이다. 그 목소리는 높이까지 이르지 못하거나 주님의 귀에 이르지 못할 것이다.” 시인이 주님께 부르짖는 근거는 무엇인가?

9, “내가 무덤에 내려갈 때에 나의 피가 무슨 유익이 있으리요 진토가 어떻게 주를 찬송하며 주의 진리를 선포하리이까”

“무덤” - ‘구덩이(pit)’이다.

“내려갈 때에” - ‘내려간다(go down/ descend).’ ‘기울다(decline).’(부정사)이다. ‘죽어서 무덤에 묻힌다.’라는 뜻이다.

“나의 피가” - ‘내 죽음(my death)’을 뜻한다.

“무슨 유익이 있으리요” - ‘폭력에 의한 취득’, ‘불의한 이득’이다. ‘내 죽음이 무슨 유익이 있는가?’라는 뜻이다. 왜 유익이 없는가?

"진토가" - '티끌(dust)', '흙(earth)', '재(ashes)'이다.

"어떻게 주를 찬송하며" - '고백한다(confess).' '찬양한다(praise).'(히필 미완료)이다. 죽은 사람은 하나님을 찬양할 수 없다. 하나님을 찬양하는 일은 살아 있는 사람의 특권이다.

"주의 진리를" - '견고(firmness)', '진리(truth)'이다.

"선포하리이까" - '말한다(tell).' '알게 한다(make known).'(히필 미완료)이다. 그의 죽음이 하나님께 유익이 안 되는 또 하나의 이유는 그가 죽으면 주님의 진리를 선포할 수 없기 때문이다.

시인은 자기 삶의 목적을 무엇으로 말하는가? 여호와를 찬양하고, 그분의 진리를 선포하는 일이다. 그런데 그가 죽으면 이 두 가지 일을 할 수 없다. 따라서 그는 살고자 한다. 주님께서 살려주시도록 기도한다. 그는 어떻게 기도하는가?

10, "여호와여 들으시고 내게 은혜를 베푸소서 여호와여 나를 돕는 자가 되소서 하였나이다"

"들으시고" - '듣는다.'(칼 명령)이다.

"내게 은혜를 베푸소서" - '자비롭다(be gracious).' '불쌍히 여긴다(pity).'(칼 명령)이다.

"돕는 자가" - '돕는다.'(분사)이다. 그는 자기를 도와줄 분은 오직 여호와뿐임을 고백한다. 그는 주님께서 자기의 기도를 들으실 줄 믿는다.

"되소서 하였나이다" - '된다(to become).'(칼 명령)이다.

"들으시고", "베푸소서", "되소서" - 세 개의 명령형이다. 이 세 개의 명령형에는 그의 간절함이 묻어 있다. 주님께서 그 기도를 어떻게 들어주실 줄 믿는가?

4. 주님께서 그의 기도를 어떻게 들어주셨습니까(11)? '춤'은 무엇을 뜻하며, '옷'의 변화는 무엇을 뜻합니까? 그는 기쁨의 옷을 입고 무엇을 합니까(12)?

11, “주께서 나의 슬픔이 변하여 내게 춤이 되게 하시며 나의 베옷을 벗기고 기쁨으로 띠 띄우셨나이다”

“나의 슬픔이” - ‘울부짖음(mourning)’이다. 큰 슬픔의 표현이다.

“변하여” - ‘변화시킨다(turn).’ ‘뒤집어엎는다(overturn).’(칼 완료)이다. ‘바꾸셨다(have turned for).’라는 뜻이다.

“내게 춤이” - ‘춤(dancing)’이다. 주님께서 그를 위해 그의 슬픔을 춤으로 바꾸셨다(You have turned for me my mourning into dancing).

춤은 무엇을 뜻하는가? 축제에서 추는 큰 기쁨의 표현이다. 완전한 회복을 뜻한다. 춤은 단순한 즐거움의 표현이 아니라, 병에서 완전히 회복되었음을 원수에게 드러내는 것이었다. 그 모습을 어떻게 표현했는가?

“나의 베옷을” - ‘굵은 베옷(sackcloth)’이다. 가족이 죽었거나 재앙을 당해 깊은 슬픔을 표현하려고 입는 옷이다.

“벗기고” - ‘열다.’(피엘 완료)이다.

“기쁨으로” - ‘기쁨으로(with gladness)’이다.

“띠 띠우셨나이다” - ‘허리를 졸라맨다(gird).’ ‘둘러싼다(encompass).’(피엘 완료)이다. 잔치 때 입는 옷을 입었다는 뜻이다. 주님께서 그의 베옷을 벗기고 잔치옷으로 갈아입히셨다. 옷의 변화는 존재의 변화를 뜻한다. 그는 슬픔의 사람에게서 벗어나 기쁨의 사람이 되었다.

이 기도에 대한 확신이 당시 성도에게 주는 의미는 무엇인가? 이 시의 표제는 “성전 봉헌식 때 부른 노래”이다. 다윗은 성전을 짓지 않았다. 어떤 분은 다윗이 장차 지을 그 성전을 생각하면서 이 시를 썼다고 말한다. 한편에서는 바벨론 포로에서 돌아온 후기 공동체가 이 시를 성전 봉헌식 때 불러서 그렇게 붙였다고 여긴다. 또 다른 사람은 이 시를 성전 봉헌 기념일인 ‘하누카(Hanikkah) 축제’(느 12:27)에서 사용한 데서 찾는다. 셀류쿠스(Seleucus) 제국의 안티오커스 4세 에피파네스(Antiochus IV Epiphanes)는 예루살렘 성전을 모독했다. 유대인은 ‘마카베오(Maccabeus/ Maccabees) 혁명’으로 주전

164년 예루살렘 성전을 되찾아 정화하고 새로 봉헌한 기쁨으로 이 시로 노래했다.

이 시는 다윗의 개인에 관한 내용보다는 국가 공동체에 관한 내용인 것만은 분명하다. 다윗이 성전을 짓지 않았을 때도, 유대인이 바벨론에서 막 돌아왔을 때도, 안티오커스가 성전을 모독했을 때도, 그들은 슬펐다. 베옷을 입었다. 그때 그들은 여호와께 기도했다. 여호와께서 슬픔을 기쁨을 바꾸실 줄 믿고 기도했다. 그랬을 때 여호와께서 그 기도를 응답하셨다.

이 말씀은 유대인의 '부림절(Purim)'을 생각나게 한다. '부림'은 '푸르'의 복수형인데, '제비를 뽑는다.'라는 뜻이다. 고대 페르시아 시대에 하만이 유대인을 살해하려던 음모에서 구원받은 것을 기념하는 절기이다. 하만은 제비를 뽑아 하루 동안 모든 유대인을 살해할 음모를 꾀했다. 하지만 극적인 반전을 통하여 유대인을 살해하려던 하만은 죽고, 대신 유대인이 구원을 받았다. 따라서 '부림절'은 슬픔이 기쁨으로, 초상집이 잔칫집으로 바뀐 날이다(에 9:22). 부림절 구원은 개인적인 사건이 아니라 민족 공동체적인 사건이었다. 이스라엘은 부림절 때 이 시를 낭독하며 슬픔을 춤으로 바꾸시고, 베옷을 벗기고 기쁨의 옷을 입히신 여호와를 찬양했다.

어떤 둘째 아들은 아버지한테 유산을 미리 상속받아 집을 나가서 탕진했다. 그는 아버지한테 아들이 아닌 종으로 돌아갔다. 하지만 아버지는 그 아들에게 제일 좋은 옷을 내어다가 입혔다(눅 15:22). 아버지는 아들의 신분을 아들로 회복한 것이다. 시인은 기쁨의 옷을 입고 무엇을 하는가?

12, "이는 잠잠하지 아니하고 내 영광으로 주를 찬송하게 하심이니 여호와 나의 하나님이여 내가 주께 영원히 감사하리이다"

- "내 영광이 당신의 찬양을 노래하고 침묵하지 않기를 바랍니다."

"이는" - '목적(purpose)', '의지(intent)'이다.

"잠잠하지" - '침묵한다(be silent).' '조용하다(still).'(칼 미완료)이다.

30(30:1-12)

"아니하고" - '아니', '아니다.'이다.

"내 영광으로" - '영광'이다. '심장(heart)', '영혼(soul)', '목숨(life)'을 뜻한다. 또는 '인간 존재 전체(the whole human being or existence)' 라는 뜻이다.

"주를 찬송하게 하심이니" - '찬양한다(sing praise).' '연주한다(make music).'(피엘 미완료)이다.

"감사하리이다" - '찬양한다(praise).' '감사한다(give thanks).'(히필 미완료)이다. 시인의 영광이 주님을 찬양하고 잠잠히 있을 수 없다. 그는 하나님 여호와께 영원히 감사한다. 왜냐하면 그분께서 기도를 들으셨기 때문이다.

그는 "나는 주님을 높일 것이다(I will extol you)."로 시작하여 "나는 주님께 영원히 감사할 것이다(I will give thanks to you forever)."로 끝을 맺는다. 그는 지금은 물론이고 미래에도 주님이 주시는 기쁨이 넘칠 줄 믿는다. 왜냐하면 주님께서 그의 슬픔을 춤으로 바꾸시고, 그의 베옷을 벗기고 기쁨의 옷을 입히셨기 때문이다. 그 은혜를 잊지 않은 그는 주님을 영원히 찬양할 것이다.

31

은혜가 어찌 그리 큰지요

말씀 시편 31:1-24
요절 시편 31:19
찬송 310장, 308장

1. 시인은 여호와께 피하여, 무엇을 기도합니까(1)? 그는 얼마나 절박하게 기도합니까(2)? 그는 무엇에 근거해서 기도하며, 현재 어떤 상태에 있습니까(3-4)? 그는 자신의 삶을 왜 여호와께 부탁합니까(5)?

2. 시인은 자신의 믿음을 어떻게 표현했습니까(6)? 그는 왜 기뻐합니까(7)? 그는 하나님께서 무엇을 하실 줄 믿습니까(8)?

3. 시인은 다시 무엇을 기도합니까(9)? 그는 얼마나 고통스러운 삶을 삽니까(10-11)? 그는 어느 정도 버림받았습니까(12-13)?

4. 그런 상황에서도 그는 무엇을 했습니까(14-15)? 그의 기도는 무엇에 근거합니까(16)? 그는 자신과 악인을 어떻게 하도록 기도합니까(17-18)?

5. 그분을 믿는 사람은 어떻게 됩니까(19)? 그 은혜가 어떻게 임했습니까(20)? 그러므로 그는 무엇을 합니까(21-22)? 그는 성도에게 무엇을 권면하며, 성도는 어떻게 살아야 합니까(23-24a)? 그들이 힘을 내면 여호와께서 어떻게 하십니까(24b)?

31
은혜가 어찌 그리 큰지요

말씀 시편 31:1-24
요절 시편 31:19
찬송 310장, 308장

1. 시인은 여호와께 피하여, 무엇을 기도합니까(1)? 그는 얼마나 절박하게 기도합니까(2)? 그는 무엇에 근거해서 기도하며, 현재 어떤 상태에 있습니까(3-4)? 그는 자신의 삶을 왜 여호와께 부탁합니까(5)?

(다윗의 시. 성가대 지휘자를 따라 부른 노래, To the choirmaster. A Psalm of David.)

1-5, 주의 공의로 나를 건지소서

1, "여호와여 내가 주께 피하오니 나를 영원히 부끄럽게 하지 마시고 주의 공의로 나를 건지소서"

"여호와여" - '언약을 지키는 하나님(the covenant-keeping God)'을 뜻한다.

"피하오니" - '피난한다(seek refuge).' '보호를 받으려 도망한다(flee for protection).'(칼 완료)이다. '지성소로 도망하는 것'(출 21:12), '여호와만을 의지하는 것'을 뜻한다. 시인은 여호와만이 자신을 도와줄 수 있다고 믿었다. 여호와는 어려울 때 안전한 장소이시다. 그는 여호와께 피하여 무엇을 기도하는가?

"부끄럽게 하지" - '부끄러워한다(be ashamed).' '창피를 준다(put to shame).'(칼 미완료)이다.

"마시고" - '아니', '아니다.'이다. 시인은 이웃으로부터 부끄러움을 당하고 있다. 그는 심각한 병을 앓고 있다(9). 당시 사람은 병을 죄의 결과로 생각했다. 그들은 시인이 병에 걸린 원인을 죄에 대한 벌로 여겼다. 그들은 시인을 부끄럽게 여기며 정죄했다. 하지만 시인은 무엇을 근거로 기도하는가?

"주의 공의로" - '공의(justice)', '의(righteousness)'이다. 하나님은 공의로운 분이시다. 그분은 잘못된 것을 바로잡는 의로운 재판관(the righteous Judge)이시다.

"나를 건지소서" - '도피한다(escape).' '구원한다(save).'(피엘 명령)이다. 주님의 공의는 교만한 자를 심판하고, 그분을 의지하는 자를 구원한다. 그는 자기가 죄가 없음을 안다. 따라서 그는 주님의 공의로 자신을 구원해 주시도록 기도한다. 그는 얼마나 절박하게 기도하는가?

2, "내게 귀를 기울여 속히 건지시고 내게 견고한 바위와 구원하는 산성이 되소서"

"기울여" - '돌린다.' '기울인다.'(히필 명령)이다. '귀 기울여 들어주소서.'라는 뜻이다.

"속히" - '빨리(come quickly)', '신속(speedily)'이다. 시인의 간절함과 상황의 절박함을 강조한다. 그는 한시라도 빨리 부끄러움에서 벗어나기를 바란다.

"건지시고" - '구해낸다(deliver).' '구출한다(rescue).''(히필 명령)이다. '빨리 건져 주소서.'라는 뜻이다.

"견고한" - '안전한 장소나 수단(place or means of safety)'이다.

"바위와" - '반석', '절벽(cliff)'이다. '바위에 있는 구멍이나 틈까지도' 말한다.

"산" - '요새(fastness)', '성채(stronghold)'이다.

"성이" - '집(house)', '건물(building)'이다.

"되소서" - '된다(to become).' '존재한다.'(칼 명령)이다. '산성이 되소서.'라는 뜻이다.

시인은 하나님을 안전과 보호의 장소로 믿는다. 그는 하나님께서 자기를 안전하게 보호해주시길 기도한다. 그는 또 무엇에 근거해서 기도하는가?

3, "주는 나의 반석과 산성이시니 그러므로 주의 이름을 생각하셔서 나를 인도하시고 지도하소서"

"나의 반석과" - '바위(rock)', '절벽(cliff)'이다.

"산성이시니" - '요새(fastness)', '성채(stronghold)'이다.

"주의 이름을" - 그는 자신을 위해서가 아니라 '주님의 이름'을 위해 기도한다.

"생각하셔서" - '의도(purpose)', '의지(intent)'이다. 전치사로 '~를 위하여', '~때문에'이다.

"나를 인도하시고" - '인도한다(lead).' '안내한다(guide).'(히필 미완료)이다.

"지도하소서" - '물 있는 곳으로 인도하여 쉬게 한다.' '원기를 회복하게 한다.'(피엘 미완료)이다. 시인은 '주님의 이름을 위해(for your name's sake)' 자기를 구원하고, 인도하도록 기도한다. 여호와는 그 백성의 위대한 목자(the Great Shepherd)이시다. 그는 현재 어떤 상태에 있는가?

4, "그들이 나를 위하여 비밀히 친 그물에서 빼내소서 주는 나의 산성이시니이다"

"그물에서" - '몰래 쳐서 짐승을 잡는 도구'이다. 원수가 자기를 잡으려고 그물을 몰래 쳐 놓았다.

"빼내소서" - '나온다(come out).' '앞으로 간다(go forth).'(히필 미완료)이다. 그는 '자기를 잡으려고 몰래 쳐 놓은 그물에서 건져내 주시도록' 기도한다.

"나의 산성이시니이다" - '안전한 장소나 수단(place or means of safety)'이다. 그는 자기 삶을 누구에게 부탁하는가?

5, "내가 나의 영을 주의 손에 부탁하나이다 진리의 하나님 여호와여 나를 속량하셨나이다"

"나의 영을" - '바람(wind)', '숨(breath)', '마음(mind)'이다.

"주의 손에" - '주님의 능력'이다. '시인의 목숨을 맡을 능력'을 뜻한다.

"부탁하나이다" - '임명한다(appoint).', '맡긴다(commit).'(히필 미완료)이다. 이 말은 '서로에 대한 신뢰'를 전제한다. 나를 누구에게 맡길 때는 서로를 신뢰할 때만 가능하다. 그는 왜 여호와께 자신을 맡기는가?

"진리" - '견고(firmness)', '진리(truth)'이다.

"하나님 여호와여" - '진리이신 하나님 여호와', '여호와, 신실하신 하나님(Yahweh, faithful God)'이다.

"속량하셨나이다" - '대속한다(ransom).' '구조한다(rescue).'(칼 완료)이다. '대가를 주고 풀어준다.'라는 뜻이다.

그는 목숨을 빼앗길 위험에 처했다. 그런데 그분께서 그를 값을 지급하고 구원하셨다. 따라서 그는 현재의 고난 중에도 주님을 신뢰해서 자기 목숨을 그분의 손에 부탁한다. 그것은 체념이 아니라 그분의 구원과 보호하시는 능력에 대한 믿음이다.

예수님은 십자가 위에서 숨을 거두실 때 기도하셨다. "예수께서 큰 소리로 불러 이르시되 아버지 내 영혼을 아버지 손에 부탁하나이다 하고 이 말씀을 하신 후 숨지시니라"(눅 23:36). 예수님은 죽음 앞에서 하나님을 믿고 그분께 당신의 목숨을 맡기셨다.

사도 베드로는 예수님을 믿고 따르는 사람이 고난을 겪을 때 어떻게 해야 하는지를 권면했다. "만일 그리스도인으로 고난을 받으면 부끄러워하지 말고 도리어 그 이름으로 하나님께 영광을 돌리라"(벧전 4:16). "그러므로 하나님의 뜻대로 고난을 받는 자들은 또한 선을 행하는 가운데에 그 영혼을 미쁘신 창조주께 의탁할지어다"(벧전 4:19). 스데반은 돌에 맞아 죽어갈 때 부르짖었다. "주 예수여 내 영혼을 받으시옵소서"(행 7:59).

기독교 역사에서, 많은 사람이 세상을 떠날 때 이렇게 기도했다. "주님, 내 영혼을 받으소서!" 그것은 자기 영혼을 주신 주님께로 다시 돌아간다는 확신의 표현이다. 시인은 자신의 믿음을 어떻게 표현했는가?

2. 시인은 자신의 믿음을 어떻게 표현했습니까(6)? 그는 왜 기뻐합니까(7)? 그는 하나님께서 무엇을 하실 줄 믿습니까(8)?

6-8, 여호와를 의지하나이다

6, "내가 허탄한 거짓을 숭상하는 자들을 미워하고 여호와를 의지하나이다"

"내가" - '시인(I)', 또는 '여호와(You)'를 말한다. 두 가지로 다 생각할 수 있다.

"허탄한" - '증기(vapor)', '숨(breath)'이다. 비유적으로 '헛됨(vanity)'을 뜻한다.

"거짓을" - '공허(emptiness)', '허위(falsehood'이다. '헛된 우상'을 뜻한다. '헛된 우상'과 '진리의 하나님'을 대조한다.

"숭상하는 자들을" - '크게 주의하여 행한다.'(분사)이다. 헛된 우상을 섬기는 사람은 '텅 빈 바람', '덧없는 헛것을 지키는 사람'이다.

"미워하고" - '미워한다(hate).' '증오한다(to be hateful).'(칼 완료)이다.

① 시인은 헛된 우상을 섬기는 사람을 미워한다. 하나님에 대한 믿음은 헛된 우상을 섬기는 사람을 미워하는 데서부터 시작한다. ② 여호와는 헛된 우상을 섬기는 사람을 미워한다. 여호와께서 헛된 우상을 믿는 사람을 미워하시니 시인은 오직 주님만 의지한다.

"의지하나이다" - '믿는다(trust in).' '안심한다(feel safe).' '확신한다(be confident).'(칼 완료)이다. 그는 왜 기뻐하는가?

7, "내가 주의 인자하심을 기뻐하며 즐거워할 것은 주께서 나의 고난을 보시고 환난 중에 있는 내 영혼을 아셨으며"

"주의 인자하심을" - '사랑(loving-kindness)'이다. 주님께서 그를 속량하신 그 사랑이다.

"기뻐하며" - '기뻐한다.'(칼 미완료)이다.

"즐거워할 것은" - '즐거워한다.'(칼 미완료)이다. 그는 그 사랑을 기뻐하고, 즐거워한다. 그 이유는 무엇인가?

"보시고" - '본다(see).' '조사한다(inspect).'(칼 완료)이다. 그분이 시인의 고난을 보셨기 때문이다.

"아셨으며" - '알다(know).' '이해한다(understand).'(칼 완료)이다. 그분이 시인의 영혼의 아픔을 아셨기 때문이다. 그는 하나님께서 무엇을 하실 줄 믿는가?

8, "나를 원수의 수중에 가두지 아니하셨고 내 발을 넓은 곳에 세우셨음이니이다"

"수중에" - '손(hand)', '능력(power)'이다.

"가두지" - '닫는다(close).' '폐쇄한다(shut).'(히필 완료)이다.

"아니하셨고" - '아니', '아니다.'이다. 주님은 그를 원수의 손에 넘기지 않으셨다.

"넓은 곳에" - '넓은 곳(broad)', '널찍한 장소(roomy place)'이다. '원수의 수중(세력)'과 대조한다. '자유롭게 다닐 수 있는 구원의 장소'를 뜻한다.

"세우셨음이니이다" - '계속해서 서 있다(stand).' '남아 있다(remain).'(히필 완료)이다. 주님께서 시인의 발을 넓은 곳에 두셨다. 그는 죽음의 위기에서 벗어났다. 그는 다시 무엇을 기도하는가?

3. 시인은 다시 무엇을 기도합니까(9)? 그는 얼마나 고통스러운 삶을 삽니까(10-11)? 그는 어느 정도 버림받았습니까(12-13)?

9-13, 은혜를 베푸소서

9, "여호와여 내가 고통 중에 있사오니 내게 은혜를 베푸소서 내가 근심 때문에 눈과 영혼과 몸이 쇠하였나이다"

"고통 중에 있사오니" - '고통(distress)', '질병'이다. 그는 병을 앓고 있다.

"내게 은혜를 베푸소서" - '은혜를 베풀다(Be gracious).' '불쌍히 여긴다(Have mercy upon).'(칼 명령)이다. 그는 고통 중에서 주님의 은혜를 구한다.

"근심 때문에" - '화냄(vexation)', '비탄(grief)'이다. 그는 '고통'과 '근심' 중에 있다. 그는 어떤 고통을 겪고 있는가?

"눈" - '눈'이다. 눈은 육신의 건강을 나타내는 창이다.

"영혼" - '생명'이다.

"몸이" - '몸'이다.

"쇠하였나이다" - '야윈다.' '말라 빠진다(waster away).'(칼 완료)이다. 그는 눈, 영혼, 그리고 몸이 말라 빠졌다. 그의 병은 눈, 영혼, 그리고 몸으로 나타났다. 그는 시력을 잃었고, 몸과 마음도 활력을 잃었다. 그는 얼마나 고통스러운 삶을 사는가?

10, "내 일생을 슬픔으로 보내며 나의 연수를 탄식으로 보냄이여 내 기력이 나의 죄악 때문에 약하여지며 나의 뼈가 쇠하도소이다"

"내 일생을" - '살아 있는'이다.

"보내며" - '다 써버린다(consume).' '마친다(finish).'(칼 완료)이다. 그는 모든 삶을 슬픔과 함께 보냈다.

"나의 연수를" - '해', '년(year)'이다.

"탄식으로 보냄이여" - '신음(sighing)', '탄식(groaning)'이다. 그는 세월을 한숨과 함께 보냈다.

"내 기력이" - '힘(strength)', '능력(power)'이다.

"나의 죄악 때문에 약하여지며" - '불법(iniquity)', '벌(punishment)'이다.

"약하여지며" - '비틀거린다(stumble).' '넘어진다.'(칼 완료)이다. 그는 죄로 힘이 말랐다.

"나의 뼈가" - '뼈', '몸'이다.

"쇠하도소이다" - '쇠약하다.' '말라 빠진다(waster away).'(칼 완료)이다. 그는 뼈가 녹았다. 그는 거의 죽을 지경이었다.

11, "내가 모든 대적들 때문에 욕을 당하고 내 이웃에게서는 심히 당하니 내 친구가 놀라고 길에서 보는 자가 나를 피하였나이다"

"대적들" - '묶는다.' '적의를 보인다.'(분사)이다. 시인을 '대적하는 사람'이다.

"욕을" - '비난', '조롱'이다.

"당하고" - '~이 일어난다.' '~이 된다.'(칼 완료)이다. 대적자들은 그를 비난했다.

"내 이웃에게서는" - '시인의 이웃'이다.

"심히 당하니" - '굉장히(exceedingly)', '매우(much)'이다. 이웃은 그를 심하게 비난했다.

"내 친구가" - '알다(know).' '이해한다(understand).'(분사)이다. '내가 아는 사람들(mine acquaintance/ my acquaintances)'을 뜻한다.

"놀라고" - '공포', '두려움'이다. 친구는 그를 공포의 대상으로 여겼다.

"보는 자가" - '본다.'(분사)이다. '거리에서 만나는 사람'을 뜻한다.

"피하였나이다" - '떠난다(depart).' '도망한다(flee).'(칼 완료)이다. 길거리에서 만나는 사람은 그를 피했다. 사람들은 시인이 하나님의 벌을 받아 병들었다고 생각했기 때문이다. 그는 어느 정도 버림받았는가?

12, "내가 잊어버린 바 됨이 죽은 자를 마음에 두지 아니함 같고 깨진 그릇과 같으니이다"

"내가 잊어버린 바 됨이" - '잊는다(forget).' '무시한다(ignore).' '시들다(wither).'(니팔 완료)이다. 시인은 잊힌 존재였다. 잊힘, 소외는 가장 큰 고통이다.

"마음에 두지 아니함" - '마음(heart)', '이해(understanding)'이다. 그는 죽은 사람처럼 사람들의 기억에서 사라졌다.

"깨진" - '멸망한다(perish).'(분사)이다.

"그릇과 같으니" - '물품(article)', '그릇(vessel)'이다. '더는 쓸모가 없는 상태'를 뜻한다.

"이다" - '~이 일어난다.' '~이 된다.'(칼 완료)이다. 그는 깨진 그릇처럼 버려졌다. 깨진 그릇은 항상 버림받는다.

13, "내가 무리의 비방을 들었으므로 사방이 두려움으로 감싸였나이다 그들이 나를 치려고 함께 의논할 때에 내 생명을 빼앗기로 꾀하였나이다"

"비방을" - '중상하는 것(defaming)', '나쁜 보고(evil report)'이다.

"들었으므로" - '듣는다(hear).' '경청한다(listen to).'(칼 완료)이다. 그는 많은 사람의 비난 소리를 들었다.

"사방이" - '주변', '둘레에'이다.

"두려움으로 감싸였나이다" - '두려움(fear)', '공포(terror)'이다. 사방에 공포가 가득했다.

"나를 치려고" - ' 때문에', '비록 ~일지라도'이다.

"함께 의논할 때에" - '설립한다(establish).' '기초를 놓는다(lay foundation).'(부정사)이다.

"빼앗기로" - '취한다(take).' '을 붙잡는다(lay hold of).'(부정사)이다.

"꾀하였나이다" - '하려고 생각한다(purpose).' '궁리한다(devise).' '숙고한다(consider).'(칼 완료)이다. 그를 대적하는 사람들이 함께 모여 그 생명을 빼앗으려고 음모를 꾸몄다. 그는 목숨을 빼앗길 두려움을 느꼈다. 그런 상황에서도 그는 무엇을 하는가?

4. 그런 상황에서도 그는 무엇을 했습니까(14-15)? 그의 기도는 무엇에 근거합니까(16)? 그는 자신과 악인을 어떻게 하도록 기도합니까(17-18)?

14-18, 신뢰에 대한 설명

14, "여호와여 그러하여도 나는 주께 의지하고 말하기를 주는 내 하나님이시라 하였나이다"

"그러하여도 나는" - '그러나 나(But I)'이다.

"의지하고" - '믿는다(trust in).' '확신한다(be confident).'(칼 완료)이다. 그는 여호와를 믿었다. 그는 삶과 죽음이 그분께 있음을 확신했다.

"말하기를" - '말한다(say).'(칼 완료)이다. 그는 말했다.

"주는 내 하나님이시라" - '당신은 나의 하나님이시다.'라는 뜻이다. 그는 여호와를 하나님으로 믿었다. 이 말에는 '친밀함(closeness),' '애정을 담은 말(endearment)', 그리고 '신뢰(trust)'가 담겨 있다.

15, "나의 앞날이 주의 손에 있사오니 내 원수들과 나를 핍박하는 자들의 손에서 나를 건져 주소서"

"나의 앞날이" - '시간(time)', '정해진 때'이다. '전 생애'라는 뜻이다.

"주의 손에 있사오니" - '손(hand)', '능력(power)'이다. 시인의 삶은 주님께 달려 있다. 그가 고난을 겪든지, 번영을 누리든지 그의 삶은 주님께 달려 있다.

"내 원수들과" - '원수(enemy)'이다.

"나를 핍박하는 자들" - '뒤에 있다(be behind).' '뒤를 따른다(follow after).'(분사)이다.

"손에서" - '손(hand)', '능력(power)'이다.

"나를 건져 주소서" - '구해낸다(deliver).' '구출한다(rescue).'(히필 명령)이다. 그는 주님이 원수의 손에서 건져 주시도록 기도한다. 그의 기도는 무엇에 근거하는가?

16, "주의 얼굴을 주의 종에게 비추시고 주의 사랑하심으로 나를 구원하소서"

"주의 종에게" - 그는 자신을 '주님의 종'으로 부른다. 그는 하나님 앞에 겸손을 표한다.

"비추시고" - '빛을 준다(give light).' '빛나게 한다(cause to shine).'(히필 명령)이다. '비춰주소서(Make shine upon).'라는 뜻이다. 사람이 하나님의 얼굴을 보면 죽는다. 하지만 여기서는 주님의 얼굴을 보는 것은 그분의 사랑을 받는 일이다. 그는 '주님의 환한 얼굴로 주님의 종을 비춰주시도록' 기도한다.

"주의 사랑하심으로" - '친절(kindness)', '인자(loving-kindness)'이다.

"나를 구원하소서" - '구조한다(rescue).'(히필 명령)이다. '구원하소서'라는 뜻이다. '주님의 한결같은 사랑으로 구원하여 주시도록' 기도한다. 그의 기도는 주님의 사랑에 근거한다. 그는 자신과 악인을 어떻게 하도록 기도하는가?

17, "여호와여 내가 주를 불렀사오니 나를 부끄럽게 하지 마시고 악인들을 부끄럽게 하사 스올에서 잠잠하게 하소서"

"내가 주를 불렀사오니" - '부른다(call).' '불러낸다(call out).'(칼 완료)이다. 그는 주님을 불렀다.

"나를 부끄럽게 하지" - '부끄러워한다(be ashamed).' '창피를 준다(put to shame).'(칼 미완료)이다.

"마시고" - '아니', '아니다.'이다. 그는 부끄러움을 당하지 않도록 기도한다. 대신 악인은 어떻게 하기를 바라는가?

"악인들" - '죄를 지은'이다.

"부끄럽게 하사" - '부끄러워한다(be ashamed).' '창피를 준다(put to shame).'(칼 미완료)이다.

"스올에서" - '죽은 자의 거처', '무덤(grave)'이다. '스올'은 '침묵의 땅'이다. 악인이 벌을 받는 곳이다.

"잠잠하게 하소서" - '침묵한다(be silent).' '고요하다(still).'(칼 미완료)이다. 그는 악인이 죽음의 세계에서 잠잠하도록 기도한다.

18, "교만하고 완악한 말로 무례히 의인을 치는 거짓 입술이 말 못 하는 자 되게 하소서"

"교만하고" - '위엄(majesty)', '교만(pride)'이다.

"완악한" - '말이 건방진(forward of speech)', '말이 거만한(arrogant of speech)'이다.

"무례히" - '모욕(contempt)'이다.

"말 못 하는 자 되게 하소서" - '묶는다(bind).' '언어장애인이 된다(be made dumb).'(니팔 미완료)이다. 시인은 그들이 말을 못 하는 사람이 되기를 바란다. 하나님은 악인을 다스리신다. 하지만 그분을 믿는 사람은 어떻게 되는가?

5. 그분을 믿는 사람은 어떻게 됩니까(19)? 그 은혜가 어떻게 임했습니까(20)? 그러므로 그는 무엇을 합니까(21-22)? 그는 성도에게 무엇을 권면하며, 성도는 어떻게 살아야 합니까(23-24a)? 그들이 힘을 내면 여호와께서 어떻게 하십니까(24b)?

19-24, 은혜

19, “주를 두려워하는 자를 위하여 쌓아 두신 은혜 곧 주께 피하는 자를 위하여 인생 앞에 베푸신 은혜가 어찌 그리 큰지요”

“주를 두려워하는 자를 위하여” - ‘두려워하는(fearing)’, ‘무서워하여(afraid)’이다. ‘하나님을 경외하는 사람’을 뜻한다. 즉 말씀대로 사는 사람, 하나님을 의지하며 사는 사람이다.

“쌓아 두신” - ‘비축한다(treasure).’ ‘저장한다(store up).’(칼 완료)이다. 여호와는 당신의 창고에 이미 저장하셨다.

“은혜”(טוּב, *tub*) - ‘좋은 것(good things)’, ‘선함(goodness)’이다. 본문에서는 ‘악인의 손에서 건져내심’(1), ‘속량하심’(5), ‘넓은 곳에 세우심’(8), ‘구원’(16), ‘부끄럽게 하지 않음’(17) 등이다.

“피하는 자를 위하여” - ‘피난한다(seek refuge).’ ‘보호를 받기 위해 도망한다(flee for protection).’(분사)이다. 비유적으로, ‘하나님에게 소망을 둔다(put trust in God)’이다. 삶의 현장에서 고난 중에도, 슬픔 중에도 모든 소망을 하나님께만 두는 사람이다.

“인” - ‘아담’, ‘인류’이다.

“생” - ‘아이’, ‘아들’이다.

“앞에” - ‘~의 앞에’, ‘맞은편에’이다.

“베푸신” - ‘행한다(do).’ ‘만들다(make).’(칼 완료)이다. ‘일하셨다(worked).’ 즉 ‘복을 베푸셨다.’라는 뜻이다.

“은혜가 어찌 그리” - ‘무엇’, ‘어떤’이다.

“큰지요” - ‘많은’, ‘큰’이다. ‘당신의 좋음이 어찌 그리 많은지요

(how abundant is your goodness)'라는 뜻이다. 주님께서 주시려고 쌓아 두신 은혜는 정말로 풍성하다.

이렇게 표현할 수 있다. "오, 당신의 좋음이 어찌 그리 많은지요, 당신은 당신을 두려워하는 사람을 위하여 쌓아 두셨다. 그리고 당신께 피하는 사람을 위하여 인류 앞에서 일하셨다(worked for)."

이 여호와는 어떤 분인가? 여호와는 은혜로운 분이다. 은혜가 풍성하신 분이다. 은혜를 이미 저장하신 분, 이미 준비하신 분이다. 우리 죄의 총합은 하나님의 크신 은혜를 넘지 못한다. 우리의 상처는 위대한 의사의 치유를 넘어서지 못하는 것처럼 우리의 죄 또한 하나님의 은혜를 넘어서지 못한다. 창고에 이미 쌓아 두신 그 은혜가 정말로 풍성하기 때문이다.

그 은혜를 누가 받는가? 그분을 두려워하는 사람, 그분께로 피하는 사람이다. 그 은혜가 어떻게 임했는가?

20, "주께서 그들을 주의 은밀한 곳에 숨기사 사람의 꾀에서 벗어나게 하시고 비밀히 장막에 감추사 말다툼에서 면하게 하시리이다"

"은밀한 곳에" - '숨는 곳(hiding place)'이다.

"숨기사" - '감춘다(hide).' '숨긴다(conceal)'(히필 미완료)이다.

"꾀에서 벗어나게 하시고" - '덫(snares)', '음모(plots)'이다.

"장막에" - '덮어 가리는 것', '수풀'이다.

"감추사" - '숨긴다(hide).' '저장한다(store up).'(칼 미완료)이다.

"말다툼에서 면하게 하시리이다" - 시끄러운 논쟁에서 구원받는다.

주님은 그들을 주님의 날개 그늘에 숨기시어 거짓말을 지어 헐뜯는 무리에게서 지켜 주신다. 그들을 안전한 곳에 감추시어 말다툼하는 자들에게서 건져 주신다. 주님을 경외하는 사람은 하나님의 보호를 받는다. 그러므로 그는 무엇을 하는가?

21, "여호와를 찬송할지어다 견고한 성에서 그의 놀라운 사랑을 내게 보이셨음이로다"

"찬송할지어다" - '무릎을 꿇는다(kneel).' '찬양한다(praise).'(분사)이다. 그는 여호와를 찬송한다. 그는 왜 찬송하는가?

"견고한" - '울타리', '둘러쌈'이다.

"성에서" - '성읍(city)'이다. 이곳은 '예루살렘'을 뜻한다.

"그의 놀라운 사랑을" - '친절(kindness)', '인자(loving-kindness)'이다.

"보이셨음" - '기이하다(be marvelous).' '놀랍다(wonderful).'(히필 완료)이다.

"이로다" - '마치~처럼(as though)', '~라는 것 때문에(because that)'이다. 시인이 성에서 포위당했을 때 주님께서 그에게 놀라운 사랑을 나타내셨다. 사람들이 예루살렘 성을 둘러싸듯이 여호와는 그분의 사랑으로 시인을 둘러쌌기 때문이다.

22, "내가 놀라서 말하기를 주의 목전에서 끊어졌다 하였사오나 내가 주께 부르짖을 때에 주께서 나의 간구하는 소리를 들으셨나이다"

"놀라서" - '당황한다.' '놀란다.'(부정사)이다.

"말하기를" - '말한다.'(칼 완료)이다. 그는 놀라서 말했다.

"주의 목" - '눈(eye)'이다.

"전에서" - '~의 앞에', '맞은편에'이다.

"끊어졌다" - '자른다(cut).' '잘라낸다(cut off).'(니팔 완료)이다. '주님의 눈 밖에 났다.' '주님한테서 버림받았다.'라는 뜻이다. 그러나 그는 무엇을 했는가?

"부르짖을 때에" - '(도움을 위해) 부르짖는다(cry out).' '외친다(shout).'(부정사)이다.

"들으셨나이다" - '듣는다(hear).' '경청한다(listen to).'(칼 완료)이다. 그는 절망의 때도 주님께 기도했다. 그랬을 때 주님은 그의 기도를 들어주셨다. 여호와는 신실한 분이다. 그는 성도에게 무엇을 권면하는가?

23, "너희 모든 성도들아 여호와를 사랑하라 여호와께서 진실한 자를

보호하시고 교만하게 행하는 자에게 엄중히 갚으시느니라"

"성도들아" - '거룩한 사람(holy one)', '독실한(godly)'이다. 그는 자신의 삶을 기초로 성도들을 초청한다.

"사랑하라" - '사랑한다(love).' '좋아한다.'(칼 명령)이다. 시인은 고통 속에서 하나님의 사랑을 체험했다. 그는 자기 체험을 토대로 다른 사람에게 주님을 사랑하라고 말한다. 여호와는 어떤 분인가?

"진실한 자를" - '신실하다(be faithful).'(분사)이다. '신실한 사람'을 뜻한다.

"보호하시고" - '지켜본다(watch).' '지킨다(guard/ keep).'(분사)이다. 여호와는 신실한 사람을 보호하신다.

"교만하게" - '위엄(majesty)', '교만(pride)'이다.

"행하는 자에게" - 교만한 사람이다.

"엄중히" - '나머지(rest/ remnant)', '초과'이다.

"갚으시느니라" - '완성한다.' '보상한다.'(분사)이다. 하나님은 교만을 가차 없이 벌하신다. 하나님은 신실한 사람을 보호하지만, 교만한 사람을 대적하신다. 그러므로 성도는 어떻게 살아야 하는가?

24, "여호와를 바라는 너희들아 강하고 담대하라"

"바라는 너희들아" - '기다린다(wait).' '희망한다(hope).'(분사)이다. 하나님의 약속이 이뤄지기를 희망하는 사람, 주님을 신뢰하는 사람이다. 그들은 어떻게 살아야 하는가?

"강하고" - '강하게 된다(be strong).' '튼튼하게 한다(strengthen).'(칼 명령)이다. '힘을 내라(Be strong).'라는 뜻이다. 여호와를 바라는 사람은 강해야 한다. 힘을 내야 한다. 그러면 여호와께서 그들을 어떻게 하시는가?

"담" - '마음', '정신'이다.

"대하라" - '견고하다(be stout).' '힘세다(be strong).'(히필 미완료)이다. '강하게 하실 것이다(shall strengthen).'라는 뜻이다. 그들이 힘을 내면 그분께서 그들의 마음을 강하게 하실 것이다(Be of good courage, And He shall strengthen your heart).

31(31:1-24)

그러면 고통을 겪을 때 어떻게 힘을 낼 수 있는가? 절망하기보다 그분의 말씀을 의지하고, 그분을 믿어야 한다. 믿음은 '한 번만(one time)' 헌신하는 그것이 아니다. 그것은 일생을 헌신하도록 하는 급진적 부름이다. 믿음은 하나님의 사랑에 대한 응답이다. 그분의 말씀에 대한 순종이다. 구속에 대한 희망을 기다림으로 하나님을 하나님 되도록 한다. 믿음은 우리에게 힘을 내게 한다. 우리가 힘을 내면 하나님은 우리의 마음을 강하게 하신다. 그래서 우리는 믿음으로 살 수 있다. 그것이 '믿음의 선순환'이다.

32

죄가 가려진 자는 복이 있도다

말씀 시편 32:1-11
요절 시편 32:1
찬송 250장, 251장

1. 시인은 무엇을 고백합니까(1-2)? 죄와 용서에 관해 무엇을 배웁니까? 누가 행복한 사람입니까?

2. 죄에 관해 침묵하면 어떻게 됩니까(3)? 그는 왜 뼈가 쇠했습니까(4)? 그는 고통 중에 무엇을 했습니까(5)? 고백과 용서의 관계가 어떠합니까?

3. 시인은 누구를 초청합니까(6a)? 기도하면 어떤 은혜를 받습니까(6b)? 주님은 그에게 어떤 분입니까(7)? 주님은 그를 어떻게 보호하십니까(8)? 그는 어떤 사람이 되지 말아야 합니까(9)?

4. 죄를 깨닫지 못하는 사람과 깨닫는 사람의 삶이 어떻게 다릅니까(10)? 의인들은 어떻게 살아야 합니까(11)? 그들은 왜 기뻐하고, 즐거워하고, 외쳐야 합니까?

32
죄가 가려진 자는 복이 있도다

말씀 시편 32:1-11
요절 시편 32:1
찬송 250장, 251장

1. 시인은 무엇을 고백합니까(1-2)? 죄와 용서에 관해 무엇을 배웁니까? 누가 행복한 사람입니까?

(다윗의 교훈 시, A Maskil of David)

"마스길" - '가르친다.' '지도한다.'이다. 음악이나 예전 용어(a musical or liturgical term)이다.

시인은 병을 앓았는데, 죄를 고백하여 용서받고 치료받았다. 용서의 필요성을 깨닫는 죄인에게 진정한 행복의 길을 가르친다.

1-2, 용서받은 사람의 행복

1, "허물의 사함을 받고 자신의 죄가 가려진 자는 복이 있도다"

"허물" - '반역(rebellion)', '죄(transgression)'이다. 하나님의 권위에 대한 반역이다. 하나님의 뜻을 거스르는 반역은 죄의 최초의 형태였다. 하와는 "먹지 말라."라고 하신 하나님의 말씀을 어겼다(창 2:17; 3:6). 그녀는 자기 하고 싶은 대로 해버렸다. 그것이 '허물'이다.

"사함을 받고" - '들어 올린다(to lift up).' '가져간다(to bear).' '제거한다(take away).'(분사)이다. 하나님의 행동이지 사람의 행동이 아님을 강조한다. '용서받은 사람(whose transgression is forgiven)'을 뜻한다.

"자신의 죄" - '죄(sin)', '속죄제(sin-offering)'이다. '하나님의 뜻을 놓치거나 빗나간 행동'을 뜻한다.

"가려진 자는" - '덮는다(cover).' '숨긴다(conceal).'(분사)이다. 하나님의 행동이지 사람의 행동이 아님을 강조한다. '가려진 사람(whose sin is covered)'을 뜻한다.

"복이 있도다" - '행복(happiness)', '복(blessedness)'이다. '복되어라.' '행복하다.'라는 뜻이다.

2, "마음에 간사함이 없고 여호와께 정죄를 당하지 아니하는 자는 복이 있도다"

"간사함이" - '느슨해짐(slackening)', '속임(deceit)'이다.

"없고" - '결코~않다(never).' '아무도 ~않다(none).'이다. '하나님 앞에서 속임'이 없는 사람이다.

"정죄를" - '불법(iniquity)', '벌(punishment)'이다. '의도적으로 비뚤어지거나 잘못된 행동', '하나님의 뜻을 고의로 존경하지 않음'을 뜻한다.

"당하지 아니하는 자" - '판단을 내린다(make a judgment).'(칼 미완료)이다.

"복이 있도다" - '행복'이다. 여호와께서 죄인으로 판단을 내리지 않는 사람은 복이 있다.

"허물"(1), "죄"(1), "정죄", 세 가지 죄를 말했다. "사함을 받고", "가려진", "정죄를 당하지 아니하는", 세 가지 용서를 말했다.

죄와 용서에 관해 무엇을 배울 수 있는가? 사람은 스스로 자기 죄를 해결할 수 없다. 죄는 오직 하나님만이 해결하신다. 하나님만이 죄를 용서하심으로 해결하신다. 따라서 죄인은 반드시 하나님으로부터 용서받아야 한다.

누가 행복한 사람인가? 죄가 없는 사람이 아니라, 죄를 용서받은 사람이다. 시인은 하나님으로부터 죄를 용서받았다는 사실로 행복하다고 고백한다. 그 누구도 죄를 용서받지 않고는 행복을 말할 수 없다. 죄에 관해 침묵하면 어떻게 되는가?

2. 죄에 관해 침묵하면 어떻게 됩니까(3)? 그는 왜 뼈가 쇠했습니까(4)? 그는 고통 중에 무엇을 했습니까(5)? 고백과 용서의 관계가 어떠합니까?

3-5, 고백과 용서

3, "내가 입을 열지 아니할 때에 종일 신음하므로 내 뼈가 쇠하였도다"

"내가 입을 열지 아니할" - '침묵한다.' '입을 다물었다.'(히필 완료)이다. '침묵을 지켰다(kept silence).'라는 뜻이다.

시인은 자기 죄를 고백하지 않고 감추려 했다. 그는 죄에 관해 침묵했다. 이런 침묵은 하나님의 은혜를 거부하는 일이다. 죄를 고백할 때 하나님과 관계가 열리고 더 깊어진다. 하지만 시인은 죄에 관해 입을 다물었다. 그랬을 때 무슨 일이 일어났는가?

"신음하므로" - '으르렁거림', '울부짖음(roaring)'이다. 양심의 가책으로 일어난 '고통스러운 부르짖음'이다. 죄를 침묵한 그의 마음은 무겁고 죄의식으로 시달렸다.

"쇠하였도다" - '써서 낡게 된다(become old).' '닳아 해어진다(be worn out).'(칼 완료)이다. 마음의 병이 '골다공증'으로 나타났다. 그는 왜 뼈가 쇠했는가?

4, "주의 손이 주야로 나를 누르시오니 내 진액이 빠져서 여름 가뭄에 마름 같이 되었나이다(셀라)"

"(왜냐하면)" - 입을 알지 않아서 그 뼈가 쇠한 이유를 말한다.

"누르시오니" - '무겁다(be heavy).'(칼 미완료)이다. '왜냐하면 하나님의 손이 그의 위에 무겁기 때문이다.'라는 뜻이다. 하나님의 손이 그의 양심을 짓누르고 있다. 죄의 무게는 무겁게 누르는 손과 같다.

"내 진액이" - '즙(juice)', '액즙이 많은 혹은 맛있는 소량의 음식물(juicy or dainty bit)'이다.

"빠져서" - '변화시킨다(turn).' '뒤집어엎는다(overturn).'(니팔 완료)이다. '바뀌었다(was change).' '말라버렸다(was dried up).'라는 뜻이다.

"가뭄에 마름 같이" - '가뭄(drought)'이다. 죄책감에 시달린 그는 기력이 완전히 쇠하였다.

"(셀라)" - '들어 올린다(lift up).' '높인다(exalt).'이다. 예배 음악 용

어인데, 주악의 리듬을 올리는 그것을 뜻한다. 그는 고통 중에 무엇을 했는가?

5, "내가 이르기를 내 허물을 여호와께 자복하리라 하고 주께 내 죄를 아뢰고 내 죄악을 숨기지 아니하였더니 곧 주께서 내 죄악을 사하셨나이다(셀라)"

"내가 이르기를" - '말한다.'(칼 완료)이다.

"내 허물" - '반역(rebellion)', '위반(transgression)'이다.

"자복하리라" - '고백한다(confess).'(히필 미완료)이다. '고백할 것이다(will confess).'라는 뜻이다. 그는 말했다. "내 죄를 여호와께 고백할 것이다."

"내 죄를" - '죄(sin)', '죄가 되는 일(sinful thing)'이다.

"아뢰고" - '알다(know).' '이해한다(understand).'(히필 미완료)이다. 그는 여호와 앞에서 자기 죄를 이해했다.

"내 죄악을" - '불법(iniquity)', '벌(punishment)'이다.

"숨기지" - '덮는다(cover).' '숨긴다(conceal).'(피엘 완료)이다.

"아니하였더니" - '아니', '아니다.'이다. '숨기지 않았다(did not hide).'라는 뜻이다. 그는 불법을 덮지 않았다. 그 결과는 무엇인가?

"죄악을 사하셨나이다" - '들어 올린다.' '가지고 간다.'(칼 완료)이다. '들어 올리셨다(lift away).'라는 뜻이다. 여호와는 그의 허물, 죄, 그리고 죄악을 용서하셨다.

여기서 볼 때, 고백과 용서의 관계가 어떠한가? 용서는 고백 후에 직접 찾아온다. 괴로움과 용서의 차이는 여호와께 고백하지 않느냐, 하느냐에 있다. 하나님과의 관계에서 중요한 점은 고백이다. 시인은 "우리가 죄를 짓지 않아야 한다."라고 말하지 않는다. 하나님 앞에서 자신의 죄를 진실하게 고백하기를 바란다. 다윗이 이 시를 기록했다면, 그의 죄는 밧세바와 우리야에 관한 것이었다(삼하 11:4, 24, 27; 12:9, 13). 용서는 죄의 고백을 전제한다. 우리에게는 고백이 있고, 하나님께는 용서가 있다. "만일 우리가 우리 죄를 자백하면 그는 미쁘시고 의로우사 우리 죄를 사하시며 우리를 모든 불의에서 깨끗하게 하실 것이요"(요일 1:9). 이제 시인은 누구를 초청하는가?

3. 시인은 누구를 초청합니까(6a)? 기도하면 어떤 은혜를 받습니까(6b)? 주님은 그에게 어떤 분입니까(7)? 주님은 그를 어떻게 보호하십니까(8)? 그는 어떤 사람이 되지 말아야 합니까(9)?

6-7, 하나님의 보호

6, "이로 말미암아 모든 경건한 자는 주를 만날 기회를 얻어서 주께 기도할지라 진실로 홍수가 범람할지라도 그에게 미치지 못하리이다"

"이로 말미암아" - '그러므로(Therefore)'이다. '하나님께서 죄를 용서하셨으므로'라는 뜻이다.

"모든" - '모두', '전체'이다.

"경건한 자는" - '거룩한 사람(holy one)', '성도(saint)'(단수)이다. '모든 경건한 자'는 공동체를 뜻한다.

"주를 만날" - '찾는다(find).'(부정사)이다.

"기회를 얻어서" - '시간', '적절한 때'이다. '주님을 만날 수 있는 때(at a time when you may be found)', '고난의 때(at a time of distress)'를 뜻한다.

"주께 기도할지라" - '기도한다.'(히트파엘 미완료)이다. 주님을 만날 수 있을 때, 고난의 때 기도해야 한다. 시인은 자신의 체험을 공동체로 확대한다. 공동체가 기도하면 어떤 은혜를 받는가?

"홍" - '많은(much/ many)', '큰(great)'이다.

"수" - '물들(waters)'이다.

"범람할지라도" - '홍수(flood)', '호우(downpour)'이다. '홍수'는 사람이 감당할 수 없는 심각한 문제, 어려움이다.

"미치지" - '만진다(touch).' '에 이른다(reach).'(히필 미완료)이다.

"못하리라" - '아니', '아니다.'이다. 경건한 사람이 기도하면 심각한 문제가 닥치지 못한다.

이스라엘이 애굽에서 탈출하여 홍해를 건넜다. 하지만 홍해는 그들에게 미치지 못했다. 그들은 바다 가운데를 육지로 행하였고, 물이

좌우에 벽이 되었다. 반면 그 큰물은 애굽의 군대에 미쳐서 병거와 기병을 덮었고, 그들의 뒤를 따라 바다에 들어간 바로의 군대를 다 덮어서 하나도 남지 않았다(출 14:28-29). 주님은 그에게 어떤 분인가?

7, “주는 나의 은신처이오니 환난에서 나를 보호하시고 구원의 노래로 나를 두르시리이다(셀라)”

“주는” - ‘당신(You)’이다. 여호와이시다.

“은신처이오니” - ‘숨는 곳(hiding place)’, ‘안전하고 비밀스러운 곳(safe and secret place)’이다. 사람이 위험을 피하여 안전하게 숨는 곳이다.

시인은 길 없는 사막이나 요새나 사람의 도움을 찾아 그곳으로 도망가지 않았다. 그를 둘러싸고 있는 원수를 흩어버릴 수 있는 주님께로 달아났다.

“환난에서” - ‘좁은(narrow)’, ‘고통’이다.

“나를 보호하시고” - ‘지켜본다(watch).’ ‘지킨다(guard).’(칼 미완료)이다.

“노래로” - ‘외침(ringing cry)’이다.

“나를 두르시리이다” - ‘두루 다닌다(go around).’ ‘에워싼다(encircle/ surround).’(푸엘 미완료)이다. 주님은 ‘구원의 외침’으로 그를 에워싸신다. 구원의 노래는 적을 이기는 장벽과 같다. 주님은 그를 어떻게 보호하시는가?

8-9, 훈계

8, “내가 네 갈 길을 가르쳐 보이고 너를 주목하여 훈계하리로다”

“내가” - ‘여호와’이시다.

“네 갈” - ‘간다(go).’ ‘걷는다(walk).’(칼 미완료)이다.

“길을” - ‘길’, ‘방식’이다. ‘시인이 가야 할 방식으로(in the way you should go)’라는 뜻이다.

“가르쳐” - ‘지혜롭다.’ ‘가르친다(instruct).’(히필 미완료)이다. ‘지시할 것이다(will instruct).'라는 뜻이다.

"보이고" - '던진다(throw).' '가르친다(teach).'(히필 미완료)이다. '가르칠 것이다(will teach).'라는 뜻이다. 여호와께서 그가 가야 할 길을 가르치고 가르칠 것이다.

"주목하여" - '눈(eye)', '샘(fountain)'이다.

"훈계하리로다" - '충고한다(advise/ counsel).'(칼 미완료)이다. '내 눈으로 조언할 것이다(will counsel you with my eye upon you).'라는 뜻이다. 여호와께서 그를 눈여겨보며 충고할 것이다. 그러므로 그는 어떤 사람이 되지 말아야 하는가?

9, "너희는 무지한 말이나 노새같이 되지 말지어다 그것들은 재갈과 굴레로 단속하지 아니하면 너희에게 가까이 가지 아니하리로다"

"무지한" - '분별없는(have no understanding)', '철없는'이다.

"말이나" - '제비(swallow)', '말(horse)'이다.

"노새같이" - '노새(mule)'이다. '성급한 성격'을 상징한다. 말과 노새는 채찍과 재갈을 통해 통제받는다. 그것들은 지각이 없고, 본능이나 철저한 훈련, 사람의 통제에 의존한다.

"되지" - '~이 일어나다.' '~이 되다.'(칼 미완료)이다.

"말지어다" - '아니', '아니다.'이다. 사람은 그런 말과 노새처럼 살지 말아야 한다.

"굴레로" - '고삐'이다.

"단속하지 아니하면" - '재갈을 달다(curb).' '억제한다(hold in).'(부정사)이다.

"가까이 가지" - '가까이 온다.' '접근한다.'(부정사)이다.

"아니하리로다" - '아무것도 ~않다.' '아니'이다. 그것들이 다가오지 않을 것이다.

말과 노새를 길들이려면 재갈이나 굴레가 있어야 한다. 말과 노새 같은 사람은 지각이 없고 물리적인 수단으로 제압할 필요가 있는 사람이다. 이 표현은 죄를 고백하지 않으려는 자세와 연관이 있다. 사람은 죄에 대한 이해가 있어야 한다. 그렇지 않으면 말과 노새처럼 산다. 지각과 이성을 가진 사람은 죄를 깨닫는다. 반면 지각이 없는 사람은 죄를 깨닫지 못한다. 죄를 깨닫지 못하는 사람과 깨닫는 사람의 삶은 어떻게 다른가?

4. 죄를 깨닫지 못하는 사람과 깨닫는 사람의 삶이 어떻게 다릅니까(10)? 의인들은 어떻게 살아야 합니까(11)? 그들은 왜 기뻐하고, 즐거워하고, 외쳐야 합니까?

10-11, 악인과 의인

10, "악인에게는 많은 슬픔이 있으나 여호와를 신뢰하는 자에게는 인자하심이 두르리로다"

"악인에게는" - '죄를 깨닫지 못하는 사람'이다.

"슬픔이 있으나" - '고통(pain)', '슬픔(sorrow)'.이다. 그런 사람에게는 슬픔이 있다.

"신뢰하는 자에게는" - '믿는다(trust in).' '안심한다(feel safe).'(분사)이다. '죄를 깨닫는 사람'이다.

"인자하심이" - '친절(kindness)', '사랑(loving-kindness)'이다.

"두르리로다" - '두루 다닌다(go around).' '에워싼다(encircle/surround).'(푸엘 미완료)이다. 한결같은 사랑이 넘친다.

"악인"/ "신뢰하는 자", "슬픔"/ "인자"를 대조한다. 악인은 슬픔이 가득하지만, 주님을 신뢰하는 사람은 한결같은 사랑이 넘친다. 죄를 깨닫지 못하고 하나님께 대항하는 사람은 슬픔 속에 산다. 하지만 죄를 깨닫고 주님을 의지하는 사람은 사랑 속에 산다. 사람은 이 둘 가운데 하나를 선택해야 한다. 의인들은 어떻게 살아야 하는가?

11, "너희 의인들아 여호와를 기뻐하며 즐거워할지어다 마음이 정직한 너희들아 다 즐거이 외칠지어다"

"너희 의인들아" - '의로운', '공정한'(복수)이다. '모든 경건한 자'(6), '마음이 정직한 사람'이다. 시인은 공동체에 권면한다. 그들은 죄가 없는 사람이 아니라, 용서받은 사람이다.

32(32:1-11)

"기뻐하며" - '기뻐한다(rejoice).' '즐거워한다(glad).'(칼 명령)이다. '기뻐하라(be glad).'라는 뜻이다.

"즐거워할지어다" - '기뻐한다.'(칼 명령)이다. '즐거워하라(rejoice).' 라는 뜻이다.

"정직한 너희들아" - '곧은', '올바른'이다.

"즐거이 외칠지어다" - '외친다(cry out).' '기뻐 소리친다(shout for joy).'(히필 명령)이다.

그들은 왜 기뻐하고 즐거워하고 외쳐야 하는가? 그들은 죄를 용서받았기 때문이다. 기쁨은 용서받은 사람이 누리는 특권이다. 의로운 사람은 자기 안에서가 아니라, 주님 안에서 기뻐한다. 왜냐하면 자신 안에서 기뻐하는 사람은 거짓 확신으로 속기 때문이다. 반면 주님 안에서 기뻐하는 사람은 끝없는 즐거움을 누린다.

우리는 무엇을 배우는가? 우리 삶의 핵심이 무엇인지를 배운다. 그것은 행복이다. 그 행복은 허물의 사함을 받고 죄가 가려진 데 있다. 한마디로 죄를 용서받음이 행복이다. 그리고 그 용서는 고백을 통해서 온다. 그러므로 용서받은 우리는 행복한 사람이다. 날마다 기뻐하고 즐거워하고 외칠 수 있기를 바란다.

33

인자하심을 베푸소서

말씀 시편 33:1-22
요절 시편 33:22
찬송 292장, 79장

1. 누가 여호와를 찬송해야 합니까(1)? 그들은 어떻게 찬송해야 합니까(2-3)? 왜 여호와를 찬송해야 합니까(4-5)? 그 사실을 어디에서 알 수 있습니까?

2. 여호와는 세상을 어떻게 지으셨습니까(6-7)? 그러므로 온 세상은 그분을 어떻게 해야 합니까(8)? 왜 그분을 두려워하며 경외해야 합니까(9)? 세상의 계획과 하나님의 계획은 어떻게 다릅니까(10-11)?

33(33:1-22)

3. 누가 복이 있습니까(12)? 여기서 볼 때, 복을 무엇이 결정합니까? 왜 여호와를 자기 하나님으로 삼은 백성이 행복합니까(13-14)? 그 분은 무엇을 살핍니까(15)? '지으신', '굽어살피는 분'을 통해 무엇을 배웁니까?

4. 세상의 헛된 그것은 무엇입니까(16-17)? 구원은 어디에 있습니까(18-19)? 우리는 누구를 바라야 합니까(20-21)? 그는 무엇을 기도합니까(22)? 그는 왜 그렇게 기도합니까?

33
인자하심을 베푸소서

말씀 시편 33:1-22
요절 시편 33:22
찬송 292장, 79장

1. 누가 여호와를 찬송해야 합니까(1)? 그들은 어떻게 찬송해야 합니까(2-3)? 왜 여호와를 찬송해야 합니까(4-5)? 그 사실을 어디에서 알 수 있습니까?

히브리 자음 22자를 본떠 22절로 만든 찬양 시이다. 세상을 지으시고 다스리시는 여호와, 즉 창조주와 역사의 주관자이신 주님께 드리는 찬양이다. 찬양은 여호와의 뜻을 행하고 믿음으로 사는 사람에게 어울린다.

1-3, 찬양

1, “너희 의인들아 여호와를 즐거워하라 찬송은 정직한 자들이 마땅히 할 바로다”

“너희 의인들아” - ‘의로운(righteous)’, ‘올곧은’이다. 당시 예배자에게 붙인 명예로운 이름이었다. 하나님을 믿고 따르는 사람이다. 자신의 연약함과 부족함을 알고 오직 여호와를 의지하는 사람이다.

“즐거워하라” - ‘외친다(cry out).’ ‘기뻐 소리친다(shout for joy).’(피엘 명령)이다. ‘기뻐하면서 찬양하라.’라는 뜻이다. 예배에 참여하는 사람은 여호와를 기뻐하면서 찬양해야 한다.

“찬송은” - ‘찬양의 노래’이다.

“정직한 자들이” - ‘곧은’, ‘바른’이다. ‘바른 사람(the upright)’을 뜻한다.

“마땅히 할 바로다” - ‘아름다운(beautiful)’, ‘어울리는’, ‘적합한’이다. ‘찬송은 올곧은 사람에게 어울린다(Praise befits the upright).’라는 뜻이다.

보통 악인은 이 세상에서 즐거움을 찾고 노래한다. 하지만 그들의 삶이 끝나거나 세상이 끝나면 그들의 즐거움도 끝난다. 반면 의인은 여호와를 기뻐하면서 찬양한다. 여호와는 영원히 계시니 의인의 즐거움도 영원하다. 찬양은 올곧은 사람에게만 어울리는 특권이다. 어떻게 찬송해야 하는가?

2, “수금으로 여호와께 감사하고 열 줄 비파로 찬송할지어다”

“수금으로” - ‘수금’, ‘칠현금(the lyre)’이다.

“감사하고” - ‘감사한다.’ ‘찬양한다.’(히필 명령)이다.

“비파로” - ‘하프(the harp)인데, 하단부에 불룩한 울림통이 있었다. 손가락으로 튕겨서 연주했다. 두 악기는 축제와 예배에서 사용했다.

“찬송할지어다” - ‘찬양한다(sing praise).’ ‘연주한다(make music).’(피엘 명령)이다. 여호와를 찬양할 때는 악기도 함께해야 한다.

3, “새 노래로 그를 노래하며 즐거운 소리로 아름답게 연주할지어다”

“새 노래로” - ‘새롭게 준비한 노래’이다. 새 백성이 승리하신 하나님의 왕권을 노래할 때 부르는 노래이다.

“노래하며” - ‘노래 부른다(sing).’(칼 명령)이다.

“즐거운 소리로” - ‘경보(alarm)’, ‘나팔 소리(sound of trumpet)’이다. ‘기쁨의 외침’을 뜻한다.

“아름답게” - ‘좋다(be good).’ ‘잘한다.’(히필 명령)이다.

“연주할지어다” - ‘현악기를 연주한다(play a stringed instrument).’(부정사)이다. ‘큰 소리로 현악기를 연주를 잘하라(play skillfully on the strings, with loud shouts).’라는 뜻이다. 왜 여호와를 찬송해야 하는가?

4-5, 인자

4, “여호와의 말씀은 정직하며 그가 행하시는 일은 다 진실하시도다”

"말씀은" - '말(word)', '말함(speaking)'이다. 여호와께서 세상을 창조하셨을 때 선포한 그 말씀이다(창 1:3). 하나님은 말씀으로 만물을 창조하셨다.

"정직하며" - '똑바른(upright)'이다. 그분의 말씀은 비뚤어진 것이 없다. 잠언 8:8은 말씀한다. "내 입의 말은 다 의로운즉 그 가운데에 굽은 것과 패역한 것이 없나니."

"그가 행하시는 일은" - '행위', '행동'이다.

"진실하시도다" - '충실(fidelity)', '신실(faithfulness)'이다. 그분이 하시는 모든 일은 그분의 진실함의 표현이다.

5, "그는 공의와 정의를 사랑하심이여 세상에는 여호와의 인자하심이 충만하도다"

"공의" - '의로움(righteousness)', '의로운 행위', '구원'을 뜻한다.

"정의" - '공정(justice)', '재판장이 내리는 결정'을 뜻한다.

"사랑하심이여" - '사랑한다.' '사랑스러운(lovely)'(분사)이다. '그분의 즐거움은(His delight is)'이라는 뜻이다. 그분의 즐거움은 공의와 정의에 있다.

"인자하심이"(חֶסֶד, *chesed*) - '인자(loving-kindness)', '변함없는 사랑(unfailing love)'이다. '인자'는 관계적 표현이다. 둘 사이의 관계에 관한 결과로 한쪽이 상대에게 의미, 유익, 헌신을 베푸는 것을 뜻한다.

"충만하도다" - '가득 찬다(be full).' '가득 채운다(fill).'(칼 완료)이다. 이 세상은 여호와의 '헤세드(*chesed*)'로 가득 차 있다.

이 사실을 어디에서 알 수 있는가? 우리는 창조 세계를 통해 그분의 신실하심을 알 수 있다. 여호와는 창조 때부터 지금까지 특별한 은총으로 세상을 보전하고 돌보신다. 하나님의 신실하심은 자연의 규칙성과 일관성에서 볼 수 있다. 혼돈과 무질서가 제한되어 있다는 사실에서 알 수 있다. 또 여호와의 신실하심은 그 백성을 택한 데서 나타났다. 그분을 경외하고 그분을 찬양하며 그분의 거룩한 이름을 신뢰하는 그 백성을 꾸준하게 돌보시는 데 나타났다. 따라서 우리는 그분을 믿을 수 있다. 여호와는 세상을 어떻게 지으셨는가?

2. 여호와는 세상을 어떻게 지으셨습니까(6-7)? 그러므로 온 세상은 그분을 어떻게 해야 합니까(8)? 왜 그분을 두려워하며 경외해야 합니까(9)? 세상의 계획과 하나님의 계획은 어떻게 다릅니까(10-11)?

6-11, 창조주, 통치자

6, "여호와의 말씀으로 하늘이 지음이 되었으며 그 만상을 그의 입 기운으로 이루었도다"

"여호와의 말씀으로" - 창 1:3을 기억나게 한다.

"하늘이" - '하늘들(heavens)'이다. '우주'를 뜻한다.

"지음이 되었으며" - '한다(do).' '형성한다(fashion).' '성취한다(accomplish).'(니팔 완료)이다. '만드셨다(were made).'라는 뜻이다.

"만상을" - '모든 군대 무리(all the host)', '모든 별(starry host)'이다. '해와 달을 비롯한 천체들'을 뜻한다.

"기운으로 이루었도다" - '바람(wind)', '숨(breath)'이다.

"말씀", "기운" - 창조적인 힘이다. 여호와는 말씀으로 하늘과 만상을 지으셨다. '여호와', '말씀', '여호와의 기운'은 삼위 하나님, 즉 성부 성자 성령 하나님이시다. 삼위 하나님께서 우주를 지으셨다.

7, "그가 바닷물을 모아 무더기 같이 쌓으시며 깊은 물을 곳간에 두시도다"

"물을" - '물들(waters)'이다.

"모아" - '모은다.' '싼다.'(분사)이다.

"무더기 같이" - '쌓아 올린 것'이다.

"쌓으시며" - '준다.' '놓는다.'(분사)이다. 여호와께서 홍해를 가르시고 물 벽을 쌓으셨다(출 14:29). 여호와께서 혼돈 세력을 정복하셨다.

"깊은 물을" - '깊음(depths)', '깊은 곳(deep places)'이다.

"곳간에 두시도다" - '보물', '창고'이다. 여호와께서 깊은 물을 곳간에 모으셨다. 여호와는 '창조주이시며 통치자(the Creator-Ruler)'이시다. 그러므로 온 세상은 그분을 어떻게 해야 하는가?

8, "온 땅은 여호와를 두려워하며 세상의 모든 거민들은 그를 경외할지어다"

"두려워하며" - '두려워한다.' '경외한다.'(칼 미완료)이다.

"경외할지어다" - '두려워한다.'(칼 미완료)이다. 하나님에 대한 경외를 뜻한다. 온 땅과 모든 사람은 대왕(the Great King)이신 그분을 경외해야 한다.

그런데 보통 사람은 땅과 바다와 세상을 다스리는 것처럼 보이는 신들을 두려워한다. 그러면서 그들은 오만함에 들떠 스스로 자랑한다. 그러나 여호와는 창조주이시고, 사람은 그분의 피조물이다. 여호와께서 만물을 만드시고 온 우주를 주권적으로 다스리신다. 따라서 세상은 오직 여호와만이 '창조주이시며 통치자'이심을 알아야 한다. 그리고 그분을 두려워하며 경외해야 한다. 왜 그렇게 해야 하는가?

9, "그가 말씀하시매 이루어졌으며 명령하시매 견고히 섰도다"

"(왜냐하면)" - 그 이유를 말한다.

"말씀하시매" - '말한다(say).'(칼 완료)이다. 여호와께서 말씀하셨다.

"이루어졌으며" - '~이 일어난다.' '~이 된다.'(칼 미완료)이다.

"명령하시매" - '명령한다.' '부탁한다.'(피엘 완료)이다. 여호와께서 명령하셨다.

"견고히 섰도다" - '계속해서 서 있다(stand).' '남아 있다(remain).'(칼 미완료)이다. 문법은 미완료이나 내용은 완료이다. 왜냐하면 그분께서 말씀하시니 이루어졌고, 명령하시니 확고히 섰다.

이 표현은 "하나님이 이르시되 ... 있었고"(창 1:3, 6, 9, 11, 14, 20, 24, 26, 29)와 같다. 하나님은 공허한 말씀이나 아무 일도 일어나지 않을 말씀을 하지 않으신다. 하나님의 말씀은 살았고 운동력이 있다(히 4:12a). "만물이 그로 말미암아 지은 바 되었으니 지은 것이 하나도 그가 없이는 된 것이 없느니라"(요 1:3).

사람은 세상의 질서가 신들의 조화로운 공존(a harmonious coexistence)의 결과물이 아니라는 사실을 알아야 한다. "우연한 일은 없다(Nothing is accidental)." 모든 것은 하나님의 지혜로운 뜻을 반영한다. 그분이 말씀하신 모든 일은 이루어졌다(whatever he spoke came into being). 세상의 질서는 그분의 주권적 통치를 반영한다. 그분의 주권은 경건한 사람에게 두려움을 주지 않고 오히려 위로를 준다. 따라서 우리는 그분만을 신뢰할 수 있다. 세상의 계획과 하나님의 계획은 어떻게 다른가?

10, "여호와께서 나라들의 계획을 폐하시며 민족들의 사상을 무효하게 하시도다"

"나라들의 계획을" - '나라의 충고', '나라들의 계획'이다.

"폐하시며" - '깨뜨린다.' '헛되게 한다.'(히필 완료)이다.

"사상을" - '생각', '계획'이다.

"무효하게 하시도다" - '금한다(forbid).' '허가하지 않는다(disallow).'(히필 완료)이다. 그러나 여호와의 계획은 어떠한가?

11, "여호와의 계획은 영원히 서고 그의 생각은 대대에 이르리로다"

"여호와의 계획은" - '여호와의 충고'이다. '모든 사람이 여호와께로 나와 죄를 용서받기를 바라심'이다.

"서고" - '계속해서 서 있다(stand).' '남아 있다(remain).'(칼 미완료)이다.

"생각" - '생각', '계획'이다.

"대대에 이르리로다" - '시대(period)', '세대(generation)'이다.

"나라들의 계획", "민족들의 사상"/ "여호와의 계획", "그분의 생각"을 대조한다. 그분의 계획은 바뀌지 않는다. 영원하다. 세상이 존재하기 전에 그분은 우리를 보셨고, 만드셨고, 다듬으셨고, 보내셨고, 구속하셨다. 이것이 그분의 계획이고, 영원히 이어지는 계획이다. 누가 복이 있는가?

3. 누가 복이 있습니까(12)? 여기서 볼 때, 복을 무엇이 결정합니까? 왜 여호와를 자기 하나님으로 삼은 백성이 행복합니까(13-14)? 그 분은 무엇을 살핍니까(15)? '지으신', '굽어살피는 분'을 통해 무엇을 배웁니까?

12-15, 굽어살피심

12, "여호와를 자기 하나님으로 삼은 나라 곧 하나님의 기업으로 선택된 백성은 복이 있도다"

"자기 하나님으로 삼은" - '하나님'이다.

"나라" - 여호와를 하나님으로 삼은 나라이다.

"기업으로" - '유산(inheritance)', '물려받은 것(heritage)', '소유(possession)'이다. '어떤 사람이나 어떤 것의 일부가 됨'을 뜻한다.

"선택된" - '선택한다(choose/ elect).' '~하기로 한다(decide for).'(칼 완료)이다.

"하나님의 기업으로 선택된 백성" - 하나님이 당신의 유산으로 선택한 백성이다.

"복이 있도다" - '행복(happiness)', '복(blessedness)'이다.

여기서 볼 때, 복을 무엇이 결정하는가? 세상에서는 소유의 많음이 행복을 결정한다. 그러나 시인은 여호와를 자기 하나님으로 모신 사람, 하나님의 아들딸로 선택받은 그 사람이 행복하다. 하나님은 소유하시면서 소유 당하신다. 하나님이 우리를 소유하시고, 우리에게 소유되심은 오직 우리를 행복하게 하도록 함이다.

이 말씀은 시내 산 언약에 기초한다. "세계가 다 내게 속하였나니 너희가 내 말을 잘 듣고 내 언약을 지키면 너희는 모든 민족 중에서 내 소유가 되겠고, 너희가 내게 대하여 제사장 나라가 되며 거룩한 백성이 되리라 너는 이 말을 이스라엘 자손에게 전할지니라"(출 19:5-6). 여호와는 이스라엘의 하나님이시며, 이스라엘은 그분께 뽑힌 백성이다. 이스라엘은 행복하다. 왜 여호와를 자기 하나님으로 삼은 백성이 행복한가?

13, "여호와께서 하늘에서 굽어보사 모든 인생을 살피심이여"

"하늘에서" - '하늘들(heavens)'이다. '하나님이 계신 곳(dwelling place)', '보좌(throne)'를 뜻한다.

"굽어보사" - '주목해서 본다(regard).'(히필 완료)이다.

"살피심이여" - '바라본다(look at).' '조사한다(inspect).'(칼 완료)이다. 하나님은 그곳에서 사람을 조용히 살피신다.

14, "곧 그가 거하시는 곳에서 세상의 모든 거민들을 굽어살피시는도다"

"거하시는" - '머무른다(remain).' '거주한다(dwell).'(부정사)이다.

"곳에서" - '고정되거나 확정된 장소'이다.

"세상의 모든 거민들을" - 여호와를 하나님으로 모시고 하나님이 당신 소유로 뽑으신 백성이다.

"굽어살피시는도다" - '응시한다(gaze).' '지켜본다(stare).'(히필 완료)이다. 그분은 사람의 무엇을 살피시는가?

15, "그는 그들 모두의 마음을 지으시며 그들이 하는 일을 굽어살피시는 이로다"

"그들 모두의" - '하나 됨', '모두 함께'이다.

"마음을" - '마음', '의지'이다. '사람 본질'을 뜻한다.

"지으시며" - '형성한다(fashion).' '고안한다(frame).'(분사)이다. "여호와 하나님이 땅의 흙으로 사람을 지으시고 생기를 그 코에 불어넣으시니 사람이 생령이 되니라"(창 2:7).

"굽어살피시는 이로다" - '이해한다(understand).' '생각한다(consider).'(분사)이다.

'지으신 분', '굽어살피신 분'을 통해 무엇을 배우는가? 여호와는 창조주 하나님이시면서 통치자 하나님이시다. 여호와는 사람을 지으셨다. 여호와는 하늘에 계시지만 피조물에 무관심하지 않으신다. 그분은 세상과 인간의 마음에서 일어나는 모든 것을 아시고 보신다.

그분은 세상을 은총으로 바라보신다.

사람의 마음을 지으신 여호와는 사람 마음 안에 있는 것, 곧 행위를 결정하는 것을 아신다. 여호와는 사람의 겉과 속을 보고 판단하신다. 악인은 "하나님이 보지 않으신다."라고 생각하거나 "하나님이 듣지 못한다."라고 말한다. 하지만 의인은 "주님께서 보십니다." 라고 고백한다. 그러므로 세상의 헛된 것은 무엇인가?

4. 세상의 헛된 그것은 무엇입니까(16-17)? 구원은 어디에 있습니까(18-19)? 우리는 누구를 바라야 합니까(20-21)? 그는 무엇을 기도합니까(22)? 그는 왜 그렇게 기도합니까?

16-19, 경외하는 자

16, "많은 군대로 구원 얻은 왕이 없으며 용사가 힘이 세어도 스스로 구원하지 못하는도다"

"구원 얻은" - '구원한다.' '구출한다.'(분사)이다.

"없으며" - '어느 쪽도 ~아니다(neither).' '결코~않다(never).'이다. 군대가 많다고 해서 왕이 나라를 구하는 것은 아니다.

"용사가" - '강한', '강한 사람(mighty man)'이다.

"힘이" - '힘', '능력'이다.

"세어도" - '많음', '큰'이다.

"스스로 구원하지" - '구해낸다(deliver).' '구원한다(save).'(니팔 미완료)이다.

"못하는도다" - '아니', '아니다.'이다. 힘이 세다고 해서 용사가 제 목숨을 건지는 것은 아니다.

17, "구원하는 데에 군마는 헛되며 군대가 많다 하여도 능히 구하지 못하는도다"

"구원하는 데에" - '구원(salvation/ deliverance)'이다.

"군마는" - '말(horse)'이다. 단수로 '한 마리 말(a horse)'이다.

"헛되며" - '거짓말', '속임'이다. 군마는 구원에 대한 거짓 희망이다.

"군대가" - '힘', '능력'이다.

"많다 하여도" - '많음', '큼'이다.

"능히 구하지" - '구원한다(save).'(피엘 미완료)이다.

"못하는도다" - '아니', '아니다.'이다. 그 큰 힘으로 구원할 수 없다.

무엇이 사람을 구원하는가? 많은 군대, 용사가 사람을 구원하지 못한다. 구원은 힘에서 오지 않기 때문이다. 사람이 사람을 의지하는 일처럼 허망한 일도 없다. 구원은 어디에 있는가?

18, "여호와는 그를 경외하는 자 곧 그의 인자하심을 바라는 자를 살피사"

"그를 경외하는 자" - '두려워하는(fearing)'을 뜻한다.

"그의 인자하심을" - '인자(loving-kindness)', '변함없는 사랑(unfailing love)'이다. '인자'는 관계적 표현이다.

"바라는 자를" - '기다린다(wait).' '소망한다(hope).'이다.

"살피사" - '눈(eye)', '샘(fountain)'이다. '보라, 여호와의 눈은 자기를 경외하는 자를, 인자하심을 바라는 자를 향하시며(Behold, the eye of the Lord is on those who fear him).'라는 뜻이다. 여호와의 눈은 당신을 의지하는 사람을 향하여 있다.

19, "그들의 영혼을 사망에서 건지시며 그들이 굶주릴 때에 그들을 살리시는도다"

"건지시며" - '구해낸다(deliver).' '구출한다(rescue).'(부정사)이다.

"그들을 살리시는도다" - '살아 있다.' '살려둔다(keep alive).'(부정사)이다.

"사망", "굶주림" - 인생에서 가장 큰 고통이다. 그런데 여호와는 그 고통에서 건지신다. 사람의 구원은 '군마', '힘'에 있지 않다. 여호와께 있다. 여호와를 경외하는 사람, 그분의 인자를 바라는 사람이 구원받는다. 그러므로 우리는 누구를 바라야 하는가?

20-22, 바람

20, "우리 영혼이 여호와를 바람이여 그는 우리의 도움과 방패시로다"

"바람이여" - '기다린다(to wait).' '기대한다(to wait for).'(피엘 완료)이다. '기다렸다(waited for).'라는 뜻이다. 여기에는 '참는다.'라는 뜻이 담겨 있다. '기다림'은 '참음'이다.

"우리의 도움과" - '도움', '돕는 자'이다.

"방패시로다" - '작은 원형의 방패'이다. 적의 창이나 칼, 그리고 화살로부터 보호한다. 방패는 적의 창이나 칼, 그리고 활로부터 보호한다. 여호와는 우리 원수의 공격으로부터 보호하신다.

21, "우리 마음이 그를 즐거워함이여 우리가 그의 성호를 의지하였기 때문이로다"

"즐거워함이여" - '기뻐한다(rejoice).' '즐거워한다(glad).'(칼 미완)이다. '기뻐할 것이다(shall rejoice in).'라는 뜻이다.

"성호를" - '분리된 이름', '거룩한 이름'이다.

"의지하였기" - '믿는다(trust in).' '확신한다(be confident).'(칼 완료)이다. '거룩한 이름'을 믿는 그것은 곧 그분을 믿는 것이다. 그분을 믿으면 그분을 즐거워할 수 있다.

"때문이로다" - '~라는 것 때문에(because that)'이다. 그는 무엇을 기도하는가?

22, "여호와여 우리가 주께 바라는 대로 주의 인자하심을 우리에게 베푸소서"

"바라는" - '기다린다(wait).' '희망한다(hope).'(피엘 완료)이다. '희망을 품었다(have hoped in).'라는 뜻이다.

"바람이여"(20), "의지한다"(21), "바라는" - 여호와를 향한 시인의 강한 희망을 표현한다. 그가 여호와께 품은 희망은 무엇인가?

"대로" - '하는', '마침 ...한 대로(even as)'이다.

33(33:1-22)

“주의 인자하심을”(חֶסֶד, *chesed*) - ‘인자(loving-kindness)’, ‘변함없는 사랑(unfailing love)’이다. ‘인자’는 관계적 표현이다. 둘 사이의 관계에 관한 결과로 한쪽이 상대에게 의미, 유익, 헌신을 베푸는 것을 뜻한다.

“베푸소서” - ‘~이 일어난다.’ ‘~이 된다.’(칼 미완료)이다. 시인은 여호와를 바라고, 의지하고, 바라는 그것처럼 그분의 ‘한결같은 사랑’, ‘헤세드’가 임하기를 기도한다.

그는 왜 이렇게 기도하는가? 그는 구원이 많은 군대에 있지 않고, 용사의 힘에 있지 않음을 알았기 때문이다. 그는 여호와의 인자하심에 구원이 있음을 알았기 때문이다. 그는 여호와 한결같은 사랑이 구원임을 알았다. 그래서 그는 그 사랑을 베풀어 주시도록 기도한다.

34
선하심을 맛보라

말씀 시편 34:1-22
요절 시편 34:8
찬송 310장, 306장

1. 시인은 무엇을 합니까(1)? 그 찬양의 영향력이 어떠합니까(2)? 여호와를 어떤 분으로 찬양해야 합니까(3)?

2. 시인은 왜 여호와를 찬양합니까(4-5)? 그는 왜 부끄럽지 않습니까(6)? 여호와께서 그를 어떻게 구원하셨습니까(7)?

3. 시인은 누구에게 권면합니까(8)? '맛보라. 알아라.'라는 말은 무슨 뜻입니까? 성도는 무엇을 해야 합니까(9-10)? 자녀들은 어떻게 해야 합니까(11)? 인생을 즐겁게 지내고, 좋은 일을 보면서 오래 살고 싶은 사람은 누구입니까(12-14)?

4. 여호와의 눈, 귀, 그리고 얼굴은 누구를 향하십니까(15-16)? 여호와께서 의인을 어떻게 하십니까(17-19)? 여호와께서 의인을 어느 정도 보호하십니까(20)? 악인은 어떻게 됩니까(21)? 여호와는 누구를 속량하십니까(22)?

34

선하심을 맛보라

말씀 시편 34:1-22
요절 시편 34:8
찬송 310장, 306장

1. 시인은 무엇을 합니까(1)? 그 찬양의 영향력이 어떠합니까(2)? 여호와를 어떤 분으로 찬양해야 합니까(3)?

(다윗이 아비멜렉 앞에서 미친 체하다가 쫓겨나 지은 시,

Of David, when he changed his behavior before Abimelech, so that he drove him out, and he went away.)

"미친 체하다가 쫓겨나" - 다윗은 사울을 두려워하여 가드 왕 아기스에게 갔다. 그때 아기스의 신하들이 말했다. "다윗이 아니니이까 무리가 춤추며 이 사람의 일을 노래하여 이르되 사울이 죽인 자는 천천이요 다윗은 만만이로다 하지 아니하였나이까?" 다윗이 이 말을 마음에 두고 아기스를 심히 두려워했다. 그는 그들 앞에서 행동을 변하여 미친 체하고, 대문짝에 끄적거리며 침을 수염에 흘렸다. 아기스가 그의 신하에게 말했다. "너희도 보거니와 이 사람이 미치광이로다 어찌하여 그를 내게로 데려왔느냐, 내게 미치광이가 부족하여서 너희가 이 자를 데려다가 내 앞에서 미친 짓을 하게 하느냐"(삼상 21:10-15).

그런데 삼상에서는 "아기스"인데, 시편은 "아비멜렉"이다. "아비멜렉"은 '나의 아버지는 왕이다.'라는 뜻이다. 그것은 왕의 칭호였을 것이다.

이 시는 첫 글자 첫 자음을 히브리어 알파벳으로 시작하여 끝나는 '알파벳 시(acrostic poem)'이다. 25편과 자매 시편이다. '알렙(א)', "내가 송축함이여"로 시작하고, 마지막은 마지막 글자인 '타우(ת)'가

아닌 '페(פ)', "속량하시나니"로 끝난다. '와우(ו)'는 생략했다. '타우'는 21절이고, '페'는 22절이다.

1-3, 찬양

1, "내가 여호와를 항상 송축함이여 내 입술로 항상 주를 찬양하리이다"

"내가"(אֲבָ, *aba*) - '알렙(א)'으로 시작한다.

"송축함이여" - '무릎을 꿇는다(kneel).' '축복한다(bless).' '찬양한다(praise).'(피엘 미완료)이다. '나는 찬양할 것이다.'라는 뜻이다. 그는 어떻게 찬양하는가?

"내 입술로" - '입(mouth)'이다.

"항상" - '계속해서'라는 뜻이다. 그는 예배 때에만 찬양하지 않고 삶에서도 계속한다.

"주를 찬양하리이다" - '찬양의 노래', '찬양할만한 행위'(명사)이다. '주님을 찬양하는 노랫소리'를 뜻한다. 주님을 찬양하는 노랫소리가 입에서 그치지 않는다. 그 찬양의 영향력이 어떠한가?

2, "내 영혼이 여호와를 자랑하리니 곤고한 자들이 이를 듣고 기뻐하리로다"

"내 영혼이" - '생명(life)', '영혼(soul)'이다.

"여호와를"(בַּיהוָה, *baYHEH*) - '베트(ב)'로 시작한다. '여호와 안에서'를 뜻한다.

"자랑하리니" - '밝게 비춘다(shine).'(히트파엘 미완료)이다. '여호와를 자랑한다(makes its boast in the Yahweh).' '여호와를 밝게 비춘다.'라는 뜻이다.

찬양은 여호와를 자랑하는 일이다. '찬양'과 '자랑'은 같은 뜻이다. 찬양은 자기 자랑이 아니라, 여호와를 자랑하는 일이다. 그분의 사랑, 능력, 은총을 자랑하는 일이다. 그 자랑하는 소리를 고통받는 사람이 들으면 무엇을 하는가?

"곤고한 자들이" - '고통받는', '겸손한(humble)'이다. '고통을 겪는 사람', '여호와를 의지할 수밖에 없는 사람'이다.

"이를 듣고" - '듣는다.'(칼 미완료)이다. '찬양을 듣는다.'라는 뜻이다.

"기뻐하리로다" - '기뻐한다(rejoice).' '즐거워한다(glad).'(칼 미완료)이다. 고통받는 사람이 하나님을 찬양하는 노래를 듣고 기뻐한다. 여호와를 찬양하는 소리는 주위 사람에게 기쁨을 준다. 찬양은 전도의 좋은 도구이다. 시인은 여호와를 어떤 분으로 찬양하는가?

3, "나와 함께 여호와를 광대하시다 하며 함께 그의 이름을 높이세"

"광대하시다 하며" - '성장한다(grow up).' '위대해지거나 중요하게 된다(become great or important).'(피엘 명령)이다. '기멜(ג)'로 시작한다. '위대하게 하라.' '영광을 돌리라.'라는 뜻이다. 찬양은 여호와의 위대하심을 인정하고 공개적으로 선포하는 일이다.

"이름을" - 찬양은 그분의 이름을 높이는 일이다.

"높이세" - '높다(be high).' '일어난다(rise up).'(포엘 미완료)이다. 찬양은 하나님이 나보다 크심을 인정하는 일이다. 그는 왜 여호와를 찬양하는가?

2. 시인은 왜 여호와를 찬양합니까(4-5)? 그는 왜 부끄럽지 않습니까(6)? 여호와께서 그를 어떻게 구원하셨습니까(7)?

4-7, 체험

4, "내가 여호와께 간구하매 내게 응답하시고 내 모든 두려움에서 나를 건지셨도다"

"간구하매" - '구한다.' '노력한다.'(칼 완료)이다. '달렛(ד)'으로 시작한다. 시인은 여호와께 적극적으로 도움을 청했다.

"내게 응답하시고" - '대답한다.' '증언한다.'(칼 완료)이다. 여호와는 그에게 응답하셨다. 그 결과는 무엇인가?

"두려움에서" - '두려움'이다.

"나를 건지셨도다" - '구해낸다(deliver).' '구원한다(save).'(히필 완료)이다. 여호와는 그를 두려움에서 건져 주셨다. 그는 두려움에서 벗어났다.

5, "그들이 주를 앙망하고 광채를 내었으니 그들의 얼굴은 부끄럽지 아니하리로다"

"그들이" - '곤고한 자들'이다(2).

"앙망하고" - '본다(look).' '주목해서 본다(regard).'(히필 완료)이다. '헤(ה)'로 시작한다.

"광채를 내었으니" - '흐른다(flow).' '빛을 발한다(radiate).'(칼 완료)이다. '하나님을 바라보고 빛을 내라.' '하나님을 바라보고 빛나는 얼굴을 가지라.'라는 뜻이다.

"부끄럽지" - '부끄러워한다(be ashamed).' '당황한다(confound).'(칼 미완료)이다.

"아니하리로다" - '광채를 냈다.'라는 말과 같다. "그들은 주님을 바라보았고 빛났다. 그리고 그들의 얼굴은 절대로 당황하지 않을 것이다." "주님을 바라보는 사람은 광채가 나며, 그들의 얼굴은 절대로 부끄러워하지 않을 것이다." 왜 그런 일이 있는가?

6, "이 곤고한 자가 부르짖으매 여호와께서 들으시고 그의 모든 환난에서 구원하셨도다"

"이"(זֶה, *ze*) - '이것(this)', '이러한(such)'이다. '자인(ז)'으로 시작한다.

"곤고한 자가" - '가난한(poor)', '고생하는(afflicted)'이다. 시인 자신을 말한다.

"부르짖으매" - '부른다(call).' '불러낸다(call out).'(칼 완료)이다.

"들으시고" - '듣는다.'(칼 완료)이다. 여호와께서 그의 기도를 들으셨다.

"모든 환난" - 시인이 겪었던 고난이다.

"구원하셨도다" - '안전하다(be safe).' '보존한다(preserve).'(히필 완료)이다. 여호와께서 시인의 기도를 들으시고 그를 모든 환난에서 구원하셨다. 그가 구원받음은 오직 여호와를 찾고 기도했기 때문이다. 여호와께서 그를 어떻게 구원하셨는가?

7, "여호와의 천사가 주를 경외하는 자를 둘러 진치고 그들을 건지시는도다"

"천사가" - 여호와께서 기도를 들으시고 천사를 보내셨다.

"주를 경외하는 자를" - '두려움 속에서 떠는 사람', '기쁜 기대 속에서 떠는 사람'이다.

"둘러" - '주변(surrounding)', '둘레에(round about)'이다.

"진 치고" - '기울다.' '진을 친다.'(분사)이다. '헤트(ח)'로 시작한다. 시인은 군사적 위험을 겪고 있다. 천사가 그를 위해 진을 쳐서 보호한다.

"그들을 건지시는도다" - '끌어낸다.' '구원한다.'(피엘 미완)이다. 여호와께서 그를 구원하셨음을 강조한다.

여호와께서는 당신을 경외하는 사람을 보호하시고, 구원하신다. 이 말씀에서 엘리사를 구원하신 여호와를 생각할 수 있다. 아람 왕은 이스라엘과 싸울 때 엘리사가 자신의 작전을 다 꿰뚫고 있음을 알고는 그를 잡고자 했다. 왕은 말과 병거와 많은 군사를 보내 그 성읍을 에워쌌다. 그때 엘리사는 두려워하지 않고 여호와께 기도했다. 여호와께서 불말과 불병거를 보내서 산에 가득하여 엘리사를 둘렀다(왕하 6:11-17). (왕하 6:17). 여호와께서 엘리사를 보호하고 구원하셨다.

그런데 여호와의 '보호(protection)'와 '구원(deliverance)'은 자동으로 일어나지 않는다. 왜냐하면 하나님은 '생명에 대한 두려움(dread of life)'이 아니라, '하나님을 두려워하는(fear of God)' 형태로 충성의 증거를 기대하기 때문이다. 즉 여호와께 간절하게 도움을 청할 때 보호와 구원을 이루신다. 여호와의 보호와 구원을 체험한 시인은 누구에게, 무엇을 권면하는가?

3. 시인은 누구에게 권면합니까(8)? '맛보라. 알아라.'라는 말은 무슨

뜻입니까? 성도는 무엇을 해야 합니까(9-10)? 자녀들은 어떻게 해야 합니까(11)? 인생을 즐겁게 지내고, 좋은 일을 보면서 오래 살고 싶은 사람은 누구입니까(12-14)?

8-14, 훈계

8, "너희는 여호와의 선하심을 맛보아 알지어다 그에게 피하는 자는 복이 있도다"

"선하심을"(טוֹב, *tob*) - '선한(good)', '좋은'이다.

"여호와의 선하심을" - '여호와는 좋은 분이다(Yahweh is good).'라는 뜻이다. 여호와는 고난 중에 함께하는 분이다. 기도를 들으시는 분이다. 그리고 보호하고 구원하는 분이다.

"맛보아" - '맛본다(taste).' '지각한다(perceive).'(칼 명령)이다. '테트(ט)'로 시작한다. '음식을 맛본다.' '경험이나 배움을 통해 아는 것', '삶의 체험을 통해 깨닫는 것'을 뜻한다.

"알지어다" - '본다(see).' '조사한다(inspect).'(칼 명령)이다. '직접 경험하라.'라는 뜻이다.

'맛보라.' '알아라.'라는 말은 무슨 뜻인가? '이론이 아닌 감각으로 체험하라.' '머리가 아닌 삶으로 경험하라.'라는 뜻이다. 당시에는 여호와께 제물을 드린 후에 그 제물을 함께 나눠 먹었다. 그 제물을 함께 먹으면서 여호와의 은총을 감각으로 체험했다. 이처럼 여호와께서 함께하심, 기도를 들으심, 그리고 구원의 능력을 '맛으로 체험하라.'라는 뜻이다. 맛으로 체험하려면 어떻게 해야 하는가?

"피하는" - '피신한다(seek refuge).'(칼 미완료)이다. 그분을 피난처로 삼아야 한다.

"복이 있도다" - '행복'이다. 여호와의 좋으심을 맛보고 그분을 의지하는 사람이 행복하다. 그분을 의지하면 그분의 좋으심을 맛볼 수 있다. 행복은 여기에 있다. 그러므로 성도는 무엇을 해야 하는가?

9, "너희 성도들아 여호와를 경외하라 그를 경외하는 자에게는 부족함이 없도다"

“경외하라” - ‘두려워한다.’(칼 명령)이다. ‘요드(י)’로 시작한다. 그들은 여호와를 경외해야 한다.

“그를 경외하는 자에게는” - ‘경외하는 사람’, ‘두려워하는 사람’이다.

“부족함이” - ‘필요(need)’, ‘궁핍(poverty)’이다.

“없도다” - ‘결코~않다(never).’ ‘아무도 ~않다(none).’이다. 이것은 물질적 넉넉함보다는 삶의 만족함을 뜻한다.

사도 바울은 로마의 감옥에서 생활했다. 여러 면에서 불편했다. 하지만 그는 어떤 처지에서도 스스로 만족하는 법을 배웠다. 그는 비천하게 살 줄도 알고, 풍족하게 살 줄도 알았다. 배부르거나 굶주리거나 풍족하거나 궁핍하거나, 그 어떤 경우에도 적응할 수 있는 비결을 배웠다. 그는 능력 주시는 분 안에서 모든 것을 알 수 있었다(빌 4:11-13). 그는 하나님을 경외하는 삶을 살았기 때문이다.

10, “젊은 사자는 궁핍하여 주릴지라도 여호와를 찾는 자는 모든 좋은 것에 부족함이 없으리로다”

“젊은 사자는” - ‘어린 사자(younger lion)’이다. ‘카프(כ)’로 시작한다. 사자는 짐승 가운데 최강자로, 무섭고 힘이 세며 자기 먹이를 확실하게 찾을 수 있다. 특히 젊은 사자는 육체적 욕구를 스스로 채울 수 있다는 자부심을 상징한다. ‘사자’는 ‘여호와를 경외하지 않은 사람’이다. 그런 사람은 사자처럼 자신만만하게 산다. 여호와를 두려워하지 않는다. 그러나 실제 삶은 어떠한가?

“궁핍하여” - ‘가난하다(be poor).’(칼 완료)이다.

“주릴지라도” - ‘배고프다(be hungry).’ ‘게걸스럽게 먹는다(be voracious).’(칼 완료)이다. 굶주릴 수 있다. 그러나 여호와를 찾는 사람은 어떠한가?

“찾는 자는” - ‘주의하여 찾는다(to seek with care).’ ‘문의한다(inquire).’(분사)이다.

“여호와를 찾는 자는” - ‘젊은 사자’와 대조한다. 그들은 ‘젊은 사자’와는 달리 먹거리를 스스로 찾지 못하고 하나님께 의존한다.

"부족함이" - '부족하다(lack).' '필요하다(have a need).'(칼 미완료)이다.

"없으리로다" - '아니', '아니다.'이다. 부족함이 없다. 자기 능력으로 자급자족하는 사람도 굶주릴 수 있지만, 하나님을 찾는 사람은 부족함이 없다. 자기 스스로 노력하는 사람은 불확실성으로 두려움에 산다. 하지만 여호와를 찾는 사람은 여호와께서 주실 줄 믿고 평화롭게 산다. 그러므로 자녀들은 어떻게 해야 하는가?

11, "너희 자녀들아 와서 내 말을 들으라 내가 여호와를 경외하는 법을 너희에게 가르치리로다"

"너희 자녀들아" - '아이들', '학생들'이다. '라멧(ל)'으로 시작한다.

"와서" - '간다.' '온다.'(칼 명령)이다.

"들으라" - '듣는다.'(칼 명령)이다.

"경외하는 법을" - '두려워함(fearing)', '공포(fear)'이다. '경외'는 이론이 아닌 삶에서 하나님의 말씀을 듣고 따르도록 하는 일이다. 올바르게 살도록 하는 일이다.

"너희에게 가르치리로다" - '배운다(learn).' '가르친다(teach).'(피엘 미완료)이다. 시인은 아들딸에게 주님께 대한 경외를 가르칠 것이다. 이스라엘에서 아이의 교육은 부모의 임무였다. "네 자녀에게 부지런히 가르치며 집에 앉았을 때에든지 길을 갈 때에든지 누워 있을 때에든지 일어날 때에든지 이 말씀을 강론할 것이며"(신 6:7). 인생을 즐겁게 지내고, 좋은 일을 보면서 오래 살려면 어떻게 해야 하는가?

12, "생명을 사모하고 연수를 사랑하여 복 받기를 원하는 사람이 누구뇨"

"생명을" - "'살아있는(living)', '생존하여 있는(alive)'이다. '멤(מ)'으로 시작한다.

"사모하고" - '기뻐하는', '즐거워하는'이다. 삶을 즐겁게 지내는 것이다. '인생을 즐겁게 지내고자 하는 사람, 그 사람은 누구냐?'라는 뜻이다.

"연수를 사랑하여" - '날(day)', '하루'이다. 오래 살려는 마음이다.

"복"(טוֹב, *tob*) - '선한(good)', '좋은'이다.

"받기를" - '본다.' '바라본다.'(부정사)이다.

"원하는" - '사랑한다(love).' '좋아한다.'(분사)이다. 삶에서 복을 받으려는 마음이다. '좋은 일을 보면서 오래 살고 싶은 사람, 그 사람은 또 누구냐?'라는 뜻이다.

"생명", "연수", "복" - 삶에서 가장 기본적으로 바라는 것들이다. 하나님이 정하신 삶의 목적을 깨닫고 올바르게 살아가는 사람이 누릴 수 있다.

"누구뇨" - 그에 대한 대답은 13-14절에 나온다.

13, "네 혀를 악에서 금하며 네 입술을 거짓말에서 금할지어다"

"금하며" - '지켜본다(watch).' '지킨다(guard).'(칼 명령)이다. '눈(נ)'으로 시작한다.

"혀", "입술" - '말'을 뜻한다. 말을 조심해야 한다.

"말에서 금할지어다" - '말한다.'(부정사)이다. 경건한 사람은 악한 말과 거짓말을 하지 않아야 한다. 말은 그 사람의 마음과 인격을 대변한다. 언어 습관은 대단히 중요하다. 우리는 혀를 훈련해야 한다.

예수님은 귀신 들려 눈멀고 말을 못 하는 사람을 고치셨다. 그 사람이 말하며 보았다. 하지만 바리새인들은 말했다. "귀신의 왕 바알세불을 힘입지 않고는 귀신을 쫓아내지 못하느니라." 예수님은 그들을 꾸짖었다. "사람이 무슨 무익한 말을 하든지 심판 날에 이에 대하여 심문을 받으리니, 네 말로 의롭다 함을 받고 네 말로 정죄함을 받으리라 하거늘"(마 12:22, 24, 36-37). 그들은 무엇을 버리고 따라야 하는가?

14, "악을 버리고 선을 행하며 화평을 찾아 따를지어다"

"버리고" - '돌이킨다(turn aside).' '떠난다(depart).'(칼 명령)이다. '사멕(ס)'으로 시작한다. 그들은 악을 피해야 한다. 악을 버리려면 여호와를 경외해야 한다. 여호와를 경외하면 악을 떠날 수 있다.

"선을"(טוֹב, *tob*) - '선한(good)', '좋은'이다.

"행하며" - '한다(do).' '성취한다(accomplish).'(칼 명령)이다. 악을 버리면 선을 행할 수 있다. 마음은 행동으로 나타난다. 그런 사람은 무엇을 따르는가?

"화평을" - 평화를 찾아야 한다.

"찾아" - '찾는다.' '요구한다.'(피엘 명령)이다.

"따를지어다" - '뒤따른다(follow).' '추적한다(pursue).'(칼 명령)이다. 악을 피하고 선을 행하면 평화를 따를 수 있다. 악을 피하지 않으면 평화를 따를 수 없다. 평화는 그냥 오지 않고 찾을 때 온다. 여호와의 눈, 귀, 그리고 얼굴은 누구를 향하시는가?

4. 여호와의 눈, 귀, 그리고 얼굴은 누구를 향하십니까(15-16)? 여호와께서 의인을 어떻게 하십니까(17-19)? 여호와께서 의인을 어느 정도 보호하십니까(20)? 악인은 어떻게 됩니까(21)? 여호와는 누구를 속량하십니까(22)?

15-22, 보상

15, "여호와의 눈은 의인을 향하시고 그의 귀는 그들의 부르짖음에 기울이시는도다"

"눈" - '눈(eye)'이다. '아인(ע)'으로 시작한다. '특별하게 돌보심'을 뜻한다.

"향하시고" - '~쪽에(unto)', '~에(into)'이다. 여호와는 의인을 특별하게 돌보신다.

"그의 귀는" - '잘 듣고 응답하심'을 뜻한다.

"그들의 부르짖음에" - '도와 달라는 부르짖음(cry for help)'이다. 고통 중에 하는 기도이다.

"기울이시는도다" - '~쪽에(unto)', '~에(into)'이다. 여호와는 고통 중에 하는 기도를 들으신다.

16, "여호와의 얼굴은 악을 행하는 자를 향하사 그들의 자취를 땅에

서 끊으려 하시는도다”

“얼굴” - ‘페(פ)’로 시작한다.

“행하는 자를 향하사” - ‘한다(do).’ ‘성취한다(accomplish).’(분사)이다. 여호와의 얼굴은 악한 일을 하는 사람에게 향하신다.

“그들의 자취를” - ‘기억(remembrance)’, ‘기념(memorial)’이다.

“끊으려 하시는도다” - ‘육체의 한 부분, 즉 머리, 손 포피를 잘라 낸다.’ ‘베어낸다(cut out).’(부정사)이다. 여호와는 악인에 대한 기억을 이 땅에서 지워버리신다.

여호와께서 모세를 통해 아말렉에 대한 심판을 말씀하셨다. “...내가 아말렉을 없이하여 천하에서 기억도 못 하게 하리라”(출 17:14). 또 여호와께서 반역하는 이스라엘을 심판하실 것을 말씀하셨다. “나를 막지 말라 내가 그들을 멸하여 그들의 이름을 천하에서 없애고...”(신 9:14). 여호와께서 의인을 어떻게 하시는가?

17, “의인이 부르짖으매 여호와께서 들으시고 그들의 모든 환난에서 건지셨도다”

“의인이 부르짖으매” - ‘외친다(cry).’ ‘도움을 호소한다(cry for help).’(칼 완료)이다. ‘차데(צ)’로 시작한다.

“들으시고” - ‘듣는다.’(칼 완료)이다. 여호와는 의인의 기도를 들으셨다.

“건지셨도다” - ‘구해낸다(deliver).’ ‘구원한다(save).’(히필 완료)이다. 여호와는 그들을 구원하셨다.

18, “여호와는 마음이 상한 자를 가까이하시고 충심으로 통회하는 자를 구원하시는도다”

“상한 자를” - ‘깨뜨린다(break).’ ‘깨뜨려 산산조각 내다(break in pieces).’(분사)이다. 마음에 상처를 받고, 깊이 절망한 사람이다. 의인을 뜻한다.

“가까이하시고” - ‘가까운(near)’, ‘친족(kinsman)’이다. ‘코프(ק)’로 시작한다.

34(34:1-22)

여호와께서 의인을 구원하는 방식은 '가까이하심'이다. 왜냐하면 상한 자는 자기를 버림받은 사람으로 여기기 때문이다. 하지만 여호와는 그들과 가까이하심으로 그들을 버리지 않으셨음을 보여주신다. 그들은 가치 없는 존재가 아니라, 하나님이 가까이하는 귀한 존재이다.

"충심으로" - '숨(breath)', '마음(mind)'이다.

"통회하는 자를" - '회개하는', '죄를 뉘우치는(contrite)'이다.

"구원하시는도다" - '구원받는다(be saved).' '보존한다(preserve).'(히필 미완)이다. 여호와는 '통회하는 영혼', '심령에 짓눌린 사람(the crushed in spirit)'을 구원하신다. 어디에서 구원하셨는가?

19, "의인은 고난이 많으나 여호와께서 그의 모든 고난에서 건지시는도다"

"고난이" - '나쁜', '악한'이다. '레시(ר)'로 시작한다.

"많으나" - '많은(much, many)', '큰(great)'이다. 의인도 나쁜 일이 많다.

의인이 주님 안에서 모든 것을 만족할지라도 현실에서는 어려움이 많다. 의인이 현실에서 언제나 만사형통하지 않는다. 의인이 악인보다 더 고통을 겪기도 한다. 의인은 악인과는 다른 차원에서 고통을 겪는다. 왜냐하면 의인의 삶은 다른 이들과 다르기 때문이다.

"그의 모든 고난에서" - '모두', '전체'이다.

"건지시는도다" - '구해낸다(deliver).' '구원한다(save).'(히필 미완료)이다. 그러나 여호와는 의인을 모든 고난에서 건지신다. 하나님의 구원은 의인의 고통에서 나타난다. 그는 고통 속에서 하나님을 만난다. 그것이 곧 구원이다. 여호와는 의인을 어느 정도 보호하시는가?

20, "그의 모든 뼈를 보호하심이여 그중에서 하나도 꺾이지 아니하도다"

"뼈" - 몸에서 가장 강하고 단단한 부위이다. 힘의 원천이며 온몸을 연결한다. '인간 자신'을 가리킨다.

34(34:1-22)

“보호하심이여” - ‘지킨다(keep).’ ‘감시한다(observe).’(분사)이다. ‘쉰(שׁ)’으로 시작한다. 분사이다.

“뼈를 보호하심이여” - ‘여호와의 특별한 보호’를 뜻한다.

“꺾이지” - ‘깨뜨린다(break).’ ‘깨뜨려 산산조각 낸다(break in pieces).’(니팔 완료)이다.

“아니하도다” - ‘아니’, ‘아니다.’이다. 부러지지 않았다.

이 말씀은 예수님의 십자가 죽음에서 나타났다. 그분은 십자가에서 군인들이 도착하기 전에 숨을 거두셨다. 그들은 그분의 몸이 벌써 죽었음을 알고 다리를 부러뜨리지 않았다. 그리하여 성경 말씀을 이루었다. “이 일이 일어난 것은 그 뼈가 하나도 꺾이지 아니하리라 한 성경을 응하게 하려 함이라”(요 19:33, 36). 악인은 어떻게 되는가?

21, “악이 악인을 죽일 것이라 의인을 미워하는 자는 벌을 받으리로다”

“죽일 것이라” - ‘죽인다(kill).’ ‘어떤 사람을 처형한다(have one executed).’(포엘 미완)이다. ‘타우(ת)’로 시작한다. ‘악이 악인을 죽일 것이다.’ ‘불행히 악인을 죽일 것이다.’라는 뜻이다.

“벌을 받으리로다” - ‘황폐한다(be desolate).’ ‘심판을 받는다(be condemn).’(칼 미완료)이다.

하나님의 심판을 불러들이는 것은 악인의 악한 행위이다. 악인은 자기가 행한 악에 의해 심판을 받는다. 그 악한 행위 중 하나는 의인을 미워하는 일이다. 의인을 미워하는 일은 여호와를 미워하는 일과 같다. 그래서 벌을 받는다. 여호와는 누구를 속량하시는가?

22, “여호와께서 그의 종들의 영혼을 속량하시나니 그에게 피하는 자는 다 벌을 받지 아니하리로다”

“그의 종들의 영혼” - ‘당신 종의 목숨’, ‘의인’이다.

“속량하시나니” - ‘대속한다(ransom).’ ‘구원한다(deliver).’(분사)이다. ‘페(פ)’로 시작한다. 악인은 심판을 받지만, 그분의 종은 구원받는다.

34(34:1-22)

“피하는 자는” - ‘피신한다(seek refuge).’(분사)이다. ‘그의 종들’이다. 그의 종들은 그분께 피하는 사람이다.

“벌을 받지” - ‘위반한다(offend).’ ‘죄가 있다(be guilty).’(칼 미완료)이다.

“아니하리로다” - ‘아니’, ‘아니다.’이다. 그분께 피하는 사람은 벌을 받지 않는다. 죗값을 받지 않는다. 시인은 곤경에 처했을 때 여호와께 피했다. 그는 여호와의 선하심을 맛보아 알았다. 그런 그는 행복했다.

35
'나는 네 구원이다.'라고 말하소서

말씀 시편 35:1-28
요절 시편 35:3
찬송 542장, 548장

1. 시인은 여호와께 무엇을 기도합니까(1)? 그는 여호와를 어떤 분으로 생각합니까(2-3a)? 그는 무슨 말을 듣고자 합니까(3b)? "'나는 네 구원이다.'라고 말하소서."라는 말씀이 주는 의미는 무엇입니까? 우리가 어떻게 담대할 수 있습니까?

2. 시인은 여호와께서 원수를 어떻게 하시도록 기도합니까(4-6)? 원수는 시인의 생명을 어떻게 해하려고 합니까(7)? 그는 악인이 어떻게 되도록 기도합니까(8)?

3. 시인 자신은 무엇을 합니까(9-10)? 그는 어떤 문제에 처했습니까(11-12)? 그러나 시인은 그들을 위해 무엇을 했습니까(13-14)? 원수들은 시인을 어떻게 대했습니까(15-16)?

4. 시인은 여호와께 무엇을 호소합니까(17-18)? 시인은 원수에 대해 무엇을 기도합니까(19-21)? 그러나 누가 진짜 증인입니까(22)? 그는 무엇을 기도합니까(23-26)?

5. 시인은 자기의 의를 즐거워하는 사람은 어떻게 되기를 바랍니까(27)? 그는 어떤 희망을 품습니까(28)?

35
'나는 네 구원이다.'라고 말하소서

말씀 시편 35:1-28 요절 시편 35:3 찬송 542장, 548장

1. 시인은 여호와께 무엇을 기도합니까(1)? 그는 여호와를 어떤 분으로 생각합니까(2-3a)? 그는 무슨 말을 듣고자 합니까(3b)? "'나는 네 구원이다.'라고 말하소서."라는 말씀이 주는 의미는 무엇입니까? 우리가 어떻게 담대할 수 있습니까?

(다윗의 시, Of David)

왕의 탄원 시이다. 다윗은 큰 감동과 긴급함으로 기도했다. 이 시에는 '군사적(military)' 용어와 '재판(legal)' 용어가 함께 나온다. 당시에는 왕이 전쟁을 지휘했다. 왕은 전쟁하기 전에 기도했다. 그는 원수로부터 구원을 간청했다.

1-3, 하나님의 도움을 간청

1, "여호와여 나와 다투는 자와 다투시고 나와 싸우는 자와 싸우소서"

"나와 다투는 자" - '반대자(opponent)', '대적(adversary)'이다.

"다투시고" - '싸운다(strive).' '다툰다(contend).'(칼 명령)이다. '다투소서(contend)!'라는 뜻이다. 이 단어는 법정에서 '논쟁한다.' '소송을 낸다.'라는 뜻이다.

"나와 싸우는 자와" - '싸움한다(fight).' '전쟁한다(do battle).'(분사)이다. '나에게 대항하는 사람들(those who fight against me)'을 뜻한다.

"싸우소서" - '싸움한다(fight).' '전쟁한다(do battle).'(칼 명령)이다. 군사적 의미로 '공격한다.'라고 할 수 있다.

35(35:1-28)

시인은 여호와께 무엇을 기도하는가? 그는 여호와께 자신을 대신하여 대적자와 '다투고', '싸우도록' 기도한다. 그는 여호와를 어떤 분으로 생각하는가?

2, "방패와 손 방패를 잡으시고 일어나 나를 도우소서"

"방패와" - '작은 원형의 방패'이다.

"손 방패를" - '갈고리(hook)'이다.

"잡으시고" - '붙들다(take hold).' '붙잡는다(grasp).'(히필 명령)이다. '잡으소서(Take hold)!'라는 뜻이다.

"일어나" - '일어선다(rise).' '선다(stand).'(칼 명령)이다. '일어나소서(rise)!'라는 뜻이다. 시인은 여호와께서 자기를 대신해서 일어나시도록 기도한다.

"나를 도우소서" - '도움(help)'이다. '나의 도움을 위해 일어나라(rise for my help).'라는 뜻이다. 시인은 여호와를 전쟁에서 적에 대항하여 방패를 든 '용사(Divine Warrior)'로 표현한다.

3, "창을 빼사 나를 쫓는 자의 길을 막으시고 또 내 영혼에게 나는 네 구원이라 이르소서"

"창을" - '던지는 창(javelin)'이다.

"빼사" - '비운다.' '비우게 한다(make empty out).'(히필 명령)이다. '뽑으소서(Draw out)!'라는 뜻이다.

"나를 쫓는 자의" - '뒤를 따른다(follow after).' '추적한다(pursue).'(분사)이다. '쫓아오는 사람들'이다.

"길을 막으시고" - '닫는다(shut).' '폐쇄한다(close).'(부정사)이다. '맞서서(against)'를 뜻한다. 그는 그런 용사 여호와한테 무슨 말을 듣고자 하는가?

"내 영혼에게" - '영혼', '살아 있는 존재'이다.

"나는" - '여호와'이시다.

"네 구원이라" - '구원(salvation)', '구출(deliverance)'이다.

"나는 네 구원이라" - "나는 여호와, 너의 구원이다(I am Yahweh,

your salvation).” 당시 제사장은 전장에 나가기 전에 이 말을 선포했다. 그것을 ‘승리 신탁’이라고 부른다.

“나, 여호와” - 여호와는 약속을 지키는 분, 구원하는 분, 행동하는 분이다. 하나님은 추상적인 분이 아니라, 살아서 그 백성의 삶에서 일하신다.

“구원” - 구원은 하나님과의 화해를 뜻한다.

“이르소서” - ‘말한다(say).’(칼 명령)이다. ‘말씀하여 주소서(say)!’라는 뜻이다. 그는 여호와께서 추격하는 자들을 막아 주시고, 자기에게 “나는 네 구원이다.”라고 말씀하시도록 기도한다.

“‘나는 네 구원이다.’라고 말씀하소서!”라는 말씀이 주는 의미는 무엇인가? 가장 절박한 상황에서 희망을 품게 한다. 여호와께서 구원이시라는 말씀을 들으면 어떤 상황에서도 희망을 품을 수 있다. 왜냐하면 여호와의 말씀은 그만큼 힘이 있고, 신실하기 때문이다. 여호와의 말씀은 구원하는 능력이 있기 때문이다.

오늘 우리는 무엇을 배우는가? 우리가 절박한 상황에서 여호와께 무엇이라고 기도해야 할지를 배운다. 오늘 우리도 삶에서 크고 작은 문제를 만난다. 좋은 일도 만나지만, 힘든 일도 만난다. 그 문제 앞에서 우리 스스로 싸워서 이기기가 쉽지 않다. 우리는 연약한데, 세상은 강하기 때문이다. 누군가의 도움이 절실히 필요하다. 그래도 우리 곁에는 하나님이 계신다. 그런데 그분께 뭐라고 기도해야 할지 막막할 때가 있다.

그때 무엇이라고 기도해야 하는가? “‘나는 네 구원이다.’라고 말씀하소서!” 우리도 시인처럼 그분의 말씀을 듣도록 기도해야 한다. 왜냐하면 우리도 그분의 말씀을 믿기 때문이다. 그분 말씀의 권위를 믿기 때문이다. 그분은 말씀으로 우리와 함께하시고, 말씀으로 구원하시고, 말씀으로 일하는 분이다. 따라서 우리가 그분의 말씀을 믿으면, 어떤 상황에서도 희망을 품는다. 힘든 문제로 포기하고 눕지 않고, 일어나 현실과 싸워 이길 수 있다. 시인은 여호와께서 원수를 어떻게 하시도록 기도하는가?

2. 시인은 여호와께서 원수를 어떻게 하시도록 기도합니까(4-6)? 원수는 시인의 생명을 어떻게 해하려고 합니까(7)? 그는 악인이 어떻게 되도록 기도합니까(8)?

4-8, 원수에 대항하는 간청

4, "내 생명을 찾는 자들이 부끄러워 수치를 당하게 하시며 나를 상해하려 하는 자들이 물러가 낭패를 당하게 하소서"

"내 생명을 찾는 자들이", "나를 상해하려 하는 자들이" - 시인의 원수이다.

"부끄러워" - '부끄러워한다(be ashamed).' '창피를 준다(put to shame).'(칼 미완료)이다.

"수치를 당하게 하시며" - '부끄러움을 당한다(be ashamed).' '망신을 준다(dishonor).'(니팔 미완료)이다. '내 목숨 노리는 사람을 부끄럽게 하소서! 망신을 주소서!'라는 뜻이다.

"나를 상해" - '나쁜', '악한'이다.

"하려 하는 자들이" - '계획한다(plan).' '판단을 내린다(make a judgment).'(분사)이다.

"물러가" - '이동한다(move).' '되돌아간다(turn back).'(니팔 미완료)이다.

"낭패를 당하게 하소서" - '부끄러워한다(be ashamed/ feel abashed).' '당황한다.'(칼 미완료)이다. '나를 해치려는 사람을 뒤로 물러나게 하소서! 낭패를 당하게 하소서!'라는 뜻이다.

시인은 절박한 심정으로 여호와께 기도했다. 그 기도에는 원수에 대한 여호와의 복수를 포함한다.

5, "그들을 바람 앞에 겨와 같게 하시고 여호와의 천사가 그들을 몰아내게 하소서"

"바람 앞에 겨" - '힘이 없고 무기력한 존재'를 뜻한다. 알맹이가 없기 때문이다.

"하시고" - '이다.' '된다.'(칼 미완료)이다.

35(35:1-28)

"그들을 몰아내게 하소서" - '몰아낸다(drive away).' '추방한다(drive out).'(분사)이다. '몰아내면서(with driving away)'라는 뜻이다. '그들을 바람 앞의 겨처럼 되게 하소서! 주님의 천사와 함께 그들을 몰아내면서.'라는 뜻이다. 원수는 심판 때에 버티지 못한다.

6, "그들의 길을 어둡고 미끄럽게 하시며 여호와의 천사가 그들을 뒤쫓게 하소서"

"어둡고" - '암흑(darkness)'이다.

"미끄럽게" - '미끄러움', '아첨(flattery)', '교묘한 약속(fine promises)'이다.

"하시며" - '이다.' '된다.'(칼 미완료)이다. '그들을 어둡고 미끄럽게 하소서!'라는 뜻이다. 사람은 어둡고 미끄러운 길에서 넘어질 수밖에 없다. 원수도 이처럼 넘어지기를 바란다.

"그들을 뒤쫓게 하소서" - '뒤에 있다(be behind).' '뒤를 따른다(follow after).'(분사)이다. '뒤따르면서(pursuing)'라는 뜻이다. '그들의 길을 어둡고 미끄러워지게 하소서. 그들을 뒤쫓는 주의 천사와 함께.'라는 뜻이다. 왜 원수를 그렇게 해야 하는가?

7, "그들이 까닭 없이 나를 잡으려고 그들의 그물을 웅덩이에 숨기며 까닭 없이 내 생명을 해하려고 함정을 팠사오니"

"그들이" - '왜냐하면(for)'이다.

"까닭 없이" - '이유 없이(without cause)', '비밀리에'를 뜻한다. 이 사실을 강조한다.

"숨기며" - '숨긴다.' '감춘다.'(칼 완료)이다. '왜냐하면 그들은 이유 없이 나를 잡으려고 그물을 숨겼기 때문이다.'라는 뜻이다.

"까닭 없이" - '이유 없이(without cause)', '비밀리에'를 뜻한다.

"내 생명을 해하려고" - '숨 쉬는 존재', '생명'이다.

"함정을 팠사오니" - '판다(dig).' '수색한다(search for).'(칼 완료)이다. '왜냐하면 그들은 이유 없이 내 생명을 뺏으려고 함정을 팠기 때문이다.'라는 뜻이다. 사냥꾼이 먹이를 이용하여 그물이나 웅덩이에서 사냥감을 잡듯이 원수는 시인을 몰래 죽이려고 했다. 시인은 그 악인이 어떻게 되도록 기도하는가?

8, "멸망이 순식간에 그에게 닥치게 하시며 그가 숨긴 그물에 자기가 잡히게 하시며 멸망 중에 떨어지게 하소서"

"순식간에" - '뜻밖에(unawares)', '그것을 모를 때(does not know it)'이다.

"그에게 닥치게 하시며" - '~안으로 간다(go in).' '들어간다(enter).'(칼 미완료)이다. '그들에게 멸망이 순식간에 닥치게 하소서!'라는 뜻이다.

"그가 숨긴 그물에" - '몰래 쳐놓은 그물'이다. 원수의 음모를 비유적으로 표현했다.

"자기가 잡히게 하시며" - '사로잡는다(capture).' '붙잡는다(seize).'(칼 미완)이다. '그 그물에 자기가 잡히게 하소서!'라는 뜻이다.

"떨어지게 하소서" - '떨어진다(fall).' '내던져진다(be cast down).'(칼 미완)이다. '스스로 떨어지게 하소서!'라는 뜻이다.

시인은 자기를 거짓으로 고발하는 원수가 죄를 지은 대로 스스로 벌을 받기를 바란다. 시인을 잡으려고 친 그 그물에 그들이 걸려들고, 웅덩이에 그들이 떨어지기를 바란다. 시인은 악인이 '부메랑' 형식의 심판을 받기를 바란다. 그러면 시인은 무엇을 하는가?

3. 시인 자신은 무엇을 합니까(9-10)? 그는 어떤 문제에 처했습니까(11-12)? 그러나 시인은 그들을 위해 무엇을 했습니까(13-14)? 원수들은 시인을 어떻게 대했습니까(15-16)?

9-10, 하나님께 대한 신뢰

9, "내 영혼이 여호와를 즐거워함이여 그의 구원을 기뻐하리로다"

"(그러면, then/ and)" - 전환점을 이룬다. 원수의 파멸과 시인의 구원을 대조한다.

"즐거워함이여" - '기뻐한다.' '즐거워한다.'(칼 미완료)이다. '그러면

(그때) 내 영혼은 즐거워한다.'라는 뜻이다. 원수가 무너지면 시인은 여호와 안에서 즐거워한다.

"기뻐하리로다" - '크게 기뻐한다.'(칼 미완료)이다. 시인은 그분의 구원을 기뻐한다. 어느 정도 기뻐하는가?

10, "내 모든 뼈가 이르기를 여호와와 같은 이가 누구냐 그는 가난한 자를 그보다 강한 자에게서 건지시고 가난하고 궁핍한 자를 노략하는 자에게서 건지시는 이라 하리로다"

"내 모든 뼈가" - '내 모든 지체', '전 인격'이다.

"이르기를" - '말한다(say).'(칼 미완료)이다. 그는 '뼛속에서 나오는 고백'으로 말한다. 그는 '전 인적 고백'을 말한다.

"여호와와 같은 이가 누구냐" - '여호와시여, 누가 당신과 같겠습니까?'라는 뜻이다. 여호와는 그 누구와도 비교할 수 없는 분이다. 그 이유가 무엇인가?

"가난한 자를" - '가난한(poor)', '고생하는(afflicted)'이다.

"궁핍한 자를" - '부족한 상태에 있는 사람', '가난한 사람(needy person)'이다.

"노략하는 자에게서 건지시는 이라" - '움켜쥔다(seize).' '무력으로 취하여 간다(take away force).'(분사)이다.

여호와는 약한 자를 그보다 강한 자에게서 건지시고, 가난하고 궁핍한 자를 약탈자에게서 건져내신다. 그분은 '구속자-용사(the Redeemer-Warrior)'이시다. 따라서 그분을 그 누구와도 비교할 수 없다. 시인은 여호와께서 복수와 구원 행위를 지배하는 '거룩한 용사(the divine Warrior)'이심을 믿고 말한다. 시인은 어떤 문제에 처했는가?

11-16, 원수들의 행동

11, "불의한 증인들이 일어나서 내가 알지 못하는 일로 내게 질문하며"

"불의한" - '폭력(violence)', '부당행위(wrong)'이다.

“증인들” - 법정에서의 증인을 말한다.

“일어나서” - ‘일어난다.’(칼 미완료)이다. 폭행의 증인들, 거짓말하는 사람이 일어났다.

“내가 알지” - ‘알다.’ ‘이해한다.’(칼 완료)이다.

“못하는” - ‘아니’, ‘아니다.’이다.

“일로” - ‘~하는 사람’, ‘~하는 것’이다.

“내게 질문하며” - ‘묻는다.’ ‘요구한다.’(칼 미완료)이다. 그들은 시인이 알지도 못하는 일을 캐물었다.

12, “내게 선을 악으로 갚아 나의 영혼을 외롭게 하나”

“갚아” - ‘약속을 지킨다.’ ‘평화언약을 맺는다(be in a covenant of peace).’(피엘 미완료)이다. 그들은 시인에게 선을 악으로 갚았다. 이것은 그 사람의 권위에 대한 모욕이다. 선을 악으로 갚는 일은 악마가 하는 일이다. “누구든지 악으로 선을 갚으면 악이 그 집을 떠나지 아니하리라”(잠 17:13).

“외롭게 하나” - ‘사별(bereavement)’, ‘자녀를 잃음(loss of children)’이다. ‘나는 자식이 없다.’라는 뜻이다. 그는 홀로 산다. 그러나 시인은 그들을 위해 무엇을 했었는가?

13, “나는 그들이 병들었을 때에 굵은 베 옷을 입으며 금식하여 내 영혼을 괴롭게 하였더니 내 기도가 내 품으로 돌아왔도다”

“그들이 병들었을 때에” - ‘병들거나 혹은 병들게 된다(be or become sick).’ ‘병에 걸린다(diseased,).’(부정사)이다.

“굵은 베 옷을” - ‘상복’인데, 가족이 상을 당했을 때 입었다. 시인은 그들을 가족으로 여겼다. 그들의 아픔에 함께했다.

“입으며” - ‘옷’이다.

“금식하여” - ‘금식’이다.

“괴롭게 하였더니” - ‘괴롭힌다.’ ‘천하게 한다.’(피엘 완료)이다. ‘금식으로 괴로워했다(afflicted myself with fasting).’라는 뜻이다. 시인은 원수들이 병들었을 때 금식하며 기도했다.

"내 품" - '가슴(bosom)', '중앙(midst)'이다.

"돌아왔도다" - '돌아온다.' '회복한다.'(칼 미완료)이다. '나는 머리를 가슴에 대고 기도했다(I prayed with head bowed[e] on my chest).' '내 기도가 돌아왔다(my prayer shall turn back).'라는 뜻이다. 그의 기도가 하나님께 받아들여지지 않고, 기도가 그에게로 되돌아왔다. 원수를 위한 기도가 효력이 없었다.

14, "내가 나의 친구와 형제에게 행함 같이 그들에게 행하였으며 내가 몸을 굽히고 슬퍼하기를 어머니를 곡함 같이 하였도다"

"나의 친구와" - '친구', '동료'이다.

"형제에게 행함 같이" - '형제'이다.

"그들에게 행하였으며" - '간다(go).' '걷는다(walk).'(히트파엘 완료)이다. 시인은 원수를 자기 친구와 형제로 대했다.

"내가 몸을 굽히고" - '몸을 구부린다.' '굴복한다(bow down).'(칼 완료)이다. 슬픔을 밖으로 표현하는 것을 뜻한다.

"곡함 같이 하였도다" - '애도하는(mournful)', '슬퍼하는 사람(mourner)'이다. 시인은 마치 어머니를 잃은 그것처럼 그들의 병을 슬퍼했다. 그는 그만큼 원수일지라도 사랑했다. 그러나 원수들은 시인을 어떻게 대했는가?

15, "그러나 내가 넘어지매 그들이 기뻐하여 서로 모임이여 불량배가 내가 알지 못하는 중에 모여서 나를 치며 찢기를 마지아니하도다"

"그러나 내가 넘어지매" - '절뚝거림', '비틀거림'이다. 시인이 환난을 만났을 때이다.

"그들이 기뻐하여" - '기뻐한다.' '즐거워한다.'(칼 완료)이다. 그때 원수는 기뻐했다.

"서로 모임이여" - '모은다(gather).' '거두어들인다(gather in).'(니팔 완료)이다. 마치 죽은 동물 주위로 모여드는 독수리처럼 원수는 떼를 지어 모여들며 기뻐했다.

"불량배가" - '혀로 치는(smiting)'이다.

“모여서” - ‘모은다(gather).’ ‘거두어들인다(gather in).’(니팔 완료)이다.

“나를 치며” - ‘위에’, ‘을 넘어서’이다.

“찢기를” - ‘찢는다(tear).’ ‘찢어서 조각을 낸다.’(칼 완료)이다. ‘중상’에 대한 비유적 표현이다.

“마지” - ‘침묵을 지킨다.’ ‘잠잠하다.’(칼 완료)이다.

“아니하도다” - ‘쉬지 않고 찢었다.’라는 뜻이다. 폭력배들이 시인의 주위에 모여서 순식간에 그를 치고 쉴새 없이 찢었다.

16, “그들은 연회에서 망령되이 조롱하는 자 같이 나를 향하여 그들의 이를 갈도다”

“연회에서” - ‘빵(cake)’이다.

“망령되이” - ‘신성 모독적인’, ‘불경한’이다.

“조롱하는 자 같이” - ‘조롱하는’, ‘말 더듬으며 말하는’이다. ‘그들은 잔치에서 모욕적인 조롱자처럼’이라는 뜻이다.

“갈도다” - ‘이를 악물다(gnash).’ ‘이를 갈다(grind the teeth).’(부정사)이다. 그것은 분노하는 모습이다. 그들은 시인을 모욕적으로 조롱했다. 시인은 무엇을 하는가?

4. 시인은 여호와께 무엇을 호소합니까(17-18)? 시인은 원수에 대해 무엇을 기도합니까(19-21)? 그러나 누가 진짜 증인입니까(22)? 그는 무엇을 기도합니까(23-26)?

17-18, 호소

17, “주여 어느 때까지 관망하시려 하나이까 내 영혼을 저 멸망자에게서 구원하시며 내 유일한 것을 사자들에게서 건지소서”

“어느 때까지” - ‘얼마나(how long)’, ‘얼마나 많이’이다.

“관망하시려 하나이까” - ‘본다(see).’ ‘바라본다(look at).’(칼 미완료)이다. ‘언제까지 보고만 있으렵니까?’라는 뜻이다. 하나님은 지금 상황을 보고만 있는 듯하다. 시인의 삶은 위태롭다. 그는 여호와께서 더는 무관심하지 않고, 시인의 삶에 개입하기를 바란다.

"저 멸망자에게서" - '황폐(devastation)', '파멸(ruin)'이다.

"내 유일한 것을" - '오직(only)', '독생자(only begotten son)'이다. '하나밖에 없는 생명'을 뜻한다.

"사자들에게서 건지소서" - '어린 사자(young lion)'이다. 사자처럼 행동하는 그들로부터 하나밖에 없는 생명을 구원받기를 기도한다.

18, "내가 대회 중에서 주께 감사하며 많은 백성 중에서 주를 찬송하리이다"

"대회 중에서" - '큰 모임', '큰 회중'이다. 성전에 모이는 공동체이다.

"주께 감사하며" - '감사한다.' '찬양한다.'(히필 미완료)이다. 시인은 큰 회중에서 하나님께 감사한다.

"많은" - '강한', '많은'이다.

"주를 찬송하리이다" - '찬양한다.'(피엘 미완료)이다. 시인은 강한 백성 중에서 주님을 찬양한다. 그는 원수에 대해 무엇을 기도하는가?

19-21, 원수에 대항하는 간청

19, "부당하게 나의 원수된 자가 나로 말미암아 기뻐하지 못하게 하시며 까닭 없이 나를 미워하는 자들이 서로 눈짓하지 못하게 하소서"

"부당하게" - '거짓말', '속임', '까닭 없이(without a cause)'이다. 시인이 당하는 공격의 특성이다. 시인은 공격을 받을 만한 일을 하지 않았다. 원수의 본질은 의인을 부당하게 미워하는 것이다.

예수님도 세상이 부당하게 당신을 미워한다고 말씀하셨다. "나를 미워하는 자는 또 내 아버지를 미워하느니라." "그러나 이는 그들의 율법에 기록된 바 그들이 이유 없이 나를 미워하였다 한 말을 응하게 하려 함이라"(요 15:23, 25).

"기뻐하지" - '기뻐한다.' '즐거워한다.'(칼 미완료)이다.

"못하게 하시며" - '아니', '아니다.'이다. 시인은 '거짓말쟁이 원수들이 나를 이겼다면서 기뻐하지 못하도록 하소서!'라고 기도한다.

"눈(짓하지)" - '눈(eye)'이다.

"(눈)짓하지 못하게 하소서" - '좁게 한다(narrow).' '가늘게 한다.'(칼 미완료)이다. 비아냥거림으로 눈을 찡그리는 모습, 악한 음모를 꾸미는 모습이다. '나를 미워하는 자들이 서로 눈짓을 주고받으며 음모를 꾸미지 못하도록 하소서!'라고 기도한다.

20, "무릇 그들은 화평을 말하지 아니하고 오히려 평안히 땅에 사는 자들을 거짓말로 모략하며"

"무릇" - '왜냐하면(for)'이다.

"화평을" - '평화(peace)'이다. 국제 조약의 핵심 단어이다.

"말하지" - '말한다.'(피엘 미완료)이다.

"아니하고 오히려" - '아니', '아니다.'이다. 왜냐하면 그들은 평화를 말하지 않았기 때문이다. 그것은 상대편의 행위가 조약상의 규정을 위반했다는 뜻이다. 그들은 평화를 말하는 체하지만, 실제로는 분노와 악으로 가득 차 있었다.

"평안히" - '휴식하는', '조용한'이다.

"땅에 사는 자들을" - '이 땅에서 조용하게 사는 사람'이다. '평화를 사랑하는 사람'을 뜻한다.

"모략하며" - '계획한다(plan).' '판단을 내린다(make a judgment).'(칼 미완료)이다. 그들은 평화롭게 사는 백성을 모략했다.

21, "또 그들이 나를 향하여 입을 크게 벌리고 하하 우리가 목격하였다 하나이다"

"크게 벌리고" - '넓다(be wide).'(히필 미완료)이다. 그들은 우리를 향하여 입을 크게 벌렸다. 이것은 '조롱하는 모습'이다.

"하" - '기쁨의 탄성'이며 '(aha)'이다. 공적인 수모와 망신을 주기 위해 손가락질하는 모습이 담겨있다.

"목격하였다" - '본다.' '바라본다.'(칼 완료)이다. '우리의 눈이 그것을 보았다.'라는 뜻이다.

“하나이다” - ‘말한다(say).’(칼 완료)이다. 그들은 자기가 목격자라고 주장하면서 거짓 증언을 했다. 그러나 누가 진짜 증인이신가?

22-26, 하나님께 행동하도록 간청

22, “여호와여 주께서 이를 보셨사오니 잠잠하지 마옵소서 주여 나를 멀리하지 마옵소서”

“주께서 이를 보셨사오니” - ‘본다(see).’ ‘바라본다(look at).’(칼 완료)이다. 여호와께서 친히 보셨다. 여호와께서 참 증인이시다.

“잠잠하지” - ‘새긴다(engrave).’ ‘갈다(plow).’ ‘고안한다(devise).’(칼 미완료)이다.

“마옵소서” - ‘아니’, ‘아니다.’이다. ‘침묵하지 마소서(be not silent)!’라는 뜻이다. 시인은 여호와께서 침묵을 깨고 원수의 거짓 증언을 논박하시도록 기도한다.

“멀리하지” - ‘멀다.’ ‘옮겨진다(be remove).’(칼 미완료)이다. ‘멀어지지 마소서(be not far from me)!’ ‘도와주소서’라는 뜻이다. 하나님한테서 멀어짐은 고난을 받는 일과 같다. 하나님이 가까이하심은 고난에서 벗어나는 일이다. 그러므로 그는 무엇을 기도하는가?

23, “나의 하나님, 나의 주여 떨치고 깨셔서 나를 공판하시며 나의 송사를 다스리소서”

“떨치고” - ‘눈뜬다(rouse oneself).’ ‘깬다(awake).’(히필 명령)이다. ‘깨어나소서!’라는 뜻이다.

“깨셔서” - ‘깨운다(awake).’ ‘일어난다(rise).’(히필 명령)이다. ‘일어나소서!’라는 뜻이다. 하나님께서 가만히 계시지 말고 행동하기를 바란다. 하나님께서 자기 삶에 즉시 개입하도록 기도한다.

“나를 공판하시며” - ‘심판(judgment)’, ‘공의(justice)’이다.

“나의 송사를 다스리소서” - ‘다툼’, ‘소송’이다. 시인은 하나님께서 용사 대신 재판관으로 행동해 달라고 기도한다. ‘나의 변호를 위해, 나의 대의를 위해 깨어 일어나소서!’ ‘일어나 재판을 여시고 시비를 가려주소서!’라는 뜻이다.

24, “여호와 나의 하나님이여 주의 공의대로 나를 판단하사 그들이 나로 말미암아 기뻐하지 못하게 하소서”

“주의 공의대로” - ‘올바름’, ‘공의’이다.

“나를 판단하사” - ‘재판한다.’ ‘변호한다(Vindicate).’(칼 명령)이다. 시인은 하나님이 공정한 판단을 내려주시도록 기도한다. 그는 죄가 없음을 확신한다.

“기뻐하지” - ‘기뻐한다.’ ‘즐거워한다.’(칼 미완료)이다.

“못하게 하소서” - ‘아니’, ‘아니다.’이다. 시인은 원수가 자신의 불행을 두고 기뻐하지 못하도록 기도한다.

25, “그들이 마음속으로 이르기를 아하 소원을 성취하였다 하지 못하게 하시며 우리가 그를 삼켰다 말하지 못하게 하소서”

“이르기를” - ‘말한다(say).’(칼 미완료)이다.

“아하” - ‘기쁨의 탄성’이며 ‘아’이다.

“소원을 성취하였다” - ‘숨 쉬는 존재’, ‘욕구(appetite)’, ‘마음(mind)’이다.

“하지” - ‘말한다.’(칼 미완료)이다.

“못하게 하시며” - ‘아니’, ‘아니다.’이다. ‘이런 말을 하지 못하도록 하소서(Let them not say)!’라는 뜻이다. 시인은 원수들이 소원하는 대로 되지 않기를 기도한다. 원수들은 시인이 유죄 판결을 받고 망하기를 바란다.

“우리가 그를 삼켰다” - ‘삼킨다.’ ‘들이킨다.’(피엘 완료)이다. ‘우리가 그를 멸망시켰다.’라는 뜻이다.

“말하지 못하게 하소서” - ‘아니’, ‘아니다.’이다. ‘이런 말을 하지 못하도록 하소서(Let them not say)!’라는 뜻이다. 시인은 하나님의 공의로운 재판으로 결과가 바뀌기를 기대한다.

26, “나의 재난을 기뻐하는 자들이 함께 부끄러워 낭패를 당하게 하시며 나를 향하여 스스로 뽐내는 자들이 수치와 욕을 당하게 하소서”

“나의 재난을” - ‘나쁜’, ‘악한’이다.

“낭패를 당하게 하시며” - ‘부끄러워한다(be ashamed/ feel abashed).’(칼 미완료)이다. ‘그들이 수치를 당하고 창피를 당하도록 하소서!’라는 뜻이다. 시인은 자신이 죄가 없음을 판결받는 데 그치지 않고 원수가 합당한 보복을 받도록 기도한다.

“스스로 뽐내는 자들이” - ‘성장한다(grow up).’ ‘위대해지거나 중요하게 된다(become great or important).’ ‘크게 보이게 한다(magnify).’(분사)이다.

“수치와” - ‘부끄러워한다.’이다. 미완료이다.

“욕을” - ‘불명예(dishonour)’, ‘부끄러움(shame)’이다.

“당하게 하소서” - ‘옷을 입는다(be clothed).’(칼 미완료)이다. ‘그들이 수치와 창피를 당하게 하소서!’라는 뜻이다. 시인은 그들이 재앙으로 휩싸이기를 바란다. 그러나 시인은 자기의 의를 즐거워하는 사람은 어떻게 되기를 바라는가?

5. 시인은 자기의 의를 즐거워하는 사람은 어떻게 되기를 바랍니까(27)? 그는 어떤 희망을 품습니까(28)?

27-28, 찬송과 감사

27, “나의 의를 즐거워하는 자들이 기꺼이 노래 부르고 즐거워하게 하시며 그의 종의 평안함을 기뻐하시는 여호와는 위대하시다 하는 말을 그들이 항상 말하게 하소서”

“의를 즐거워하는 자들이” - ‘시인이 받은 무죄 판결을 기뻐하는 사람’을 뜻한다.

“기꺼이 노래 부르고” - ‘외친다.’ ‘큰 소리로 부른다.’(칼 미완료)이다. ‘큰 소리로 부르도록 하소서!’라는 뜻이다.

“즐거워하게 하시며” - ‘기뻐한다.’ ‘즐거워한다.’(칼 미완료)이다. ‘즐거워하게 하소서!’라는 뜻이다.

“평안함을” - ‘평화’, ‘번영’이다.

“기뻐하시는” - ‘기뻐하는’, ‘즐거워하는’이다. ‘그 종의 평화를 기뻐하는'이다.

"여호와는 위대하시다" - 그는 여호와의 위대하심을 찬양한다.

"하는 말을 그들이" - '말한다.'(칼 미완료)이다.

"항상 말하게 하소서" - '계속(continuity/ perpetuity)'이다. 그들은 쉬지 않고, "그 종의 평화를 기뻐하는 여호와는 위대하시다."라고 말할 것이다.

원수는 세상의 즐거움을 자기 영혼에 돌린다. 하지만 의로운 사람은 그들의 기도를 주님께 돌리고, 그들의 즐거움을 그분을 찬양하는 데 둔다. 시인은 어떤 희망을 품는가?

28, "나의 혀가 주의 의를 말하며 종일토록 주를 찬송하리이다"

"(그러면, then))" - '그러면', '그때'이다.

"나의 혀가" - '혀(tongue)'이다.

"주의 의를" - 그분의 의로움이다. 그분의 의는 억압받는 사람을 옹호하는 데 나타났다.

"말하며" - '으르렁거린다(growl).' '속삭인다.' '묵상한다.'(칼 미완료)이다. 그때 시인의 혀는 주님의 의를 말한다.

"주를 찬송하리이다" - '찬양(praise)'이다. 그때 시인의 혀는 종일 주님을 찬양할 것이다. 주님을 향한 찬양은 그분의 구원하심에 대한 감사의 표현이다.

우리는 문제 많은 세상에서 무엇이라고 기도해야 하는가? "'나는 네 구원이라.'라고 말씀하소서!" 아멘!

36

인자하심이 어찌 그리 보배로우신지요

말씀 시편 36:1-12
요절 시편 36:7
찬송 384장, 259장

1. 악인의 죄는 무엇을 하며, 그 결과는 무엇입니까(1)? 왜 그의 눈에는 두려움이 없습니까(2)? 그의 말과 행동은 어떠합니까(3)? 그는 무슨 일을 꾀합니까(4)?

2. 여호와의 인자와 진실하심, 그리고 의와 심판은 어떠합니까(5-6)? 시인은 여호와의 인자를 어떻게 노래합니까(7a)? 사람들은 어디로 피합니까(7b)?

3. 주님은 그들에게 어떤 은혜를 주십니까(8)? 왜 그런 일을 하실 수 있습니까(9)? '빛을 본다.'라는 말은 무슨 뜻이며, 어떻게 빛을 볼 수 있습니까?

4. 시인은 의인을 위해 무슨 기도를 합니까(10)? 교만한 자는 어떻게 되도록 기도합니까(11)? 그 결과 악인은 어떻게 되었습니까(12)?

36
인자하심이 어찌 그리 보배로우신지요

말씀 시편 36:1-12
요절 시편 36:7
찬송 384장, 259장

1. 악인의 죄는 무엇을 하며, 그 결과는 무엇입니까(1)? 왜 그의 눈에는 두려움이 없습니까(2)? 그의 말과 행동은 어떠합니까(3)? 그는 무슨 일을 꾀합니까(4)?

(여호와의 종 다윗의 시. 성가대 지휘자를 따라 부른 노래,
To the choirmaster. Of David, the servant of the Lord)
"여호와의 종" - 다윗에 대한 존칭이다. 자신을 정중하고 겸손하게 부를 때도 사용한다. 악인이 설치는 세상은 위험하다. 이런 세상에서 가장 안전한 길은 여호와의 인자를 구하고, 그 날개 그늘에 피신하는 일이다.

1-4, 악인
1, "악인의 죄가 그의 마음속으로 이르기를 그의 눈에는 하나님을 두려워하는 빛이 없다 하니"
"악인의" - '사악한(wicked)', '죄를 지은(criminal)'이다.
"죄" - 두 가지 죄를 말할 수 있다. 하나는, 여호와의 말씀을 믿지만, 육신이 연약하여 말씀대로 살지 못하는 일이다. 다른 하나는, 하나님의 말씀을 아예 믿지 않고 자기 마음대로 사는 그것이다.
"그 마음속으로" - '마음'이다. 악인의 죄는 먹이를 노리는 맹수처럼 마음속으로 파고든다.
"이르기를" - '말함(utterance)', '신탁(oracle)'이다. 죄악이 마음 깊은 곳에서 악인에게 속삭인다. 그것을 '악마의 신탁'이라고 한다. 그

결과는 무엇인가?

"그의 눈에는" - '눈앞에'이다.

"두려워하는 빛이" - '공포(dread)', '두려움(fear)', '경외(religious awe)'이다. 여기서는 '경외심'이 아니라, '무서움'이다.

"없다" - '을 제외하고(except)', '어느 쪽도 ~아니다(neither).'이다. 그의 눈에는 하나님을 두려워하는 기색이 조금도 없다. 악인은 마치 하나님이 존재하지 않은 것처럼 행동한다. 사도 바울은 이 말씀을 인용하여 죄인의 모습을 증언했다. "그들의 눈앞에 하나님을 두려워 함이 없느니라 함과 같으니라"(롬 3:18). 왜 그의 눈에는 두려움이 없는가?

2, "그가 스스로 자랑하기를 자기의 죄악은 드러나지 아니하고 미워함을 받지도 아니하리라 함이로다"

"(왜냐하면, for)" - 악인의 눈에 두려움이 없는 이유를 설명한다.

"자랑하기를" - '나눈다(divide).' '아첨한다(flatter).'(히필 완료)이다. 왜냐하면 그는 눈으로 스스로 아첨하기 때문이다(For he flatters himself in his own eyes). 그의 눈빛은 지나치게 의기양양하기 때문이다.(히필 완료)이다. '아첨했다.'라는 뜻이다.

"자기의 죄악은" - '불법(iniquity)', '죄(guilt)'이다.

"드러나지 아니하고" - '찾는다.' '발견한다(find).'(부정사)이다.

"미워함을 받지도 아니하리라" - '미워한다(hate).' '증오한다(to be hateful).'(부정사)이다. 악인은 자기 죄악을 알 수도 없고 미워할 수도 없다. 그의 말과 행동은 어떠한가?

3, "그의 입에서 나오는 말은 죄악과 속임이라 그는 지혜와 선행을 그쳤도다"

"그의 입에서 나오는 말은" - '말', '일'이다.

"죄악과" - '헛됨', '거짓'이다.

"속임이라" - '속임(deceit)', '배반(treachery)'이다. '죄악'과 '속임'은 '속임수가 가득한 사기'를 뜻한다. 악인의 말은 사기뿐이다.

"지혜와" - '지혜롭다.' '이해한다(understand).'이다.

"선행을" - '선하다.' '좋다.'이다.

"그쳤도다" - '멈춘다(cease).' '그만둔다(forego).'(칼 완료)이다. 악인은 슬기롭고 착하게 사는 일을 그만두었다. 악인은 계략과 음모로 자기의 뜻을 이루면서 죄만 일삼는다. 그는 무슨 일을 꾀하는가?

4, "그는 그의 침상에서 죄악을 꾀하며 스스로 악한 길에 서고 악을 거절하지 아니하는도다"

"그의 침상에서" - '침상(couch)'이다.

"죄악을" - '헛됨', '거짓'이다.

"꾀하며" - '계획한다(plan).' '판단을 내린다(make a judgment).'(칼 미완료)이다. 악인은 잠자는 시간에도 죄를 꾀한다. 의인은 밤낮으로 '토라'를 묵상하는데(1:2), 악인은 밤낮으로 죄를 꿈꾼다.

어거스틴(Augustine)은 말했다. "우리의 잠자리는 우리의 마음이다. 우리가 좋지 못한 양심을 가지고 있으면 잠자리에서 뒤척인다. 우리의 양심이 편안하면 잠자리에서 쉼을 누린다."

"악한 길에" - '죄의 길'이다.

"서고" - '선다.' '자신을 둔다.'(히트파엘 미완료)이다. 그는 스스로 그 길에 선다(sets himself in a way). 악인은 의도적으로 악한 길에 선다. 악인은 악한 길을 악하다고 생각하지 않는다. 그는 악한 길을 좋아한다.

"거절하지" - '거절한다(reject).' '멸시한다(despise).'(칼 미완료)이다.

"아니하는도다" - '아니', '아니다.'이다. 그는 악을 버리려고도 하지 않는다. 악인은 자기 길을 하나님의 길보다 더 낫다고 여긴다. 그러나 여호와의 인자는 어떠한가?

2. 여호와의 인자와 진실하심, 그리고 의와 심판은 어떠합니까(5-6)? 시인은 여호와의 인자를 어떻게 노래합니까(7a)? 사람들은 어디로 피합니까(7b)?

5-6, 여호와의 인자

5, “여호와여 주의 인자하심이 하늘에 있고 주의 진실하심이 공중에 사무쳤으며”

“주의 인자하심이”(חֶסֶד, *hesed*) - ‘인자(loving kindness)’, ‘변함없는 사랑(steadfast love/ unfailing love)’이다. ‘인자(仁慈)’는 ‘마음이 어질고 따사롭고 돈독한 사랑을 베푸는 마음’이다.

“하늘에 있고” - ‘하늘들’이다. 경계가 없음을 뜻한다. 여호와의 사랑은 하늘에 닿았다.

“주의 진실하심이” - ‘신실(fidelity/ faithfulness)’, ‘착실함(steadiness)’이다.

“공중에” - ‘먼지’, ‘구름(clouds)’이다. 경계가 없음을 뜻한다.

“사무쳤으며” - ‘까지(as far as/ even to)’, ‘동안(while)’이다. 여호와의 미쁘심은 구름까지 닿았다. 여호와의 인자와 성실은 무한하여 측량할 수 없다.

6, “주의 의는 하나님의 산들과 같고 주의 심판은 큰 바다와 같으니이다 여호와여 주는 사람과 짐승을 구하여 주시나이다”

“주의 의는” - ‘의(righteousness)’이다.

“산들과 같고” - ‘산’, ‘언덕’이다. 안정성과 연속성을 뜻한다. 여호와의 정의는 태산처럼 영원히 견고하다.

“주의 심판은” - ‘재판’, ‘공의(justice)’이다.

“바다와 같으니이다” - ‘깊음(depths)’, ‘깊은 곳(deep places)’이다. 여호와의 심판은 바다처럼 깊다. 여호와의 의로우심과 심판은 헤아릴 수 없을 정도로 견고하고 깊다. 우리의 이해를 넘어선다.

“사람과 짐승을” - ‘사람과 함께 짐승도’이다.

“구하여 주시나이다” - ‘구원받는다(be saved).’ ‘구출한다(deliver).’ (히필 미완료)이다. 여호와는 사람과 함께 짐승도 구원하신다. 여호와는 사람은 물론이고 짐승도 똑같이 구원하신다. 시인은 여호와의 인자를 어떻게 노래하는가?

7-9, 생명의 원천

7, "하나님이여 주의 인자하심이 어찌 그리 보배로우신지요 사람들이 주의 날개 그늘 아래에 피하나이다"

"주의 인자하심이"(חֶסֶד, *hesed*) - '한결같은 사랑(steadfast love)', '인자'이다.

"보배로우신지요" - '귀중한(precious)', '희귀한(rare)', '빛나는(splendid)'이다. '주님의 한결같은 사랑이 어찌 그리 값집니까?' '당신의 변함없는 사랑이 얼마나 소중합니까(How precious is your steadfast love)? 여호와의 인자는 값으로 매길 수 없을 만큼 보배롭다. 어떤 점에서 보배로운가?

"사람들이" - '아담(Adam)', '인류(mankind)', '높은 사람이나 낮은 사람(high and low among men)'이다.

"주의 날개" - '날개(wing)'이다.

"그늘 아래에" - '그림자(shadow)'이다. '날개 그늘'은 '새끼를 보호하는 어미 새', '성전에 있던 그룹의 활짝 편 날개'를 뜻한다. '안전하게 돌보시는 하나님의 사랑'에 대한 은유이다.

"피하나이다" - '피신한다(seek refuge).'(칼 완료)이다. 하나님의 사랑은 보호와 피신처의 원천이다. 험한 세상에서는 주님만이 안전하게 우리를 안전하게 맡을 수 있는 안식처이다. 주님은 그들에게 어떤 은혜를 주시는가?

3. 주님은 그들에게 어떤 은혜를 주십니까(8)? 왜 그런 일을 하실 수 있습니까(9)? '빛을 본다.'라는 말은 무슨 뜻이며, 어떻게 빛을 볼 수 있습니까?

8, "그들이 주의 집에 있는 살진 것으로 풍족할 것이라 주께서 주의 복락의 강물을 마시게 하시리이다"

"주의 집에" - '집', '가정'이다. 여기서는 '성전'을 뜻한다.

"있는 살진 것으로" - '기름짐(fatness)', '기름기 많은 재(fat ashes)'이다. 이것은 '제물 중에서 가장 좋은 부분', 즉 '하나님께 드리는 부분'을 뜻한다.

"풍족할 것이라" - '만족한다(be satiated).' '잔뜩 먹는다(have one's fill).'(칼 미완료)이다. 그들은 충분히 만족할 것이다. 잔치할(feast) 것이다.

"주의 복락"(עֵדֶן, *eden*) - '에덴', '즐거움'이다.

"강물을" - '급류(torrent)' '와디(wady)'이다. '에덴의 강물', '기쁨의 강물'이다. 새 에덴동산으로서 성전 개념과 하나님의 보좌에서 흘러나오는 '수정같이 맑은 생명수의 강'을 가리킨다(계 22:1).

"마시게 하시리이다" - '마시게 한다(give to drink).' '물을 댄다(irrigate).'(히필 미완료)이다. '마시게 할 것이다(wili make them drink of).'라는 뜻이다. 여호와께서 그 날개 아래로 모인 사람에게 '에덴의 강물'을 마시게 하실 것이다. 왜 그런 일을 하실 수 있는가?

9, "진실로 생명의 원천이 주께 있사오니 주의 빛 안에서 우리가 빛을 보리이다"

"진실로" - '마치~처럼(as though)', '~라는 것 때문에(because that)'이다. '에덴의 강물'을 마시게 할 수 있는 그 이유를 설명한다.

"생명의 원천" - '생명의 샘'이다.

"원천이" - '샘(spring)', '근원(fountain)'이다.

"주께 있사오니" - '~와 함께(with)', '~로 말미암아(by)'이다. 생명의 샘은 주님과 함께 있다. 생명의 샘이 주님께 있다.

생명의 샘인 여호와는 마치 샘에서 쉼 없이 물이 솟아오르는 것처럼 넘치는 생명력을 주신다. 여호와는 '생수의 근원'이시다(렘 2:13; 17:13). 그리고 그 생수의 근원은 예수님이시다. 예수님은 말씀하셨다. "내가 주는 물을 마시는 자는 영원히 목마르지 아니하리니 내가 주는 물은 그 속에서 영생하도록 솟아나는 샘물이 되리라"(요 4:14). 그분 안에서 우리는 무엇을 하는가?

"주의 빛 안에서" - '빛'이다.

"빛을" - '빛'이다.

"보리이다" - '본다(see).' '바라본다(look at).'(칼 미완료)이다. 시인은 주님의 빛 안에서 빛을 본다.

'빛을 본다.'라는 말은 무슨 뜻인가? '생명을 얻는다.' '산다.'라는 뜻이다. 주님의 빛을 보는 사람은 산다. 하지만 주님의 빛을 보지 못하는 사람은 죽는다. 왜냐하면 예수님 안에 생명이 있었으니, 이 생명은 사람들의 빛이기 때문이다(요 1:4). 예수님께서 또 말씀하셨다. "나는 세상의 빛이니 나를 따르는 자는 어둠에 다니지 아니하고 생명의 빛을 얻으리라"(요 8:12). 누구든지 예수님을 믿으면 생명과 구원과 행복을 누린다.

우리는 어떻게 빛이신 예수님을 믿을 수 있는가? 우리는 성경의 빛에 의해 빛이신 예수님을 믿을 수 있다. 성경의 빛 없이는 빛이신 예수님, 빛으로 가득 찬 그분의 사랑을 볼 수 없다. 시인은 의인을 위해 무슨 기도를 하는가?

4. 시인은 의인을 위해 무슨 기도를 합니까(10)? 교만한 자는 어떻게 되도록 기도합니까(11)? 그 결과 악인은 어떻게 되었습니까(12)?

10-12, 악으로부터 보호

10, "주를 아는 자들에게 주의 인자하심을 계속 베푸시며 마음이 정직한 자에게 주의 공의를 베푸소서"

"주를 아는 자들에게" - '알다(know).' '이해한다(understand).'(분사)이다. 주님의 날개 아래로 피하는 사람이다.

"주의 인자하심을" - '인자(steadfast love)', '사랑(unfailing love)'이다.

"계속 베푸시며" - '끌다(draw).' '붙잡는다(seize).'(칼 명령)이다. 시인은 하나님을 아는 사람, 그분의 날개 아래로 피하는 사람에게 한결같은 사랑을 베풀어 주시도록 기도한다. 또 그는 무엇을 기도하는가?

"정직한 자에게" - '곧은', '똑바른'이다. '주님을 경배하는 사람'을 뜻한다. 마음 깊은 곳에서 악을 즐기는 악인(2)과 대조한다.

"주의 공의를 베푸소서" - '공의(justice)', '의(righteousness)'이다. 시인은 마음이 곧은 사람에게는 공의를 베풀어 주시도록 기도한다. 교만한 자는 어떻게 되도록 기도하는가?

11, "교만한 자의 발이 내게 이르지 못하게 하시며 악인들의 손이 나를 쫓아내지 못하게 하소서"

"교만한 자" - '위엄(majesty)', '솟아오름'이다.

"발" - '발(foot)'이다. 승리한 왕이나 군대의 장군이 적장의 목을 밟는 고대 근동의 일반적 관습에서 나왔다. 여호수아는 자기 군관들에게 자기 앞에 끌려온 아모리족 왕의 목을 밟으라고 명령했다(수 10:24).

"내게 이르지" - '들어온다.'(칼 미완료)이다.

"못하게 하시며" - '아니', '아니다.'이다. 시인은 교만한 사람이 자기 목을 짓밟지 못하도록 기도한다.

"악인들" - '악한(wicked)', '죄를 지은(criminal)'이다.

"손이" - '발'과 대구를 이룬다. 악인의 폭력과 권세를 나타낸다.

"나를 쫓아내지" - '이리저리 움직인다(move to and fro).' '흔들다(shake).'(히필 미완료)이다. 성전에서 내쫓기거나 고향에서 쫓겨난 모습이다.

"못하게 하소서" - '아니', '아니다.'이다. 시인은 악인이 팔, 즉 권세를 휘두르지 못하도록 기도한다. 그때 악인은 어떻게 되는가?

12, "악을 행하는 자들이 거기서 넘어졌으니 엎드러지고 다시 일어날 수 없으리이다"

"악을" - '헛됨', '거짓'이다.

"행하는 자들이" - '행한다(do).' '만들다(make).'(분사)이다.

"거기서" - '거기에(there)'이다.

"넘어졌으니" - '떨어진다(fall).' '내던져진다(be cast down).'(칼 완료)이다. 악을 행하는 사람은 쓰러졌다.

"엎드러지고" - '에서 넘쳐흐른다(overflow).' '비틀거린다(totter).'(푸알 완료)이다. '내던져졌다(are thrust down).'라는 뜻이다.

"다시 일어날" - '일어선다(rise).' '선다(stand).'(부정사)이다.

"수" - '할 수 있다(be able).' '정복한다(overcome).'(칼 완료)이다.

"없으리이다" - '아니', '아니다.'이다. 그들은 다시 일어날 수 없다. 하나님은 승리하시고, 악인은 완전히 패배했다. 악인에 대한 심판은 완전하다. 악인이 의인을 공격하면, 넘어져 다시는 일어서지 못한다.

37
온유한 자들은 땅을 차지하며

말씀 시편 37:1-40
요절 시편 37:11
찬송 427장, 529장

1. 의인은 악인에 대해 무엇을 하지 않아야 하며, 왜 그렇게 해야 합니까(1-2)? 의인은 적극적으로 무엇을 해야 합니까(3-5a)? 그러면 여호와께서 무엇을 하십니까(5b-6)?

2. 의인은 왜 여호와 앞에서 잠잠해야 합니까(7-10)? 온유한 자는 어떻게 됩니까(11)? '온유한 자'는 어떤 사람입니까? '땅'은 무엇을 말합니까?

3. 악인은 얼마나 끈질기게 의인을 괴롭힙니까(12)? 그러나 주님은 그들을 어떻게 하십니까(13-15)? 의인의 길은 어떠합니까(16-22)? 여호와께서 의인을 어떻게 도우십니까(23-24)? 그는 그 사실을 어떻게 확신합니까(25-26)?

4. 의인은 어떻게 살아야 합니까(27)? 어떻게 영원히 살 수 있습니까(28-31)? 악인은 무엇을 합니까(32-33)?

5. 여호와를 바라는 의인은 어떻게 됩니까(34)? 악인의 과거와 현재의 모습이 어떠합니까(35-36)? 온전한 사람과 악인의 미래는 각각 어떠합니까(37-38)? 의인의 구원은 어디에서 옵니까(39)? 여호와께서 의인을 왜 건지십니까(40)?

37
온유한 자들은 땅을 차지하며

말씀 시편 37:1-40
요절 시편 37:11
찬송 427장, 529장

1. 의인은 악인에 대해 무엇을 하지 않아야 하며, 왜 그렇게 해야 합니까(1-2)? 의인은 적극적으로 무엇을 해야 합니까(3-5a)? 그러면 여호와께서 무엇을 하십니까(5b-6)?

(다윗의 시, Of David)

이 시는 각 연(stanza)이 히브리어 알파벳으로 시작하는 '알파벳 시(acrostic poem)'이면서, 지혜 시이다. 시인은 사회적 불의를 보면서 신앙 위기를 맞는다. 그런 상황에서 의인은 악인을 어떤 렌즈로 봐야 하는가?

1-6, 여호와의 구원에 대한 희망

1, "악을 행하는 자들 때문에 불평하지 말며 불의를 행하는 자들을 시기하지 말지어다"

"악을 행하는 자들 때문에" - '나쁘다(be bad).' '악하다(be evil).'(분사)이다.

"불평하지" - '화를 낸다(be kindled of anger).' '초조하게 한다(fret).'(히트파엘 미완료)이다.

"말며" - '아니', '아니다.'이다. '알렙(א)'으로 시작한다. '너 자신을 초조하게 하지 말라(Fret not yourself).'라는 뜻이다.

"불의를" - '불법(unjustice)', '불의(unrighteous)'이다.

"행하는 자들을" - '한다(do).' '성취한다(accomplish).'(분사)이다.

"시기하지" - '질투한다.' '부러워한다(envy).'(피엘 미완료)이다.

“말지어다” - ‘아니’, ‘아니다.’이다. ‘시기하지 말라(do not have envy of).’라는 뜻이다.

의로운 사람은 악과 불의를 일삼는 사람을 보면서 초조해하지 말고, 질투하지 말아야 한다. 의로운 사람은 악한 사람을 보면서 초조해하고 부러워할 수 있다. 하지만 그렇게 해서는 안 된다. “너는 행악자들로 말미암아 분을 품지 말며 악인의 형통함을 부러워하지 말라”(잠 24:19). 왜 그렇게 해야 하는가?

2, “그들은 풀과 같이 속히 베임을 당할 것이며 푸른 채소 같이 쇠잔할 것임이로다”

“(왜냐하면, For)” - 이유를 설명한다.

“풀” - ‘보잘것없고 덧없음’, ‘하나님의 영원성’과 대조한다.

“속히” - ‘서두름’, ‘빠름’이다.

“베임을 당할 것이며” - ‘자른다.’ ‘베어낸다.’(칼 미완료)이다. ‘잘릴 것이다(shall be cut down).’라는 뜻이다. 왜냐하면 악인은 풀처럼 빨리 잘릴 것이기 때문이다.

“채소” - ‘어리고 연한 풀(young grass)’, ‘새로 돋은 풀(new grass)’이다.

“쇠잔할 것임이로다” - ‘어리석다(be foolish).’ ‘시들다.’(칼 미완료)이다. ‘시들 것이다(shall fade).’라는 뜻이다. 푸성귀처럼 시들기 때문이다.

중동에서 봄의 무성한 초목은 뜨겁고 건조한 사막의 바람, ‘함신(*hamsin*)’이 불면 며칠 안에 그 아름다움을 잃고 시들었다. 악인도 때가 오면, 풀처럼 속히 쓰러지고 푸성귀처럼 시들 것이다. 그러므로 의인은 그런 허무한 것을 부러워하지 않아야 한다. 악인은 푸성귀 같지만, 의인은 시냇가에 심은 나무가 철을 따라 열매를 맺으며 그 잎사귀가 마르지 아니함 같다(1:3). 의인은 적극적으로 무엇을 해야 하는가?

3, “여호와를 의뢰하고 선을 행하라 땅에 머무는 동안 그의 성실을

먹을 거리로 삼을지어다”

“의뢰하고” - ‘믿는다.’ ‘신뢰한다.’(칼 명령)이다. ‘신뢰하라(trust in/confide in).’라는 뜻이다. ‘베트(ב)’로 시작한다. 여호와를 신뢰하라.

“행하라” - ‘일한다.’(칼 명령)이다. 선을 행하라.

“머무는 동안” - ‘머물다.’ ‘정착한다.’(칼 명령)이다. 땅에 머물러라.

“그의 성실을” - ‘견고(firmness)’, ‘성실(fidelity)’이다.

“먹을 거리로 삼을지어다” - ‘풀을 뜯기다(pasture).’ ‘친구가 된다(befriend).’ ‘성실을 먹어라(feed on faithfulness).’(칼 명령)이다. ‘성실을 친구로 삼아라(befriend faithfulness).’ ‘성실을 먹어라(feed on faithfulness).’ ‘안전한 목초지를 찾아라(find safe pasture).’라는 뜻이다.

4, “또 여호와를 기뻐하라 그가 네 마음의 소원을 네게 이루어 주시리로다”

“기뻐하라” - ‘기뻐한다(delight).’(히트파엘 명령)이다. 의인은 여호와를 기뻐해야 한다. 이 말은 ‘기쁨을 여호와한테서 찾아라.’라는 뜻이다. 그러면 여호와께서 무엇을 하시는가?

“네 마음의 소원을” - ‘간구(petition)’, ‘열망(desire)’이다. ‘가장 간절한 소원’을 뜻한다.

“네게 이루어 주시리로다” - ‘준다.’ ‘세운다.’(칼 미완료)이다. ‘들어주실 것이다(will give).’라는 뜻이다. 여호와께서 의인의 간절한 소원을 들어주실 것이다.

5, “네 길을 여호와께 맡기라 그를 의지하면 그가 이루시고”

“네 길” - ‘작은 계획’, ‘인생 전체’를 뜻한다.

“맡기라” - ‘위임한다(commit).’ ‘신뢰한다(trust).’(칼 명령)이다. ‘기멜(ג)’로 시작한다. 그분께 삶 전체를 맡겨야 한다.

“의지하면” - ‘믿는다(trust in).’ ‘확신한다(be confident).’(칼 명령)이다. 그분을 의지해야 한다. 그러면 여호와께서 무엇을 하시는가?

“이루시고” - ‘한다.’ ‘성취한다.’(칼 미완료)이다. 여호와께서 일하신다. 의인이 여호와께 그 길을 맡기면 그분께서 이루어 주신다. 어떻게 일하시는가?

6, "네 의를 빛같이 나타내시며 네 공의를 정오의 빛같이 하시리로다"

"네 의를" - '올바름'이다.

"빛같이" - '빛'이다.

"나타내시며" - '나간다(go out).'(칼 완료)이다.

"네 공의를" - '공의'이다.

"정오의 빛같이 하시리로다" - '정오(noon)', '한낮(midday)'이다. 여호와께서 의인의 의를 빛과 같이하시며, 그 공의를 대낮같이 나타내신다. 의인의 정의와 공의를 여호와께서 어둠 속에서 빛만큼 분명하게 하신다.

믿음의 길을 가는 우리에게 가장 큰 고민 중 하나는 무엇인가? 의롭게 살려는 우리보다 자기 마음대로 사는 사람이 더 잘나갈 때이다. 악인의 번영을 보면서 시샘할 때이다. 그 해결책은 무엇인가? 속상해하지 말며, 시샘하지 말아야 한다. 적극적으로 여호와를 의지하고, 선을 행해야 한다. 이 땅에서 살며 성실을 친구삼아야 한다. 기쁨을 오직 여호와한테서 찾아야 하고, 우리의 길을 여호와께 맡기고, 그분만을 의지해야 한다. 그러면 여호와께서 우리의 소원을 들어주시고, 일하신다. 그러므로 의인은 어떻게 살아야 하는가?

2. 의인은 왜 여호와 앞에서 잠잠해야 합니까(7-10)? 온유한 자는 어떻게 됩니까(11)? '온유한 자'는 어떤 사람입니까? '땅'은 무엇을 말합니까?

7-11, 여호와의 보복에 관한 위로

7, "여호와 앞에 잠잠하고 참고 기다리라 자기 길이 형통하며 악한 꾀를 이루는 자 때문에 불평하지 말지어다"

"잠잠하고" - '침묵한다(be silent).' '조용하다(still).'(칼 명령)이다.

'달렛(ד)'으로 시작한다. 여호와 앞에 잠잠해야 한다.

"참고 기다리라" - '견고하다(be firm).' '견딘다(endure).'(히트파엘 명령)이다. 그분을 위해 참을성 있게 기다려야(wait patiently) 한다. 의인은 악인이 잘나갈지라도 조바심을 내지 않아야 한다.

"자기 길이" - '길', '태도'이다.

"형통하며" - '앞으로 나간다.' '발전한다.'(분사)이다.

"이루는" - '한다.' '성취한다.'(분사)이다.

"자 때문에" - '사람'이다.

"불평하지" - '화를 낸다(be kindled of anger).' '초조하게 한다(fret).'(칼 미완료)이다.

"말지어다" - '아니', '아니다.'이다. 초조하지 않아야 한다(fret not yourself over). 시인은 이 메시지를 반복하며 강조한다.

8, "분을 그치고 노를 버리며 불평하지 말라 오히려 악을 만들 뿐이라"

"분을" - '콧구멍', '화'이다. 화는 모든 악의 원천이다.

"그치고" - '내려앉는다(sink down).' '떨어뜨린다(let drop).'(칼 명령)이다. '헤(ה)'으로 시작한다. 화를 삼가라.

"노를" - '열(heat)', '격노(hot displeasure)'이다.

"버리며" - '떠난다(leave).' '버린다(forsake).'(칼 명령)이다. 진노를 버려라.

"불평하지" - '화를 낸다(be kindled of anger).' '초조하게 한다(fret).'(칼 미완료)이다.

"말라" - '아니', '아니다.'이다. 초조하지 말라.

"오히려 악을 만들" - '악하다.' '나쁘다.'(부정사)이다.

"뿐이라" - '확실히', '오직'이다. 그것은 악으로 향할 뿐이다. 악인을 보면서 화를 내면 정작 그 자신이 해를 입을 수 있다.

9, "진실로 악을 행하는 자들은 끊어질 것이나 여호와를 소망하는 자들은 땅을 차지하리로다"

“진실로” - ‘마치~처럼(as though)’, ‘라는 것 때문에(because that)’, ‘그러나(but)’이다.

“악을 행하는 자들은” - ‘나쁘다(be bad).’ ‘악하다(be evil).’(분사)이다.

“끊어질 것이나” - ‘잘라낸다(cut off).’ ‘베어 넘긴다(cut down).’(니팔 미완료)이다. ‘뿌리째 뽑힌다.’라는 뜻이다. 악한 사람은 뿌리째 뽑힐 것이다.

“소망하는 자들은” - ‘기다린다(wait).’ ‘바란다(look for).’(분사)이다. ‘참고 기다리는 사람’이다.

“땅” - ‘약속의 땅’, ‘상속받을 땅’이다. 그 땅은 가나안이다. 궁극적으로는 ‘하나님 나라’이다.

“차지하리로다” - ‘상속한다(inherit).’ ‘붙들다(seize).’ ‘상속자이다(be an heir).’(칼 미완료)이다. ‘땅을 차지할 것이다.’라는 뜻이다. 여호와를 기다리는 사람은 반드시 땅을 물려받을 것이다.

10, “잠시 후에는 악인이 없어지리니 네가 그곳을 자세히 살필지라도 없으리로다”

“후에는” - ‘계속(continuance)’, ‘여전히’이다. ‘와우(ו)’으로 시작한다.

“없어지리니” - ‘을 제외하고(except)’, ‘없어진다(be gone).’이다. 악인은 사라지고 만다.

“자세히 살필지라도” - ‘이해한다(understand).’ ‘생각한다(consider).’(히트포엘 완료)이다.

“없으리로다” - ‘을 제외하고(except)’, ‘없어진다(be gone).’이다. 아무리 그 자취를 찾아도 찾을 수 없다. 악인의 잘나감은 오래 가지 못한다. 그들은 순식간에 사라진다. 왜냐하면 그들의 삶은 ‘하나님 중심(God-centered)’이 아닌 ‘자기중심(self-centered)’이기 때문이다. 그러나 온유한 자는 어떻게 되는가?

11, “그러나 온유한 자들은 땅을 차지하며 풍성한 화평으로 즐거워하

리로다"

"그러나 온유한 자들은" - '겸손한(humble)'이다.

누가 온유한 사람인가? 의인이다. 잠잠히 주님을 바라고, 주님만을 애타게 찾는 사람이다(7). 노여움을 버리고, 격분을 가라앉히고, 불평하지 않는 사람이다(8). '여호와를 소망하는 자'이다(9).

"차지하며" - '상속한다(inherit).' '붙들다(seize).' '상속자이다(be an heir).'(칼 미완료)이다. 겸손한 사람은 땅을 유산으로 받는다.

"풍성한 화평으로" - '풍요로운 평화 속에서(in abundant peace)'이다.

"즐거워하리로다" - '기뻐한다.'(히트파엘 완료)이다. "여호와를 즐거워하라."(4)라는 말씀과 같은 뜻이다. 그들은 풍성한 평화와 함께 즐거움을 누린다. 평화는 하나님께서 그 백성, 믿음으로 기다리는 사람, 여호와를 소망하는 사람에게 주시는 선물이다. "그러므로 우리가 믿음으로 의롭다 하심을 받았으니 우리 주 예수 그리스도로 말미암아 하나님과 화평을 누리자"(롬 5:1).

그러면 시인이 말하는 '땅'은 무엇인가? 일차적으로 이스라엘이 애굽에서 나와서 들어가 살 약속의 땅이다. 그런데 애굽에서 나온 모든 사람이 약속의 땅으로 들어가지 못했다. 믿음의 사람만 들어가서 살았다. 약속의 땅은 하나님의 나라를 뜻한다.

약속의 땅, 즉 하나님의 나라에는 누가 들어가는가? 온유한 사람이다. 예수님은 말씀하셨다. "온유한 자는 복이 있나니 그들이 땅을 기업으로 받을 것임이요"(마 5:5). 예수님을 믿는 사람이 약속의 땅인 하나님 나라를 차지한다. 그리고 하나님께서 주시는 풍성한 평화와 함께 기쁨을 누린다. 악인은 얼마나 끈질기게 의인을 괴롭히는가?

3. 악인은 얼마나 끈질기게 의인을 괴롭힙니까(12)? 그러나 주님은 그들을 어떻게 하십니까(13-15)? 의인의 길은 어떠합니까(16-22)? 여호와께서 의인을 어떻게 도우십니까(23-24)? 그는 그 사실을 어떻게 확신합니까(25-26)?

12-15, 악인의 길

12, "악인이 의인 치기를 꾀하고 그를 향하여 그의 이를 가는도다"

"의인 치기를" - '합법적인(lawful)', '의로운(righteous)'이다.

"꾀하고" - '~하려고 생각한다(purpose).' '궁리한다(devise).'(분사)이다. '자인(ז)'으로 시작한다. 악인은 의인의 생명을 앗아가려고 한다.

"그를 향하여" - '~에 대해', '~에 관하여'이다.

"가는도다" - '이를 악물다 혹은 이를 갈다(gnash or grind the teeth).'(분사)이다. 악인은 야생동물처럼 이를 갈면서 의인에게 험악하게 대든다. 그러나 주님은 그들을 어떻게 하시는가?

13, "그러나 주께서 그를 비웃으시리니 그의 날이 다가옴을 보심이로다"

"그러나 주께서" - '나의 주님(my Lord)'이다.

"그를 비웃으시리니" - '웃는다.' '조롱한다.'(칼 완료)이다. 주님께서 그들을 비웃으신다.

"그의 날이" - '하나님이 심판하시는 날', '악인이 멸망할 날'이다.

"다가옴을" - '~안으로 간다(go in).' '들어간다(enter).'(칼 미완료)이다.

"보심이로다" - '본다.' '바라본다.'(칼 완료)이다. 주님이 악인을 비웃으시는 이유는 '그의 날', 즉 심판의 날이 오고 있음을 보았기 때문이다.

14, "악인이 칼을 빼고 활을 당겨 가난하고 궁핍한 자를 엎드러뜨리며 행위가 정직한 자를 죽이고자 하나"

"칼을" - '칼'이다. '헤트(ח)'으로 시작한다.

"배고" - '열다(open).'(칼 완료)이다.

"활" - '칼'과 함께 힘과 권력의 남용을 상징한다.

"당겨" - '행진한다.' '나아간다.'(칼 완료)이다.

"엎드러뜨리며" - '떨어진다(fall).' '내던져진다(be cast down).'(부정사)이다.

"행위가" - '길', '태도'이다.

"정직한 자를" - '곧은', '올바른'이다.

"죽이고자 하나" - '학살한다(slaughter).' '살해한다(slay).'(부정사)이다. 악인은 의인을 죽이려고 칼과 활을 사용했다. 그들의 목표는 세상을 혼돈과 불의가 지배하도록 하는 데 있다. 비뚤어지고 왜곡된 세상에 의로운 길이 존재하지 않도록 하는 데 있다. 악인의 통치는 정의와 의인의 생계를 박탈한다. 그런데 그들의 칼과 활은 어떻게 되는가?

15, "그들의 칼은 오히려 그들의 양심을 찌르고 그들의 활은 부러지리로다"

"오히려 그들의 양심을" - '마음'이다.

"찌르고" - '~안으로 간다(go in).' '들어간다(enter).'(칼 미완료)이다. 악인이 의인을 찌르려던 그 칼이 자기 가슴을 찌른다. 악인은 자기가 파놓은 함정에 빠진다.

"부러지리로다" - '깨뜨린다(break).' '깨뜨려 산산조각 낸다(break in pieces).'(니팔 미완료)이다. 악인의 칼과 활은 부러진다. 의인의 길은 어떠한가?

16-22, 의인의 길

16, "의인의 적은 소유가 악인의 풍부함보다 낫도다"

"적은 소유가" - '작은(the little)'이다.

"풍부함보다" - '풍부(the abundance)'이다.

"낫도다" - '좋은', '선한'이다. '테트(ט)'으로 시작한다.

소유의 많음은 삶을 행복하게 할 수 있다. 하지만 행복한 삶이 많은 소유 위에 세워지는 것은 아니다. 가난한 의인이 부유한 악인보다 더 행복하다. "가산이 적어도 여호와를 경외하는 것이 크게 부하고 번뇌하는 것보다 나으니라." "적은 소득이 공의를 겸하면 많은 소득이 불의를 겸한 것보다 나으니라"(잠 15:16; 16:8). 악인의 많은 재산은 부정한 방법으로 모아서 기쁨을 주지 못한다.

17, “악인의 팔은 부러지나 의인은 여호와께서 붙드시는도다”

“팔” - ‘힘’, ‘능력’을 상징한다.

“부러지나” - ‘깨뜨린다(break).’ ‘깨뜨려 산산조각 낸다(break in pieces).’(니팔 미완료)이다. ‘힘이 사라졌다.’ 즉 ‘무기력’을 뜻한다. 악한 부자는 돈을 버는 능력이 사라진다.

“붙드시는도다” - ‘기댄다(lean upon).’ ‘지탱한다(uphold/ support).’(분사)이다. 반면 여호와께서 의인을 받쳐주신다.

18, “여호와께서 온전한 자의 날을 아시나니 그들의 기업은 영원하리로다”

“온전한 자” - ‘완전한’, ‘흠 없는’이다. ‘의로운 사람’을 뜻한다.

“날” - ‘낮’, ‘하루’, 즉 ‘삶’을 뜻한다. ‘그 날들(the days).’이다.

“아시나니” - ‘알다.’ ‘이해한다.’(분사)이다. ‘요드(י)’으로 시작한다. 여호와께서 온전한 자의 삶을 아신다. 그분의 앎은 보살핌과 같은 뜻이다. 여호와는 의로운 사람의 삶을 보살피신다.

“그들의 기업은” - ‘상속’, ‘유산’이다.

“하리로다” - ‘~이 일어난다.’ ‘~이 된다.’(칼 미완료)이다. 그들의 기업은 영원히 있을 것이다.

19, “그들은 환난 때에 부끄러움을 당하지 아니하며 기근의 날에도 풍족할 것이나”

“환난 때에” - ‘재난을 당하는 때’이다.

“부끄러움을 당하지” - ‘부끄러워한다.’(칼 미완료)이다.

“아니하며” - ‘아니’, ‘아니다.’이다. 온전한 자는 재난을 당할 때도 부끄러움을 당하지 않는다.

“기근의 날” - ‘재앙의 날’이다.

“풍족할 것이나” - ‘음식을 먹어 만족한다.’(칼 미완료)이다. 의인은 가뭄에도 충분한 양식을 받아서 굶주리지 않는다. 그러나 악인은 어떠한가?

20, “악인들은 멸망하고 여호와의 원수들은 어린 양의 기름 같이 타서 연기가 되어 없어지리로다”

“(그러나)” - ‘그러나’이다. ‘카프(כ)’로 시작한다.

“멸망하고” - ‘멸망한다(perish).’(칼 미완료)이다. 악인은 멸망한다.

“여호와의 원수들” - ‘악인들’이다.

“어린 양” - ‘목장(pasture)’, ‘어린양’이다.

“기름 같이” - ‘귀중한’, ‘희귀한’이다.

“어린 양의 기름 같이” - ‘어린 양의 기름처럼(as the fat of lambs)’, ‘목초지의 영광처럼(like the glory of the pastures)’, ‘무성한 풀밭처럼’으로 번역한다. ‘악인의 일시적 성공’을 상징한다.

“타서” - ‘소모한다.’ ‘마친다.’(칼 완료)이다.

“없어지리로다” - ‘소모한다.’ ‘마친다.’(칼 완료)이다. 풀이 무성하게 자랄 때는 아름답고 싱그럽지만, 계절이 바뀌면 순식간에 말라버린다.

21, “악인은 꾸고 갚지 아니하나 의인은 은혜를 베풀고 주는도다”

“꾸고” - ‘연합한다.’ ‘빌린다.’(분사)이다. ‘라멕(ל)’으로 시작한다.

“갚지” - ‘완성한다.’(칼 미완료)이다.

“아니하나” - ‘아니’, ‘아니다.’이다. 악인은 빌리기만 하고 갚지 않는다. 갚을 능력이 없기 때문이다. 그러나 의인은 어떠한가?

“은혜를 베풀고” - ‘은혜를 베풀다.’(분사)이다.

“주는도다” - ‘준다.’(분사)이다. 의인은 은혜를 베풀고 거저 준다. 의인은 자신이 필요한 것을 충분히 가져서 남을 도울 수 있다.

22, “주의 복을 받은 자들은 땅을 차지하고 주의 저주를 받은 자들은 끊어지리로다”

“주의 복을 받은 자들은” - ‘무릎을 꿇는다(kneel).’ ‘축복한다(bless).’(분사)이다. 의인을 뜻한다.

"차지하고" - '상속한다(inherit).' '점유한다(occupy).'(칼 미완료)이다. 의인. 주님께 복을 받은 사람은 땅을 차지한다.

"주의 저주를 받은 자들은" - '보잘것없다(be slight).' '하찮다(be trifling).'(분사)이다. 분사이다.

"끊어지리로다" - '베어낸다(cut out).' '제거한다(eliminate).'(니팔 미완료)이다. 하지만 악인, 즉 저주받은 사람은 땅에서 끊어진다.

9절을 반복한다. 악인이 뿌리째 뽑힘은 하나님의 심판 때문이다. 의인이 땅을 차지함은 주님의 복 때문이다. 여호와는 의인을 어떻게 도우시는가?

23-26, 의인을 지키시는 주님

23, "여호와께서 사람의 걸음을 정하시고 그의 길을 기뻐하시나니"

"여호와께서" - '여호와에 의해(by the Yahweh)'이다. '멤(מ)'으로 시작한다.

"사람" - '의인'을 뜻한다. 시인은 악인과 의인의 길을 대조하는데서 그 초점을 의인의 복에 맞춘다.

"걸음을" - '걸음(step)', '발자국'이다.

"정하시고" - '세운다(establish).'(푸알 완료)이다. 여호와께서 사람의 발걸음을 정하셨다. "사람의 걸음은 여호와로 말미암나니 사람이 어찌 자기의 길을 알 수 있으랴"(잠 20:24).

"그의 길을" - '길', '방식'이다.

"기뻐하시나니" - '~을 기뻐한다(take delight in).' '~을 즐거워한다(be pleased with).'(칼 미완료)이다. 여호와께서 그 길을 기뻐하신다. 여호와께서 인도하시는 그 길은 평안하다.

24, "그는 넘어지나 아주 엎드러지지 아니함은 여호와께서 그의 손으로 붙드심이로다"

"그는 넘어지나" - '떨어진다(fall).' '내던져진다(be cast down).'(칼 미완료)이다. 여호와께서 의인의 발걸음을 굳게 하신다. 하지만 의인도 넘어질 수 있다. 의인도 재난으로부터 면제받는 것은 아니다. 자신의 죄나 악인에 대한 시기심 등을 말한다.

“아주 엎드러지지” - ‘던진다(hurl).’ ‘던진다(cast).’(호팔 미완료)이다. ‘곤두박이친다(be cast headlong).’라는 뜻이다.

“아니함은” - 완전히 넘어지지 않는다. 고난이 최종적인 파멸을 뜻하지 않는다. 그 이유는 무엇인가?

“붙드심” - ‘기댄다(lean upon).’ ‘떠받친다(uphold).’(분사)이다.

“이로다” - ‘마치~처럼(as though)’이다. 여호와께서 그 손으로 붙드시기 때문이다. 여호와께서는 역경의 때라도(even in times of adversity) 의인을 세우신다. 그는 그 사실을 어떻게 확신하는가?

25, “내가 어려서부터 늙기까지 의인이 버림을 당하거나 그의 자손이 걸식함을 보지 못하였도다”

“내가” - ‘~이 일어난다.’ ‘~이다.’(칼 완료)이다.

“어려서부터” - ‘소년(boy)’, ‘종(servant)’이다. ‘눈(נ)’으로 시작한다.

“늙기” - ‘늙는다(be old).’(칼 완료)이다.

“의인이” - ‘공의로운(just)’, ‘합법적인(lawful)’, ‘의로운(righteous)’이다.

“버림을 당하거나” - ‘떠난다(leave).’ ‘버린다(forsake).’(분사)이다.

“그의 자손이” - ‘씨를 뿌림(sowing)’, ‘씨(seed)’, ‘자손(offspring)’이다.

“걸” - ‘찾는다.’ ‘요구한다(require).’(분사)이다.

“식” - ‘음식’, ‘빵’이다. ‘걸식함’은 ‘빵을 구걸하는 것(begging for bread)’을 뜻한다.

“보지” - ‘본다(see).’ - ‘바라본다(look at).’(칼 완료)이다.

“못하였도다” - ‘아니’, ‘아니다.’이다. 시인은 사는 동안 의인이 버림받거나 그 자손이 빵을 구걸하는 것을 보지 못했다. 그 이유가 무엇인가?

26, “그는 종일토록 은혜를 베풀고 꾸어 주니 그의 자손이 복을 받는도다”

“그는” - ‘의인’을 말한다.

“은혜를 베풀고” - ‘자비롭다(be gracious).’ ‘불쌍히 여긴다.’(분사)이다.

“꾸어 주니” - ‘빌려준다.’ ‘연합한다.’(분사)이다. 의인은 베풀고 꾸어 준다. 그것은 사업상의 조건이 아니라 필요한 사람을 도와주는 수단이다. 그 결과 누가 복을 받는가?

“그의 자손이” - ‘씨’, ‘후손’이다.

“복을 받는도다” - ‘축복(blessing)’이다. 의인이 너그럽게 빌려주니 그 자손이 복을 받는다. 하나님은 그 백성을 버리지 않으시고, 그들뿐만 아니라 그들의 자손까지 돌보신다. 그러므로 의인은 어떻게 살아야 하는가?

4. 의인은 어떻게 살아야 합니까(27)? 어떻게 영원히 살 수 있습니까(28-31)? 악인은 무엇을 합니까(32-33)?

27-33, 지혜를 요구

27, “악에서 떠나 선을 행하라 그리하면 영원히 살리니”

“떠나” - ‘돌이킨다(turn aside).’ ‘떠난다(depart).’(칼 명령)이다. ‘사멕(ס)’으로 시작한다. 악에서 떠나라.

“행하라” - ‘한다.’ ‘성취한다.’(칼 명령)이다. 선을 행하라. 그러면 어떤 복을 받는가?

“살리니” - ‘거주한다(dwell).’(칼 명령)이다. ‘약속의 땅에서 오래 살라(dwell for evermore).’라는 뜻이다. 의인이 악을 떠나서 선을 행하면, 약속의 땅에서 오래 산다. 어떻게 영원히 살 수 있는가?

28, “여호와께서 정의를 사랑하시고 그의 성도를 버리지 아니하심이로다 그들은 영원히 보호를 받으나 악인의 자손은 끊어지리로다”

“(왜냐하면, For)” - 그 이유를 설명한다.

“사랑하시고” - ‘사랑한다.’(분사)이다. 여호와께서 정의를 사랑하시기 때문이다.

"버리지" - '떠난다(leave).' '버린다(forsake).'(칼 미완료)이다.

"아니하심이로라" - '버리지 않으실 것이다(will not forsake).'라는 뜻이다. 여호와는 성도를 버리지 않으시기 때문이다.

"영원히" - '영원', '긴'이다. '아인(ע)'으로 시작한다.

"보호를 받으나" - '지킨다(keep).' '보존한다(preserve).'(니팔 완료)이다. 성도는 여호와로부터 영원히 보호를 받는다. 그러나 악인의 자손은 어떻게 되는가?

"끊어지리로다" - '베어낸다(cut out).' '제거한다(eliminate).' '언약을 자른다(cut a covenant).'(니팔 완료)이다. 그러나 악인의 자손은 베어낸다.

29, "의인이 땅을 차지함이여 거기서 영원히 살리로다"

"차지함이여" - '점유한다.' '손에 넣는다.'(칼 미완료)이다.

"살리라" - '거주한다(dwell).'(칼 미완료)이다. 의인은 땅을 차지하고 영원히 산다. 9, 11, 22절과 같은 주제를 반복한다. 의인은 약속의 땅에서 어떻게 사는가?

30, "의인의 입은 지혜로우며 그의 혀는 정의를 말하며"

"입은" - '입'이다. '페(פ)'로 시작한다.

"(지혜)로우며" - '신음한다.' '으르렁거린다.' '묵상한다.'(칼 미완료)이다. '지혜를 말한다(utters wisdom).'라는 뜻이다. 의인이 '지혜를 중얼거리면서 자신을 타이르는 것'을 뜻한다.

"혀" - '입'과 '혀'는 언어 기관이다. 말을 통해 그 사람의 내면을 보여준다.

"정의를" - '공의'이다.

"말하며" - '말한다(speak).'(피엘 미완료)이다. 의인의 입은 지혜를 속삭이고, 그 혀는 정의를 말한다.

31, "그의 마음에는 하나님의 법이 있으니 그의 걸음은 실족함이 없으리로다"

“마음에는” - ‘마음(heart)’, ‘이해력(understanding)’이다. 말을 하는 입과 혀를 통제한다.

“법이 있으니” - ‘가르침’, ‘훈계’이다. 하나님의 말씀을 묵상한다. 하나님의 교훈은 의인에게 삶의 지침서이다.

“그의 걸음은” - ‘걸음(step)’, ‘보행(going)’이다.

“실족함이” - ‘미끄러진다(slip).’ ‘놓친다(give away).’(칼 미완료)이다.

“없으리로다” - ‘아니’, ‘아니다.’이다. 하나님과 그분의 가르침을 받으면 미끄러지지 않는다.

‘입’, ‘혀’, ‘마음’, 그리고 ‘발걸음’을 통해 의인의 전인적 삶을 표현한다. 그런데 악인은 무엇을 하는가?

32, “악인이 의인을 엿보아 살해할 기회를 찾으나”

“엿보아” - ‘둘러본다.’ ‘망본다.’(분사)이다. ‘차데(צ)’로 시작한다.

“살해할 기회를” - ‘죽인다.’(부정사)이다.

“찾으나” - ‘찾는다.’ ‘원한다.’(분사)이다. 악인은 의인을 엿보며 그를 죽일 기회를 노린다.

33, “여호와는 그를 악인의 손에 버려두지 아니하시고 재판 때에도 정죄하지 아니하시리로다”

“버려두지” - ‘떠난다(leave).’ ‘버린다(forsake).’(칼 미완료)이다.

“아니하시고” - ‘아니’, ‘아니다.’이다. 여호와는 의인을 악인의 손아귀에 버려두지 않으신다. 여호와는 의인을 보호하신다.

“정죄하지” - ‘죄를 짓는다.’(히필 미완료)이다.

“아니하시리로다” - ‘아니’, ‘아니다.’이다. 하나님은 의인에게 죄를 선고하지 않으신다. 그러므로 의인은 무엇을 해야 하는가?

5. 여호와를 바라는 의인은 어떻게 됩니까(34)? 악인의 과거와 현재의 모습이 어떠합니까(35-36)? 온전한 사람과 악인의 미래는 각각 어떠합니까(37-38)? 의인의 구원은 어디에서 옵니까(39)? 여호와께

서 의인을 왜 건지십니까(40)?

34-40, 구원에 대한 희망

34, "여호와를 바라고 그의 도를 지키라 그리하면 네가 땅을 차지하게 하실 것이라 악인이 끊어질 때에 네가 똑똑히 보리로다"

"바라고" - '기다린다(wait/ look for).' '바란다(hope).'(피엘 명령)이다. '코프(ק)'로 시작한다. '기다리라(Wait for/ hope in).'라는 뜻이다. 의인이 바라고 희망하고 기댈 곳은 여호와뿐이다.

"그의 도를" - '길', '방식'이다.

"지키라" - '지킨다.' '순종한다.'(칼 명령)이다. 의인은 여호와의 율법을 지켜야 한다.

"그리하면 네가" - '높다(be high).' '일어난다(rise up).'(푸알 미완료)이다. '높일 것이다(will exalt).' '들어 올린다.'라는 뜻이다. 여호와께서 그를 높여주실 것이다.

"차지하게 하실 것이라" - '상속한다.'(부정사)이다. '기업으로 받도록'이라는 뜻이다. 여호와께서 의인을 들어 올림은 땅을 차지하도록 하는 데 있다. 그때 의인은 무엇을 보는가?

"끊어질 때에" - '베어낸다(cut out).' '제거한다(eliminate).' '언약을 자른다(cut a covenant).'(부정사)이다. '뿌리째 뽑힌다.'라는 뜻이다. 악인은 뿌리째 뽑힐 것이다.

"네가 똑똑히 보리로다" - '본다.' '바라본다.'(칼 미완료)이다. '볼 것이다.'라는 뜻이다. 의인은 악인이 뿌리째 뽑히는 모습을 볼 것이다. 시인이 볼 때 악인은 어떠했는가?

35, "내가 악인의 큰 세력을 본즉 그 본래의 땅에 서 있는 나무 잎이 무성함과 같으나"

"큰 세력을" - '두려움을 주는', '공포감을 주는'이다.

"본즉" - '본다.' '바라본다.'(칼 완료)이다. '레시(ר)'로 시작한다. '보았다(have seen).'라는 뜻이다.

"그 본래의 땅에" - '원주민(native)'이다.

“서 있는” - ‘벌거벗는다.’ ‘알몸을 드러낸다.’(분사)이다.

“나무 잎이 무성함과” - ‘울창한’, ‘싱싱한’이다. ‘녹색 월계수(a green laurel tree)’, ‘본토의 무성한 나무(a luxuriant tree in its native soil)’이다.

“그 본래의 땅에 서 있는 나무 잎이 무성함과 같으나” - ‘본래의 자리에서 자라는 나무같이 푸르게 뻗어감을 보았다.’라는 뜻이다. 본래의 자리에서 자라는 나무는 한 번도 옮겨 심지 않아서 그 뿌리가 깊어 흔들리지 않는다. 늘 푸른 모습이다. 시인은 악인이 번성했던 모습을 직접 보았다. 악인의 모습이 마치 이런 나무와 같았다. 늘 무성한 나무는 의인의 모습이었다(1:3). 시인은 의인의 모습에 기초하여 악인의 모습을 역설적으로 표현했다. 그 나무는 어떻게 되는가?

36, “내가 지나갈 때에 그는 없어졌나니 내가 찾아도 발견하지 못하였도다”

“내가 지나갈 때에” - ‘지나간다.’ ‘사라진다.’(칼 미완료)이다.

“그는 없어졌나니” - ‘~을 제외하고(except).’ ‘없어진다(be gone).’(부정어)이다.

“내가 찾아도” - ‘구한다(seek).’ ‘요구한다(require).’(피엘 미완료)이다.

“발견하지” - ‘찾는다(find).’(분사)이다.

“못하였도다” - ‘아니’, ‘아니다.’이다. 겉으로는 번창해 보였던 그 나무가 실제로는 깊게 뿌리를 내리지 못했다. 악인은 겉으로는 번성했으나 곧 사라졌다. 반면 온전한 사람은 어떠한가?

37, “온전한 사람을 살피고 정직한 자를 볼지어다 모든 화평한 자의 미래는 평안이로다”

“온전한 사람을” - ‘완전한(perfect)’, ‘완벽한(complete)’이다.

“살피고” - ‘지킨다(keep).’ ‘감시한다(observe).’(칼 명령)이다. ‘쉰(ש)’으로 시작한다.

"볼지어다" - '본다(see).' '바라본다(look at).'(칼 명령)이다.

"모든 화평한 자의" - '사람'이다. '평화를 바라는 사람'을 뜻한다.

"미래는" - '마지막 부분', '끝'이다.

"평안이로다" - '평화'이다.

"모든 화평한 자의 미래는 평안이로다" - '평화의 사람에게는 미래가 있다(there is a future for the man of peace).' '평화를 도모하는 사람에게 후손이 따를 것이다.'라는 뜻이다. 시인은 의인에게 영광스러운 미래가 있음을 확신한다. 그러나 죄인은 어떠한가?

38, "범죄자들은 함께 멸망하리니 악인의 미래는 끊어질 것이나"

"함께" - '하나 됨', '모두 동시에'이다.

"멸망하리니" - '파괴된다(be destroyed).' '전멸된다(be exterminated).'(니팔 완료)이다. 그러나 죄인은 함께 망한다.

"끊어질 것이나" - '베어낸다(cut out).' '제거한다(eliminate).'(니팔 완료)이다. '후손이 끊어진다.'라는 뜻이다. 의인에게는 후손이 있지만, 악인에게는 후손이 없다. 후손이 없는 것은 저주의 징표였다. 악인은 모두 망하여 미래가 없다. 의인의 구원은 어디에서 오는가?

39, "의인들의 구원은 여호와로부터 오나니 그는 환난 때에 그들의 요새이시로다"

"구원은" - '구원(salvation/ deliverance)'이다. '타우(ת)'로 시작한다.

"여호와로부터 오나니" - '여호와'이다. 구원은 오직 여호와로부터만 온다.

"그들의 요새이시로다" - '안전한 장소나 방편(place or means of safety)', '성채(stronghold)'이다. 여호와께서 의인을 왜 건지시는가?

40, "여호와께서 그들을 도와 건지시되 악인들에게서 건져 구원하심은 그를 의지한 까닭이로다"

"그들을 도와" - '돕는다.'(칼 미완료)이다.

"건지시되" - '도피한다(escape).' '구원한다(save).'(피엘 미완료)이다.

"건져" - '도피한다(escape).' '구원한다(save).'(피엘 미완료)이다.

"구원하심은" - '구원한다.'(히필 미완료)이다. 심판의 때 여호와는 악인으로부터 의인을 도우셔서 구원하신다. 왜 구원하시는가?

"의지한" - '피난한다(seek refuge).' '보호를 받기 위해 도망한다(flee for protection).'(칼 완료)이다.

"까닭이로다" - '~라는 것 때문에(because that).' '그러나(but)'이다. 여호와께서 의인을 구원하신 까닭은 그들이 그분께 피했기 때문이다. 여호와는 당신을 피난처로 삼은 사람을 구원하신다.

시인은 "여호와는 스스로 돕는 자를 돕는다(Yahweh helps those who help themselves)."라고 말하지 않고, 그분의 도움은 "그분을 의지한 까닭이다(take refuge in him)."라고 말한다. 여호와는 당신을 의지하고 피하는 사람을 돕고 구원하신다.

여호와는 어떤 분인가? 여호와는 '주권자(sovereign Ruler)'이시며 '심판자(Judge)'이시다. 여호와는 악인을 풀처럼, 푸성귀처럼 시들게 하신다. 뿌리째 뽑으신다. 하지만 의인에게는 땅을 주신다. 크게 기뻐하면서 평화를 누리도록 하신다.

38
돕는 일을 서두르소서

말씀 시편 38:1-22
요절 시편 38:22
찬송 214장, 543장

1. 시인은 여호와께 무엇을 기도합니까(1)? 왜 그렇게 기도합니까(2)? 그는 어떤 상태에 있습니까(3-4)?

2. 그의 비참한 질병의 원인은 어디에 있습니까(5)? 그는 죄와 몸의 질병과의 관계를 어떻게 이해하고 있습니까? 그는 어리석음으로 어떤 고통을 겪고 있습니까(6-8)?

38(38:1-22)

3. 그는 무엇이라고 신음합니까(9-10)? 그런 그를 주위 사람은 어떻게 대합니까(11-12)? 시인은 어떻게 합니까(13-14)? 그는 무엇을 합니까(15-16)?

4. 시인은 죄 앞에서 무엇을 합니까(17-20)? 그는 무엇을 기도합니까(21-22)? 시인은 하나님을 어떤 분으로 믿습니까? 여호와께 구원을 탄원하는 그를 통해 무엇을 배웁니까?

38
돕는 일을 서두르소서

말씀 시편 38:1-22
요절 시편 38:22
찬송 214장, 543장

1. 시인은 여호와께 무엇을 기도합니까(1)? 왜 그렇게 기도합니까(2)? 그는 어떤 상태에 있습니까(3-4)?

(다윗의 시, 기념 제물을 위한, A Psalm of David, for the memorial offering)

"기념 제물" - '기념하기 위하여'이다.

7개의 참회 시편(lament, 6편, 32편, 38편, 51편, 102편, 130편, 143편) 중 하나이다. 이 시는 히브리어 알파벳 숫자인 22행으로 되어 있다. 시인은 죄의식을 느끼고, 질병과 배반과 박해의 고통을 겪을 때 하나님께 돕는 일을 서두르시도록 탄원한다.

1-4, 책망하지 마시고

1, "여호와여 주의 노하심으로 나를 책망하지 마시고 주의 분노하심으로 나를 징계하지 마소서"

"여호와여" - 시인은 여호와를 부른다. 그는 무엇을 탄원하는가?

"주의 노하심으로" - '분노(wrath)', '노여움(anger)'이다.

"나를 책망하지" - '꾸짖는다(rebuke).' '훈계한다(reprove).'(히필 미완료)이다.

"마시고" - '전혀~않은(no)', '어느 쪽도~아니다(neither).'이다. 시인은 여호와께서 진노로 자기를 꾸짖지 말도록 기도한다.

"주의 분노하심으로" - '격노(hot displeasure)', '분개(indignation)'이다.

38(38:1-22)

"나를 징계하지 마소서" - '징계한다(discipline).' '가르친다(instruct).'(피엘 미완료)이다. 그는 주님께서 자기를 징계하지 말도록 기도한다. 그는 왜 그렇게 기도하는가?

2, "주의 화살이 나를 찌르고 주의 손이 나를 심히 누르시나이다"

"(왜냐하면, For)" - 그 이유를 설명한다.

"주의 화살이" - '화살(arrow)'인데, '심판의 도구'를 상징한다. 시인을 고통스럽게 하는 육체적 질병이다. 가나안에서 재앙의 신은 '활 쏘는 사람의 신(the god of the archers)', '레셉(Resheph)'이었다. 그 활촉에는 독이 있어서 그 화살을 맞은 사람은 죽었다. 그는 '재앙과 질병'의 신이었다.

"찌르고" - '내려간다(go down/ descend).'(니팔 완료)이다. '주님의 화살이 나를 꿰뚫었다.'라는 뜻이다.

"주의 손이" - '당신의 손'이다. '능력'을 상징한다. 시인을 심판하는 매체이다.

"심히 누르시나이다" - '내려간다(go down/ descend).'(칼 미완료)이다. '주님의 손이 나를 짓누른다.'라는 뜻이다. 그는 어떤 상태에 있는가?

3, "주의 진노로 말미암아 내 살에 성한 곳이 없사오며 나의 죄로 말미암아 내 뼈에 평안함이 없나이다"

"주의 진노로" - '노여움(anger)', '분노(indignation)'이다.

"말미암아" - '얼굴(face)'이다.

"내 살에" - '육체'이다. '시인 자신'을 뜻한다.

"성한 곳이" - '온전'이다.

"없사오며" - '어느 쪽도 ~아니다(neither).' '결코~않다(never).'이다. 그는 피부질환이나 외적 질병을 앓고 있다.

"내 뼈에" - '몸'이다. '내 안'을 뜻한다.

"평안함이" - '평화'이다.

"없나이다" - '어느 쪽도 ~아니다(neither).' '결코~않다(never).'이다. 그는 내적 질병이 있음을 뜻한다. 그는 여호와의 진노로 외적 내적으로 고통을 겪고 있다.

4, “내 죄악이 내 머리에 넘쳐서 무거운 짐 같으니 내가 감당할 수 없나이다”

“내 죄악이” - ‘내 죄의 벌’을 뜻한다. 그 죄벌이 어떠한가?

“넘쳐서” - ‘건너간다(pass over).’ ‘나른다(carry).’(칼 완료)이다. 하나님의 벌이 마치 물이 머리 위로 넘쳐흐르는 것과 같다.

“무거운 짐” - ‘죄의 벌’을 뜻한다.

“내가 감당할 수 없나이다” - ‘무겁다(heavy).’ ‘견고하다(be hard).’(칼 미완료)이다. ‘너무 무겁다(are too heavy).’라는 뜻이다. “가인이 여호와께 아뢰되 내 죄벌이 지기가 너무 무거우니이다”(창 4:13). 그의 비참한 질병의 원인은 어디에 있는가?

2. 그의 비참한 질병의 원인은 어디에 있습니까(5)? 그는 죄와 몸의 질병과의 관계를 어떻게 이해하고 있습니까? 그는 어리석음으로 어떤 고통을 겪고 있습니까(6-8)?

5-12, 질병

5, “내 상처가 썩어 악취가 나오니 내가 우매한 까닭이로소이다”

“내 상처가” - ‘매질’, ‘채찍 상처나 자국’이다.

“썩어” - ‘썩는다(decay).’ ‘곪는다(fester).’(니팔 완료)이다.

“악취가 나오니” - ‘고약한 냄새가 난다(stink).’ ‘몹시 싫어한다(abhor).’(히필 완료)이다. 그는 그 상처의 고통을 느끼고 맛보았다.

“내가 우매한” - ‘어리석음(foolishness)’, ‘죄’이다.

“까닭이로소이다” - ‘얼굴(face)’이다. 그의 상처가 썩어 악취가 나는데, 그것은 그가 어리석었기 때문이다(because of my foolishness).

그는 죄와 질병과의 관계를 어떻게 이해하고 있는가? 그는 자신의 죄로 육신의 병을 앓고 있는 것으로 표현한다. 모든 병이 개인의 죄로 생긴 것은 아니다. 하지만 고난은 하나님 징계의 한 형태이다.

그는 고뇌하면서 '원인과 결과(cause and effect)'의 본질을 이해했다. 그런 그는 여호와께서 자신을 책망하지 말고 징계하지 말도록 기도한다. 그는 어리석음으로 어떤 고통을 겪고 있는가?

6, "내가 아프고 심히 구부러졌으며 종일토록 슬픔 중에 다니나이다"

"아프고" - '구부린다(bend).' '뒤틀다(twist).'(니팔 완료)이다. '꺾였다.'라는 뜻이다.

"구부러졌으며" - '몸을 구부린다.' '엎드린다.'(칼 완료)이다. '무너졌다.'라는 뜻이다. 그는 병과 죄책감으로 완전히 휘청거렸다.

"슬픔 중에" - '어둡다(be dark).' '슬퍼한다(mourn).'(분사)이다.

"다니나이다" - '간다.' '걷는다.'(피엘 완료)이다. 그는 슬픔과 후회로 보내고 있다.

7, "내 허리에 열기가 가득하고 내 살에 성한 곳이 없나이다"

"내 허리에" - '허리(lion)', '확신(confidence)', '소망(hope)'이다. '사람의 힘과 생산력'을 상징한다.

"열기가" - '굽는다(roast).' '볶는다(parch).'(분사)이다.

"가득하고" - '가득 찬다(be full).' '가득 채운다(fill).'(칼 완료)이다. 그의 허리는 타는 듯한 고통으로 가득했다.

"성한 곳이" - '온전'이다.

"없나이다" - '어느 쪽도 ~아니다(neither).' '결코~않다(never).'이다. 그의 몸은 성한 곳이라고는 없었다. 질병이 그에게서 힘과 활력을 뺏어 가버렸다. 그는 고통 가운데 있었다.

8, "내가 피곤하고 심히 상하였으매 마음이 불안하여 신음하나이다"

"내가 피곤하고" - '감각이 없다.' '무력하다.'(니팔 완료)이다. 그는 연약했다.

"상하였으매" - '눌리어 뭉개진다(be crushed).' '죄를 깊이 뉘우친다(be contrite).'(니팔 완료)이다. 그는 심히 상했다.

"불안하여" - '으르렁거린다.' '큰소리 지른다.'(칼 완료)이다. 그는 으르렁거렸다. 그는 고뇌에 차서 울부짖었다.

"신음하나이다" - '으르렁거림(growling)', '신음함(groaning)'이다. 그는 무엇이라고 신음했는가?

3. 그는 무엇이라고 신음합니까(9-10)? 그런 그를 주위 사람은 어떻게 대합니까(11-12)? 시인은 어떻게 합니까(13-14)? 그는 무엇을 합니까(15-16)?

9, "주여 나의 모든 소원이 주 앞에 있사오며 나의 탄식이 주 앞에 감추이지 아니하나이다"

"소원이" - '욕구', '갈망(desire)'이다. 여기서는 '병에서 고침을 받으려는 마음'이다.

"주 앞에 있사오며" - '~의 앞에', '맞은편에'이다.

"나의 탄식이" - '신음(sighing)', '탄식(groaning)'이다.

"주 앞에" - '~로부터', '~에서 밖으로'이다.

"감추이지" - '숨긴다(hide).' '감춘다(conceal)'(니팔 완료)이다.

"아니하나이다" - '아니(no)', '아니다(not).'이다. 그는 소원을 숨김없이 아뢴다.

10, "내 심장이 뛰고 내 기력이 쇠하여 내 눈의 빛도 나를 떠났나이다"

"내 심장이" - '마음(heart)', '이해력(understanding)'이다.

"뛰고" - '돌아다닌다(go around).' '소리가 규칙적으로 강하게 고동친다(trob/ pulsate).'(동사 완료)이다. 그의 심장은 두려움으로 거칠게 뛰었다.

"내 기력이" - '힘'이다.

"쇠하여" - '떠난다(leave).' '버린다(forsake).'(칼 완료)이다. 그의 힘은 다 빠졌다.

"내 눈의 빛도" - '활력'과 '건강의 척도'이다.

"떠났나이다" - '~을 제외하고(except).' '없어진다(be gone).' '어느

쪽도 ~아니다(neither).'이다. '내 눈의 빛도 내게서 사라졌다.' '내 한 숨은 당신에게 숨겨져 있지 않다(my sighing is not hidden from you).'라는 뜻이다. 시인은 거의 죽음에 이르렀다. 그런 그를 주위 사람들은 어떻게 대하는가?

11, "내가 사랑하는 자와 내 친구들이 내 상처를 멀리하고 내 친척들도 멀리 섰나이다"

"내가 사랑하는 자와 내 친구들이" - 시인과 가까운 사람이다.

"내 상처를" - '타격(stroke)', '질병(disease)'이다.

"멀리하고" - '머무른다.'(칼 미완료)이다. '멀리 서 있다(stand aloof from).'라는 뜻이다. 사랑하는 사람과 친구들이 그에게서 등을 돌렸다.

"내 친척들도" - '가까운'이다.

"섰나이다" - '머무른다.'(칼 완료)이다. '멀리 서 있었다(stand far off).'라는 뜻이다. 그와 특별한 관계를 맺은 사람조차도 멀어졌다. 그는 소외와 배신감을 느꼈다. 죄는 하나님과의 관계에만 영향을 주지 않고, 사람과의 관계, 사회적 관계, 공동체에도 영향을 준다.

12, "내 생명을 찾는 자가 올무를 놓고 나를 해하려는 자가 괴악한 일을 말하여 종일토록 음모를 꾸미오나"

"내 생명을 찾는 자가" - 원수는 시인의 생명을 빼앗으려고 한다. 그들은 아마 '친구'와 '친척'일 것이다.

"올무를 놓고" - '두드린다(knock).' '친다(strike).'(피엘 미완료)이다. 생명을 노리는 자가 덫을 놓는다.

"나를 해하려는 자가" - '불행을 찾는 자'이다.

"괴악한 일을" - '욕망(desire)', '깊은 구렁(chasm)'이다.

"말하여" - '말한다.'(피엘 완료)이다. 불행을 찾는 자가 악담하였다.

"음모를" - '속임', '배반'이다.

"꾸미오나" - '신음한다.' '숙고한다(muse).'(칼 미완료)이다. 그들은 온종일 속임수를 꾸민다. 그 목적은 시인을 완전히 파멸하려는 데 있다. 그러나 시인은 어떻게 하는가?

13-16, 기도

13, "나는 못 듣는 자 같이 듣지 아니하고 말 못 하는 자 같이 입을 열지 아니하오니"

"못 듣는 자 같이" - '귀먹은(deaf)'이다.

"듣지" - '듣는다(hear).'(칼 미완료)이다.

"아니하고" - '아니', '아니다.'이다.

"말 못 하는 자 같이" - '말 못 하는(dumb)'이다.

"열지" - '열다(open).'(칼 미완료)이다.

"아니하오니" - '아니', '아니다.'이다. 그는 듣지 못하는 사람처럼, 말을 하지 못하는 사람처럼 행동한다. 그는 반항하거나 대꾸하지 않는다. 악에는 대항하는 일보다 침묵하는 일이 더 좋다.

14, "나는 듣지 못하는 자 같아서 내 입에는 반박할 말이 없나이다"

"듣지" - '듣는다(hear).' '경청한다(listen to).'(분사)이다.

"못하는" - '아니', '아니다.'이다.

"반박할 말이" - '비난(rebuke)', '꾸지람(reproof)'이다. '논쟁'이나 '방어'를 뜻한다.

"없나이다" - '어느 쪽도 ~아니다(neither).' '결코~않다(never).'이다. 시인은 논쟁이나 방어를 하지 않는다.

시인은 왜 침묵할까? 그는 자신이 죄인임을 알기 때문이다. 그는 여호와의 인도하심과 일하심을 기다리기 때문이다. 그의 침묵 속의 기다림은 여호와께 대한 순종이며 여호와께서 변호해 주시기를 기대하는 기도이다. 다윗은 아들 압살롬이 거슬러 반란을 일으켰을 때 참았다. 시므이가 자기를 저주하도록 버려두었다(삼하 16:5-11).

그 모습은 여호와의 종을 생각나게 한다. "그가 곤욕을 당하여 괴로울 때에도 그의 입을 열지 아니하였음이여 마치 도수장으로 끌려가는 어린 양과 털 깎는 자 앞에서 잠잠한 양 같이 그의 입을 열지 아니하였도다"(사 53:7). 예수님은 사람들이 고발했을 때 침묵했고, 그들이 때렸을 때도 반격하지 않으셨다(마 26:63a). 그러나 시인은 무엇을 했는가?

15, "여호와여 내가 주를 바랐사오니 내 주 하나님이 내게 응답하시리이다"

"(그러나)" - 전환이 일어난다.

"주를 바랐사오니" - '기다린다(wait).' '희망한다(hope).'(히필 완료)이다. 그러나 시인은 여호와를 기다렸다.

"내게 응답하시리이다" - '대답한다.' '노래한다.'(칼 미완료)이다. 그는 주님 하나님의 대답을 기대한다. 그는 사람한테서 버림받은 순간에 여호와를 기다렸고, 그분의 대답을 기대한다. 그는 슬픔을 기쁨으로 바꿀 수 있는 주님께 희망을 품는다. 그는 어떤 희망을 품는가?

16, "내가 말하기를 두렵건대 그들이 나 때문에 기뻐하며 내가 실족할 때에 나를 향하여 스스로 교만할까 하였나이다"

"(왜냐하면, For)" - 그 이유를 설명한다.

"내가 말하기를" - '말한다.'(칼 완료)이다. 그는 말했다.

"두렵건대" - '하지 않도록(lest)', '아니'이다.

"기뻐하며" - '기뻐한다.' '즐거워한다.'(칼 미완료)이다. 악인은 의인의 불행을 기뻐한다. 그러나 시인은 악인이 자기의 불행을 보고 기뻐하지 못하도록 희망한다.

"실족할 때" - '불행'을 상징한다.

"스스로 교만할까 하였나이다" - '위대해지거나 중요하게 된다(become great or important).'(히필 완료)이다. '그들이 내 발이 미끄러질 때 우쭐대지 못하도록 하소서.'라는 뜻이다. 그는 여호와께서 기도를 응답하실 줄 믿었다. 하지만 그의 고통이 어떠한가?

4. 시인은 죄 앞에서 무엇을 합니까(17-20)? 그는 무엇을 기도합니까

(21-22)? 시인은 하나님을 어떤 분으로 믿습니까? 여호와께 구원을 탄원하는 그를 통해 무엇을 배웁니까?

17-20, 고통

17, "내가 넘어지게 되었고 나의 근심이 항상 내 앞에 있사오니"

"넘어지게" - '절뚝거림', '비틀거림'이다.

"되었고" - '확고하다.' '세워진다.'(분사)이다. '비틀거림'은 죽음으로 이어질 수 있다.

"나의 근심이" - '고통'이다.

"내 앞에 있사오니" - '~의 앞에', '맞은편에'이다. 그는 곧 쓰러질 것 같으며, 고통은 잠시도 그를 떠나지 않았다.

18, "내 죄악을 아뢰고 내 죄를 슬퍼함이니이다"

"아뢰고" - '말한다.' '고백한다.'(히필 미완료)이다. 그는 죄를 고백한다. 그는 심각한 상황에서 빠져나갈 수 있는 유일한 길이 죄를 고백하는 것임을 알았다.

"슬퍼함이니이다" - '근심한다(be anxious).' '염려한다(concerned).'(칼 미완료)이다. 그는 자신의 죄를 염려하고 근심한다. 그러나 그 원수는 어떠한가?

19, "내 원수가 활발하며 강하고 부당하게 나를 미워하는 자가 많으며"

"활발하며" - '살아있는(living)', '생존하여 있는(alive)'이다.

"강하고" - '강하다(be strong).' '강력하다(be might).'(칼 완료)이다.

"부당하게" - '거짓말', '속임'이다.

"나를 미워하는 자가" - '미워한다.'(분사)이다.

"많으며" - '크다.' '많다.'(칼 완료)이다. 시인은 적들이 강력하고 그 수가 많음을 알았다.

20, "또 악으로 선을 대신하는 자들이 내가 선을 따른다는 것 때문에

나를 대적하나이다"

"대신하는 자들이" - '완성한다.' '평화언약을 맺고 있다(be in a covenant of peace).'(분사)이다. 선을 이용하여 악을 행하는 사람이다.

"따른다는 것" - '뒤따른다.'(부정사)이다.

"나를 대적하나이다" - '대적한다.' '대항한다.'(칼 미완료)이다. 그들은 시인이 선을 따르니 공격한다. 세상은 악이 득세한다. 그는 여호와께 무엇을 기도하는가?

21-22, 구원을 위한 기도

21, "여호와여 나를 버리지 마소서 나의 하나님이여 나를 멀리하지 마소서"

"여호와여" - '당신의 아들딸이 비록 죄를 지을지라도 약속을 지키시는 신실한 하나님'이시다.

"나를 버리지" - '떠난다(leave).' '버린다(forsake)'(칼 미완료)이다.

"마소서" - '아니', '아무것도 아니다.'이다. "나를 버리지 마소서!"

"나의 하나님이여" - '내 아버지(my Father)'와 같은 사랑스러운 표현이다.

"멀리하지" - '멀다(become far).' '멀리 있다(distant).'(칼 미완료)이다. 시인은 하나님께서 그와 가까이 있도록 기도한다. "나를 멀리하지 마소서!"

22, "속히 나를 도우소서 주 나의 구원이시여"

"속히" - '재촉한다.' '서두른다.'(칼 명령)이다. '서두르라(make hastes to).'라는 뜻이다.

"나를 도우소서" - '도움', '돕는 자'이다. '나를 돕는 일을 서두르소서(Make haste to help me).'라는 뜻이다. 그는 누구에게 기도하는가?

"주" - '나의 주님(my Lord)'이다.

"나의 구원이시여" - '구원(salvation)', '구원자(savior)'이다. 시인은 하나님을 구원자로 믿는다.

38(38:1-22)

구원자는 어떤 분인가? 구원자는 약속을 지키는 '언약의 하나님(the covenantal God)'이시다. 그 아들딸을 돌보는 '그의 아버지(his Father)'이시다. 그리고 그 백성을 다스리는 '대왕(the Great King)'이시다. 시인은 그분께 자기 빨리 도와주시도록 청한다. 그는 주님께 즉각적인 도움을 구한다. "돕는 일을 서두르소서!"

여호와께 도움을 청하는 그를 통해 무엇을 배우는가? 어떤 상황에서도 여호와를 믿는 자세이다. 그는 아무리 힘들고 어려운 일을 겪을지라도 여호와께 대한 믿음이 흔들리지 않는다. 그는 자기의 고통을 해결할 분이 오직 여호와이심을 확신한다. 그래서 그는 그분께 "돕는 일을 서두르도록" 청한다.

오늘 우리는 삶이 힘들고 어려울 때, 내가 죄 앞에서 흔들릴 때, 누구에게 도움을 청해야 하는가? 악이 득세하는 이 세상에서 나를 도와주실 분은 오직 여호와 하나님뿐이다. 사람이 악을 꾸밀지라도 하나님은 그것을 선으로 바꾸신다. "당신들은 나를 해하려 하였으나 하나님은 그것을 선으로 바꾸사 오늘과 같이 많은 백성의 생명을 구원하게 하시려 하셨나니"(창 50:20). "돕는 일을 서두르소서! 주님, 나의 구원이시여!"

39
주님이 함께 있는 나그네

말씀 시편 39:1-13
요절 시편 39:12
찬송 488장, 483장

1. 시인은 무엇을 말했습니까(1a)? '혀로 범죄하지 않는다.'라는 말은 무슨 뜻입니까? 그는 어느 정도 말을 절제하려고 합니까(1b)? 그때 그의 고통이 어떠했습니까(2-3)?

2. 그는 여호와께 무엇을 말합니까(4)? 그가 알려고 하는 세 가지는 무엇입니까? 그는 무엇을 알았습니까(5-6)?

39(39:1-13)

3. 인생의 허무를 깨달은 시인은 무엇을 했습니까(7)? 그는 무엇을 기도합니까(8)? 그는 왜 잠잠했습니까(9)? 시인은 계속해서 무엇을 기했습니까(10-11)?

4. 그는 또 무엇을 기도합니까(12a)? 그는 왜 그렇게 기도합니까(12b)? 시인은 자신을 나그네로 고백하면서도 왜 허무주의에 빠지지 않았습니까? 그의 마지막 기도는 무엇입니까(13)? '용서하사'라는 말은 무슨 뜻이며, 왜 그렇게 기도합니까?

39
주님이 함께 있는 나그네

말씀 시편 39:1-13
요절 시편 39:12
찬송 488장, 483장

1. 시인은 무엇을 말했습니까(1a)? '혀로 범죄하지 않는다.'라는 말은 무슨 뜻입니까? 그는 어느 정도 말을 절제하려고 합니까(1b)? 그 때 그의 고통이 어떠했습니까(2-3)?

(다윗의 시. 성가대 지휘자인 여두둔을 따라 부른 노래, To the choirmaster: to Jeduthun. A Psalm of David)

"여두둔" - '찬양하는'이라는 뜻이다. 성전의 음악을 책임 맡거나 성전 문을 감독하는 레위 사람이다(대상 16:41-42; 25:1).

시인은 인생의 덧없고 허무함, 즉 '인생무상(人生無常)'을 느꼈다. 그때 그는 누구에게 희망을 두었는가?

1-3, 고통 앞에 침묵

1, "내가 말하기를 나의 행위를 조심하여 내 혀로 범죄하지 아니하리니 악인이 내 앞에 있을 때에 내가 내 입에 재갈을 먹이리라 하였도다"

"내가 말하기를" - '말한다.'(칼 완료)이다. 시인은 속으로 다짐했다.

"나의 행위를" - '길(way)', '태도(manner)'이다.

"조심하여" - '지킨다(keep).' '경계한다(guard).'(칼 미완료)이다. "내 길을 지킬 것이다(will guard)." 이 말은 하나님께 하는 것이 아니라, 자기 자신에게 한 결심이었다. 그는 그 길을 어떻게 지키려고 하는가?

"내 혀로" - '말'을 뜻한다.

39(39:1-13)

"범죄하지 아니하리니" - '길을 잃는다(miss the way).' '죄를 짓는다(sin).'(부정사)이다. 그는 혀로 죄짓지 않고자 한다.

'혀로 범죄하지 않는다.'라는 말은 무슨 뜻일까? 시인은 악인이 잘나가는 것을 보고 부러워하고 시기할 수 있다. 하나님께 불평할 수 있다. 하지만 그런 말은 말로 죄짓는 일이다. 그는 그런 죄를 짓지 않고자 한다. 그는 어느 정도 말을 절제하려고 하는가?

"악인이" - '악한(wicked)', '죄를 지은(criminal)'이다.

"내 앞에 있을" - '~의 앞에', '맞서서'이다. 시인 앞에는 원수가 있다.

"재갈" - 소나 가축의 입에 씌우는 망(muzzle)이다.

"먹이리라 하였도다" - '지킨다(keep).' '경계한다(guard).'(칼 미완료)이다. "입에 재갈을 물려 지킬 것이다(I will guard my mouth)." 입마개로 소나 개를 통제하는 그것처럼 시인도 입마개를 하여 침묵하려고 한다. 그는 단단히 결심했다. 그때 그의 고통이 어떠했는가?

2, "내가 잠잠하여 선한 말도 하지 아니하니 나의 근심이 더 심하도다"

"내가 잠잠하여" - '묶는다(bind).' '언어장애인이 된다(be made dumb).'(니팔 완료)이다. "나는 입을 다물었다."

"선한 말도" - '좋은', '즐거운'이다.

"하지 아니하니" - '침묵을 지킨다.' '활동하지 않는다.'(히필 완료)이다. "나는 억지로 잠잠했다. 그는 입을 다물었고, 심지어 좋은 말도 하지 않았다. 침묵은 화를 내는 것보다 희망과 순종의 표현이었다(37:7). 그러나 그는 어떻게 되었는가?

"근심이" - '고통', '슬픔'이다.

"더 심하도다" - '자극을 받는다.' '화가 난다.'(니팔 완료)이다. '내 슬픔이 자극을 받았다(my sorrow was stirred).' '내 고통은 더 커졌다(my distress grew worse).'라는 뜻이다. 그 침묵은 그의 고통을 크게 했다.

3, "내 마음이 내 속에서 뜨거워서 작은 소리로 읊조릴 때에 불이 붙으니 나의 혀로 말하기를"

"내 속에서" - '중앙에(midst)', '내부(inner)'이다.

"뜨거워서" - '뜨겁다(be hot).'(칼 완료)이다. '뜨겁다(was hot).' '달아올랐다.'라는 뜻이다. '불의 표상'으로 '몹시 화가 난 모습'이다.

"작은 소리로 읊조릴 때에" - '중얼거림(murmuring)', '속삭임(whisper)'이다. '계속 잠잠하고 있을 때'를 뜻한다.

"붙으니" - '불탄다.' '태운다.'(칼 미완료)이다. '내 생각에 불이 붙었다(the fire was kindled in my musing).' '울화가 치밀었다.'라는 뜻이다. 이 불은 침묵의 결과로 생긴 내적 고통을 생생하게 묘사한다.

"말하기를" - '말한다(speak).'(피엘 완료)이다. 그는 마침내 침묵을 깨뜨렸다. 그는 말하지 않고서는 견딜 수 없었다. 그는 "내 혀로 범죄하지 아니하리니"(1)라고 했는데, 이제 "혀로 말했다." 그는 무슨 말을 하는가?

2. 그는 여호와께 무엇을 말합니까(4)? 그가 알려고 하는 세 가지는 무엇입니까? 그는 무엇을 알았습니까(5-6)?

4-6, 기도- 알게 하소서

4, "여호와여 나의 종말과 연한이 언제까지인지 알게 하사 내가 나의 연약함을 알게 하소서"

"여호와여" - '여호와'이다. 그는 혼자 고통받다가 여호와께 나아가 기도한다. 그는 침묵을 깨고 기도한다.

"나의 종말과" - '끝(end)'이다. '내 삶의 끝'을 뜻한다.

"연한이" - '날의 길이'이다. '내 날은 얼마인가(what is the measure of my days)'라는 뜻이다.

"알게 하사" - '알다(know).' '이해한다(understand).'(히필 명령)이다. 시인은 '살날이 얼마인지 알려 달라(make me know).'라고 기도한다.

"연약함을" - '덧없는(fleeting)', '거절된(rejected)'이다.

“알게 하소서” - ‘알다(know).’ ‘이해한다(understand).’(칼 미완료)이다. ‘내 삶이 얼마나 덧없이 지나가는지를 알려달라(let me know).’라고 기도한다.

“종말”, “연한”, “연약함” - 그는 세 가지를 알고자 한다.

여기에는 무슨 뜻이 있을까? 첫째로, 시인은 지금 겪고 있는 ‘고통의 때’를 알고자 한다. 그는 고통의 정해진 길이와 그 고통을 어떻게 끝낼 수 있는지를 알려고 한다.

둘째로, 그는 인생 자체를 알고자 한다. 그는 인생의 끝, 삶의 기간, 그리고 연약함을 알고자 한다. 그는 앞으로 일어날 모든 일을 알려는 것이 아니라, 자기 삶이 얼마나 짧은지, 덧없음을 깨닫고자 한다. 그는 무엇을 알았는가?

5, “주께서 나의 날을 한 뼘 길이만큼 되게 하시매 나의 일생이 주 앞에는 없는 것 같사오니 사람은 그가 든든히 서 있는 때에도 진실로 모두가 허사뿐이니이다(셀라)”

“(보소서, behold)” - 시인은 자신의 한계를 강조한다.

“한 뼘 길이만큼” - ‘한 뼘(span)’, ‘손 넓이(hand breadth)’이다. 구약의 도량형에서 가장 짧은 길이 단위는 ‘손가락 너비’인데, ‘한 뼘의 4분의 1’, ‘2~3인치(a couple of inches)’이다. ‘사람의 수명’을 비유했다.

“되게 하시매” - ‘준다(give).’ ‘세운다.’(칼 완료)이다. ‘당신은 제가 살날들을 한 뼘 길이로 정하셨다.’라는 뜻이다.

“나의 일생이” - ‘생의 기간(duration of life)’, ‘세상(the world)’이다.

“없는 것 같사오니” - ‘을 제외하고(except).’ ‘없어진다(be gone).’ ‘어느 쪽도 ~아니다(neither).’이다. ‘몇 뼘 길이’의 수명은 주님 앞에서는 아무것도 아니다. 시인의 일생은 주님 앞에서는 없는 것과 같다.

“그가 든든히 서 있는 때에도” - ‘선다(stand).’ ‘위치를 취한다(take one's stand).’(분사)이다. ‘든든히 서 있는 사람도’, 즉 ‘인생의 전성기’

를 뜻한다.

"진실로" - '틀림없이', '확실히(surely)'이다. 강조하고 있다.

"허사뿐이니이다"(הֶבֶל, *hebel*) - '숨(breath)', 비유적으로 '헛됨(vanity)'이다. 인생의 전성기조차도 한낱 입김에 지나지 않는다.

"우리가 단지 먼지뿐임을 기억하심이로다. 인생은 그날이 풀과 같으며 그 영화가 들의 꽃과 같도다. 그것은 바람이 지나가면 없어지나니 그 있던 자리도 다시 알지 못하거니와"(시 103:14b-16). 사람은 그 무엇으로도 자신의 수명을 연장할 수 없다. 예수님은 말씀하셨다. "너희 중에 누가 염려함으로 그 키를 한 자라도 더할 수 있겠느냐"(마 6:27). 사람의 생명도 짧지만, 사람의 노력도 의미가 없다. 얼마나 의미가 없는가?

6, "진실로 각 사람은 그림자 같이 다니고 헛된 일로 소란하며 재물을 쌓으나 누가 거둘는지 알지 못하나이다"

"진실로" - '틀림없이', '확실히(surely)'이다. 강조하고 있다.

"그림자 같이" - '형상(image)', '환영(phantom)'이다.

"다니고" - '간다(go).' '걷는다(walk).'(히트파엘 미완료)이다. 사람은 걸어 다닌다고는 하지만, 그림자처럼 돌아다닌다. 사람은 실체가 아니다.

"헛된 일로" - '숨(breath)', 비유적으로 '헛됨(vanity)'이다.

"소란하며" - '크게 외친다(cry aloud).' '시끄럽게 한다(make noise).'(칼 완료)이다. '확실히 그들은 소란에 빠져 있다.'라는 뜻이다.

"재물을 쌓으나" - '쌓아 올린다(heap up).'(칼 미완료)이다. 그런데도 사람은 재물을 쌓는다.

"거둘는지" - '모은다.' '거두어들인다.'(분사)이다.

"알지" - '알다.' '이해한다.'이다.

"못하나이다" - '아니', '아니다.'이다. 그 재물을 누가 모을지 모른다. 따라서 그 일 역시 부질없다.

예수님도 그런 부질없음에 관해 말씀하셨다. "하나님은 이르시되 어리석은 자여 오늘 밤에 네 영혼을 도로 찾으리니 그러면 네 준비한 것이 누구의 것이 되겠느냐 하셨으니, 자기를 위하여 재물을 쌓아 두고 하나님께 대하여 부요하지 못한 자가 이와 같으니라"(눅 12:20-21).

이런 사람의 모습을 그리스 신화에 나오는 시시포스(Sisyphus)에 비유할 수 있다. 그의 운명은 영원히 큰 바위를 굴리며 매일 언덕을 올라갔다가 그 바위가 다시 바닥으로 굴러 내려가는 것을 보는 것뿐이었다. 삶이 유의미하게 보일지라도 실은 무의미함을 표현한 것이다. 프랑스의 철학자 알베르 카뮈(Albert Camus)는 이 신화를 기초로 『시지프 신화』, *Le mythe de Sisyphe(The Myth of Sisyphus)*라는 책을 썼다. 그는 이 책에서 '인간의 부조리'를 말한다. '부조리'란 '논리적으로 맞지 않음'이 아니라, '인간 존재로 넘을 수 없는 불가능의 세계'를 이다. "이 세계에서 명확한 무엇인가를 찾으려는 우리의 노력은 세계의 침묵 앞에 번번이 좌절당한다. 우리는 '과연 인생은 살아갈 가치가 있는가?'에 대한 회의에 빠진다." 그런데 인생의 허무를 깨달은 시인은 무엇을 했는가?

3. 인생의 허무를 깨달은 시인은 무엇을 했습니까(7)? 그는 무엇을 기도합니까(8)? 그는 왜 잠잠했습니까(9)? 시인은 계속해서 무엇을 기도합니까(10-11)?

7-9, 기도-건지소서

7, "주여 이제 내가 무엇을 바라리요 나의 소망은 주께 있나이다"

"주여" - '나의 주님(my Lord)'이다.

"바라리요" - '기다린다(wait).' '기대한다(look for).' '바란다(hope).' (피엘 완료)이다. '주님, 이제 내가 무엇을 기다립니까?'라는 뜻이다.

"나의 소망은" - '희망(hope)'이다.

"주께" - '안에(in)'이다.

"있나이다" - '그(he)', '그녀(she)'이다. 그의 희망은 주님께 있다.

시인은 삶의 허무를 느낄 때 주님을 바랐다. 그는 주님께 소망을 두었다. 그는 자신의 내적 고뇌를 말로 푸는 일을 삼갔다. 하지만 그는 자기 안에서 불타고 있는 분노의 불을 더는 담고만 있을 수 없었다. 그는 그 고통을 하나님 앞에 펼쳐놓았다. 왜냐하면 그는 인생무상을 스스로 해결할 수 없음을 알았기 때문이다. 인생무상을 해결할 길은 오직 주님께만 있기 때문이다. 따라서 그는 주님을 바라고, 주님께 희망을 두었다. 주님께 희망을 둔 그는 무엇을 기도하는가?

8, "나를 모든 죄에서 건지시며 우매한 자에게서 욕을 당하지 아니하게 하소서"

"모든 죄에서" - 시인은 먼저 죄를 말한다. 그것도 한 가지 죄가 아니라, 모든 죄를 말한다. 그는 죄 속에서 태어났다.

"건지시며" - '구해낸다(deliver).' '구원한다(save).'(히필 명령)이다. 첫째로, 그는 모든 죄에서 구원해 주시도록 기도한다. 죄에서 구원받지 못하면 아무것도 할 수 없다.

"우매한 자에게서" - '어리석은', '분별없는'이다. 시인을 조롱하는 악인이다.

"욕을" - '비난(reproach),' '조롱'이다.

"당하지" - '둔다(put).' '지정한다(appoint).'(칼 미완료)이다.

"아니하게 하소서" - '아니', '아니다.'이다. 둘째로, 그는 어리석은 사람의 조롱거리가 되지 않도록 기도한다. 그는 고난 앞에서 잠잠했다. 그런 그를 사람들은 조롱했다. 그는 왜 잠잠했는가?

9, "내가 잠잠하고 입을 열지 아니함은 주께서 이를 행하신 까닭이니이다"

"내가 잠잠하고" - '묶는다(bind).' '언어장애인이 된다(be made dumb).'(니팔 완료)이다.

"열지" - '열다(open).'이다.

"아니함은" - '아니', '아니다.'이다. 앞에서는(2-3) 죄를 짓지 않으려고 침묵했다. 하지만 여기서는 왜 침묵했는가?

"이를 행하신" - '일한다.' '행한다.'(칼 완료)이다. '그가 겪은 고통'

을 뜻한다.

“까닭이니이다” - ‘~이므로(as)’, ‘~라는 것 때문에(because that)’이다. 그가 입을 열지 않음은 주님께서 그 일을 하셨기 때문이다. 그는 주님께서 주신 고통을 깨닫고자 침묵했다. 그는 계속해서 무엇을 기도했는가?

10-11, 기도- 옮기소서

10, “주의 징벌을 나에게서 옮기소서 주의 손이 치심으로 내가 쇠망하였나이다”

“주의 징벌을” - ‘타격(stroke)’, ‘채찍’이다. 주님께서 주신 고통이다.

“옮기소서” - ‘돌이킨다(turn aside).’ ‘떠난다(depart).’(히필 명령)이다. 둘째로, 그는 주님의 징벌(타격, 채찍)을 옮겨주시도록 기도한다.

“치심으로” - ‘다툼(contention)’, ‘싸움(strife)’이다.

“쇠망하였나이다” - ‘다 써버린다(consume).’ ‘끝낸다(end).’ ‘실패한다(fail).’(칼 완료)이다. 주님께서 그를 치시니 그는 시들어갔다. 그는 죽음의 문턱까지 왔다.

11, “주께서 죄악을 책망하사 사람을 징계하실 때에 그 영화를 좀 먹음같이 소멸하게 하시니 참으로 인생이란 모두 헛될 뿐이니이다(셀라)”

“책망하사” - ‘꾸지람’, ‘책망’이다.

“징계하실 때에” - ‘징계한다(discipline).’ ‘가르친다(instruct).’(피엘 완료)이다. 주님은 죗값으로 사람을 벌하신다. 사람은 죄 때문에 하나님의 심판을 피할 수 없다.

“그 영화를” - ‘바란다(desire).’ ‘매우 기뻐한다(delight in).’(분사)이다. ‘사람의 생명’을 뜻한다.

“좀 먹음같이” - ‘좀(moth)’이다. 좀은 아름다운 것, 영광스러운 것을 갉아먹는다. ‘하나님의 파괴적인 능력’을 상징한다.

“소멸하게 하시니” - ‘녹인다(melt).’ ‘용해한다(dissolve).’(히필 미완료)이다. 주님께서 사람의 아름다움을 좀먹은 옷같이 삭게 하신다.

하나님께서 사람을 시들게 하고 허무하게 만드신다.

"인생이란" - '아담', '인류'이다.

"헛될 뿐이니이다" - '숨', '헛됨'이다. 사람은 한낱 입김일 따름이다. 인생이란 참으로 허무할 뿐이다. 그는 또 무엇을 기도하는가?

4. 그는 또 무엇을 기도합니까(12a)? 그는 왜 그렇게 기도합니까(12b)? 시인은 자신을 나그네로 고백하면서도 왜 허무주의에 빠지지 않았습니까? 그의 마지막 기도는 무엇입니까(13)? '용서하사'라는 말은 무슨 뜻이며, 왜 그렇게 기도합니까?

12-13, 기도- 눈을 돌리소서

12, "여호와여 나의 기도를 들으시며 나의 부르짖음에 귀를 기울이소서 내가 눈물 흘릴 때에 잠잠하지 마옵소서 나는 주와 함께 있는 나그네이며 나의 모든 조상들처럼 떠도나이다"

"여호와여" - 그는 여호와를 찾는다.

"나의 기도를" - '기도'이다. 그는 여호와께 기도한다.

"들으시며" - '듣는다.'(칼 명령)이다. "내 기도를 들어 주십시오(Hear my prayer)."

"나의 부르짖음에" - 그는 간절하게 기도한다.

"귀를 기울이소서" - '듣는다(hear).'(히필 명령)이다. "내 부르짖음에 귀를 기울여 주십시오(give ear to my cry)."

"내가 눈물 흘릴 때" - 그는 눈물로 기도한다.

"잠잠하지" - '새긴다.' '궁리한다.'(칼 미완료)이다.

"마옵소서" - '아니', '아니다.'이다. "평화를 유지하지 마옵소서(hold not your peace)!" 그는 여호와께서 자신의 눈물을 보시고 잠잠히 계시지 않기를 바란다. 그는 여호와의 응답을 기다린다. 그는 왜 그렇게 기도하는가?

"나는 주와 함께 있는" - '~와 함께(with)', '곁에(beside)'이다. 그는 주님과 함께 있다.

"나그네이며"(גֵּר, *ger*) - '남의 나라에서 사는 사람(sojourner)', '제

한된 시민권을 누리면서 다소 영구적으로 사는 외국인(stranger)'이다. 그는 가난하여 원주민의 돌봄으로 산다. 그는 이스라엘 집안에 붙어 살았지만, 실제적인 가족은 아니었다. 종이나 피고용인이었다.

"조상들처럼" - '아버지'이다. 아브라함, 이삭, 그리고 야곱이다. 그들은 약속의 땅에서 사는 체류자였다.

"떠도나이다"(תּוֹשָׁב, *toshab*) - '땅을 소유하지 않은 임시 임금 노동자'이다. 이스라엘 안에 사는 다른 종족으로 자신의 땅을 가질 수 없었다. 그는 자신의 거처를 소유하지 못하고 원주민의 거처에서 세를 들어 살았다.

시인은 자신을 나그네로 고백하면서도 왜 허무주의에 빠지지 않았는가? 왜냐하면 "나는 주와 함께 있는 나그네이며 나의 모든 조상들처럼 떠도나이다."라는 자기 정체성이 분명했기 때문이다. 그는 나그네이고 떠돌이지만, 세상의 나그네와 떠돌이와는 존재가 달랐다. 그는 주님과 함께 있는 나그네이다. 즉 주님께서 보호하시고 인도하시는 나그네이다. 당시 나그네는 고아와 과부와 함께 하나님이 우선으로 돌보는 계층이었다. 시인은 하나님께서 자기를 고아와 과부처럼 돌봐주심을 믿었다. 그는 또 모든 조상과 같은 떠돌이이다. 아브라함, 이삭, 그리고 야곱은 떠돌이이었지만, 그들은 돌아갈 고향이 분명했다. 시인은 허무주의에 빠지지 않음은 그 모든 소망을 여호와께 두었기 때문이다. 인간의 허무주의는 하나님 안에서만 해결할 수 있다.

오늘의 그리스도인도 나그네와 떠돌이이다. 그런데 하나님이 함께 있는 나그네이다. "이 사람들은 다 믿음을 따라 죽었으며 약속을 받지 못하였으되 그것들을 멀리서 보고 환영하며 또 땅에서는 외국인과 나그네임을 증언하였으니"(히 11:13). "사랑하는 자들아 거류민과 나그네 같은 너희를 권하노니 영혼을 거슬러 싸우는 육체의 정욕을 제어하라"(벧전 2:11). 믿음의 사람은 하나님의 나라를 소망하며 이 땅에서 나그네로 산다. 하나님은 나그네인 우리를 돌봐주신다. 하나님이 함께 있는 나그네인 오늘 우리는 하나님의 나라로 돌아갈 희망이 있어서 우리의 삶은 더욱 빛난다. 그의 마지막 기도는 무엇인가?

13, "주는 나를 용서하사 내가 떠나 없어지기 전에 나의 건강을 회복시키소서"

"용서하사" - '가만히 본다(look at).' '바라본다(look to).'(히필 명령)이다. '눈을 돌린다.'라는 뜻인데, '하나님의 분노와 훈계의 얼굴을 돌려달라.'라는 뜻이다. 그는 왜 이렇게 기도하는가?

"내가 떠나" - '간다(go).' '걷는다(walk).'(칼 미완료)이다.

"없어지기" - '~을 제외하고(except)', '없어진다(be gone).'이다.

"전에" - '아직 아니(not yet)', '그것 전에(before that)'이다. '죽기 전에'를 뜻한다.

"나의 건강을 회복시키소서" - '번쩍인다(gleam).' '미소 짓는다(smile)'(히필 미완료)이다. '내가 웃을 수 있도록', '힘을 회복하도록'이라는 뜻이다. 시인은 자기가 죽기 전에 건강을 회복할 수 있도록, 다시 웃을 수 있도록 하나님께서 눈을 돌려달라고 기도한다. 그는 죄를 회개할 시간을 달라는 것이다. 지옥에서는 아무도 죄를 고백할 힘이 없기 때문이다.

40

주님의 뜻 행하기를 즐거워합니다

말씀 시편 40:1-17
요절 시편 40:8
찬송 425장, 573장

1. 시인은 무엇을 했습니까(1)? 여호와께서 어떻게 응답하셨습니까(2-3)? 여호와께서 새 노래를 그의 입에 두신 목적은 무엇입니까?

2. 시인은 무엇을 찬송합니까(4)? 시인은 또 누구를 찬양합니까(5)?

3. 주님께서 시인에게 무엇을 하셨으며, 들려주셨던 말씀은 무엇입니까(6)? 그때 그는 무엇을 말했습니까(7)? 그는 무엇을 즐거워했습니까(8)? '주님의 뜻 행하기를 즐거워한다.'라는 말을 통해 무엇을 배웁니까?

4. 시인은 주님의 뜻을 어떻게 행했습니까(9-10)? 그는 무엇을 기도합니까(11)? 그는 왜 그렇게 기도합니까(12)?

5. 시인은 자신을 위해 무엇을 기도합니까(13)? 반면 그의 생명을 찾아 멸하려 하는 자를 위해서는 무엇을 기도합니까(14-15)? 주님을 찾는 사람을 위해서는 무엇을 기도합니까(16)? 그는 자신을 위해서는 무엇을 기도합니까(17)?

40
주님의 뜻 행하기를 즐거워합니다

말씀 시편 40:1-17
요절 시편 40:8
찬송 425장, 573장

1. 시인은 무엇을 했습니까(1)? 여호와께서 어떻게 응답하셨습니까(2-3)? 여호와께서 새 노래를 그의 입에 두신 목적은 무엇입니까?

(다윗의 시. 성가대 지휘자를 따라 부른 노래, To the choirmaster. A Psalm of David.)

시인은 자기 힘으로 벗어나기 힘든 상황에서 하나님으로부터 구원을 체험한 후에 감사하고 찬양한다. 우리가 하나님의 좋은 아들딸로 사는 기준은 무엇인가?

1-3, 구원에 대한 감사

1, "내가 여호와를 기다리고 기다렸더니 귀를 기울이사 나의 부르짖음을 들으셨도다"

"내가 여호와를" - '여호와'이다.

"기다리고" - '기다린다(wait).' '바란다(look for).'(부정사)이다.

"기다렸더니" - '기다린다(wait).' '바란다(look for).'(피엘 완료)이다. 시인은 여호와를 끈기 있고 애타게 기다렸다. '기다림'은 현실의 어두움 속에서도 밝은 미래를 희망하는 것을 뜻한다. 그 기다림의 결과는 무엇인가?

"귀를 기울이사" - '기울인다(incline).' '구부린다(bend).'(칼 미완료)이다. 여호와께서 기다리는 그에게 몸을 굽히신다.

"나의 부르짖음을" - '도움을 청하는 부르짖음'이다.

"들으셨도다" - '듣는다.'(칼 미완료)이다. 여호와는 그의 부르짖음을 들어주신다. 시인은 지난날을 돌아보며 간증한다. 하나님은 그의 기도에 어떻게 응답하셨는가?

2, "나를 기가 막힐 웅덩이와 수렁에서 끌어올리시고 내 발을 반석 위에 두사 내 걸음을 견고하게 하셨도다"

"나를 기가 막힐" - '거친 소리', '떠들썩한 소리'이다.

"웅덩이" - '구덩이(pit)', '우물(well)'이다.

"수(렁)" - '진흙(mud)', '축축한 흙(damp dirt)'이다.

"(수)렁에서" - '수렁(mire)'이다. '오물투성이의 수렁(the miry bog)', '멸망의 웅덩이(the pit of destruction)'를 뜻한다.

'웅덩이'와 '수렁'은 '하나님과 분리된 장소', 즉 '곤경과 궁지에 빠진 상태'를 뜻한다. 시인은 답답하고 숨 막히는 상황에 빠졌다. 그곳에서는 빠져나오려고 하면 할수록 오히려 더 빠진다.

여기서 우리는 저수 동굴과 진흙 속에 던져진 예레미야의 상황을 연상할 수 있다. "그들이 예레미야를 끌어다가 감옥 뜰에 있는 왕의 아들 말기야의 구덩이에 던져 넣을 때에 예레미야를 줄로 달아내렸는데 그 구덩이에는 물이 없고 진창뿐이므로 예레미야가 진창 속에 빠졌더라"(렘 38:6). 시인은 어떻게 그곳을 빠져나왔는가?

"끌어올리시고" - '올라간다(go up).' '오른다(climb).'(히필 미완료)이다. 여호와께서 진흙 속에서 허우적거리는 그를 끌어올리신다.

"반석" - '안전', '하나님의 보호하심(God's protection)'을 상징한다.

"두사" - '일어난다(rise).' '선다(stand).'(히필 미완료)이다. 안전한 곳에 두신다.

"견고하게 하셨도다" - '준비한다.' '고정한다.'(포엘 완료)이다. 그의 삶을 굳게 하셨다. 여호와께서 그에게 또 무엇을 하셨는가?

3, "새 노래 곧 우리 하나님께 올릴 찬송을 내 입에 두셨으니 많은 사람이 보고 두려워하여 여호와를 의지하리로다"

"새 노래" - '신선한 노래'이다. '새로 만든 노래'보다도 '이미 있는 노래로 새로운 도움을 주신 여호와를 찬양한다.'라는 뜻이다. 새로운 하나님의 만남을 축하하는 새 노래이다.

"우리 하나님께 올릴" - '하나님'이다.

"두셨으니" - '둔다.' '놓는다.'(칼 미완료)이다. 하나님은 그의 입에 새 노래를 주셨다. 그렇게 하신 목적은 무엇인가?

"많은 사람이" - '많은'이다.

"보고" - '본다.'(칼 미완료)이다. '나를 볼 것이다.'라는 뜻이다. 많은 사람이 시인을 본다.

"두려워하여" - '두려워한다.' '존경한다(revere).'(칼 미완료)이다. '하나님을 두려워할 것이다.'라는 뜻이다.

"의지하리로다" - '믿는다.' '신뢰한다.'(칼 미완료)이다. '여호와를 신뢰할 것이다.'라는 뜻이다. 많은 사람이 그를 보고 옷깃을 여미며 여호와를 믿도록 함이었다. 그는 무엇을 노래하는가?

2. 시인은 무엇을 찬송합니까(4)? 시인은 또 누구를 찬양합니까(5)?

4-5, 보호

4, "여호와를 의지하고 교만한 자와 거짓에 치우치는 자를 돌아보지 아니하는 자는 복이 있도다"

"의지" - '신뢰', '확신'이다.

"하고" - '둔다.' '정한다.'(칼 완료)이다. '여호와를 신뢰했다.'라는 뜻이다.

"교만한 자" - '교만한(proud)'이다. '우상 숭배자'를 뜻한다.

"거짓에"(כָּזָב, *kazab*) - '거짓말', '사기'이다. '거짓 신'을 뜻한다.

"치우치는 자" - '벗어난다(swerve).' '떨어져 나간다(fall away).'(분사)이다. '거짓 신을 따라 빗나간 사람'이다.

"돌아보지" - '방향을 바꾼다.' '향하게 한다.'(칼 완료)이다. '거짓 신에게 돌아갔다.' '거짓 신을 따랐다.'라는 뜻이다.

"아니하는" - '아니', '아니다.'이다. 여호와를 신뢰하는 사람은 교만한 사람에게, 거짓을 따라 그릇 행하는 사람한테 가지 않은 사람이다.

“복이 있도다” - ‘행복(happiness)’, ‘축복(blessedness)’이다. 여호와를 신뢰하여 우상을 숭배하지 않았던 사람이 행복하다. 시인은 그런 사람을 노래했다. 시인은 하나님을 어떻게 찬양하는가?

5, “여호와 나의 하나님이여 주께서 행하신 기적이 많고 우리를 향하신 주의 생각도 많아 누구도 주와 견줄 수가 없나이다 내가 널리 알려 말하고자 하나 너무 많아 그 수를 셀 수도 없나이다”

“여호와 나의 하나님이여” - 그는 여호와를 ‘나의 하나님’으로 부른다.

“행하신” - ‘일한다.’ ‘만들다.’(칼 완료)이다.

“기적이” - ‘기이하다(be marvelous).’ ‘놀랍다(wonderful).’(분사)이다. 하나님의 신실한 구원 사역을 말한다. 개인을 구원하는 일에서부터 이스라엘 나라를 구원하는 일까지를 포함한다.

“많고” - ‘많은’, ‘큰’이다.

“우리를 향하신” - ‘에(into)’, ‘에 관하여(in reference to)’이다.

“주의 생각도 많아” - ‘계획’, ‘사고(thought)’이다. 여호와께서 그들을 위하여 놀라운 일과 계획을 많이도 하셨다.

“견줄 수가” - ‘정돈한다.’ ‘값을 정한다.’(부정사)이다.

“없나이다” - ‘어느 쪽도 ~아니다(neither).’ ‘결코 ~않다(never).’이다. 그 누구도 그분과 비교할 수 없다(Yahweh is the Incomparable). “그의 앞에는 모든 열방이 아무것도 아니라 그는 그들을 없는 것 같이, 빈 것 같이 여기시느니라. 그런즉 너희가 하나님을 누구와 같다 하겠으며 무슨 형상을 그에게 비기겠느냐”(사 40:17-18).

“내가 널리 알려” - ‘말한다.’ ‘알린다.’(히필 미완료)이다.

“말하고자 하나” - ‘말한다(speak).’(피엘 미완료)이다.

“너무 많아” - ‘강력하다(be might).’ ‘증대한다(be increased).’(칼 완료)이다.

“그 수를 셀 수도 없나이다” - ‘센다.’ ‘자세히 말한다.’(부정사)이다. 하나님의 놀라운 일은 헤아리기에 너무나 많다.

시인은 여호와께서 이스라엘을 위해 베푸셨던 일을 찬양했다. 하지만 그분이 하신 일이 너무 많아서 그 모든 것을 찬양할 수 없었다. 사도 요한은 말했다. “예수께서 행하신 일이 이 외에도 많으니 만일 낱낱이 기록된다면 이 세상이라도 이 기록된 책을 두기에 부족할 줄 아노라”(요 21:25). 주님께서 그에게 무엇을 하셨는가?

3. 주님께서 시인에게 무엇을 하셨으며, 들려주셨던 말씀은 무엇입니까(6)? 그때 그는 무엇을 말했습니까(7)? 그는 무엇을 즐거워했습니까(8)? ‘주님의 뜻 행하기를 즐거워한다.’라는 말을 통해 무엇을 배웁니까?

6-8, 헌신

6, “주께서 내 귀를 통하여 내게 들려주시기를 제사와 예물을 기뻐하지 아니하시며 번제와 속죄제를 요구하지 아니하신다 하신지라”

“주께서 내 귀를” - ‘귀(ear)’이다.

“통하여 내게 들려주시기를” - ‘판다(dig).’ ‘파낸다(excavate).’(칼 완료)이다.

‘주님은 나에게 열린 귀를 주셨다(You have given me an open ear).’ ‘주님이 나를 위해 팠던 귀(ears you have dug for me)’를 뜻한다. 여호와께서 시인의 귀를 열어 주셨다. 귀가 막히면 말귀를 알아듣지 못한다. 말귀를 알아들으려면 귀를 파고 열어야 한다. 귀가 열리면 주님의 말씀을 듣고 순종할 수 있다. 주님께서 그에게 들려주셨던 말씀은 무엇인가?

“제사와” - ‘희생제물(sacrifice)’이다. 제물 일부를 제단에 태워 바치고 제사장의 몫을 제외한 나머지를 예식에 참여한 사람이 나누어 먹었다.

“예물을” - ‘제물(offering)’이다. 동물이나 곡식 일부를 바치는 것을 말한다.

“기뻐하지” - ‘기뻐한다.’ ‘즐거워한다.’(칼 완료)이다.

“아니하시며” - ‘아니’, ‘아니다.’이다. 하나님은 제물을 기뻐하지 않으셨다. 마음이 없는 제물은 가치가 없다.

40(40:1-17)

"번제와" - '올라가는 것', '번제물'이다. 제단에서 모두 태워 연기로 바치는 제물이다.

"속죄제를" - '속죄제(sin offering)'이다. 죄를 씻기 위해 바치는 제물이다. 그 제물은 죄지은 사람의 신분에 따라 다르다.

"요구하지" - '묻는다(ask).' '문의한다(inquire).'(칼 완료)이다.

"아니하신다" - '아니', '아니다.'이다. 주님은 번제와 속죄제를 요구하지 않으셨다. 어떤 제사도 하나님이 바라시는 기준을 채울 수 없다. 그때 시인은 무엇을 말했는가?

7, "그 때에 내가 말하기를 내가 왔나이다 나를 가리켜 기록한 것이 두루마리 책에 있나이다"

"내가 말하기를" - '말한다(say).'(칼 완료)이다. 그는 말했다.

"내가 왔나이다" - '안으로 간다.' '들어간다.'(칼 완료)이다. '내가 여기 있습니다.'라는 말이다. 그 말은 '자신을 하나님께 온전히 드림, 헌신(commitment)'을 뜻한다. 하나님께서 무엇을 말씀하시든지 언제 어디서나 순종함을 뜻한다. 이사야 선지자는 여호와의 말씀에 이렇게 순종했다. "내가 여기 있나이다 나를 보내소서"(사 6:8b). 그가 이렇게 말했던 근거는 무엇인가?

"나를 가리켜" - '~에 관하여'이다.

"기록한 것이" - '글을 쓴다(write).' '기록한다(record).'(분사)이다.

"두루마리" - '두루마리(roll/ scroll)'이다. 주님의 뜻을 담고 있는 책으로 '토라'나 신명기이다.

"책에 있나이다" - '문서'이다. 두루마리에는 그에 관한 내용이 기록되어 있었다. 주님께서 그에게 두신 뜻, 즉 그가 해야 할 일이 기록되어 있다. 그는 무엇을 즐거워했는가?

8, "나의 하나님이여 내가 주의 뜻 행하기를 즐기오니 주의 법이 나의 심중에 있나이다 하였나이다"

"행하기를" - '일한다.' '행한다.'(부정사)이다. '내가 주님의 뜻을 행하기를'이라는 뜻이다.

"즐기오니" - '을 기뻐한다(take delight in).' '을 즐거워한다(be pleased with).'(칼 완료)이다. 시인은 주님의 뜻 행하기를 즐거워했다.

"주의 법" - '토라(Torah)', '가르침'이다.

"나의 심(중에)" - '내부 기관', '내장'이다.

"중에 있나이다" - '중앙', '한가운데'이다. 그의 마음에는 '토라'가 새겨져 있다. 그는 주님의 가르침을 마음으로 따랐다. 그것을 '토라의 내면화(the internalization of God's law)'라고 말한다.

7-8절을 이렇게 번역할 수 있다. "그때 내가 말했다. '내가 있나이다. 나를 가리켜 기록한 것이 두루마리 책에 있나이다. 나의 하나님이여, 내가 주님의 뜻 행하기를 즐겨오니 주님의 법이 내 심중에 있나이다.'"

'주님의 뜻 행하기를 즐거워한다.'라는 말을 통해 무엇을 배우는가? 하나님이 우리에게 바라시는 기준을 배운다. 주님은 시인의 귀를 뚫어서 말씀하셨다. 그것은 제사가 아니라, 주님의 뜻대로 사는 것, 즉 주님의 말씀대로 사는 그것이다. 주님의 뜻은 주님의 말씀에 있다. 주님의 말씀을 마음에 간직하는 사람, 즉 말씀의 내면화가 일어난 사람, 주님의 가르침을 마음으로 따르는 그것을 주님은 바라신다.

시인은 제사를 지내는 대신에 하나님이 바라시는 말씀대로 사는 일을 즐거워했다. 마음에 주님의 토라를 두고 있는 자기 자신을 하나님께 드렸다. 하나님이 바라시는 그것은 제물을 드리는 일보다 그분의 뜻에 순종하는 삶이다. 말씀대로 살지 않으면서 주님께 드리는 제물은 가치가 없다. 하나님은 일찍이 사울에게 강조했다. "순종이 제사보다 낫다"(삼상 15:22).

시인이 고백하는 순종은 하나님의 뜻에 죽기까지 순종하신 그리스도의 모습을 미리 보여주는 것(예표, typology)이다. "그러므로 주께서 세상에 임하실 때에 이르시되 하나님이 제사와 예물을 원하지 아니하시고 오직 나를 위하여 한 몸을 예비하셨도다, 번제와 속죄제는 기뻐하지 아니하시나니, 이에 내가 말하기를 하나님이여 보시옵소서 두루마리 책에 나를 가리켜 기록된 것과 같이 하나님의 뜻을 행하러 왔나이다 하셨느니라"(히 10:5-7). 시인은 주님의 뜻을 어떻게 행했는가?

4. 시인은 주님의 뜻을 어떻게 행했습니까(9-10)? 그는 무엇을 기도합니까(11)? 그는 왜 그렇게 기도합니까(12)?

9-10, 여호와의 인자

9, "내가 많은 회중 가운데에서 의의 기쁜 소식을 전하였나이다 여호와여 내가 내 입술을 닫지 아니할 줄을 주께서 아시나이다"

"회중 가운데에서" - '모임', '회중(congregation)'이다. '공적인 예배'를 뜻한다.

"의의" - '올바름', '공의'이다.

"기쁜 소식을 전하였나이다" - '소식을 전한다(bear tidings).'(피엘 완료)이다. 시인은 공적 예배에서(in the great congregation) 공의의 기쁜 소식을 선포했다.

"닫지" - '제지한다.' '보류한다.'(칼 미완료)이다.

"아니할 줄을" - '아니', '아니다.'이다. '닫지 않을 것이다.'라는 뜻이다.

"아시나이다" - '알다.' '이해한다.'(칼 완료)이다. 주님이 아시는 것처럼 그는 입을 다물 수가 없다. 그는 주님의 신실한 증인으로 살았다. 주님을 증언하는 일은 구원을 체험한 사람이 마땅히 해야 할 일이다. 그 일이야말로 주님이 바라시는 뜻이다. 그는 주님을 계속해서 어떻게 증언했는가?

10, "내가 주의 공의를 내 심중에 숨기지 아니하고 주의 성실과 구원을 선포하였으며 내가 주의 인자와 진리를 많은 회중 가운데에서 감추지 아니하였나이다"

"주의 공의를" - '공의(justice)', '의(righteousness)'이다.

"숨기지" - '덮는다(cover).' '감춘다(hide).'(피엘 완료)이다.

"아니하고" - '아니', '아니다.'이다. 시인은 공의를 마음에 숨기지 않았다.

"주의 성실과" - '견고(firmness)', '성실(fidelity)'이다.

"구원을" - '구원(salvation)', '구원(deliverance)'이다.

"선포하였으며" - '말한다(say).' '이야기한다(speak).'(칼 완료)이다. 그는 주님의 성실과 구원을 선포했다.

"주의 인자와" - '사랑(love)'이다.

"진리를" - '견고(firmness)', '진리(truth)'이다.

"감추지" - '숨긴다(hide).' '지운다(efface).'(피엘 완료)이다.

"아니하였나이다" - '아니', '아니다.'이다. 그는 주님의 사랑과 진리를 회중에게 감추지 않았다. 시인은 그가 체험한 주님의 공의, 성실, 구원, 사랑, 그리고 진리를 적극적으로 선포했다. 그 일은 모두 주님 구원 사역의 핵심이다. 시인은 자신이 처한 상황에서 자신이 선포한 복음을 의지했다. 자기가 증언한 대로 살았다. 그 일은 대단히 어려운데도 그는 실천했다. 그런 삶이야말로 주님의 뜻 행하기를 즐거워하는 일이다. 그는 무엇을 기도하는가?

11-16, 기도

11, "여호와여 주의 긍휼을 내게서 거두지 마시고 주의 인자와 진리로 나를 항상 보호하소서"

"주의 긍휼을" - '불쌍히 여김', '온화한 자비(tender mercy)'이다. 여호와께서 선택하신 백성과 언약 관계를 충실히 지키는 사랑의 표현이다.

"거두지" - '제지한다.' '보류한다.'(칼 미완료)이다.

"마시고" - '아니', '아니다.'이다. 시인은 여호와의 긍휼을 보류하지 말도록 기도한다.

"주의 인자와" - '사랑(love)'이다.

"진리로" - '신실(fidelity)'이다.

"보호하소서" - '지킨다.' '보호한다.'(칼 미완료)이다. 그는 자신을 주님의 사랑과 진실로 지켜주시도록 기도한다. 그는 왜 그렇게 기도하는가?

12, "수많은 재앙이 나를 둘러싸고 나의 죄악이 나를 덮치므로 우러러볼 수도 없으며 죄가 나의 머리털보다 많으므로 내가 낙심하였음이니이다"

"수많은" - '왜냐하면(For)'을 뜻한다. 전환이 일어난다. 시인은 '구원에 대한 감사' 대신에 '불행과 죄'를 말한다. 그는 극심한 고통과 위기를 겪고 있기 때문이다.

"재앙이" - '나쁜', '악한'이다.

"둘러싸고" - '둘러싼다(surround).' '포위한다(encompass).'(칼 완료)이다. 셀 수 없는 악한 일들이 그를 둘러쌌다.

"나의 죄악이" - '불법', '죄'이다.

"나를 덮치므로" - '따라잡는다(overtake).' '에 이른다(reach).'(히필 완료)이다. 그의 죄가 그를 사로잡았다.

"우러러볼" - '본다.' '바라본다.'(부정사)이다.

"수도" - '할 수 있다.' '이긴다.'(칼 완료)이다.

"없으며" - '아니', '아니다.'이다. 그는 더는 볼 수도 없었다. 그는 자기가 처한 상황이 어떤지를 알지 못할 지경이었다.

"많으므로" - '강하다(be strong).' '증대한다(be increased).'(칼 완료)이다. 그의 죄가 머리카락보다 많았기 때문이다.

"내가 낙(심)" - '떠난다(leave).' '버린다(forsake).'(칼 완료)이다.

"(낙)심하였음이니이다" - '마음', '정신'이다. 그는 용기를 잃었다. 시인은 "주님께서 행하신 기적이 많고 우리를 향하신 주님의 생각도 많았다."(6)라고 말했다. 하지만 여기서 그는 "죄가 머리카락보다 많다."라고 토로한다. 그는 불행을 죄에 대한 벌로 인식한다. 그런 현실에서 시인은 무엇을 하는가?

5. 시인은 자신을 위해 무엇을 기도합니까(13)? 반면 그의 생명을 찾아 멸하려 하는 자를 위해서는 무엇을 기도합니까(14-15)? 주님을 찾는 사람을 위해서는 무엇을 기도합니까(16)? 그는 자신을 위해서는 무엇을 기도합니까(17)?

13, "여호와여 은총을 베푸사 나를 구원하소서 여호와여 속히 나를 도우소서"

40:13-17은 70:1-5과 그 내용이 같다. 어느 것이 더 먼저 것인지 알 수 없다.

"은총을 베푸사" - '기쁘다(be please with).' '호의적이다(be favorable to).'(칼 명령)이다.

"나를 구원하소서" - '구해낸다.' '빼앗는다.'(부정사)이다. '여호와여, 저를 구원하기 위하여 기뻐하소서(Be pleased)!'이다.

"속히" - '재촉한다.' '서두른다.'(칼 명령)이다. '서둘러라(make haste to)!'이다.

"나를 도우소서" - '도움', '돕는 자'이다. '여호와여, 저를 돕기 위해 속히 서두르소서!'이다. 시인의 상황이 어렵고 매우 긴박함을 강조한다. 그는 그런 상황에서 여호와께서 은총을 베푸시고, 속히 개입하시도록 기도한다. 반면 그의 생명을 찾아 멸하려 하는 자를 위해서는 무엇을 기도하는가?

14, "내 생명을 찾아 멸하려 하는 자는 다 수치와 낭패를 당하게 하시며 나의 해를 기뻐하는 자는 다 물러가 욕을 당하게 하소서"

"찾아" - '찾는다.' '요구한다.'(분사)이다.

"멸하려 하는 자는" - '휩쓸어간다(sweep away).' '움켜쥔다(snatch away).'(부정사)이다. 시인을 대적하는 원수에 관한 첫 번째 표현이다.

"수치와" - '부끄러워한다.'(칼 미완료)이다.

"낭패를 당하게 하시며" - '부끄러워한다.' '수치를 당한다.'(칼 미완료)이다. 그는 원수가 수치와 낭패를 당하도록 기도한다.

"나의 해를" - '나쁜', '악한'이다.

"기뻐하는 자는" - '기뻐하는', '즐거워하는'이다. 시인을 대적하는 원수에 관한 두 번째 표현이다.

"물러가" - '되돌아간다(backslide).' '물러간다(move away).'(니팔 미완료)이다.

“욕을 당하게 하소서” - ‘부끄러움을 당한다(be ashamed).’ ‘비난을 받는다(be reproached).’(니팔 미완료)이다.

15, “나를 향하여 하하 하하 하며 조소하는 자들이 자기 수치로 말미암아 놀라게 하소서”

“나를 향하여” - ‘~에 관하여(in reference to)’이다.

“하하” - ‘아(aha)’이다. 원수가 악의에 찬 기쁨과 만족을 표현하는 의성어이다.

“하며 조소하는 자들이” - ‘말한다(say).’(분사)이다. 시인을 대적하는 원수에 관한 세 번째 표현이다. 악인이 시인의 불행을 보고 놀려댄다.

“자기 수치로” - ‘부끄러움’이다.

“말미암아” - ‘때문에’이다.

“놀라게 하소서” - ‘황폐한다(be desolate).’ ‘소스라쳐 놀란다(be appalled).’(칼 미완료)이다. 시인은 원수가 참패하도록 기도한다. 시인은 개인적으로 복수하지 않고 여호와께 맡긴다. 그리하여 그들이 여호와가 누구신지를 알기를 바란다. 그러나 주님을 찾는 사람을 위해서는 무엇을 기도하는가?

16, “주를 찾는 자는 다 주 안에서 즐거워하고 기뻐하게 하시며 주의 구원을 사랑하는 자는 항상 말하기를 여호와는 위대하시다 하게 하소서”

“주를 찾는 자는” - ‘찾는다.’ ‘요구한다.’(분사)이다. ‘여호와를 의지하는 사람’, ‘복 있는 사람’(4)이다.

“즐거워하고” - ‘기뻐한다(rejoice).’ ‘몹시 기뻐한다(exult).’(칼 미완료)이다.

“기뻐하게 하시며” - ‘기뻐한다.’ ‘즐거워한다.’(칼 미완료)이다. 주님을 찾는 사람은 그분 앞에서 즐거워하고 기뻐하도록 기도한다.

“주의 구원을” - ‘구원’이다.

“사랑하는 자는” - ‘사랑한다(love).’(분사)이다. ‘주님을 찾는 사람’이다.

"말하기를" - '말한다.'(칼 미완료)이다.

"위대하시다 하게 하소서" - '위대해지거나 중요하게 된다(become great or important).' '강력하게 만들다(make powerful).'(칼 미완료)이다. 그들은 "여호와는 위대하시다."라고 말하도록 기도한다. 그는 자신에 관해서는 무엇을 기도하는가?

17, 구원

17, "나는 가난하고 궁핍하오나 주께서는 나를 생각하시오니 주는 나의 도움이시요 나를 건지시는 이시라 나의 하나님이여 지체하지 마소서"

"나는" - '나에 관해서는(As for me)'이다.

"가난하고" - '가난한(poor)', '비천한(humble)'이다.

"궁핍하오나" - '궁핍한 사람(needy person)'이다. 그는 불쌍하고 가난하다.

"생각하시오니" - '생각한다(think).' '판단을 내린다(make a judgment).'(칼 미완료)이다. '생각한다.'라는 말은 '돌봐준다.'라는 뜻이다.

"주는" - '당신'이다.

"나의 도움이시오" - '도움(help)', '돕는 자'이다.

"나를 건지시는 이시라" - '도피한다(escape).' '구원한다(save).'(분사)이다.

"나의 하나님이여" - '하나님'이다. 도움과 건짐은 주님 자체이다.

"지체하지" - '미룬다(delay).' '늦춘다.' '남아 있다(remain).'(피엘 미완료)이다.

"마소서" - '아니', '아니다.'이다. 시인은 하나님의 즉각적인 개입을 요청한다. 그만큼 삶의 현실이 녹록하지 않기 때문이다. 그 녹록하지 않은 현실을 도와주시고 건지실 분은 오직 여호와뿐이시다. 따라서 그는 그분을 믿고 그분께 도움을 청한다.

41

가난한 자를 보살피는 자에게

말씀 시편 41:1-13
요절 시편 41:1
찬송 517장, 467장

1. 누가 복이 있습니까(1a)? '가난한 자'는 어떤 사람이며, 그는 왜 복이 있습니까(1b)? 여호와께서 그를 어떻게 돌보십니까(2-3)?

2. 시인은 병상에서 무엇을 기도했습니까(4)? 그는 왜 죄와 병을 연결했을까요? 원수는 그를 어떻게 악담했습니까(5-6)?

41(41:1-13)

3. 원수는 무슨 거짓말을 했습니까(7-8)? 심지어 누구도 그런 마음을 품었습니까(9)? '그의 발꿈치를 들었나이다.'라는 말은 무슨 뜻입니까?

4. 그러나 시인은 누구를 찾습니까(10)? 그는 무엇을 확신합니까(11-12)? 시인은 기도를 마치며 무엇을 합니까(13)?

41
가난한 자를 보살피는 자에게

말씀 시편 41:1-13
요절 시편 41:1
찬송 517장, 467장

1. 누가 복이 있습니까(1a)? '가난한 자'는 어떤 사람이며, 그는 왜 복이 있습니까(1b)? 여호와께서 그를 어떻게 돌보십니까(2-3)?

(다윗의 시. 성가대 지휘자를 따라 부른 노래, To the choirmaster. A Psalm of David.)

제1권의 결론이다. 1:1에서 "복 있는 사람은"으로 시작했는데, 41:1에서도 "복이 있음이여"로 시작한다. 오늘 시편이 말하는 복 있는 사람은 누구인가?

1-3, 복

1, "가난한 자를 보살피는 자에게 복이 있음이여 재앙의 날에 여호와께서 그를 건지시리로다"

"가난한" - '낮은', '약한'이다. '가지지 못한 사람', '병에 시달려서 건강이 나쁜 사람(the weak)'을 뜻한다.

"보살피는 자에게" - '지혜롭게 행한다.' '생각한다(consider).'(분사)이다.

"복이 있음이여" - '복 있는 사람'이다. 가지지 못한 사람, 건강이 나쁜 사람을 생각하는 사람이 복이 있다. 그는 왜 복이 있는가?

"재앙" - '나쁜', '악한'이다. '역사의 재앙'이 아니라 '개인의 재앙'이다. 즉 '한 사람이 병들어 건강이 나쁜 상태'를 뜻한다.

"날에" - '건강이 나쁜 사람을 보살폈던 그 사람의 건강이 나쁠 때'를 뜻한다.

"그를 건지시리로다" - '구제한다(deliver).' '구원한다(save).'(피엘 미완료)이다. 여호와께서 재앙의 날에 그를 구해주신다. 여호와께서 그를 돌보시고 치료하신다. 여호와께서 그를 어떻게 돌보시는가?

2, "여호와께서 그를 지키사 살게 하시리니 그가 이 세상에서 복을 받을 것이라 주여 그를 그 원수들의 뜻에 맡기지 마소서"

"그를 지키사" - '지킨다.' '보존한다.'(칼 미완료)이다.

"살게 하시리니" - '살아 있다.' '생명을 유지한다.'(피엘 미완료)이다. 여호와께서 그를 지키시고 살게 하신다.

"복을 받을 것이라" - '똑바로 간다(go straight).' '성공한다.'(칼 미완료)이다. 그는 땅에서 복 받은 사람이라고 불린다.

"그 원수들" - '원수'이다.

"뜻에" - '숨 쉬는 존재', '욕망', '탐욕'이다.

"맡기지" - '준다.' '둔다.'(칼 미완료)이다.

"마소서" - '아니', '아니다.'이다. 여호와께서 그를 원수의 탐욕에 내주지 않으실 것이다.

3, "여호와께서 그를 병상에서 붙드시고 그가 누워 있을 때마다 그의 병을 고쳐 주시나이다"

"병상에서" - '의인'도 병 자체를 피하지 못한다. 의인도 병에 걸린다.

"붙드시고" - '떠받친다(sustain).' '지탱한다(support).'(칼 미완료)이다. 여호와께서 병상에 있는 그를 붙드신다.

"그가 누워 있을 때" - '드러누움', '침대'이다.

"고쳐 주시나이다" - '변화시킨다(turn).' '뒤집어엎는다(overturn).'(칼 완료)이다. 여호와께서 시인이 아플 때 고쳐서 건강하게 하신다.

여기서 볼 때 시인이 증언하는 복이 있는 사람은 누구인가? 건강이 나쁜 사람을 생각하는 사람, 그런 사람을 돕는 사람이다. 왜냐하면 아픈 사람을 돕는 그 사람이, 아픈 사람을 위해서 기도했던 그 사람이 아플 때, 하나님께서 고쳐 주시기 때문이다. 하나님은 복을 아무에게나 자동으로 주시지 않는다. 하늘 아버지는 이 땅에서 복을 받을 수 있는 사람을 찾으신다. 예수님도 말씀하셨다. “긍휼히 여기는 자는 복이 있나니 그들이 긍휼히 여김을 받을 것임이요”(마 5:7). 시인은 병상에서 무엇을 기도했는가?

2. 시인은 병상에서 무엇을 기도했습니까(4)? 그는 왜 죄와 병을 연결했을까요? 원수는 그를 어떻게 악담했습니까(5-6)?

4, 기도

4, “내가 말하기를 여호와여 내게 은혜를 베푸소서 내가 주께 범죄하였사오니 나를 고치소서 하였나이다”

“내가” - ‘나’이다. 시인은 자신을 강조한다.

“말하기를” - ‘말한다.’(칼 완료)이다. 그는 기도했다.

“여호와여” - 시인은 이제 ‘여호와’를 찾는다.

“내게 은혜를 베푸소서” - ‘호의를 베풀다.’(칼 명령)이다. ‘은혜를 베푸소서(be gracious).’라는 뜻이다. 은혜 베푸심은 여호와의 기본적 성품이다. 그가 바라는 은혜는 무엇인가?

“범죄하였사오니” - ‘길을 잃는다(miss the way).’ ‘죄를 짓는다(sin).’(칼 완료)이다. 그는 자기가 죄를 지었다고 고백한다.

“고치소서 하였나이다” - ‘치료한다(heal).’ ‘건강하게 한다(make healthful).’(칼 명령)이다. 그가 바라는 은혜는 치료이다.

그런데 그는 왜 죄와 병을 연결했을까? 그는 자기 병의 원인을 죄에서 찾았기 때문이다. 그는 죄에서 자기 병이 시작했다고 생각했다. 물론 모든 병이 죄의 결과는 아니다. 하지만 그는 자신의 병과 죄를 연결했고, 여호와께 도움을 청했다. 그는 여호와께서 죄로 병든 영혼을 치료하는 분임을 믿었기 때문이다. 여호와는 우리의 죄는 물론이고, 병도 치료하신다. 그런데 원수는 그를 어떻게 악담했는가?

5-9, 원수

5, “나의 원수가 내게 대하여 악담하기를 그가 어느 때에나 죽고 그의 이름이 언제나 없어질까 하며”

"악(담)" - '나쁜', '악한'이다.

"담하기를" - '말한다(say).'(칼 미완료)이다. 원수는 시인을 향해 몹쓸 말을 한다. 그 내용은 무엇인가?

"어느 때에나" - '언제'이다.

"죽고" - '죽는다.'이다. 원수는 시인이 언제 죽을지에 대해 몹쓸 말을 했다.

"그의 이름이" - '이름'이다. '존재'와 '후손'을 상징한다.

"언제나 없어질까 하며" - '멸망한다(perish).'(칼 완료)이다. '이름의 사라짐'은 '존재의 사라짐', '그 대가 끊김'을 뜻한다.

이 악담을 그리스도와 연결할 수 있다. 악인은 그리스도가 십자가에 달리셨을 때 그 이름이 사라지도록 악담했다(마 27:39, 44). 그러나 그리스도의 이름은 그분의 죽음과 함께 사라지지 않았다. 오히려 그분의 이름은 씨앗처럼 온 세상으로 뿌려졌다. 따라서 그분께 속한 사람의 이름도 사라지지 않는다.

6, "나를 보러 와서는 거짓을 말하고 그의 중심에 악을 쌓았다가 나가서는 이를 널리 선포하오며"

"나를 보러" - '본다.' '바라본다.'(부정사)이다.

"와서는" - '들어온다.' '간다.'(칼 완료)이다. 원수는 시인을 찾아왔다.

"거짓을" - '공허', '헛됨'이다.

"말하고" - '말한다(speak).'(피엘 미완료)이다. 원수는 거짓을 말한다.

"그의 중심에" - '내부', '마음'이다.

"쌓았다가" - '모은다.' '거두어 드린다.'(칼 미완료)이다. '속으로는 못된 것을 모아서'라는 뜻이다.

"나가서는" - '나간다(go out).'(칼 미완료)이다. '밖으로 나갔을 때'라는 뜻이다.

"이를 널리 선포하오며" - '말한다(speak).'(피엘 미완료)이다. 원수는 병든 시인을 찾아왔다가 떠날 때 그 병의 원인에 관해 공공연하게 퍼뜨렸다.

이런 모습은 예수님을 배신한 가룟 유다를 생각나게 한다. 그는 그분께 가까이 있었다. 그는 그분을 만나고서 배신할 근거를 찾았다. 그는 밖으로 나가서 거짓말했다(마 26:14-16). 원수의 특징은 속임, 거짓, 그리고 자기중심이다. 원수는 무슨 거짓말을 했는가?

3. 원수는 무슨 거짓말을 했습니까(7-8)? 심지어 누구도 그런 마음을 품었습니까(9)? '그의 발꿈치를 들었나이다.'라는 말은 무슨 뜻입니까?

7, "나를 미워하는 자가 다 하나같이 내게 대하여 수군거리고 나를 해하려고 꾀하며"

"나를 미워하는 자가" - '미워한다.' '증오한다(hate).'(분사)이다. '나의 원수'(5)이다.

"수군거리고" - '속삭인다(whisper).' '마법을 걸다(charm).'(히트파엘 미완료)이다. 이 단어는 주술적 배경을 강하게 가지고 있다. 시인에게 '말을 걸거나 주문을 외워 그의 병을 더욱 악화시키려는 음모'라고 할 수 있다.

"해하려고" - '나쁨', '해로움'이다.

"꾀하며" - '생각한다(think).' '계획한다(plan).'(칼 미완료)이다. 시인을 미워하는 사람은 시인에게 해로운 일을 꾸민다.

8, "이르기를 악한 병이 그에게 들었으니 이제 그가 눕고 다시 일어나지 못하리라 하오며"

"이르기를" - '말'이다. '시인을 미워하는 자가 시인에게 바라는 말'이다.

"악한 병이"(בְּלִיַּעַל, *beliya'al*) - '무가치한 것(worthlessness)'이다. '타락한 천사(Belial)', '소용없음(worthlessness)', '마귀의 병(a sickness from the devil)', '저주받은 병(an accursed disease)'을 뜻한다.

"들었으니" - '붓는다(pour).' '흘러나온다(flow).'(분사)이다. '벨리알

(Belial)의 그것이 시인을 덮쳤다.'라는 뜻이다. '벨리알'은 '가치 없는 자', '사악한 자'라는 뜻인데, '악마'로 여겼다.

"그가 눕고" - '눕는다.'(칼 완료)이다.

"다시" - '더한다(add).' '다시 한다(do again).'(히필 미완료)이다.

"일어나지" - '일어난다.'(부정사)이다.

"못하리라" - '아니', '아니다.'이다. '시인은 지독한 병에 걸려 영원히 일어나지 못한다.'라는 뜻이다. 심지어 누구도 그런 마음을 품었는가?

9, "내가 신뢰하여 내 떡을 나눠 먹던 나의 가까운 친구도 나를 대적하여 그의 발꿈치를 들었나이다"

"내가 신뢰하여" - '믿는다.' '의지한다.'(칼 완료)이다.

"나눠 먹던" - '먹는다.'(분사)이다. '기쁨의 빵을 함께 먹는다.'라는 뜻이다.

"나의 가까운" - '평화', '번영'이다.

"친구도" - '심지어 사람도'이다. '심지어 평화의 사람마저도(even a man of peace)'라는 뜻이다. 시인의 벗은 시인과 특별히 평화의 관계를 맺었다. 시인이 건강했을 때 행복해하던 친구였다.

"나를 대적하여" - '~에 대해'이다.

"그의 발꿈치를" - '뒤꿈치(heel)'이다.

"들었나이다" - '성장한다(grow up).' '위대해지거나 중요하게 된다(become great or important).'(히필 완료)이다. '배신행위(a treacherous act)'를 뜻한다. 친구조차도 시인을 배신했다. 예수님은 가룟 유다가 당신을 배신했을 때 이 말씀을 인용하셨다(요 13:18). 인간관계에서 내부의 배신자가 외부의 적보다 더 큰 위협적 존재이다. 그러나 시인은 누구를 찾는가?

4. 그러나 시인은 누구를 찾습니까(10)? 그는 무엇을 확신합니까(11-12)? 시인은 기도를 마치며 무엇을 합니까(13)?

10, 은혜

10, "그러하오나 주 여호와여 내게 은혜를 베푸시고 나를 일으키사 내가 그들에게 보응하게 하소서 이로써"

"그러하오나 주" - '당신'이다. 시인은 여호와를 '당신'으로 부르며, 좀 더 친밀함을 표현한다. 세상 사람은 시인을 배신해도 주님, 당신만은 신실하게 대하실 줄을 믿는다.

"내게 은혜를 베푸시고" - '자비롭다(be gracious).' '불쌍히 여긴다(pity).'(칼 명령)이다.

"나를 일으키사" - '일어난다.'(히필 명령)이다. '나를 일으키소서(raise me up).'라는 뜻이다. 시인은 여호와께서 예수님을 죽음에서 일으키시듯이 자기를 일으켜주시도록 기도한다.

"그들에게" - '원수들'이다.

"보응하게 하소서" - '갚는다(requite/ repay).'(피엘 미완료)이다. 시인은 원수에게 앙갚음할 것이다. 여호와께서 시인을 일으키시면, 시인이 원수에게 행동할 것이다.

"이로써" - 11절에서 설명한다.

그러나 현실에서는 시인이 원수를 직접 보응할 수 없다. 원수가 시인보다 더 강하기 때문이다. 따라서 이 기도는 하나님께서 원수를 정의로 다스려 주시기를 바라는 시인의 마음이다. 원수가 시인을 조롱하는 일은 그의 하나님 여호와를 조롱하는 일이기 때문이다. 시인은 무엇을 확신했는가?

11-12, 확신

11, "내 원수가 나를 이기지 못하오니 주께서 나를 기뻐하시는 줄을 내가 알았나이다"

"(이로써)" - '이것(this)'이다. "원수가 시인을 이기지 못한다."라는 사실이다.

"나를 이기지" - '소리친다(shout).' '외친다(cry out).'(히필 미완료)이다. 원수가 내는 승리의 함성이다.

"못(하오니)" - '아니', '아니다.'이다.

“하오니” - ‘~이므로(as)’, ‘~라는 것 때문에(because that)’이다. 시인의 원수는 시인 앞에서 승리의 함성을 지르지 못한다.

“나를 기뻐하시는” - ‘기뻐한다.’ ‘즐거워한다.’(칼 완료)이다.

“줄을” - ‘~이므로(as)’, ‘~라는 것 때문에(because that)’이다. 주님께서 시인을 기뻐하신다.

“내가 알았나이다” - ‘알다.’ ‘이해한다.’(칼 완료)이다. 시인은 ‘이로써’ 주님께서 그를 기뻐하신 줄을 알았다. 그는 주님의 은총을 확신했다. 그 은총이 어떻게 나타났는가?

12, “주께서 나를 온전한 중에 붙드시고 영원히 주 앞에 세우시나이다”

“온전한 중에” - ‘완전함(completeness)’, ‘순결(integrity)’이다.

“붙드시고” - ‘붙잡는다(grasp).’ ‘떠받친다(support).’(칼 완료)이다. 주님께서 그의 순결함 때문에 그를 붙드셨다. 주님이 그를 어려움 속에서 도와주고 지켜 주신 이유는 그가 죄가 없기 때문이다. 시인은 앞에서 “내가 주께 범죄하였사오니”(4)라고 고백했다. 하지만 그는 원수의 생각처럼 죽을죄를 짓지 않았다. 주님은 그의 죄 없음을 아셨다.

“주 앞에” - ‘주님 얼굴’이다.

“세우시나이다” - ‘선다(stand).’ ‘위치를 취한다(take one's stand).’(히필 미완료)이다. 원수는 시인이 다시는 일어날 수 없을 것이라고 악담했다. 그러나 시인은 주님께서 자신을 주님 앞에 세우실 줄 확신했다. 그는 그 하나님을 믿고 그분께 기도한다. 시인은 기도를 마치며 무엇을 하는가?

13, 송축(doxology)

13, “이스라엘의 하나님 여호와를 영원부터 영원까지 송축할지로다 아멘 아멘”

“이스라엘의 하나님 여호와” - 이스라엘이 섬기는 하나님이다. 그분은 여호와이시다. 그분은 그들의 하나님과 그 후손의 하나님이 되기로 약속하신 분이다.

"영원부터 영원까지" - '먼 과거부터 먼 미래까지'이다.

"송축할지로다"(בָּרַךְ, *barak*) - '무릎을 꿇는다(kneel).' '축복한다(bless).'(분사)이다. 시인은 여호와 이스라엘의 하나님을 영원부터 영원까지 송축한다. 그분은 영원부터 영원까지 송축 받으시기에 합당하신다. 영원부터 영원까지 송축 받으시는 그분은 그 아들딸을 영원부터 영원까지 복을 주신다. 그분께 복을 받은 그 사람이 가장 행복한 사람이다.

"아멘"(אָמֵן, *'amen*) - '진실로(verily)', '그러한가.'이다.

"아멘" - '아멘'을 두 번 반복한 데는 강조나 상황의 장엄함을 나타낸다. 제1권은 기도와 송축으로 끝난다. 그것은 시편이 기도와 찬양 집임을 뜻한다.

참고서

김정우. 『시편주석I』. 서울: 총신대학교출판부, 1999.

왕대일. 『시편사색, 시편 한 권으로 읽기 -토라로 토다를-』. 서울: 대한기독교서회, 2013.

전봉순. 『거룩한 독서를 위한 구약 성경 주해, 시편 1-41편』. 서울: 바로오딸, 2015.

Ash, Christoper. *Teaching Psalms.* 전의우 옮김. 『티칭 시편』. 서울: 성서유니온, 2020.

Brueggemann, Walter. 조호진 옮김. 『시편사색』. 서울: 솔로몬, 2012.

DeClaisse-Walford, Nancy. Jacobson, Rolf. Tanner, Beth LaNeel. *The Book of Psalms,* 강대이 옮김. 『시편』. 서울: 부흥과개혁사, 2019.

Jacobson, Rolf A. Jacobson Karl N. *INVITATION TO THE PSALMS.* 류호준, 방정열 옮김. 『시편으로의 초대』. 서울: 도서출판 대서, 2013.

Longman III, Tremper. *How To Read The Psalms.* 한화룡 옮김. 『어떻게 시편을 읽은 것인가?』. 서울: IVP, 2000.

Lucas, Ernest. *Exploring The Old Testament, Vol. 3: The Psalms and Wisdom Literature.* 박대영 옮김. 『성경이해 5, 시편과 지혜서』. 서울: 성서유니온선교회, 2008.

참고서

Mays, James Luther. *Psalms, Interpretation A Bible Commentary for Teaching and Preaching.* 신정균 번역. 『현대성서주석: 시편』. 서울: 한국장로교출판사, 2014.

Robertson, O. Palmer. *Flow of the Psalms: Discovering their Structure and Theology.* 김헌수, 양태진 옮김. 『시편의 흐름』. 서울: 성약, 2019.

Brueggemann, Walter. Bellinger Jr., William H. *Psalms.* New York: Cambridge University Press, 2014.

Ross, Allen P. *A Commentary on the Psalms: 1-41.* Grand Rapids: Gregel Academic, 2012.

Vangermeren, Willem A. *The Expositor's Bible Commentary: 5, Psalms.* Longman III, Tremper & Garland, David E. general editors. Grand Rapids, MI : Zondervan, 2008.

하용조. "시편을 어떻게 설교할 것인가 1." 『그말씀』. 서울: 두란노서원, 2007-7

이병철 편저. 『성경원어해석 대사전: 바이블렉스 10.0』. 서울: 브니엘 성경연구소, 2021.